BIRGIT RUPPRECHT-STROELL
MARION KAMINSKI

Fleißige Frauen arbeiten – kluge machen Karriere

Birgit Rupprecht-Stroell
Marion Kaminski

Fleißige Frauen arbeiten – kluge machen Karriere

Alles ist möglich

Wirtschaftsverlag Langen Müller Herbig

2. Auflage 1998
© 1997 by Wirtschaftsverlag Langen Müller/Herbig in
F. A. Herbig Verlagsbuchhandlung GmbH, München
Alle Rechte vorbehalten
Schutzumschlag: Atelier Bachmann, Reischach
Schutzumschlagmotiv: Bavaria Bildagentur, München
Satz: Fotosatz Völkl, Puchheim
Druck: Jos. C. Huber KG, Dießen
Binden: Großbuchbinderei Monheim
Printed in Germany
ISBN 3-7844-7373-3

Inhalt

3. KAPITEL
Kommunikation 111

4. KAPITEL
Rhetorik 169

5. KAPITEL
Visionen, Ziele und Selbstbewußtsein

11

Vorwort

Kommunikation – Rhetorik – Selbstpräsentation
Interkulturelle Grundlagen

Erfolgreich reden, verhandeln, verkaufen
Frauen setzen sich durch

Kommunikation, Rhetorik und Selbstpräsentation in einem Buch? Ja, denn sich für Rhetorik zu interessieren, ohne die Hintergründe der Kommunikation zu verstehen, ist männlich. Sich zwar ausdrücken zu können, aber nicht zu wissen, wie es beim anderen auf lange Sicht ankommt, auch. Und deshalb ist diese Zweiteilung für Frauen ungeeignet. Wir wollen nicht nur etwas sagen, wir wollen Inhalte vermitteln. Wir wollen nicht nur, daß man(n) tut, wir möchten auch, daß man uns versteht. Sich auf diese Weise auszudrücken erfordert Selbstbewußtsein, Selbstvertrauen und Mut. Deshalb gehört die Selbstpräsentation dazu – denn unsere Unsicherheit wird nicht nur gehört, sondern auch gesehen. Wollen wir uns also so ausdrücken, wie es unserem Wissen und Können entspricht, wollen wir, daß man(n) versteht, was wir meinen, und wollen wir, daß man(n) tut, was wir sagen, dann müssen wir uns mit diesen Themen auseinandersetzen.

Einleitung

Welcome to the club

Was, Sie auch? Niemand versteht Sie? Ihr Partner nicht, Ihr Chef nicht, und die Kollegen hören auch nicht richtig zu? Die Kinder haben sowieso ihren eigenen Jargon, und den Eltern etwas zu sagen, haben Sie schon vor Jahren aufgegeben? Dabei sprechen doch alle dieselbe Sprache! Oder etwa nicht? Sie zweifeln allmählich daran? Sie haben doch gerade erst in einer Besprechung Ihren Verbesserungsvorschlag vorgetragen, hatten aber den Eindruck, die Anwesenden hätten nichts verstanden. Doch dann, nur ein paar Minuten später, verkaufte jemand Ihre Idee als seine eigene? Sagte genau dasselbe, nur mit anderen Worten, einer an-

13

deren Körpersprache und einer anderen Stimme! Und wieder einmal haben Sie wütend dagesessen, sich über diese Unverschämtheit aufgeregt, sich selbst die bittersten Vorwürfe gemacht und sich schließlich zum tausendsten Male geschworen: Das passiert mir nie wieder!

Und dann, nur ein paar Stunden später reden Sie mit dem Mann in Ihrem Leben und stellen nach einigen Minuten genervt fest: Der hört ja auch nicht zu! Auf einmal fragen Sie sich: Will mich denn niemand verstehen? Aber ich drücke mich doch deutlich aus! Sie quälen sich, die richtige Antwort zu finden, und tun dann als typische Eva am Ende wieder genau das, was Sie schon immer getan haben: Sie suchen die Schuld bei sich!

Suchen Sie die Schuld nicht immer bei sich!

Vielleicht können Sie sich ja wirklich nicht klar ausdrücken, vielleicht reden Sie ja wirklich nicht laut und deutlich, argumentieren nicht immer sachlich richtig und logisch korrekt. Sie nehmen sich fest vor, es bei der nächsten Gelegenheit besser zu machen! Leider legen Sie damit den Grundstein für das nächste Fiasko, denn Ihr fester Vorsatz schürt Angst, wo Selbstvertrauen angesagt wäre. Ein Kreislauf beginnt, der Sie immer mehr blockiert. Bald scheuen Sie sich, frei zu sprechen. Doch nichts ist so wichtig, wie sich mit Menschen auszutauschen! Kommunikation ist die Grundlage unseres Zusammenlebens, Kommunikation ist die Basis jeder geschäftlichen Tätigkeit und die Voraussetzung für eine glückliche Beziehung.

Kommunikation, die Grundlage unseres Lebens

Kommunikation ist der Schlüssel zum Erfolg.
Nur wer es schafft, seine Wünsche und Vorstellungen anderen nahezubringen, nur wer in der Lage ist, seinen Mitmenschen Gefühle, Daten, Fakten und Wünsche so darzulegen, daß sie ihnen verständlich werden, hat eine Chance, seine Ziele zu verwirklichen.

Verständnisfehler sind immer Übertragungsfehler:
Läuft in unserem Leben vieles schief, dann haben wir es nicht

geschafft, andere zu erreichen. Wir konnten unsere Wünsche und Visionen nicht so vermitteln, wie wir sie meinen.

Können Fische sprechen? Diese Frage mag man unterschiedlich beantworten, doch eines ist sicher: Auch Fische kommunizieren. Alle Lebewesen haben, ob laut oder leise, ob für menschliche Ohren vernehmlich oder nicht, ein System, sich untereinander zu verständigen. Kommunikation muß nämlich nicht unbedingt zu hören sein. Wir, das heißt alle Lebewesen, haben noch eine weitere Sprache: Gesten und Bewegungen. Diese Körpersprache ist viel, viel älter als unsere Verbalsprache und wurde durch Evolution und Kulturgeschichte laufend verfeinert und differenziert. Nehmen wir nur das Rülpsen: Galt es auch bei uns lange Zeit als erwünschter Ausdruck des Wohlgefühls, so ist es heute ausgesprochen unfein und wird durch das zarte Betupfen der Lippen und ein gehauchtes »Ausgezeichnet« ersetzt. In einigen arabischen Ländern aber gilt es noch immer als der hörbare Beweis einer gelungenen Mahlzeit, den ein guter Gast nicht schuldig bleiben darf. Doch nicht nur das Rülpsen, auch andere akustische, mimische und bewegungsintensive Ausdrücke unserer Körpersprache verschwanden mehr und mehr. Einerseits erleichtert dies natürlich das Zusammenleben und hilft, den uns umgebenden Geräuschpegel auf ein erträgliches Maß zu reduzieren. Andererseits macht es uns das Leben in doppelter Hinsicht schwerer: Denn nun müssen wir nicht nur unsere eigenen Regungen unter Kontrolle halten, sondern es ist auch nicht mehr so einfach, die inneren Regungen unserer Gesprächspartner, ihre gefühlsmäßige Einstellung und ihre wahre Meinung zu erkennen.

Doch dies ist sehr wichtig, denn:
Unsere eigenen Gefühle und die Gefühle unseres Gegenübers
gleichzeitig
wahrnehmen und deuten zu können, ist die Voraussetzung erfolgreicher Kommunikation.

Fallstrick Gefühl

Wem es gelingt, ohne Verzögerung auf das Wahrgenommene zu reagieren, der ist seinen Gesprächspartnern nicht nur gewachsen, sondern oft haushoch überlegen: Denn unsere Körpersprache verrät unsere Gefühle häufig schon, bevor sie in unser eigenes Bewußtsein gedrungen sind. Andererseits erkennen wir hier bereits einen der größten Fallstricke der nonverbalen Kommunikation: Menschen, die gefühlsmäßig offener reagieren, sind für andere leichter zu »lesen«, sie geben mehr von sich selbst preis. In der Regel sind dies die Frauen. Doch ein »offenes Buch« zu sein, ist im Beruf nicht immer die ideale Voraussetzung! Vielleicht sind wir unseren Gefühlen ja tatsächlich näher, es fehlt uns aber auch das jahrtausendealte Training der Männer im Verbergen innerster Regungen. Solange sich die Frau nur im eigenen Haus und der eigenen Familie aufhielt, konnte sie mit ihren Gefühlen zwar Mann und Kindern auf die Nerven gehen, doch ihrer weiteren Umgebung blieben diese Regungen verborgen. Ein Kenner der arabischen Kultur meinte einmal, hier läge der wahre Grund, warum islamische Frauen in der Öffentlichkeit den Schleier tragen müßten, eine Sitte, die wir westlichen Menschen bis heute nicht so recht verstehen. Dieser Brauch, so sagte er, sei in einer Zeit entstanden, in der das Überleben eines ganzes Stammes davon abhängen konnte, daß bestimmte Informationen nicht nach außen drangen. So fürchtete man(n) zum Beispiel, daß in Krisenzeiten der unbewußte Gesichtsausdruck der Frauen den Feinden mehr über den Zustand der Sippe verraten könnte, als gut sei. Der Schleier, der nach strengem Brauch den ganzen Körper umhüllte und nur einen Sehschlitz für die Augen hatte, sollte den Stamm schützen, indem er die Frau davor bewahrte, durch Mimik, Gestik und Körpersprache ungewollt mit anderen zu kommunizieren und so Dinge preiszugeben, von denen das Überleben der ganzen Sippe abhing.

Bei Männern bestand diese Gefahr offenbar nicht. Dies beweist nur, daß das bekannte »Pokerface« auch ein alter Hut ist und korrekterweise wohl eher »Wüstenvisage« genannt werden sollte. Vielleicht wurden jedoch schon damals männliche Gefühlsregungen durch das auffällige Tragen von Waffen in die erwünschten Bahnen gelenkt. Auch bei uns bezeichnet der Begriff des »Säbelrasselns« nicht nur das Klappern scharfer Klingen, sondern gilt als ein Ausdruck verbalen Schlagabtausches.
Eine andere Art, Äußerungen der Frauen unter Kontrolle zu halten, war ihre Ausschaltung bzw. das Fernhalten der Frauen von jenen Räumen und Plätzen, an denen Diskussionen geführt und Entscheidungen getroffen wurden. Dieses Ausschließen ist bei-

leibe noch nicht aus der Mode gekommen: Selbst in dem uns so fortschrittlich dünkenden Amerika haben Frauen zu manchen Gremien auch heute noch keinen Zutritt, und Vorstandssitzungen rund um die Welt sind in den meisten Fällen noch immer exklusive Herrenrunden. Von Quotenfrau und Alibilady abgesehen, haben wir Frauen es da leider noch nicht allzuweit gebracht.

Aus unserer Geschichte heraus ist es nicht verwunderlich, daß die Sprache der Frau sich anders entwickelte als die des Mannes. Wer sich Generation nach Generation vor allem mit Kindern und alten Menschen unterhält, wer mit Babys spricht und Kranke tröstet, wer Kleinkindern die ersten Schritte beibringt und den halben Tag am Herd steht, wird nicht dazu neigen, in der Öffentlichkeit eine kraftvolle, raumfüllende Stimme zu erheben, durch Verbalattacken zu brillieren und von seinen eigenen rhetorischen Fähigkeiten überzeugt zu sein.

Außerdem sorgte eine stetige Dressur dafür, daß wir in eine doppelte Falle liefen: Um uns unser »Ausgeschlossensein« und unser »Nichtmitspracherecht« zu versüßen und uns bei Laune zu halten, redeten uns die Herren der Schöpfung ein, daß uns ein zartes Stimmchen, ein liebliches Timbre und zurückhaltende Formulierungen genau dort hinbrächten, wo wir hingehörten. Eine Frau hingegen, die laut und vernehmlich sagt, was sie denkt und was sie will, bekam schon bei den alten Griechen einen Namen verpaßt, der bis in unsere Tage nichts von seiner negativen Aussage verloren hat: Xanthippe.

Versteht es sich da nicht von selbst, daß wir Frauen eine Stimme kultiviert haben, die weder Respekt einflößt noch Kompetenz vermittelt? Daß wir lieber Komplimente verteilen, als Befehle zu geben, daß wir der Harmonie das Wort reden, wo ein Streitgespräch angebracht wäre, daß wir lieber schweigen, wo offene Worte angesagt sind?

Doch die Entwicklung schreitet voran, die Ausschlußverfahren der Männer ziehen in der westlichen Welt nicht mehr. Außerdem haben die Herren der Schöpfung den Karren so in den Dreck gefahren, daß sie ihn allein nicht mehr herausziehen können.

Die Männer brauchen uns. Doch diesesmal nicht nur in Heim und Bett. Diesesmal sind unsere Kreativität, unser Einfühlungsvermögen, unser Durchhaltevermögen und unsere Leistungsbereitschaft gefragt.

17

Alles, was wir in dem seit Eva währenden Überlebenstraining, das sich weibliches Leben nennt, gelernt haben, ist nun offiziell erwünscht: Wir müssen es nur richtig vorbringen:

Mit der richtigen Stimme,
den richtigen Worten und
den richtigen Bewegungen.

1. Kapitel
Wie möchten Sie sein? Was möchten Sie sein?
Wer möchten Sie sein?

Sie wissen es selbst nicht so genau?
Sie wissen nur, daß es so nicht weitergehen kann?
Warum denn nicht?
Weil Sie spüren, daß Sie mehr sind, daß Sie mehr können, daß Sie mehr aus Ihrem Leben und Ihrem Beruf machen möchten, als Ihnen bis jetzt gelungen ist?
Weil man(n) Ihre Ideen benutzt, Ihren Lohn einheimst, Ihre Position einnimmt?
Aber haben wir nicht alle Phantasien von Erfolg, Anerkennung, Bewunderung und Lob? Träumen wir nicht alle davon, die Frau zu werden, die wir in unserer Vorstellung sein könnten? Kompetent, geachtet, geliebt und verstanden? Nehmen wir uns nicht immer wieder vor, es doch nun endlich richtig, anders, besser zu machen? Warum tun wir es dann nicht? Weil wir leider das falsche Fach studierten, eine unnütze Lehre machten, zu früh Kinder bekamen oder keinen Mann an unserer Seite haben? Weil wir nicht gut genug aussehen? Die Männer oft so tun, als wollten sie uns nicht verstehen? Im Geschäftsleben sowieso nach Kriterien entschieden wird, mit denen wir uns nicht identifizieren können? Weil wir immer noch in einer männlich dominierten Welt leben, in der »frau« Aschenputtel ist oder Glamourgirl, Opferlamm oder Sündenbock, doch nur selten der Boß?
Jeder dieser Gründe mag stimmen. Doch der wahre Grund liegt woanders:
In uns selbst.

Was geht in Ihnen vor?

Sind wir eins und doch zwei?
Wie oft haben Sie sich schon vorgenommen, etwas nie mehr zu tun?
Hatten Sie sich nicht morgens fest vorgenommen, sich heute die Abneigung, die Sie dem Abteilungsleiter gegenüber empfinden,

nicht anmerken zu lassen? Ertappten Sie sich nicht schon wenige Stunden später, wie Sie Ihren Stuhl unbewußt nach links rückten, als besagter Herr rechts von Ihnen Platz nahm? Es gelang Ihnen zwar, sich ganz schnell zu ihm hinüberzubeugen und ihn betont freundlich zu begrüßen, doch das nagende Gefühl, daß dieser kleine Ruck bereits registriert worden war, blieb.

Innerer Vorgang – äußere Wirkung

Und tatsächlich: In der folgenden Diskussion schnitt er Sie. Das wiederum ärgerte Sie, Ihre Konzentration ließ nach, und für Sekunden rauschten die Sätze an Ihnen vorüber. Geistesgegenwärtig konterte der Kollege sofort mit einem spitzen: »Können Sie uns folgen?«

Diese Sitzung war für Sie gelaufen. Und warum? Weil Ihr unbewußter Ruck etwas zum Ausdruck gebracht hatte, das auch Ihre freundlichen Worte nicht verwischen konnten.

Wieder einmal mußten Sie schmerzhaft erfahren, daß es häufig nicht genügt, sich etwas vorzunehmen.

Persönliche Abneigung in geschäftlichen Situationen offen zu zeigen schafft unnötige Feinde. Unser rationaler Verstand ist fest entschlossen, dieses Verhalten abzustellen.

Manchmal gelingt es, dann wieder nicht.

Etwas in uns stellt unserem Verstand ein Bein. Dieses »Etwas« hat besonders in Streßsituationen leichtes Spiel.

Wir müssen erkennen, daß es in uns Reaktionsketten gibt, die automatisch ablaufen.

Ein Impuls genügt – jemand sagt etwas, tut etwas, unterläßt etwas – und in uns spult sich ein Programm ab. Je nach Tagesform gelingen uns kleinere und größere Varianten, doch das Kernprogramm hat eine große Beständigkeit.

So wissen wir z. B. seit langem, daß auch in anderen Teilen der Welt sehr präzise gearbeitet wird. Aber trauen wir unserem albanischen Kollegen die gleiche Sorgfalt zu wie unserem Schweizer Mitarbeiter? So haben wir doch schon lange keine Vorurteile mehr, aber jemanden einzustellen, der fünfzehn Jahre mit einem Wanderzirkus unterwegs war und nun wieder seßhaft werden möchte, halten wir für riskant. Wir sind viel gereist und in der Welt herumgekommen, trotzdem liegt uns sofort die berüchtigte »polnische Wirtschaft«

auf der Zunge, wenn im Auslieferungslager Ost etwas nicht stimmt. Wir geben vor, daß uns Äußerlichkeiten nicht beeindrucken, doch über den neuen Außendienstmitarbeiter mit Punkfrisur runzeln wir die Augenbrauen. Diese Impulse regen sich nicht nur, sie regen uns an und auf! Mimik, Gestik und unser Körper reagieren schneller, als wir denken können!

Unbewußte Reaktionen verraten
die innere Einstellung

Wie ist dies möglich, fragen wir uns. Sind wir nicht beherrscht genug, haben wir uns denn nicht in der Hand? Natürlich, oberflächlich erscheinen wir ruhig und gelassen.

Doch wer die Sprache des Körpers zu deuten versteht, erkennt schneller, als uns lieb sein kann, was in uns vorgeht. Aber welche Instanz steuert diese Körpersprache? Wo sitzen die Impulsgeber, die uns immer wieder einen Streich spielen? Wer veranlaßt uns, in bestimmten Situationen ständig die gleichen Fehler zu machen? Warum fällt es uns so schwer, alte Gewohnheiten abzustreifen?

Wie wir wurden, was wir sind

Erlauben Sie sich, ein paar Minuten zu träumen. Stellen Sie sich vor, Sie sehen ein kleines Mädchen. Wir nennen dieses kleine Mädchen Jenny. Neugierig schaut sie in die Welt. Welche Welt? Kommen Ihnen diese Fragen zu philosophisch vor? Aber hier fängt's an. Hier beginnen die Programme, die unsere Handlungen steuern, unsere Gedanken beeinflussen, die uns helfen, zu Siegern zu werden, oder uns oft ein Leben lang Schwierigkeiten machen.

Ob wir mit den Karten, die uns bei unserer Geburt zugeteilt werden, zufrieden sind oder nicht, wird sich erst später herausstellen. Am Anfang unseres Lebens ziehen wir keine Vergleiche, sondern nehmen auf, was um uns herum geschieht. Wir halten das, was wir wahrnehmen, für die Realität. Es ist und es wird unsere Realität. Aber es ist nicht *die* Realität. Dieser Unterschied hat Folgen für unser ganzes Leben.

Jeder Mensch lebt in seiner eigenen Realität

Unsere kleine Jenny liegt in einer sanft schaukelnden Wiege. Macht sie sich etwa Gedanken darüber, ob alle Babys in einer Wiege liegen? Nein. Zerbricht sie sich den Kopf darüber, ob es vielleicht woanders auf der Welt andere Schlafstätten für kleine Kinder gibt? Nein, natürlich nicht! Sie kann noch nicht denken, sie kann noch nicht vergleichen. Aber sie kann empfinden. Wenn sie sich in ihrer Wiege wohl fühlt, angenommen und geborgen, dann wird diese Kombination Wiege – Wohlfühlen gespeichert. Wenn die kleine Jenny älter wird, wird sie ihre Umgebung vielleicht mit der Frage nerven, ob alle Babys auf der Welt in einer Wiege liegen. Doch bis dahin ist ihr innerer Speicher um viele Eindrücke reicher.

Als Jenny auf die Welt kommt, sind die Eltern beide noch mitten im Studium.
So steht an ihrer Wiege in Göttingen keine Fee, die der neuen Erdenbürgerin Ruhe und Beschaulichkeit auf das Kissen legt, sondern eine abgehetzte junge Frau, die zwischen Hörsaal und Kinderwagen versucht, »Scheine« zu schreiben, und keine Zeit hat, stundenlang liebevoll in das Gesicht ihres Kindes zu schauen.
So beginnt Jenny schnell, sich an ihre Umgebung, die Welt, in der sie sich nun befindet, heranzutasten, versucht, von sich aus Kontakt aufzunehmen.
Aus ihrer Wiege heraus kann sie nicht allzuviel sehen, dafür aber um so mehr hören. In der Studentenbude wird gegessen, diskutiert, gelacht und ab und zu heftig gestritten. Ständig ist etwas los. Jenny lernt schnell, die verschiedenen Stimmen in ihrer Umgebung zu unterscheiden. Die Stimme der Mutter war ihr schon vor der Geburt vertraut, auch die des Vaters erkennt sie schnell. Es dauert nicht lange, und das kleine Wesen hört, wie es der Mutter geht. Wird die Stimme höher, so hat sie nicht viel Zeit für Jenny, spricht sie schnell, taucht auch die des Vaters auf. Häufig hat das kleine Mädchen Mühe, die Mutter in dem Stimmengewirr, das seine Wiege umgibt, herauszuhören, doch mit jedem Tag gelingt es besser. Wundert es uns, daß Jennys Eindruck von dieser Welt stark akustisch geprägt ist, daß Geräusche, Lärm und Stimmen dazugehören und daß sie unruhig wird, wenn es leise ist?

Jeder Mensch entdeckt die Welt zuerst über die Sinne

Nun fällt es Ihnen gewiß nicht schwer, sich ein anderes Kind vorzustellen. Malen Sie sich einfach aus, welche Eindrücke ein kleiner Junge, der in einem abgelegenen Dorf in Tibet zur Welt kommt, aufnimmt. Seine Welt ist von ganz anderen Geräuschen, Gerüchen und Gesichtern geprägt als die der kleinen Jenny. Er erlebt die Weite der Landschaft, die Stille, die Einsamkeit. Für ihn ist diese Welt die einzige Welt, genau wie für Jenny das Stimmengewirr in dem kleinen Studentenappartement. Beide glauben lange Zeit, so wie sie selbst, so würden alle Kinder leben, so wie ihr Zuhause ist, so sei die ganze Welt.

Ob wir all unsere Vorlieben bereits mit auf die Welt bringen oder ob sie sich in den ersten Lebensmonaten herausbilden, ist nicht ganz sicher. Darum können wir auch nicht genau vorhersagen, ob Jenny später zu den Menschen gehören wird, für die der auditive Wahrnehmungskanal – also die Wahrnehmung über das Gehör – der entscheidende Kanal sein wird. Daß Jenny aber die Welt, in die sie hineingeboren wurde, für ein Meer von Stimmen hält, davon können wir bereits jetzt ausgehen. Doch es geschieht noch mehr: Von Jenny unbemerkt zeichnet eine Instanz diese ersten Erfahrungen auf. Es wird lange dauern, bis Jenny weiß, daß es ein Unterbewußtsein gibt. Vielleicht wird sie sich nie dafür interessieren und sich nie darüber Gedanken machen. Trotzdem ist dieses Unterbewußtsein bereits aktiv: Es speichert, was Jenny erlebt und was sie dabei empfindet. Ohne daß Jenny sich dieses Vorgangs bewußt ist, ohne dazu aufgefordert worden zu sein, führt ihr Unterbewußtsein eine Art Tagebuch. Hört Jenny die Mutter lachen und fühlt sie sich dabei wohl, es wird registriert. Wird die Stimme der Mutter schrill und spürt Jenny Unbehagen, es wird registriert. Vielleicht können wir das Unterbewußtsein mit der Blackbox eines Flugzeuges oder dem Fahrtenschreiber eines Wagens vergleichen. Genau wie jene zeichnet es auf, was geschieht.

Doch im Gegensatz zu den technischen Aufzeichnungsgeräten beschränkt es sich nicht auf Daten, sondern es vermerkt, was Jenny dabei fühlt. Beides wird zusammen abgelegt – Ereignis und Gefühl. Daher ist unser Unterbewußtsein ein sehr komplexes Tagebuch. Leider läßt es sich nicht so leicht in die Seiten schauen, denn es verschlüsselt seine Eintragungen und schreibt in seiner eigenen Sprache: in Bildern.

Jeder Mensch hat seinen einzigartigen Speicher

Je häufiger ein Verhalten aufgezeichnet wird, desto selbstverständlicher wird es. So übernimmt der Speicher, unser Unterbewußtsein, allmählich die Rolle eines vertrauten Wegweisers. Die Programmierungen helfen uns, Routine im Umgang mit Menschen, Tieren und Situationen zu entwickeln, damit wir nicht jedesmal überlegen müssen, wie wir uns verhalten müssen. Im praktischen Sinne der Natur macht das Sinn: Ein junger Bär lernt durch Beobachtung anderer Bären, sich wie ein Bär zu verhalten. Ein Kind lernt durch Beobachtung seiner Eltern, wie es sich in bestimmten Situationen verhalten soll. Es lernt einfach, sich zu verhalten – nämlich, alles so zu tun wie sie. Es fragt sich nicht, ob dieses Verhalten richtig oder falsch ist. Solange ein Kind nicht bewußt erlebt, daß andere Menschen manches anders machen, denkt es auch nicht darüber nach.

Und selbst wenn es ihm eines Tages auffällt, so gibt es einen Faktor, der den großen Einfluß, den elterliches und familiäres Verhalten hat, unterstützt und die Auseinandersetzung mit diesem Verhalten oft ein Leben lang verhindert: die Abhängigkeit des Kindes.

Jedes Baby ist in jeder Hinsicht vollkommen abhängig, es ist in jeder Hinsicht bedürftig. Diese Abhängigkeit ist dem Kind bewußt, es spürt vom ersten Lebenstag an, daß es ohne einen Menschen, der sich ständig um es kümmert, nicht überleben kann. Kommt niemand an sein Bettchen, weint es, weil es einsam ist. Ist niemand da, der es füttert, leidet es, weil es Hunger hat. Wird die Windel nicht gewechselt, spürt es großes Unbehagen. Nimmt es niemand in den Arm, erstarrt es nach einer Weile innerlich vor Einsamkeit.

Diese Abhängigkeit wird zwar äußerlich geringer, wenn das Kind älter und selbständiger wird, bleibt innerlich aber oft bestehen und läßt häufig auch im Erwachsenenalter eine objektivere Betrachtung der aufgenommen Inhalte nicht zu.

Denn im Gegensatz zu den Bären entwickelt der Mensch nicht nur seinen Körper, sondern auch seinen Geist. Und dieser Geist kann nach einer Weile anfangen, zu beobachten, zu vergleichen und abzuwägen! Manchmal kommt er zu dem Ergebnis, daß längst nicht alles so super läuft und daß er vieles anders als die Eltern machen möchte!

Doch bis das Menschenkind soweit ist, vergeht eine Weile.

Diese »Weile« aber reicht aus, um uns unsere typische Prägung mitzugeben. Psychologen sind sich darüber einig, daß wir bereits mit vier Jahren so viel von unserer Umgebung und dem Verhalten unserer Eltern aufgenommen haben, daß unser Basismuster fertig ist.

Jeder Mensch speichert Verhaltensmuster

Jenny ist ein paar Monate alt, da findet sie heraus, daß einige Freundinnen der Mutter sie aus ihrem Bettchen heben, wenn sie nur kräftig genug schreit. Das gefällt Jenny, denn auf dem Arm einer netten Tante kann sie nicht nur alles hören, sondern auch viel mehr sehen! Sehr schnell findet sie heraus, daß sie nur auf sich aufmerksam machen muß, um aus der Einsamkeit des kleinen Bettchens befreit zu werden. Also versucht sie immer nachdrücklicher, sich bemerkbar zu machen, kaum daß sie andere Stimmen vernimmt! Nach einigen erfolgreichen Versuchen eilt ihr bereits der Ruf voraus: »Na, die Jenny versteht es aber, sich zu holen, was sie braucht! Das wird eine ganz starke Person!« Jenny begreift zwar den Sinn der Worte noch nicht, doch der Tonfall, in dem sie gesprochen werden, gefällt ihr!

Je häufiger wir ein bestimmtes Verhalten erleben, desto selbstverständlicher wird es.

Unser Unterbewußtsein hat es einfach »drauf«. Ein Impuls genügt, und das Programm spult sich ab. Die gespeicherten Einheiten machen sich durch Gefühle bemerkbar und lösen Handlungen aus. Dies geschieht häufig so schnell, daß unser Verstand erst registriert, was geschehen ist, wenn wir gehandelt haben! Wir entschuldigen uns dann mit den Worten: »Ach, das habe ich gar nicht bemerkt, ach, das habe ich gar nicht gewollt, ach, das habe ich gar nicht so gemeint!«

Es gibt keine Handlung ohne inneren Impuls

Wir lernen in den ersten Jahren unseres Lebens durch Beobachtung: Wir studieren unsere Umgebung und die darin handelnden Personen. Und wir spüren die Auswirkungen dieser Handlungen. Wer setzt sich schon freiwillig dem Schmerz aus, wenn er mit Anpassung auch Freude ergattern kann? Das bedeutet, wir spüren relativ früh, was in unserer Umgebung »ankommt«. Wir registrieren sehr genau, welche Folgen unser Verhalten hat. Überrascht es Sie da noch, daß Kinder versuchen, mehr Freude als Schmerz zu spüren? Doch dieses freudige Gefühl ist häufig mit einem bestimmten Verhalten verbunden. Also lernen wir, das zu tun, was uns angenehme Gefühle beschert.

Der Mensch strebt zur Freude und vermeidet den Schmerz

Jeden Tag lernt Jenny mehr: Sie beobachtet, wie unterschiedlich Mutter und Vater reagieren. Jenny hat bald heraus, daß der Vater schnell ärgerlich und die Mutter oft nervös wird. Sie bekommt mit, welche Menschen von den Eltern mit einem fröhlichen »Hallo« empfangen werden und welche nicht, sie spürt den Unterschied zwischen ausgelassener Stimmung und gereizten Wortfetzen. Jenny macht sich keine Gedanken, nein, das kann sie noch gar nicht. Sie nimmt diese Strömungen unbewußt auf.
Als sie anfängt, laufen zu lernen, wird ihre Welt Schritt für Schritt größer. Jetzt kann sie beobachten, wie die Eltern bestimmte Dinge tun: Wie die Mutter am Schreibtisch sitzt, am Herd steht und stundenlang telefoniert, wie der Vater sich eine Zigarette anzündet, liest und mit der Mutter spricht. Jenny studiert ihre Eltern und versucht ihr Verhalten nachzuahmen. Dieses Nachahmen ist die erprobte Möglichkeit, Kenntnisse von einer Generation an die nächste weiterzugeben. Doch leider beschränkt es sich nicht auf praktische Fähigkeiten. Wir lernen von unserer nächsten Umgebung auch den Umgang mit Menschen und Situationen.
Steckt die Mutter sich immer ein Stückchen Schokolade in den Mund, wenn sie unruhig ist? Greift der Vater zur Zigarette, wenn er mit seinen Freunden spricht? Kämmt sich der Opa die Haare, wenn er den Hut abnimmt? Schimpft die Mutter ständig über die

Enge in dem kleinen Appartement? Klopft die Nachbarin an der Decke, wenn es in der Wohnung ganz laut wird? Jenny saugt so ganz nebenbei einen bestimmten Lebensstil auf, eine ganz spezielle Art, mit Menschen, Situationen und Gegebenheiten umzugehen.

Erwachsene handeln nach Mustern, die ihren Ursprung in der Familiengeschichte haben

Die amerikanische Psychologin und Familientherapeutin Dr. Irene C. Kassorla, die 1980 von der Universität von Südkalifornien zu einer der zehn einflußreichsten Frauen der Welt gewählt wurde, ist davon überzeugt, daß wir schon mit vier Jahren so viel von den uns umgebenden Familienmustern und Transaktionen aufgesogen haben, daß wir bereits in diesem Alter auf der Straße der Gewinner marschieren oder anfangen, den Weg der Verlierer und Versager zu gehen. Unser Verhalten, so sagt sie, wird durch das Beispiel unserer Eltern geprägt, die wiederum von ihren Eltern lernten. Doch wir können diesen Lauf der Dinge aufhalten. Wir können anfangen, uns unsere Muster und Verhaltensweisen bewußtzumachen, und sie nach unseren eigenen Vorstellungen und Erfordernissen formen. Denn Dr. Kassorla hat einen Trost parat: Unsere gespeicherten Muster sind nicht in Granit gehauen. Wir können sie ändern.

Gespeicherte Muster lassen sich verändern

It's not where you start, it's where you finish!
Song zur Amtseinführung von Präsident R. Reagan

Doch das erfordert natürlich ein wenig Anstrengung, vor allem, wenn unsere Umgebung an alten Verhaltensweisen festhält! Viele Verhaltensweisen, die wir als Kinder aufnehmen, sind nämlich nicht nur in unserer Familie zu finden, sondern auch in unserer Nachbarschaft, in unserer ganzen Umgebung, in der ganzen Region! Manche Muster und Verhaltensweisen finden wir sogar im ganzen Land, und sie sind so verbreitet, daß nur noch die Ausnahme auffällt! So entstehen Traditionen und Brauchtum! Denken Sie nur an kirchliche Feiertage! Da marschiert so mancher in die Kirche, einfach weil man an diesen Tagen in die Kirche geht. Und da geht so mancher, der vom eigentlichen Sinn der Feiertage gar nichts mehr weiß!

Jennys Eltern gehen nicht in die Kirche. Sie schlafen am Sonntag lieber aus.
Zwar hat die Mutter sie einige Male fragend angesehen und dabei etwas von Taufe gesagt, doch der Vater hat den Kopf geschüttelt. Dann spricht niemand mehr darüber, und auch Jenny vergißt dieses Wort wieder. In ihrem Kinderleben spielt der liebe Gott kaum eine Rolle, die Eltern sprechen nicht davon. Nur zu Weihnachten singt der Opa vom Herrn Jesus Christus und vielen Engeln. Doch die Puppe, die er Jenny mitgebracht hat, ist viel aufregender.

Die Grundeinstellungen werden in der Kindheit angelegt

Wie ist es dem kleinen Jungen in Tibet inzwischen ergangen?
Er wird seiner Umgebung nicht nur andere praktische Fähigkeiten abschauen, sondern eine ganz andere Lebensphilosophie.
Stellen Sie sich vor, wie es für ihn sein muß, wenn er zum erstenmal mit seinen Eltern einen Chamtanz erlebt! Dieser Tanz ist Abschluß wochenlanger Gebets- und Reinigungsriten, die Mönche tanzen ihn in farbenprächtigen Gewändern im Klosterhof mit Masken aus Hanf oder Ton, der mit Stoff überzogen und bemalt wird. Staunend und in ehrfurchtsvoller Stille blickt der kleine Junge gebannt auf die würdevollen Bewegungen, die großen Figuren aus Teig. Dieser streng formale Tanz soll die Schutzgottheiten herbeizaubern und gleichzeitig die Zuschauer belehren. Sein Ursprung liegt in den alten Religionen der Götter und Geister, an die die Menschen Tibets glaubten, bevor Buddha erschien, und denen sie noch Menschenopfer darbrachten.

Auch Jenny sieht mit drei Jahren die ersten Tänze ihres Lebens: ein undefinierbares Geschiebe und Gestampfe. Stundenlang herrscht in der kleinen Wohnung der Eltern lautes Kommen und Gehen. Jeder, der eintritt, bringt etwas mit, die Korken knallen, die Gläser klingen! Auch der Großvater schaut herein, hat diesmal sogar Zeit, sich hinzusetzen, und prostet voller Stolz dem Vater zu, den er plötzlich ganz überschwenglich »meinen fabelhaften Jungen« nennt. Jenny darf bei Opa auf den Knien sitzen, und mit großen Augen hört sie immer wieder, wie außergewöhnlich tüchtig doch der Papa ist. Sie kann sich darunter nichts vorstellen, sie hat ihren Papi immer lieb. Immer mehr Menschen tauchen auf, plötzlich erklingt Musik, und jemand beginnt zu tanzen, das kleine Appartement wird zum Hexenkessel. Es riecht nach Rauch und Sekt, nach Parfüm und heißen Würstchen. Irgendwann schläft Jenny erschöpft mitten im Trubel ein, als sie wieder aufwacht, sitzen und liegen in der ganzen Wohnung übernächtigte Gestalten und prosten sich noch immer zu. Erst Jahre später erfährt sie den Grund der Ausgelassenheit: Der Vater hatte als bester Kandidat seines Jahrgangs sein Examen bestanden.

Wie unterschiedlich verlaufen diese beiden Feste! Was wird unser kleiner Tibeter, was wird Jenny davon im Unterbewußtsein speichern? Wird es einen Einfluß auf ihre Vorstellung von Festen haben? Ganz bestimmt. Doch vielleicht sagen Sie nun, was gehe Sie das an, Göttingen und Tibet lägen weit auseinander! Das ist richtig. Doch unsere Welt ist zusammengewachsen. Wir begegnen heute Menschen aller Nationalitäten. Aber vielleicht wird uns nun bewußt, wie können wir andere Menschen wirklich verstehen, wenn wir nicht wissen, was sie erlebt und erfahren haben? Die Sitten und Gebräuche ihrer Heimat nicht kennen, nicht wissen, welcher Religion sie angehören, was sie wirklich glauben?
Je mehr die Welt zusammenrückt, je kleiner sie wird, desto mehr Fehler können wir im Umgang mit anderen machen. Zurückhaltung und Respekt sind so wichtig wie nie zuvor!

Eigene Erfahrungen nicht verallgemeinern

Vielleicht kommen Sie wirklich niemals nach Tibet. Doch daß Sie in Ihrem Leben keinen Buddhisten treffen werden, ist in unserer heutigen Welt sehr unwahrscheinlich. Die Menschen wandern, und ihr Glaube wandert mit.
Der Buddhismus, der von Indien aus Südostasien, China, Japan, Thailand und Tibet eroberte, gehört nicht nur zu den Weltreligionen, sondern fasziniert auch immer mehr Menschen in Europa und

Amerika. Sie interessieren sich für die Lehre Buddhas und versuchen sogar, ihr Leben danach auszurichten. Die Idee der Reinkarnation hat auch bei uns viele Freunde.

Welch große Rolle die Religionen im Zusammenwirken der Menschen spielen, wird uns leider eher in extremen Fällen bewußt: wenn islamische Fundamentalisten in Algerien den Einwohnern ganzer Dörfer die Kehle durchschneiden oder Protestanten in Irland Protestmärsche durch »feindliches Gebiet« anmelden und wir am Bildschirm erstaunt beobachten, daß das »feindliche Gebiet« bereits vor dem Nachbarhaus beginnt! Wenn Sprengsätze in türkischen Geschäften explodieren und Serben und Kroaten sich gegenseitig niedermetzeln, dann wird uns klar, welchen akuten Einfluß Glaubensfragen auf das Alltagsleben der Menschen haben. Doch es geht noch viel weiter!

Anderer Glaube bedeutet anderes Verhalten im Alltag

Nicht nur unsere Strafgesetzbücher haben religiöse Wurzeln, sondern auch viele Etiketteregeln! So sind die Suren des Korans für den gläubigen Moslem einerseits das Wort Allahs, andererseits aber auch die Richtschnur seines weltlichen Verhaltens. Die Zehn Gebote bilden in vielen Ländern die Grundlage der bürgerlichen Gesetze!

Es ist noch gar nicht so lange her, da mußte auch bei uns ein Mann, der einen Seitensprung begangen hatte, nach dem Ehebruch nicht nur mit seinem Gewissen, sondern auch mit dem weltlichen Richter zu Rande kommen! Wir Deutschen legen zwar heute großen Wert darauf, daß Kirche und Staat sich möglichst nicht in unser persönliches Leben einmischen, doch in vielen anderen Ländern ist dies durchaus üblich. So entstehen Situationen, die wir als Fremde kaum durchschauen. Unwissenheit und Unverständnis können uns schnell in unangenehme Situationen schlittern lassen!

Nehmen Sie z. B. Chile, ein aufstrebendes Land in Südamerika, in dem sich aufgrund der Bodenschätze und des Waldbestandes auch immer mehr deutsche Firmen engagieren.

Hier kann es Ihnen auf einer Veranstaltung passieren, daß Ihr Geschäftspartner, der Ihnen gestern stolz seinen Sohn und Nachfolger präsentierte, Ihnen heute noch stolzer erklärt, die junge, hübsche

Donna Evita sei seine erste und einzige Ehefrau. Dies macht Sie
etwas mißtrauisch, denn Donna Evita ist kaum älter als fünfundzwanzig. Scharfsinnig überlegen Sie, daß es doch mindestens noch
eine Ehefrau gegeben haben muß! Aber es gibt in Chile keine
Scheidung, und Ehebruch steht bis heute unter Strafe. Was nun?
Chile wäre kein lateinamerikanisches Land, wenn den Menschen
nicht etwas eingefallen wäre, diesen Umstand zu umgehen. Und so
ist die junge Frau an der Seite Ihres Gesprächspartners tatsächlich
seine erste Frau, hat er doch die Ehe mit der allerersten – ganz le-
gal – annullieren lassen. Da ist ihm nach dreißigjähriger Ehe plötzlich aufgefallen, daß auf der Heiratsurkunde ein falscher Vorname
steht oder der Standesbeamte die damalige Adresse nicht richtig
aufgenommen hat oder aber daß das Standesamt, auf dem man damals geheiratet hat, für die Eheschließung gar nicht zuständig war.
So merkte man(n) leider, daß man(n) gar nicht rechtmäßig verhei-
ratet ist. Diesem Zustand mußte natürlich sofort abgeholfen werden, schließlich lebt man(n) in einem katholischen Land! Doch
seltsamerweise war nach diesen niederschmetternden Entdeckun-
gen das Verlangen, den alten Bund zu legalisieren, leider erlo-
schen. Nein, wenn man(n) wirklich noch einmal heiraten muß,
dann doch bitte eine andere!
Wollen wir die Verhaltensweisen anderer Menschen verstehen,
dann müssen wir uns bewußtmachen, welche kulturellen und religiösen Strömungen in ihrem Heimatland vorherrschen, denn Erziehung und Lebenserfahrung sind eng mit diesen Strömungen
verwoben.
Ohne uns dessen bewußt zu sein, unterliegen auch wir diesen Ein-
flüssen. Als Kind nehmen wir sie ganz nebenbei auf, und sie werden Teil unserer Realität. Sie sind oft so tief in unser Unterbewußtsein einprogrammiert, daß wir auch als Erwachsene nicht von
diesen Überzeugungen lassen können – selbst dann nicht, wenn wir
bereits das Gegenteil tun!
Kehren wir doch einfach noch einmal nach Chile zurück! Inzwischen braust nämlich ein Sturm der Entrüstung über das Land, die
Menschen fürchten um das Fundament ihres Staates und das
Wohlergehen des ganzes Volkes. Und warum? Weil ein paar mutige Politiker gefordert haben, das scheinheilige Verhalten nun endlich ad acta zu legen und ein Scheidungsrecht einzuführen! Ist das
nicht merkwürdig? Jetzt plötzlich entrüstet man(n) sich über ein
Verhalten, das man(n) schon lange praktiziert! Plötzlich wird of-

fenbar jedem Chilenen wieder bewußt, was er als Kind gelernt hat: Die Ehe ist unauflöslich.

Verhalten und innere Überzeugung können sich widersprechen

Ein Beispiel: Wir halten uns für tolerant – bis in die Nachbarwohnung ein Nigerianer einzieht. Wir haben keine Vorurteile – bis ein Japaner im Büro neben uns sitzt. Wir sind ja so weltoffen – bis der dritte Laden in unserem Stadtteil von einer türkischen Großfamilie betrieben wird. Wir haben nichts gegen andere Eßgewohnheiten – bis wir im Orientexpreß von Wien nach Bukarest reisen müssen.

Unbemerkt haben wir irgendwann die Meinungen und Ansichten unserer Umgebung gespeichert – ohne darüber nachzudenken. Unser Verstand sagt uns mittlerweile etwas ganz anderes, doch in extremen Situationen tauchen diese alten Programmierungen wieder auf. Diese Muster schränken uns ein und verhindern, daß wir uns vorurteilsfrei in der Welt bewegen!

Dabei sind wir, wenn wir auf die Welt kommen, ganz offen für die Wunder und die Vielfalt des Lebens! Die Natur hat uns auf wunderbare Weise so umfassend ausgestattet, so global angelegt, daß wir überall zurechtkommen können!

Hatten wir schon darüber gesprochen, wo Jenny gezeugt worden ist? Nein, sicher nicht, denn darüber spricht man in unserem Kulturkreis ja auch nicht. Doch Jenny wurde in den USA ins Leben gerufen, machte in den ersten Wochen bereits eine Reise durch den ganzen Kontinent und verbrachte den zweiten Monat ihrer Existenz in Mexiko. Machten sich ihre Eltern nun etwa Gedanken, ob ihr in Amerika gezeugtes Kind auch Deutsch lernen kann? Bestimmt nicht! Sie haben nicht eine Sekunde an diese Vorstellung verschwendet! Es war für sie völlig selbstverständlich, daß ihr Kind die Sprache, in die es hineingeboren wird, mühelos lernen wird!

Dabei ist die Natur noch viel großzügiger! Dieses Kind würde sogar zwei Sprachen lernen, spielerisch und ohne darüber nachzudenken! Das Gehirn eines Neugeborenen ist im wahrsten Sinn des Wortes »weltlich«. Ob ein kleiner Japaner in Toronto auf die Welt kommt oder ein Spanier in Schottland, das Kind lernt die Sprache, die seine Umgebung spricht. Ein Chinese, in Paris geboren und aufgezogen, spricht sogar ein »R«. Was heißt das? Daß unsere Fähigkeit zu lernen zu Beginn unseres Lebens sehr, sehr groß ist.

Niemals denken: Das kann ich nicht!

Unsere innere Bandbreite und unsere mentale Kapazität sind zu Beginn unseres Lebens riesig, denn die Natur ist äußerst effizient. Sie schafft kein japanisches Gehirn und kein spanisches, sondern ein menschliches. Und dieses menschliche Gehirn ist so konstruiert, daß es überall auf der Welt sofort eingesetzt werden kann. Doch welche Wege dann in unserem Gehirn aktiviert werden und welche nicht, das liegt vor allem an der Umgebung, in die das Menschlein hineingeboren wird, und an seinen individuellen Vorlieben und Begabungen.
Wir erlauben einem Kind in der Regel nicht, sein ganzes Potential zu entwickeln. Im Gegenteil, wir schränken es durch die Erziehung ein: Wir ziehen Dämme, wo breite Pfade angebracht wären.

Denkblockaden einreißen

Unsere Gehirne sind sich im großen und ganzen, von einigen biologischen Besonderheiten, die wir uns noch anschauen werden, gleich. Entscheidend ist, wie dieses riesige Geflecht aktiviert wird! Je mehr liebevolle Anregungen, je mehr emotionale Unterstützung ein kleines Kind bekommt, desto mehr Pfade werden in seinem Gehirn aktiviert! Je mehr Pfade aktiviert wurden, um so komplexer, kreativer, origineller kann das Kind später gedanklich darauf herumspazieren! Je mehr Pfade, je variabler das Denken! Doch ein kleines Kind braucht die Stimulierung einer liebevollen Umgebung, um die Wege anlegen zu können!
In England gibt es bereits eine Kinderkrippe, in der schon die Säuglinge mit klassischer Musik vertraut gemacht werden. Auf Mozart oder Chopin reagieren Kinder unerwartet positiv, bewegen sich zum Teil bereits auf dem Schoß der Mutter zur Musik, fangen

an zu tanzen, kaum, daß sie stehen können, und Dreijährige bestehen darauf, selbst Musik zu machen.

Sicher haben auch Sie schon Bilder jener Babys gesehen, die schwimmen können, bevor sie laufen!

Damit ein Kind sich so entwickelt, braucht es liebevolle Zuwendung und Anregung!

Es muß sich emotional ganz sicher fühlen, dann geht es sehr früh auf Entdeckungsreisen! Jetzt erkennen wir, daß es für ein Kind nichts Schlimmeres geben kann, als Einsamkeit. Ein einsames Kind hat es schwer, sich emotional zu entwickeln und Geist und Verstand zu erforschen.

Doch nicht nur Kinder, die in erbärmlichen Verhältnissen auf die Welt kommen und dort vor sich hin vegetieren, sind in Gefahr: Wenn wir es recht bedenken, so wird in unseren ersten Lebensjahren und darüber hinaus unser Geist behindert. Eltern übersehen nämlich, daß die Erziehung zwei Komponenten hat: eine soziale und eine mentale. Das heißt, Erziehung ist einerseits darauf ausgerichtet, uns beizubringen, wie wir uns zu benehmen haben. Nur wenn wir bestimmte Spielregeln im Verhalten miteinander beachten, können wir mit anderen Menschen zusammenleben und -arbeiten, werden wir gesellschaftsfähig. Gebote und Verbote gehen hierbei Hand in Hand. Gleichzeitig sollen wir aber unseren Verstand entdecken, sollen lernen, ihn zu nutzen, neugierig und wissensdurstig sein.

Unsere kleine Jenny ist inzwischen drei Jahre alt. Vieles hat sich verändert: Aus dem kleinen Studentenappartement ist eine schmucke Dreieinhalb-Zimmer-Wohnung geworden. Laute Stimmen sind nur noch selten zu hören, und der Vater trägt täglich Anzug und Krawatte. Er geht jeden Morgen um sieben aus dem Haus, und wenn er heimkommt, ist er müde. Beim Abendessen spricht er über Dinge, von denen Jenny nichts versteht. Doch heute abend ist es anders, heute glaubt Jenny mithalten zu können. Jedesmal wenn das Wort »Betriebsrat« fällt, jauchzt sie auf: »Jenny jetzt auch Fahrrad fahren!« Doch jedesmal legt die Mutter den Zeigefinger vor den Mund, schüttelt ablehnend den Kopf und schaut Jenny strafend an. Jenny wagt noch ein trotziges »Doch« und stochert ungeschickt mit dem Löffel auf dem Teller herum. Dann kullern die Tränen. Die Mutter hat es doch selbst gesehen!

34

Hier sehen wir, wie unsere sogenannte Erziehung uns einerseits etwas vermittelt, jedoch gleichzeitig etwas anderes beschränkt.

Die Mutter versuchte Jenny beizubringen, dem Vater nicht ins Wort zu fallen. Doch bei Jenny kommt etwas ganz anderes an! Jenny bezieht das Verhalten der Mutter nicht auf die Form, sondern auf den Inhalt. Sie ist enttäuscht, daß die Eltern nicht hören wollen, was sie gelernt hat! Dabei hat Jenny eine für ihr Alter hervorragende gedankliche Verbindung hergestellt – vom Betriebsrat des Vaters zu ihrem Fahrrad vor der Tür. Da die Eltern aber von dieser geistigen Meisterleistung im Augenblick nichts wissen wollen, schließt Jenny daraus, daß das, was sie sich ausdenkt, nichts taugt.

Wiederholen sich solche Erlebnisse, wird die Mutter ihr soziales Ziel, Jenny gute Manieren beizubringen, sicher erreichen. Allerdings wird Jenny später andere vielleicht nicht aus Höflichkeit ausreden lassen, sondern weil sie überzeugt ist, nichts Gescheites zu sagen zu haben. Vielleicht gehört sie auch zu jenen Erwachsenen, die jedesmal ärgerlich aus einem Meeting herausgehen, weil sie das, was andere sagten, schon viel früher hätten sagen können. Doch irgend etwas hält sie zurück.

Wie sind Sie erzogen worden?

Gute Manieren sind natürlich wichtig, doch wenn sie uns falsch beigebracht werden, gehen sie auf Kosten unserer Spontaneität, unsere Neugierde, unseres Lerneifers.
Unsere Freude an allem Unbekannten, Neuen, unsere Kombinationsgabe, kurz alles, was unserer Umgebung nicht ins Konzept und nicht in den Zeitplan paßt, wird eingeschränkt. Das ist im Grunde sehr gefährlich, doch unsere Erziehung, unsere Dressur auf bestimmte Verhaltensweisen und die uns vermittelte Art, mit Wissen umzugehen, entsprechen meistens der Situation und den Umständen, in denen wir als Kind lebten. Schlimmer noch, bei vielen Eltern entspricht die Erziehung der Situation, wie sie sie als Kinder erlebt haben. Doch wir sollten für die Zukunft erzogen werden und nicht für die Vergangenheit! Hinzu kommt, daß sich in unseren ersten Lebensjahren unsere positive Antriebskraft besonders

durch körperliche Bewegungen und stimmlichen Ausdruck zu Wort meldet. Da wird das uns allen wohlbekannte »Sei leise, halt den Mund, sitz endlich still«, schnell zum Schraubstock unserer kreativen Energie.

Das Traurige dabei ist, daß unsere Eltern dies gar nicht wollen. Doch sie versäumen, darauf zu achten, daß das Ziel, uns gute Manieren beizubringen, nicht auf Kosten unserer geistigen Fähigkeiten gehen sollte. Bei dieser Dressur bleibt vieles auf der Strecke. Nach manchem suchen wir später unser Leben lang vergebens.

Haben Sie das Gefühl, mehr zu können?

Aber nicht nur übertriebener Eifer im gutgemeinten Sinne kann uns an der Entdeckung und Entfaltung unserer Gaben hindern, sondern auch die Überforderung und Unkenntnis unserer Umgebung.

Wir können im anderen nur erkennen, was wir selbst schon gesehen haben. Haben wir keine Ahnung von den Naturwissenschaften, werden uns die bohrenden Fragen unseres Kindes nach dem Funktionieren der Magnettür auf die Nerven gehen – weil wir sie nicht beantworten können. Haben wir uns nie für Technik interessiert, werden wir wahrscheinlich für das Aufschrauben unseres alten Radios nicht viel Verständnis aufbringen, sondern nur um seine Funktionsfähigkeit fürchten. War für uns Musik mehr mit Geräusch verbunden oder mit steifen festlichen Anlässen verknüpft, wird uns der Wunsch nach einem Instrument eher ärgern, als uns zu veranlassen, bei unserem Kind nach einer Begabung zu forschen.

Nun, wenn wir uns selbst vorstellen können, so zu handeln, warum sollte es da unseren Eltern anders gegangen sein?

Außerdem gibt es ein Phänomen in der Erziehung: Wenn wir keine bewußten Anstrengungen unternehmen, werden wir unsere Kinder so ähnlich erziehen, wie wir erzogen worden sind: Dieses Muster ist nach langjähriger leibhaftiger Erfahrung einfach drin. Wer hat im Alltagsstreß schon die Nerven, sich und seine Handlungen immer wieder zu überprüfen? So wiederholen sich Muster, ohne daß wir es wollen.

Fehlt uns dann auch die Zeit, unsere eigene Sicht der Dinge auf den neuesten Stand zu bringen, kommt es zu fatalen Fehleinschätzungen. »Iß, damit du groß und stark wirst!«

»Geh zum Staat, da bist du versorgt«; »Mädchen können keine Mathematik«; »Du heiratest ja doch!«; »Technik ist doch nichts für eine Frau«; »Du willst doch mal einen Mann kriegen, oder nicht?«; »Sei schön brav, dann bringt dir der Onkel was mit!«

Doch wir müssen noch etwas bedenken: Nicht nur das Wissen der Welt ist in Bewegung, sondern auch unsere Lebensart. Im Augenblick vollzieht sich auf vielen Gebieten ein radikaler Wandel: Wer hätte vor dreißig Jahren geglaubt, daß wir mit *einem* Beruf kaum noch bestehen können? Wer wagt noch zu widersprechen, wenn Trendforscher davon überzeugt sind, daß wir bald im Verlaufe unseres Lebens sechs, ja vielleicht sogar sieben verschiedene Berufe ausüben werden?

Sind wir darauf vorbereitet?

Viele Menschen sind überzeugt, keinen Zugang zu den dazu nötigen Informationen zu haben, und machen sich nicht schlau. Andere glauben, selbst wenn sie alle verfügbaren Quellen anzapften, fehlte ihnen die Gabe, diese Informationen im richtigen Zusammenhang zu sehen, und die Phantasie, sich die Folgen auszumalen.

So werden nur wenige Eltern diese Entwicklungen vorhergesehen haben, und nur wenige sind in der Lage, sich auszumalen, was das für ihre Kinder bedeutet.

Welchem Weltbild entspricht Ihre Erziehung?

Aber, Hand aufs Herz, sehen Sie voraus, welche Entwicklungen in den nächsten dreißig Jahren auf uns zukommen? Wahrscheinlich auch nicht.

Darum können wir unseren Eltern auch keinen Vorwurf machen. Doch wir erkennen, daß Erziehung aus einem bestimmten Blickwinkel heraus geschieht. Wir erziehen im Grunde immer für die Vergangenheit und nicht für die Zukunft. Alle Eltern handeln aus den ihnen bekannten Lebensumständen heraus; diese *gewesenen* Situationen sind die Richtlinien.

So war auch bei uns bis zum Zweiten Weltkrieg eine Tochter aus gutem Hause höchstens bis zu ihrer Heirat berufstätig, wenn überhaupt. Die Berufe, die den jungen Damen zur Auswahl standen, waren streng begrenzt und im Grunde nur nach außen verlagerte häusliche Tätigkeiten. Das Leben einer Frau wurde nicht durch eine erfolgreiche berufliche Laufbahn gekrönt, sondern durch eine glückliche Familie.

Natürlich leuchtet uns ein, daß dieses Modell der unterschiedlichen Lebensführung auch Sinn machte: Zu Zeiten, als sich die Menschheit noch nicht sicher war, ob sie als Spezies überhaupt überleben würde. Zu Zeiten, als die meisten Menschen nicht älter als fünfunddreißig Jahre wurden, das heißt, sie mußten früh heiraten, damit die Kinder aus dem Gröbsten heraus waren, wenn die Eltern starben. Zu Zeiten, in denen viele Mütter im Kindbett starben. Zu Zeiten, in denen längst nicht alle geborenen Kinder überlebten. Doch heute platzt die Welt aus allen Nähten! In den westlichen Ländern leben die Frauen heute genauso lange nach den Wechseljahren wie davor. Selbst wenn wir das traditionelle Rollenbild akzeptieren und leben wollen, was machen wir danach? Wir können doch nicht dreißig Jahre verschenken! Aber in den alten Vorstellungen gibt es für diese Zeit kein befriedigendes Programm! Deshalb spüren auch viele Frauen, die nicht unbedingt Karriere machen wollen, daß diese alten Bilder nur einem Teil ihrer Persönlichkeit gerecht werden. Denn um diesem Ideal zu entsprechen, mußten uns Mann und Mutterschaft so schmackhaft gemacht werden, daß wir unsere Talente, Wünsche und das, was wir jetzt Selbstverwirklichung nennen, ersatzlos hinunterschluckten.

Da sitzt dieser Brocken nun und rumort. Bis heute!

Doch heute können, ja, heute müssen wir die Verantwortung für uns übernehmen.

Das ist eine Riesenchance! Wir können uns noch einmal erziehen – und zwar zu einem Menschen, der seine Talente entdeckt und fördert und mit der heutigen Zeit zurechtkommt!

Klagen Sie nicht: Mir hat ja keiner geholfen! Ihnen wird auch keiner helfen! Helfen Sie sich selbst! Wovor schrecken Sie zurück?

Was trauen Sie sich nicht zu?

Kennen Sie dieses nagende Gefühl: »Ach, ich möchte ja so gern? Malen, radfahren, schreiben, Englisch lernen, einen PC haben?« Und dann kommt so eine Stimme und flüstert: »Ach, jetzt hör doch auf, was soll denn das schon wieder? Du kriegst ja noch nicht ein-

38

mal deine anderen Sachen auf die Reihe, und nun auch noch dies?«
Und dann verbreitet diese Stimme eine Atmosphäre, daß Ihnen
die ganze Lust schon wieder vergeht? Sie pfeifen sich zurück, noch
ehe Sie angefangen haben? Können Sie diese Stimme identifizieren? Wissen Sie, wer so mit Ihnen gesprochen hat?

Mit welcher Stimme spricht Ihr innerer Verhinderer?

Die einflußreichen Stimmen unserer Kindheit verschwinden nicht
automatisch dadurch, daß sie verstummen. Auch wenn vielleicht
heute niemand mehr so mit uns redet, wie es Vater, Mutter und die
Lehrer getan haben, so hat unsere »Blackbox« doch genug Material aufgezeichnet, um uns ein ganzes Leben lang damit zu versor-
gen. Dieses innere Tape wartet nur auf sein Stichwort, um begeistert wieder die alte Leier abzuspielen.
Leider hat unser Unterbewußtsein keinen Knopf, um diese Bänder
zu löschen, und wir können sie auch nicht überspielen. Doch wir
können mit diesen inneren Verhinderern sprechen. Wir können
mit ihnen argumentieren! Haben Sie keine Angst, mit diesen Stimmen zu reden, Sie sind nicht verrückt, wenn Sie es tun!
Sie versuchen nur, dahinterzukommen, warum sie Sie mit diesen
Botschaften eindeckten! Sie setzen sich nur nachträglich mit In-
halten auseinander, die Ihnen subtil oder sehr direkt eingetrichtert
wurden, bevor Sie sie selbst auf ihren Wahrheitsgehalt überprüfen
konnten.

Jenny spürt, wie die Mutter ihr Leben immer mehr nach den
Bedürfnissen des Vaters ausrichtet. Der Satz »Wenn der Vater
kommt« wird zum alles entscheidenden Kriterium. Jenny muß
gebadet sein, ihr Zimmer aufgeräumt haben und soll sich leise
verhalten. »Der Papi ist müde, der Papi ist abgespannt, der Papi
hat den ganzen Tag gearbeitet.« Jenny gibt sich große Mühe,
diese Sätze zu verstehen. Das ist gar nicht so leicht, denn Jenny
findet, daß die Mutter auch den ganzen Tag arbeitet, ja, Jenny
findet sogar, daß sie selbst den ganzen Tag fleißig ist. Doch das
mit dem Papi scheint etwas anderes zu sein, er macht eine Arbeit, die wirklich ganz schrecklich anstrengend ist. Wenn die
Mutter sich darüber beschwert, daß er gar nicht bemerkt, was sie
alles in Haus und Garten getan hat, wird der Vater ärgerlich.

Wenn die Mutter von der Universität redet, wird er sogar böse: »Der Zug ist abgefahren.«

Dagegen fällt Jenny auf, daß die Mutter immer gelobt wird, wenn alles gut aussieht – Mutter und Kind eingeschlossen.

»Ich will doch stolz auf meine beiden Mädchen sein«, der Vater streicht Jenny über den Kopf, »und vielleicht bekommst du ja auch noch ein Brüderchen.«

Doch schon das kleine Mädchen fühlt, daß hier etwas nicht ganz zusammenpaßt: Zum erstenmal ist der Doppelstandard aufgetaucht: Das, was der Mann macht, ist mehr wert als das, was die Frau macht.

Wie bewerten Sie Ihre eigene Leistung?

Dieser zweifache Standard begleitet die meisten Frauen nicht nur im Geschäftsleben, sondern auch in der eigenen Familie. Ein Mann, der den ganzen Tag und die halbe Nacht in seinem Job schuftet, kann sich wenigstens der Anerkennung seiner Umwelt sicher sein: Er wird als enorm ehrgeizig, aktiv und unglaublich leistungsfähig eingeschätzt.

Eine Frau, die dasselbe tut, bekommt von ihrer Umwelt oft ganz andere Attribute angehängt: egoistisch, karrieregeil, machthungrig. Warum? Die Erziehung der Mädchen hat sich zwar gewandelt, doch der Mythos ist geblieben: Das Wichtigste im Leben einer Frau sind Mann und Familie.

Zwar hört Jenny, wenn sie mit der Mutter allein ist, Worte wie: »Du läßt dir deine Selbständigkeit nicht so einfach abnehmen, da werde ich schon aufpassen. Du machst deine Ausbildung zu Ende, und du kriegst vorher kein Kind.«

Doch sie sieht etwas ganz anderes: Das Leben der Mutter dreht sich um den Vater.

Dadurch bekommen diese Sätze für Jenny etwas Bedrohliches; sie ahnt, daß die Mutter gar nicht zu ihr spricht. Ganz tief in ihrem Herzen fragt sie sich sogar, ob sie etwa schuld daran ist, daß die Mutter dabei so böse wird. Dann ist sie ganz besonders brav – damit die Mami wieder lächelt.

Fühlen Sie sich für alles verantwortlich?

Es wird uns nicht wundern, wenn wir später entdecken, daß Jenny sogar zwei Meinungen, zwei Stimmen, in sich trägt: die ihrer Mutter, die sie antreibt, und die ihres Vaters, der sie für ihr »Sein« lobt.

Dieses »Sein« begleitet uns Frauen auch unser Leben lang. Es gibt ganz bestimmte weibliche »Seins«, die uns etwas einbringen: Schönsein, Bravsein, Liebsein, Hilfsbereitsein, Gutsein, das bringt uns Pluspunkte. Unter Umständen wird uns auch noch das »Tüchtigsein« bescheinigt, doch auf diesem Lob dürfen wir uns nur ausruhen, wenn wir die anderen wichtigen weiblichen »Seins« auch beherrschen. Tüchtigsein ohne Hübschsein ist eher eine nachgereichte Existenzberechtigung: Wenn frau so aussieht, muß sie wohl oder übel tüchtig sein. Sprich: Es bleibt ihr nichts anderes übrig. Denn die Hauptsache bleibt ihr ja wahrscheinlich verwehrt: ein Mann.

Das Schlimme ist, daß *wir Frauen* diese Gehirnwäsche bis heute glauben.

In jedem Seminar gibt es unvergeßliche Momente. Ein Highlight ganz spezieller Art war das Geständnis einer Teilnehmerin, daß ihr Chef sich lange mit dem Gedanken gequält habe, ob ein Rhetorikkurs für Frauen etwa »männerfeindlich« sei. Diese Teilnehmerin ließ sich von ihrem Chef und seinen Fragen nicht verunsichern, doch viele Frauen kommen bei derartigen Überlegungen der Männer ins Grübeln: Verliere ich auch nicht meinen Freund, wenn ich mich so ausdrücken kann? Finde ich dann noch einen Partner? Werde ich noch als Frau akzeptiert?

Ist das nicht eine eigenartige Gleichung: sprachgewandt = männerfeindlich?

Machen wir mal die Gegenrechnung auf: Einen Mann, der sich verbal auszudrücken versteht, den finden wir alle gut! Trauen wir uns etwa, aus seinen rhetorischen Fähigkeiten abzuleiten, daß er frauenfeindlich sein müsse? Im Gegenteil! Wir werden ihm eher großen Erfolg beim anderen Geschlecht unterstellen, denn die meisten großen Verführer verstanden sich auch auf verbale Künste. Haben wir es hier etwa mit einem besonderen Fall der Relativitätstheorie zu tun? Oder haben wir diese Gleichung immer ohne Gegenprobe gemacht? Denken wir nur an unsere Märchen, zum Beispiel Schneewittchen: Monatelang scheintot, doch putzmunter, wenn der richtige Prinz sie küßt! Oder das andere schöne Fräulein: Sticht sich den Finger an einem Dorn, liegt im Koma, wird ebenfalls geküßt und wacht ebenfalls prompt wieder auf. Solche Prinzen sollten wir klonen! Doch vielleicht ist es kein Zufall, daß die Märchen nach diesen Küssen zu Ende sind? Denn im wirklichen Leben fängt die Bescherung damit an!

Aber noch immer sehen viele Frauen im Mann den Märchenprinzen, den Retter und Erlöser. Bei genauer Betrachtung fällt allerdings auf: *Dies* ist männerfeindlich! Denn mit dieser Bürde beladen zu sein ist wahrlich kein Zuckerschlecken. So haben die Männer viele der Barrieren des Partriarchats nur deshalb aufgebaut, damit wir Frauen nicht dahinterkommen, daß sie gar keine Prinzen sind!

Warum erleichtern wir ihnen nicht das Leben: Hören wir auf, auf jenen Frosch zu warten, den wir nur küssen müssen, damit er all unsere Probleme löst und uns all unsere Sorgen abnimmt! Unsere Urururgroßmütter haben nämlich vergessen, diese besondere Spezies unter Artenschutz zu stellen, jetzt ist sie leider ausgestorben! Die heutigen Frösche sind dieser Prozedur nicht mehr gewachsen.

Doch vielleicht können auch *wir* unser Verhalten ändern! Wenn *wir* beginnen, nicht mehr soviel zu erwarten, wenn *wir* Männer als Partner betrachten und nicht als Retter und Vollstrecker all unserer Träume, vielleicht können sie sich dann entwickeln – und wir uns auch!

Selbst die Verantwortung übernehmen!

Machen Sie sich klar, daß Ihnen schlußendlich niemand helfen wird. Die Scheidungraten in der westlichen Welt zeigen, daß wir uns auf die Institution Ehe nicht mehr verlassen können. Zu heiraten, um versorgt zu sein, funktioniert nicht mehr. Doch auch wenn unsere Ehe gelingt, sprechen die Umwälzungen in unserer Arbeitswelt eine deutliche Sprache. Einen Mann zu haben ist also auch keine Garantie dafür, nicht doch arbeiten zu müssen. Wenn die Dinge so stehen, warum dann nicht gleich ganz anders an die Sache herangehen? Warum dann nicht gleich planen, überlegen und Fundamente schaffen, die es Ihnen ermöglichen, nicht arbeiten zu müssen, sondern arbeiten zu wollen, um Erfolg zu haben?

Weil es Spaß macht, Sie weiterbringt und Ihnen nicht nur Geld, sondern auch Anerkennung einbringt?

Jenny liebt es, sich Geschichten auszudenken und sie ihrer Puppe zu erzählen. Die Eltern können am Sonntag ganz ungestört ausschlafen, denn sie sitzt in ihrem Zimmer und »palavert«, wie der Vater es nennt. Dieses Wort findet Jenny sehr lustig. Doch eines Tages beginnt der Vater in die Erzählungen einzugreifen. »Das ist unlogisch«, erklärt er.
Natürlich bemerkt der Vater, daß sie sich verschließt. »Komm, jetzt erzähl mal etwas Richtiges«, versucht er sie wieder aufzumuntern, »etwas, was es wirklich gibt.« Doch nun schmollt Jenny und schüttelt trotzig und verzweifelt den Kopf.
»Typisch«, meint der Vater dann und wendet sich wieder seiner Sonntagszeitung zu, »schon ganz Frau.«

In welche Schublade wurden Sie als Kind gesteckt?

Typisch männlich, typisch weiblich – gibt es das tatsächlich?
Diese Diskussion ist uralt, doch in letzter Zeit bekommt sie wieder neue Impulse. Stritten wir uns noch kürzlich darüber, ob die Unterschiede im Verhalten der Geschlechter nun angeboren oder doch nur anerzogen sind, so haben Forscher jetzt einen dritten Einfluß ausgemacht, der sowohl das »Angeboren« unterstreicht als auch das »Anerzogen« unterstützt: die Hormone.
Wahrscheinlich werden Sie jetzt fragen, was daran neu sein soll, denn daß der Unterschied zwischen Mann und Frau hormonell bedingt ist, weiß doch jeder! Das stimmt, doch glaubten wir bisher, daß sich die Wirkung der Hormone erst in der Pubertät zeige. Weit gefehlt! Hormone können nicht nur körperliche Reaktionen auslösen, sondern auch unser Denken beeinflussen, ja, vielleicht sogar steuern! Forscher wiesen nämlich nach, daß einige der Eiweißmoleküle, das sind jene Botenstoffe, mit denen zwischen den Nerven Impulse hin und her geschickt werden, in unserem Gehirn wie Hormone wirken. Und ausgerechnet wie jene Hormone, die wir bislang mit weit tiefer liegenden Regionen unseres Wesens und unserer Anatomie in Verbindung gebracht haben.
Dies hört sich kompliziert an? Stellen Sie sich einfach vor, ein menschliches Wesen denkt angestrengt über eine Sache nach; Ge-

danken wandern in seinem Kopf umher, es sucht nach einer Lösung. Um diese Wanderung machen zu können, sitzen die Gedanken auf kleinen Gleitern, die sich auf unzähligen verschlungenen Bahnen in seinem Kopf hin und her bewegen. Je vielfältiger diese Pfade sind, um so variabler kann ein Mensch denken. Doch nun glauben die Neurologen entdeckt zu haben, daß die männlichen Hormone schon beim Bau dieser Pfade mitgewirkt haben. Warum? Weil aus einem Fötus nur dann ein Mann wird, wenn dieser Fötus so zwischen der achten und der neunten Woche mit männlichen Geschlechtshormonen überschwemmt wird. Diese Überschwemmung macht aus dem geschlechtslosen Wesen ein männliches Baby – und sie überschwemmt auch sein Gehirn.

Im Gegensatz dazu braucht der Fötus keine Überschwemmung mit weiblichen Hormonen, um zur Frau zu werden. »Sie« entwickelt sich wie von selbst.

Es gibt also, biologisch gesehen, beinahe von Anfang an einen Unterschied.

Und ein weiterer wird draufgesattelt: unsere Erziehung. Auch wenn sich Mütter dessen nicht bewußt sind, sie gehen anders mit Jungen bzw. Mädchen um.

In welchem Sinne wurden Sie erzogen?

Nicht nur unser kleiner Tibeter wird selbständiger aufgezogen, auch die Jungen aus Jennys Nachbarschaft werden anders behandelt: Mit Jungen wird mehr gespielt, mit Mädchen mehr gesprochen. Dies ist sehr interessant, denn hier treffen sich Konditionierung und Veranlagung: Zwei Regionen in unseren Gehirnen, so die Wissenschaftler, unterscheiden sich bei männlichen und weiblichen Wesen deutlich voneinander: der sogenannte Balken und der Hypothalamus. Der Hypothalamus ist nicht groß und galt früher als Steuerungszentrale unserer Triebe, denn hier entfalten Östrogene – also weibliche Hormone – und Testosteron, das männliche Hormon, ihre Wirkung. Doch nun fand man heraus, daß der Hypothalamus drei unterschiedliche Arten von Nervengewebe enthält. Das heißt, daß von hier noch weitere Funktionen gesteuert werden! Die Frauen schneiden dabei etwas schlechter ab, der Hypothalamus der Männer enthält von diesen Geweben ein wenig mehr. (Welche Vorgänge und Handlungen diese Ge-

webe im einzelnen steuern, darauf mag sich noch niemand festlegen)

Doch wir Frauen werden entschädigt, unser Balken ist größer!
Und wozu der da ist, das ist bekannt! Der Balken ist das Nervengewebe, über das die Informationen – stellen wir uns wieder unsere Gedanken auf ihren kleinen Gleitern vor – von einer Hemi-
sphäre, so nennt man die Gehirnhälften, in die andere gelangen.
Dieser Balken besteht aus Millionen von Nervenfasern und verbindet unsere zwei Gehirnhälften. Je mehr Pfade von einer Seite
auf die andere gehen, desto schneller kann man Informationen,
Daten und Bilder verbinden! Da beide Gehirnhälften unterschiedliche Funktionen wahrnehmen, bedeutet dieser intensivere
Austausch, daß man Frauen komplexe menschliche Zusammenhänge nicht lange erklären muß.

Doch damit nicht genug: Die unterschiedliche Gehirnarchitektur
hat weitere Folgen! Frauen fällt die Feinmotorik leichter, Männer
können besser Stadtpläne lesen. Frauen sehen vieles nicht nur
räumlich anders, sondern auch gefühlsmäßig. Frauen sprechen
lieber noch einmal alles durch, bevor sie handeln. Männer handeln
schneller. Mit den Konsequenzen setzen sie sich danach auseinander!

Die Wissenschaft bestätigt nun also, daß die Geschlechter im Kopf
unterschiedliche Wege gehen: Nach neuesten wissenschaftlichen
Erkenntnissen ist bei uns Frauen nämlich die Region des Gehirns,
die für Sprache zuständig ist – die Wernicke-Region –, um dreißig
Prozent größer als bei den Männern. Dies fand Jenny Harasty,
Forscherin und Sprachtherapeutin an der Universität Sydney,
heraus. So ist es kein Wunder, daß Frauen sich besser auf den
sprachlichen Pfaden bewegen, Männer dagegen lieber die Wege
der räumlichen Vorstellung und der mathematischen Gleichungen
beschreiten. Unterstützt werden diese Unterschiede von den Reaktionen unserer Umwelt.

Es gibt biologische Unterschiede im Denken

Sie werden durch unsere Erziehung verstärkt. Auch wenn sich die
Eltern vornehmen, diesen Fehler nicht zu machen, so entdecken
die Kinder schnell in den Märchen, den Medien und besonders in
der Werbung die klassischen Rollen: Das weibliche Wesen ist huld-

voll, sanft und schön, das männliche stark, mutig und am Ende immer ein Held. Wenn Sie glauben, diese Klischees hätten sich überlebt, haben Sie sich leider geirrt. Eine der führenden deutschen Illustrierten kam in einem Artikel über die Macht der Kinder und den Einfluß, den Werbesendungen auf Kinder haben, zu dem Schluß: »Gegen die Botschaft, die in diesen Spots vermittelt wird, sind Heidi und die Biene Maja feministische Kämpferinnen.«

Welche Wesen haben Sie als Kind fasziniert?

Jenny darf nicht so häufig fernsehen, wie sie möchte. Trotzdem haben die Bilder, die sie sieht, eine große Wirkung auf sie: Noch ist sie in einem Alter, in dem es Kindern schwerfällt, Realität und Fiktion zu unterscheiden. Sie sieht im Fernsehen viele schöne Frauen und Männer, die sehr wichtig tun. Auch ihre eigene Mutter legt immer größeren Wert auf gutes Benehmen und gutes Aussehen. Längst hat sie den Schlabberlook der Studentenzeit durch anspruchsvollere Mode ersetzt und besteht darauf, daß sich auch die kleine Jenny schön anzieht.

Unser kleiner Tibeter kennt keinen Fernseher. Trotzdem hat er kraftvolle Vorbilder und eine ausgeprägte sprachliche Begabung. Er ist gerade sieben Jahre alt geworden und lebt nun in dem Kloster Sera, unweit von Lhasa. In diesem Kloster, das besonderen Wert auf eine brillante Rhetorik legt, wird sein Talent gefördert. Jeden Nachmittag wird im Klosterhof das Debattieren, das Streitgespräch, geübt. Schon von fern hört man das lebhafte Stimmengewirr, die Mönche sitzen in kleinen Gruppen am Boden und üben sich in der Wechselrede. Jeweils ein Mönch steht in der Mitte eines Kreises und vertritt eine These oder eine Meinung. Stellt jemand eine Frage, so klatscht er in die Hände und stampft mit dem Fuß auf den Boden. Die Antwort beginnt immer mit einem Luftsprung. Jede Bewegung ist genau vorgeschrieben. Der Intellekt wird geschärft durch Fragen, ob die Sprache Teil des Körpers sei, die Welt zuerst im Kopf entstehe usw.
Für unseren Tibeter waren die ersten Wochen schrecklich: Die Mönche zeigten ihm seine Schlafstätte sowie Dukhang, die Versammlungshalle, und den Raum, der der Verehrung der Gottheit sowie der Aufbewahrung der heiligen Schriften diente. Sie erklär-

ten ihm, wann er zu lernen, wann er zu beten hätte, und überließen es dem Jungen, sich zurechtzufinden. Nach und nach überwindet er sein Heimweh, die Tränen weichen einer entschlossenen Zuversicht, er schließt mit den anderen Jungen Freundschaft und lernt, sich in der schwierigen Situation zu behaupten. Mit acht Jahren ist er ein selbstbewußter kleiner Kerl, der mit ganz wachen Augen in seine Welt schaut. Manchmal ist er traurig, und manchmal fühlt er sich einsam, doch die Gemeinschaft und die Freude am Unterricht, die ersten zaghaften Wortgefechte geben ihm die Kraft, mit diesen Gefühlen umzugehen und sie zu überwinden.

Jenny ist nicht so selbständig. Deshalb möchte die Mutter, daß sie in den Kindergarten kommt. Außerdem hofft sie, dann endlich Zeit zu haben, ihr eigenes Staatsexamen zu machen. Doch der Vater ist dagegen. Plötzlich verträgt sich eine studierende Ehefrau nicht mehr mit seiner Vorstellung eines erfolgreichen Assistenten der Geschäftsleitung. Die Mutter ist sehr frustriert, als sie erkennen muß, daß ihr Mann seine Meinung nicht ändert. So hatte sie sich ihre eigene Karriere nicht vorgestellt! Um so heftiger kümmert sie sich nun um Jennys Erziehung: Das Kind wird ihr »Erfolgsobjekt«. Und Jenny gehorcht.

Leben Sie Ihre eigenen Vorstellungen?

In diesem Alter lernen wir noch nicht für uns selbst, sondern wir lernen um einer Person willen. Wir lernen für die Mutter, den Vater, für die Lehrerin. Wir lernen für die Menschen, deren Liebe und Zuneigung wir erringen wollen. Noch braucht unsere kleine Persönlichkeit eine stärkere Persönlichkeit, an die wir uns anlehnen und an der wir uns hinauffranken können. Gelingt es uns, mit unseren Leistungen ihre Aufmerksamkeit, vielleicht sogar ihr Lob zu erringen, dann können wir uns gewaltig ins Zeug legen, können unseren Begabungen auf die Spur kommen und herausfinden, was uns besonders liegt. Aber dazu brauchen wir vorurteilsfreie Unterstützung und Anleitung, denn zum Lernen gehören Disziplin und Konzentration.

Schon in der ersten Klasse spürt Jenny den immer stärker werdenden Druck der Mutter. Sie ist ständig auf der Hut, ja nichts falsch zu machen, steht immer unter Spannung. Es zeigen sich die ersten Streßsymptome.

Unsere Energie drängt uns in diesem Alter, uns zu bewegen. Dies ist verständlich, denn Jahrtausende hatten unsere körperlichen und nicht unsere geistigen Fähigkeiten höchste Priorität. Für unseren Vorfahren, den Steinzeitmenschen, war es wichtiger, schnell laufen zu können, denn seine natürlichen Feinde waren schneller und stärker als er. Um den Überlebenskampf zu bestehen, reagierte er auf alles, was er nicht sofort richtig einschätzen konnte, mit körperlichen Reaktionen, die ihn für zwei Dinge fit machten: zu kämpfen oder zu fliehen.

Diese alten »eingebauten«, das heißt fest in unserem Unterbewußtsein gespeicherten inneren Programme, die unsere Körperabläufe steuern, passen sich jedoch nur im Schneckentempo dem Wandel an, der in der Welt geschieht! Unser Leben hat sich radikal verändert, und wir haben inzwischen gelernt, daß uns Denken weiterbringt als Laufen, doch unser Unterbewußtsein ist davon noch nicht überzeugt.

So versucht der Körper zu seinem Recht zu kommen, er will bewegt werden! Er will wachsen, stärker werden, seine Möglichkeiten testen. Deshalb fallen uns in der Jugend das Stillsitzen und das Stillsein, Voraussetzungen für das Lernen, so schwer.

Streßreaktionen laufen automatisch ab

Als der Vater erfährt, daß Jenny große Schwierigkeiten hat, auf ihrem Stuhl sitzen zu bleiben, muß sie es zu Hause üben – während der Vater sanft, aber sehr bestimmt auf sie einredet: »Was soll denn nur aus dir werden, wenn du noch nicht einmal zehn Minuten stillsitzen kannst! Wie willst du denn jemals etwas lernen! Jetzt sei ein liebes Mädchen, schau ... deine Mutti hat sogar bis zum Abitur stillgesessen!«

Doch Durchhalteparolen und Befehle bewirken das Gegenteil. So lernen wir nicht, uns freudig zu verbessern, sondern achten ängstlich darauf, keine Fehler zu machen, uns nicht zu blamieren. Viele Eltern fordern, statt zu unterstützen. Hinter den Forderungen, mit denen die Kinder bombardiert werden, stecken häufig eigene

Ängste. Diese Ängste verkleiden sie dann in so zauberhafte Sätze wie: »Ich will ja nur dein Bestes!« Doch Lernen ohne Freude wird zur Last.

Was verbinden Sie mit »Lernen«?

Wollen wir dann als Erwachsene selbst Karriere machen, müssen wir leider erkennen, daß die Bereitschaft zu lebenslangem Lernen die wichtigste Voraussetzung dazu ist. Aber bereits in dem Augenblick, in dem wir anfangen wollen, diese Erkenntnis in die Tat umzusetzen, spüren wir Blockaden. Wir merken, Lernen ist negativ besetzt, erinnert an Schule, Druck und Frustration!
Gehören Sie vielleicht auch zu den Menschen, die lieber acht Stunden in ihrem Job schuften, als drei Stunden in einem intensiven Lehrgang zu sitzen?
Können Sie sich noch daran erinnern, wie mit Ihrer kindlichen Neugierde, Ihrem Lerneifer, Ihrem Wissensdurst umgegangen wurde?

Endecken Sie Ihre ursprüngliche Freude am Lernen!

Ganz anders ergeht es unserem kleinen Tibeter. Die Mönche vergleichen nicht, sondern bemerken jeden seiner Fortschritte. Er selbst lernt seine Leistung einzuschätzen. Täglich übt er, doch wie schnell er mit seinen Übungen vorankommt, bestimmt er selbst. Die größeren Jungen sind sein Vorbild, an ihnen orientiert er sich: wie sie sprechen, wie sie sich dabei bewegen. Immer wieder übt er Sprache und Bewegungen, versucht es ihnen gleichzutun. Das gemeinsame Üben ist für ihn Inspiration und Motivation zugleich. Mit jedem Tag lernt unser kleiner Tibeter besser, sich selbst anzuleiten und zu fordern. Ein Lob der Mönche ist für ihn die höchste Auszeichnung. Dieses Lob erfüllt ihn mit Stolz und ist sein Sprungbrett zur nächsten Stufe seiner geistigen Ausbildung.

Als sie aufs Gymnasium kommt, erhöht sich der Druck für Jenny noch einmal. Lernen ist für sie unfreiwillige Anstrengung, Druck und Opfer. Sie tut es nicht für sich, und wenn sie jemand fragt, was sie einmal werden will, so weiß sie keine Antwort. Sie hofft nur, daß diese Schinderei eines Tages ein Ende hat. In ihrem Unterbewußtsein ist Lernen ein ganz schwarzes Kapitel, besetzt mit den negativsten Gefühlen.

Was verbinden Sie mit »Leistung«?

Unser ganzes Leben ist im Grunde eine Aneinanderreihung von Leistungen. Wahrscheinlich werden wir nie wieder solche Leistungen vollbringen wie in den ersten sechs Lebensjahren: Wir müssen alles erlernen, vom Laufen bis zum Sprechen, vom Denken bis zum Behalten. Wir lernen, ob sich etwas links- oder rechtsherum dreht, ob etwas heiß oder kalt ist, hoch oder niedrig. Wir lernen, das Gleichgewicht zu halten, Treppen zu steigen und von Stühlen zu springen. Wir lernen, mit Löffel und Gabel zu essen, erst aus der Flasche und dann aus der Tasse zu trinken, ordentlich am Tisch zu sitzen, uns an- und auszuziehen. Die Grundlagen aller späteren Leistungen werden in dieser Zeit gelegt. Doch entscheidend für unseren weiteren Lebensweg ist nicht nur, was wir in dieser intensiven Phase unserer Entwicklung lernen, sondern welche Gefühle wir dabei entwickeln. Jetzt werden die Fundamente unseres Selbstbewußtseins, unseres Selbstvertrauens und der Zuversicht in die eigenen Möglichkeiten gelegt.

Zusätzlich registriert Jenny die zunehmende Unzufriedenheit der Mutter. Gleichgültig, welche Noten sie mit nach Hause bringt, die Mutter lächelt immer seltener. Täglich bemüht sich Jenny mehr, doch jeden Abend macht sie sich heimlich Vorwürfe, noch immer nicht gut genug gewesen zu sein. Und jeden Abend nimmt sie sich vor: Morgen mache ich es besser!

Perfektionismus hat tiefe Wurzeln

Perfekt sein zu müssen, ist eine schwere Bürde. Vom Verstand her wissen wir alle, daß es nichts gibt, was dauerhaft perfekt sein kann. Doch wir streben danach. Wir akzeptieren, daß sich die Natur wandelt. Von uns selbst dagegen verlangen wir beständige Perfektion. Damit setzen wir uns unter einen unmenschlichen Druck, der unserem Ziel in Wahrheit entgegensteht. Perfektion entsteht nicht auf Befehl, sondern durch stetige, freudige Verbesserung. Diese freudige Verbesserung setzt aber ein gesundes Selbstvertrauen, eine bejahende, zuversichtliche Haltung voraus. Wer sich nicht annehmen kann, weil er nicht perfekt ist, wird mit seiner Perfektionswut noch mehr Schaden anrichten. Perfektion, egal auf welchem Gebiet, erfordert eine so intensive Hingabe, daß sie ohne Liebe und ohne Begeisterung nicht erreicht werden kann.

Wir streben aber häufig gerade deswegen nach Perfektion, weil wir den Ist-Zustand nicht ertragen können. Aber wir können nur das ändern, was wir annehmen. Solange wir einen Menschen, ein Verhalten oder einen Beruf abwehren, können wir uns ihm nicht annähern. Wenn wir uns nicht annähern können, finden wir nicht den richtigen Zugang. Doch den brauchen wir, wenn wir etwas wirklich verbessern wollen!

Frauen leiden besonders unter dem Perfektionswahn. Wir lehnen uns oft total ab, lassen kein gutes Haar an uns, schätzen weder unsere Persönlichkeit noch unsere Leistung! Statt liebevoll mit uns umzugehen, sind wir unsere schärfsten Kritiker!

Wie gehen Sie mit sich um?

Auch dieses Verhalten formt sich in der Kindheit. Die Gefühle, die in unserem Unterbewußtsein die längste Tradition haben, spielen in unserem Leben natürlich eine wichtige Rolle. Doch wir entdecken schon früh, daß wir verschiedene Möglichkeiten haben, mit diesen Emotionen umzugehen: Wir können versuchen, sie zu übersehen, zu überhören, also so tun, als seien sie nicht da. Wir können sie aber auch immer wieder wachrütteln und uns von ihnen beherrschen lassen. Wir können auch versuchen, sie mit einem anderen Gefühl zu überlagern! Denken wir nur an den berühmten Klassenclown! Wer kennt ihn nicht, den Mitschüler, der durch Witzeleien, Grimassenschneiden und auffälliges Benehmen ständig Aufmerksamkeit auf sich ziehen mußte? Daß dieses Verhalten in Wirklichkeit ein Schrei nach Anerkennung ist, übersehen wir vor lauter Genervtsein.

Doch häufiger reagieren wir auf die negativen Gefühle der Ablehnung mit noch größerer Anpassung! Wie Jenny lernen wir dann schon sehr früh, daß wir nicht nur alles gut machen müssen, um unsere Umgebung zufriedenzustellen, sondern auch noch gut sein sollen! Brav, hübsch, sauber, ordentlich, fleißig, ein perfektes Aushängeschild! Dieser Anspruch wird uns aufgezwungen, und wir behalten ihn oft für immer bei.

Welche Ansprüche wurden Ihnen aufgezwungen?

Verbal und nonverbal bekommen wir zu jeder Stunde durch das Feedback unserer Außenwelt gespiegelt, wo wir auf der Werteskala stehen.

Mit zwölf Jahren kann Jenny bereits an den Blicken und Kommentaren ihrer Umgebung ablesen, ob sie »ankommt« oder nicht. Die wichtigsten Personen in ihrem Leben schrauben dabei ihre Ansprüche immer höher: Der Vater ist jetzt nicht mehr Assistent der Geschäftsleitung, sondern selbst Geschäftsführer. Manchmal ist er ganz begeistert von seiner Tochter, manchmal sehr enttäuscht. Jenny weiß nie genau, woran sie ist. Was der Vater heute gut findet, findet er am nächsten Tag unmöglich.
Der Vater hat keinen Standard, Mutter und Tochter leben in ständiger Unsicherheit.
Werden sie ihm auch heute abend noch gefallen?

Welche Gefühle verbinden Sie mit »Leistung«?

Unser kleiner Tibeter sieht da viel klarer: Die Anerkennung der Mönche ist sein höchstes Glück. Darum will er es ihnen gleichtun! Die Mönche praktizieren Selbstbeherrschung, die große geistige Disziplin! Der heranwachsende Junge weiß aus den Schilderungen der Großen, daß Selbstbeherrschung die wichtigste Voraussetzung für ein erfülltes, harmonisches Leben ist! Langsam macht er Fortschritte.
Durch das tägliche Sprechtraining, die Meditationen und Konzentrationsübungen, die er in der Gemeinschaft absolvieren muß, bekommt er immer mehr Vertrauen zu sich selbst. Inzwischen weiß er auch, warum die Mönche schon kleine Jungen in ihre Gemeinschaft aufnehmen: Nicht nur der Körper ist vor der Pubertät am besten zu formen, sondern auch der Geist! Er kann sicher sein, daß die Fundamente seiner Ausbildung so tief verwurzelt sind, daß er

in den kommenden Jahren den Ansturm der Hormone lenken kann – und nicht umgekehrt.

Jenny wird allmählich nicht nur schlechter in der Schule, sondern auch rundlicher. Verzweifelt kämpft sie gegen die niederschmetternden Noten und versucht gleichzeitig abzunehmen. Als der Vater eines Morgens über ihre »Hamsterbacken« lacht, ißt sie drei Tage lang nichts. Es fällt ihr immer schwerer, sich zu konzentrieren, der Notendurchschnitt wird katastrophal. Der Vater schüttelt entnervt den Kopf: Und das bei diesen Eltern!
Seine Enttäuschung ist für Jenny das Allerschlimmste.

Wie beurteilte Sie Ihr Vater?

Der Vater ist der erste Mann im Leben einer Frau. Seine Meinung, seine Einschätzung ihrer Fähigkeiten, sein Lob spielen eine ganz große Rolle. Gerade in der kritischen Phase der Pubertät können seine Bemerkungen aufbauen oder zerstören. Das Mädchen ist jetzt ohnehin unsicher, ihr Körper verändert sich, er reagiert auf eine neue Art und Weise. In unserer von Schlankheit besessenen Welt sind diese Veränderungen für viele Mädchen erschreckend: Sie wollen nicht so aussehen, wie sie plötzlich aussehen. Viele versuchen diese Entwicklung mit drastischen Mitteln zu verhindern und scheitern. Hungern, sich übergeben, Abführmittel als Dauermedikation, jedes Mittel ist ihnen recht. Jetzt zeigt sich, was das Mädchen in sich trägt: Selbstbewußtsein, Mut, Zuversicht oder Angst, Unsicherheit und Mißtrauen in die eigenen Fähigkeiten.

Jenny hat zum Glück inzwischen eine Freundin gefunden, die etwas ältere Patrizia. Stundenlang hängen die beiden nun am Telefon und versuchen, sich gegenseitig Mut zu machen und zu trösten. Beide fühlen sich besser, wenn sie miteinander sprechen. Sie reden über alles, jede kann der anderen geduldig zuhören, wenn sie immer und immer wieder die gleichen Probleme wälzen. Keine erwartet von der Freundin eine Lösung, es tut einfach gut, gehört zu werden.

Hier schält sich eine weibliche Eigenheit heraus, die Jenny ihr

Leben lang beibehalten wird: die rituelle Klage. Der Vater versteht das endlose Gequassel, wie er es nennt, nicht, und alle anderen Männer in Jennys Leben werden es später auch nicht verstehen.

Männer haben kein Verständnis für die »rituelle Klage«

Doch Jenny muß über ihre Sorgen reden. Kann sie dies nicht, fühlt sie sich ihnen hilflos ausgeliefert. Indem sie über ihre Probleme spricht, erarbeitet sie sich die Lösung. Aber dies ist nicht etwa nur eine Teenager-Laune!

Die neuen Untersuchungsmethoden brachten es ans Licht: Frauen denken tatsächlich häufig anders. Sie benutzen bei vielen Aufgaben beide Gehirnhälften, besonders, wie wir ja schon gesehen haben, beim Sprechen. In der linken Gehirnhälfte ist das Sprachzentrum angesiedelt, in der rechten vor allem das räumlich-visuelle Denken.

Wie man heute weiß, hemmt Testosteron die Reifung der linken Gehirnhälfte, gleichzeitig entwickelt sich jedoch die rechte kräftiger. Doch weibliche Babys haben kein Testosteron, und so kann sich das Sprachzentrum auf beiden Seiten ausbreiten. Der kräftigere Balken, die Verbindung beider Hemisphären, unterstützt diesen Vorgang natürlich. Oder ist er die logische bio-logische Folge? Überlassen wir diese Frage ruhig anderen, wir wundern uns jetzt jedenfalls nicht mehr darüber, daß Mädchen schneller sprechen lernen als Jungen und daß wir Frauen zur Lösung von Problemen unsere Sprache brauchen!

Frauen sprechen eine andere Sprache!

Frauen sprechen eine Beziehungssprache!

Während Jenny mit ihrer Freundin Patrizia ihre Probleme bespricht, redet sie vor allem über ihre Gefühle. Daß sie fünf Kilo zugenommen hat, ärgert sie, doch viel schlimmer ist, wie sie sich dabei fühlt! Sie klagt ihr Leid, hört jedoch gleichzeitig aus den

Antworten der Freundin heraus, wie es um die Freundschaft bestellt ist. Wird sie unterstützt, aufgefangen, getröstet und aufgebaut, oder kommen auch aus dieser Richtung kritische Kommentare? Diese Freundschaft ist für Jenny im Augenblick wie ein Rettungsanker, und sie pflegt sie über die Sprache!

> Männer sprechen eine Informationssprache.

Unser Tibeter hat sich auch mit einem anderen Jungen angefreundet. Die beiden durchstreifen die Gegend um das Kloster und debattieren zusammen. Das gemeinsame Üben ist extrem hart. Trotz ihrer Freundschaft schenken sie sich nichts, jeder will besser sein als der andere. Dieses Dominanzstreben drückt sich in ihrer Sprache, in der Wortwahl auch im Alltag aus: Sie ist klar, präzise und knapp. Dieses Sprachverhalten haben sie mit den meisten Männern gemeinsam.

Auch Jenny bemerkt diesen Unterschied im verbalen Ausdruck. Gewiß, der Vater setzt sich mit ihr hin und diskutiert ihre beruflichen Möglichkeiten, doch er fordert ständig »Lösungen«. Jenny fühlt sich von seiner pragmatischen Art bedroht, nicht unterstützt. Die gemeinsamen Gespräche enden meist mit Tränen und Türenschlagen. Der Vater ist stocksauer, daß seine Tochter nicht endlich anfängt, die Realität zu erkennen. Ohne gute Noten gibt es weder einen Studien- noch einen Ausbildungsplatz. Jenny fühlt sich unverstanden und überfordert. Die Mutter versucht zu vermitteln, doch weder Vater noch Tochter wollen auf sie hören. Insgeheim wirft Jenny der Mutter vor, daß sie ihr Studium nicht wiederaufgenommen und ihr ganzes Leben nach den Wünschen des Vaters ausgerichtet hat.

Welchem Frauenbild entspricht Ihre Mutter?

Auch wenn Ihnen die Art, wie Ihre Mutter ihr Leben gestaltet hat, nicht gefällt, so nimmt Ihr Unterbewußtsein die vorgelebte Botschaft auf. Ein Teil von Jennys Unfähigkeit, sich für einen Weg zu entscheiden, rührt gewiß vom Vorbild der Mutter her, die sich nach Jennys Geburt recht schnell den Wünschen des Vaters gefügt hat. Wir erinnern uns, daß Jenny die Unzufriedenheit der Mutter schon als kleines Mädchen spürte. Da die Mutter aber bis heute nichts an diesem Zustand geändert hat, vermittelt sie ihrer Tochter damit Hilflosigkeit: Eine Frau und Mutter kann nicht viel ausrichten. Diese Hilflosigkeit ärgert und erschreckt Jenny. So will sie unter keinen Umständen werden, doch sie weiß nicht, wie sie es besser machen kann. Ihr fehlt das positive Vorbild.

Haben Sie ein inspirierendes Vorbild?

Unser Tibeter hat es da etwas einfacher. Im Laufe der Zeit ist in ihm der Wunsch gewachsen, die Welt zu sehen, denn die vielen Touristen aus aller Herren Länder, die täglich die Klostermauern bevölkern, um den Mönchen beim Debattieren zuzusehen, haben ihn neugierig gemacht. Inzwischen hat er mit Menschen vieler Nationen zu kommunizieren versucht – mit erstaunlichem Erfolg. Und er überlegt mit seinem Freund immer wieder, wie er seinen Wunsch, ins Ausland zu reisen, verwirklichen kann. Beide Jungen möchten die Welt kennenlernen, andere Kulturen sehen und studieren. Sie können sich nicht darauf einigen, welches Land ihnen die besseren Chancen bieten könnte: Japan oder Amerika.
Die Mönche sehen die Entwicklung der beiden mit Freude, ihnen ist schon lange klar, daß die beiden begabten Schüler in jedem Land und an jeder Universität gern gesehen sein werden.
Aber sie greifen in die Meinungsbildung der beiden Halbwüchsigen nicht ein, sie wissen, daß die beiden die richtige Entscheidung treffen werden. Vor allem lassen sie ihnen Zeit und Ruhe, um selbst ihren Weg finden zu können. Damit geben sie den Jugendlichen, was sie am meisten brauchen: einen festen Rahmen, in dem sie in Ruhe ihre ersten wichtigen Entscheidungen treffen können.

Jenny möchte von der Schule abgehen, doch der Vater erlaubt es nicht. Sie bekommt Nachhilfe, geht in ein Paukstudio. Sie kann sich nicht daran erinnern, daß ihr das Lernen jemals Freude gemacht hätte. Mit Ach und Krach schafft sie die mittlere Reife. Doch was nun? Der Vater will, daß sie auf einer anderen Schule das Abitur macht, er ist bereit, sich das etwas kosten zu lassen. Die Lehrer raten Jenny zwar nicht direkt davon ab, bezweifeln aber, daß es ihr gelingen wird. Der Vater stellt Jenny vor die Alternative: Schule oder Lehre.

Durften Sie eigene Entscheidungen treffen?

Jenny verläßt die Schule, doch die Voraussetzungen für eine erfolgreiche berufliche Karriere sind schlecht. Nicht, weil Jennys Zeugnis schlecht ist, sondern weil sie in den prägenden Jahren ihres Lebens all das in ihrem Unterbewußtsein gespeichert hat, was ihr jetzt im Wege steht: Das kannst du nicht, das schaffst du nicht, du bist zu dick, zu doof, dir muß man immer helfen! Auf der anderen Seite wird sie von dem Bedürfnis getrieben, alles perfekt zu machen. Hin- und hergerissen verfällt sie in Resignation, dann in hektische Betriebsamkeit. Wundert es Sie, daß jeder Tag für Jenny zum Kampftag wird? Nach außen rebelliert sie zum Entsetzen ihrer Mutter durch tiefschwarze Klamotten, leichenblasse Schminke und kniehohe Stiefel.
Gleichzeitig wird ihre innere Kommunikation immer aggressiver.

Wie sprechen Sie mit sich selbst?

Stoppen Sie die negative innere Stimme!

Unser innerer Dialog ist genauso wichtig wie die Kommunikation, die wir mit anderen führen. Doch bei den Gesprächen mit uns selbst gehen wir oft am härtesten vor. Mit niemandem sprechen wir so abweisend, so übersteigert, so unversöhnlich, und bei niemandem kommentieren wir die Handlungen mit solchen Ausdrücken. Von »blöde Kuh« bis »dumme Ziege« ist bei unseren Selbstgesprächen alles vertreten, was uns herabsetzt. Wir reden mit uns selbst wie sonst mit keinem anderen Menschen. Dort, wo wir unsere Freundin unterstützen, machen wir uns selbst nieder, dort, wo wir andere aufbauen, setzen wir uns selbst herab. Unsere innere Zwiesprache gleicht häufig einer Selbstanklage, die sich gewaschen hat. Dabei machen wir uns leider nicht bewußt, daß unser Unterbewußtsein auch diese Schimpfmonologe aufzeichnet. Statt uns mit unseren eigenen Worten aufzurichten, wenn es uns schlechtgeht, machen wir uns nieder.
Unser Tibeter hört auch in sich hinein. Doch nicht, um sich seine eigenen Beschimpfungen anzuhören, sondern um einer anderen inneren Stimme zu lauschen: Der Stimme, die ihn tröstet, die ihm

Mut macht, die ihm immer wieder sagt: »Du kannst es! Laß geschehen, du kannst vertrauen, du bist gut gerüstet!«

Wenn er diese Stimme hört, dann tauchen aus seinem Unterbewußtsein Bilder auf, die ihn beruhigen, ihm Kraft geben. Manchmal stellt er sich vor, wie er seine Zukunft gestalten möchte: Er hat sich entschlossen, nach Europa zu gehen, wenn er in Tibet mit seinen Studien fertig ist. Er sieht sich bereits in einem fremden Land, er hört sich in einer fremden Sprache sprechen und mit fremden Menschen reden. Diese Bilder werden so lebendig, daß er sie mit offenen Augen sehen kann.

Für ihn gibt es keinen Zweifel – das, was er sich vorstellt, wird er auch erreichen.

Lernen Sie, sich Ihre Ziele bildlich vorzustellen

Am Beispiel Jennys haben wir verfolgt, wie unser Unterbewußtsein speichert, was einem Menschen widerfährt. Doch unser Unterbewußtsein ist mehr als ein passiver Speicher. Wir können unser Unterbewußtsein aktiv benutzen! Wir können nämlich selbst dazu beitragen, Inhalte zu speichern, und zwar genau die Inhalte, die uns in unserem Leben und in unseren Zielen fördern! Unser Unterbewußtsein unterscheidet nämlich nicht, ob wir etwas tatsächlich erleben oder ob wir es uns nur intensiv vorstellen. Unser Unterbewußtsein speichert jedes Bild, eine Vorstellung oder Vision genau wie etwas, was wir tatsächlich erleben. Je intensiver das gespeicherte Bild wird, um so mehr drängt uns unser Unterbewußtsein in eben diese Richtung. Stellen wir uns also immer wieder intensiv unseren idealen Arbeitsplatz vor, so werden wir ihn finden!

Nutzen wir diese Chance, und füttern wir unser Unterbewußtsein mit unseren eigenen positiven Vorstellungen!

Jenny kann sich noch nicht positiv sehen. Sie kann sich noch nicht einmal vorstellen, wie es sein würde, wenn sie plötzlich wieder erfolgreich wäre! Sie hat noch keinen Ausbildungsplatz und weiß auch gar nicht, was ihr Spaß machen würde. Diese innere Unsicherheit strahlt sie aus. Egal, wo sie sich auch bewirbt, jeder fragt sie, ob sie denn diesen Job wirklich annehmen möchte.

Was strahlen Sie aus?

Daß sich unsere innere Einstellung äußerlich widerspiegelt, ist uns klar. Doch wie schnell andere Menschen von unserer äußeren Erscheinung auf unser Wesen und unsere Fähigkeiten schließen, ergab eine Studie des Kommunikationsforschers Siegfried Frey: Er zeigte Studenten aus drei Ländern zehnsekündige Spots aus deutschen Fernsehnachrichten, allerdings ohne Ton. Obwohl die Studenten unterschiedlicher Herkunft waren, zum Teil sogar aus den USA kamen, fällten sie ihr Urteil nicht nur überraschend schnell, sondern es fiel auch überraschend gleich aus. Der positive oder negative Eindruck entstand also unabhängig von der Botschaft, allein durch den äußeren Eindruck. Zum Glück haben wir in der Regel mehr Zeit, uns darzustellen, als nur zehn Sekunden. Doch wenn wir aus dieser Untersuchung, die sich übrigens mit anderen deckt, den richtigen Schluß ziehen, dann brauchen wir wahrscheinlich alles, was über zehn Sekunden hinausgeht, um den ersten Eindruck, den wir machen, in unserem Sinne zu korrigieren!
Aber dürfen wir uns darüber wundern?
Wenn unser Unterbewußtsein alles gespeichert hat, dann hat es genug Vergleichsmöglichkeiten! Denn wie wir zu einem Menschen stehen, hängt davon ab, an wen er uns innerlich erinnert und welche Gefühle er in uns auslöst. Spontane Sympathie oder Ablehnung haben nämlich mehr mit den gespeicherten Erfahrungen als mit dem Menschen zu tun, den wir gerade sehen. Doch sein Bild – sein Image – triggert, das heißt aktiviert, diese Erfahrungen. Manchmal werden noch nicht einmal unsere eigenen Erfahrungen ins Bewußtsein gerufen, sondern die, die wir von Eltern, Lehrern und anderen Meinungsmachern übernommen haben. Sie kennen keine Vorurteile? Ein Vorurteil ist nichts anderes als eine in unserem Unterbewußtsein gespeicherte Erfahrung, die nicht unsere eigene ist. Unser Vorfahr, der Steinzeitmensch, konnte noch von diesem Verfahren profitieren: Wenn er seinen Kindern zunächst einmal beibrachte, daß alles, was ein zottiges Fell hat, gefährlich sei, so hat er sie damit geschützt. Hätte er dieses Vorurteil aber nicht irgendwann eingeschränkt und angepaßt, dann gäbe es heute keine Haustiere – Esel, Rind, Pferd und Hund wären nicht zu Freunden und Helfern des Menschen geworden! Im Gegenteil, wir würden noch heute vor ihnen weglaufen! Doch viele Vorurteile übertragen sich von Generation zu Generation, ohne daß wir sie überprüfen.

Kennen Sie Ihre Vorurteile?

Jennys Eltern haben resigniert. Da kommt Besuch: Eine Studienkollegin der Mutter hat sich angesagt. Zuerst weigert sich Jenny, am gemeinsamen Abendessen teilzunehmen, doch die Mutter läßt nicht locker. Jenny kennt die Frau nicht, die da kommt, eine erfolgreiche Geschäftsführerin, selbstbewußt und schick. »Sie sind die kleine Jenny? Ja, kennen Sie mich denn nicht mehr?« Jenny schüttelt den Kopf, doch die Dame läßt nicht locker: »Aber ich bin doch die Karin, ich habe Sie doch immer auf den Arm genommen! Mein Gott, was waren Sie für eine energische kleine Person!«
Jenny traut ihren Ohren nicht. Sie war eine energische kleine Person? Das muß aber lange her sein!
Doch die positive Bemerkung verfehlt ihre Wirkung nicht! Aufmerksam mustert Jenny die alte Freundin ihrer Mutter, die ein ganz anderer Typ geworden zu sein scheint: selbstbewußt, locker und voller Energie. Sieht so eine erfolgreiche Frau aus? Jenny hört aufmerksam zu, als Karin Krüger vom »Kleinen Teehaus« erzählt, das so klein gar nicht zu sein scheint, im Gegenteil, die Firma soll inzwischen der größte Spezialversand seiner Art in der ganzen Region sein. Karin ist für den Einkauf zuständig und reist ständig in der Welt herum, um die beste Ware für ihre Firma einzukaufen. »Und natürlich die günstigste«, lacht sie, »ihr glaubt gar nicht, wie zäh solche Preisverhandlungen sein können, besonders mit Asiaten!« Jennys Mutter schüttelt den Kopf. »Ausgerechnet du, Karin, du hast doch während des ganzen Studiums den Mund nicht aufgemacht!« Jenny staunt. Kann sich denn ein Mensch so verändern? Jenny gefällt vor allem die Begeisterung, mit der Karin Krüger von ihren Aufgaben spricht, und als diese ihr zum Abschied ihre Visitenkarte in die Hand drückt, nimmt sie sich ganz fest vor, sie auch wirklich anzurufen.

Welche reale Person hat Sie beeindruckt?

Wir alle haben in unserem Leben Menschen getroffen, die uns beeindruckten. Doch ich meine hier nicht Albert Schweitzer oder Einstein, Mutter Theresa oder Prinzessin Diana, sondern Menschen, die, ohne mit ungewöhnlichen Gaben ausgestattet zu sein, etwas aus sich und ihrem Leben gemacht haben. Oft beeinflussen diese Personen unsere Handlungen tiefer, als wir glauben. Hat Ihnen als junges Mädchen eine Nachbarin mit zwei Kindern besonders imponiert, so werden Sie dieses Bild im Unterbewußtsein tragen. Dieses Bild wird in gewisser Weise versuchen, Ihr Handeln zu beeinflussen.

Vielleicht werden Sie sich später vornehmen, lieber auf Kinder zu verzichten und im Beruf erfolgreich zu sein. Unter Umständen drückt es sich dann in leise nagender Unzufriedenheit aus, inszeniert einen »Pillenunfall« oder veranlaßt Sie, trotz erfolgreicher Karriere eine Familie zu gründen.

Die Bilder in unserem Unterbewußtsein streben nämlich danach, sich in der Realität zu verwirklichen. Entgegengesetzte Bilder heben sich nicht etwa gegenseitig auf, sondern existieren munter nebeneinander her! Jetzt verstehen wir, warum manche Menschen mitten im Leben Laufbahn, Karriere und Lebensstil ändern und häufig dabei das Gefühl haben, endlich das zu tun, was sie schon lange tun wollten!

Doch einander widersprechende innere Bilder kosten viel Kraft und können uns sogar daran hindern, überhaupt etwas zu verwirklichen!

Welche Vorstellungen von Ihrem Leben haben Sie?

Unser Tibeter muß sich diese Fragen nicht stellen. Wie von einer inneren Stimme geleitet, verfolgt er sein Ziel. Natürlich ist sein Leben bisher sehr einseitig verlaufen, er kennt nur das Kloster, die Mönche und seine intensive geistige Ausbildung. Doch er empfindet seine Erziehung als gelungen, denn genau so hat er sie sich vorgestellt. Er fühlt sich sicher, selbstbewußt, und sein erster Ausflug in die Welt glückt: Er mußte sich in der Hauptstadt Lhasa um einen Studienplatz bewerben. Die geschäftige Welt war ihm fremd, doch ruhig und gelassen erledigte er die vorgeschriebenen Formalitäten. Danach fuhr er nach Hause, um seiner Familie zu helfen. Das ganze Dorf war auf den Beinen, um ihn zu empfangen. Er spürt den Stolz der Eltern.

Erkennen Ihre Eltern Ihre Leistungen an?

Viele Menschen suchen ihr ganzes Leben vergeblich nach dieser Anerkennung. Sie wünschen sich nichts sehnlicher, als daß Vater oder Mutter einmal anerkennen, was sie leisten oder geleistet haben. Doch diese Anerkennung wird uns viel zu oft verweigert, und unsere Bemühungen sind in dieser Hinsicht oft zum Scheitern verurteilt. Warum? Weil wir eigenständige Wesen sind, die ihr Leben früher oder später auf ihre eigene Art und Weise führen wollen. Ein so geradliniger Lebensweg wie der unseres Tibeters ist ausgesprochen selten in unserer westlichen Welt. Idealerweise vereint sich die elterliche Vorstellung mit der Begabung und dem Wunsch des Kindes. Doch normalerweise stimmen die Wünsche, die Eltern für ihre Kinder hegen, nicht so genau mit den Wünschen der Kinder überein. Deshalb ist es wichtig, daß wir uns bewußtmachen, woher die Wünsche unserer Eltern kommen. Sind sie tatsächlich so wohlmeinend und objektiv, oder verstecken sich nicht dahinter eigene Sehnsüchte? Vielen Eltern ist nicht klar, daß sie Hoffnungen, die sie für sich selbst hatten, auf ihre Kinder projizieren. Die Kinder sollen das Leben führen, das sie nicht leben. Doch diese elterlichen Wünsche passen oft gar nicht zu den Kindern! Statt jedoch ihre Vorstellungen zu korrigieren, versuchen die Eltern, die Kinder anzupassen!

So ist es kein Wunder, wenn wir von dieser Seite kein Lob bekommen: Nicht wir liegen falsch, sondern die Vorstellungen unserer Eltern sind nicht richtig für uns, passen nicht zu uns!

Hören Sie auf, auf das Lob Ihrer Eltern zu warten!

Als Jenny diesen Satz von Karin Krüger hört, schüttelt sie ungläubig den Kopf. Doch die erfolgreiche Abteilungsleiterin läßt nicht locker: »Jenny, was wollen Sie, Sie ganz persönlich? Was tun Sie gerne, was macht Ihnen Spaß?«

Jenny ist erstaunt. So sprechen ihre Eltern leider nicht mit ihr. »Jenny, was möchten Sie aus Ihrem Leben machen? Was möchten Sie aus sich machen?«

Jenny schweigt, doch sie ist froh, daß sie den Weg in dieses Büro gefunden hat.

»Passen Sie auf, Jenny, ich habe in ein paar Minuten einen Termin, den ich nicht verschieben kann. Doch wenn Sie wollen, dann sehen Sie sich einfach mal um. Warten Sie mal«, Karin Krüger drückt auf die Gegensprechanlage, »Ulrike, können Sie bitte dafür sorgen, daß einer von unseren Auszubildenden dieser jungen Dame den Betrieb zeigt?« Karin Krüger steht auf und streckt Jenny die Hand entgegen: »Sehen Sie sich alles an! So etwas haben Sie bestimmt noch nie gesehen! Das ›Kleine Teehaus‹ ist bald das größte Versandhaus für Teespezialitäten im Lande! Schauen Sie sich um, stellen Sie Fragen! Und wenn wir uns übermorgen wiedersehen, möchte ich wissen, was *Ihnen* Spaß machen würde. Doch jetzt muß ich versuchen, die Preisvorstellungen eines Herrn Chang aus Kanton auf Normalmaß zurechtzustutzen!« Karin Krüger verschwindet in einem Besprechungszimmer, das an ihr Büro anschließt.

Am Abend schwirrt Jenny der Kopf von den vielen Eindrücken, doch sie hat etwas entdeckt, was sie sehr interessiert hat: In der Werbeabteilung wurde an dem neuen Weihnachtskatalog der Firma Teehaus gearbeitet. Besonders die vielen Fotos hatten es ihr angetan, aus denen zwei Mitarbeiter jene heraussuchten, die zu dem festlichen Anlaß am besten zu passen schienen. Plötzlich überwindet Jenny ihre Zurückhaltung: »Die beiden da, die würde ich nehmen! Da bekommt man richtig Lust auf Weihnachten!« und sie deutet auf zwei Aufnahmen. »Gutes Auge«, bemerkt einer der Mitarbeiter trocken, »wohl Profi, was?« – »Noch nicht,« Jenny gibt sich noch einmal einen Ruck, »aber vielleicht bald!« Fasziniert beobachtet sie, wie einer der beiden ein Foto in den Computer einscannt und auf dem Bildschirm das Titelblatt des Kataloges entsteht.

Als Jenny zwei Tage später wieder im Büro der Abteilungsleiterin sitzt, erzählt sie ihr davon. »Das würde mir Spaß machen, zu fotografieren und zu gestalten!« – »Und worauf warten Sie dann noch? Jenny, Sie müssen sich umhören, sich informieren! Die Chancen kommen uns nicht nachgelaufen, sondern wir müssen ihnen entgegengehen! Wissen Sie eigentlich, wie ich zu meinem Beruf gekommen bin?« Karin Krüger schmunzelt: »Einer unserer Professoren trank literweise grünen Tee – Gunpowder, wir haben ihn auch im Sortiment. Er führte seine geistige Klarheit auf dieses Getränk zurück, und ich dachte mir, davon könnte ich auch etwas gebrauchen! Ich war im Gegensatz zu Ihrer Mutter nämlich keine gute Studentin. Na, jedenfalls konnte ich das Zeug nicht auftreiben, und so schrieb ich an das ›Kleine Teehaus‹, das damals nur eine Geschäftsstelle in Bremen hatte. So hat alles angefangen! Als ich dann aber trotz des grünen Tees feststellte, daß meine Examen nicht allzu gut ausfallen würden, setzte ich alles daran, in den Semesterferien hier einen Job zu bekommen, denn dies war die einzige Firma, zu der ich damals Kontakt hatte. Es klappte. Können Sie sich vorstellen, wo ich landete? In der Preisauszeichnung! Doch die acht Wochen genügten, ich entdeckte meine kaufmännische Ader! Heute kommen mir meine juristischen Kenntnisse sehr gelegen!« Doch Karin Krüger ist schon wieder auf dem Weg zu einer Besprechung.

»Wenn Sie die Richtung wissen, marschieren Sie los! Was Sie in einem Beruf wirklich erwartet, merken Sie sowieso erst, wenn Sie richtig drinstecken. Werbung oder Fotografie, das ist beides sehr interessant! Versuchen Sie Ihr Glück, Jenny! Und noch etwas, wenn Sie sich vorstellen, dann versuchen Sie, ein bißchen positiver auszusehen, abgemacht? Schließlich sieht man Sie, bevor man mit Ihnen spricht!« Die positive Ausstrahlung von Karin Krüger macht Jenny Mut.

Drei Wochen später beginnt Jenny ein Praktikum bei einem Fotografen, der nicht nur für seine gelungenen Porträtaufnahmen bekannt ist, sondern auch Spezialreportagen für Zeitschriften macht. Zuerst jammert sie über die anstrengende Arbeitszeit und ist ganz empört, daß sie auch im Verkaufsraum aushelfen muß. Doch dann fallen ihr Karin und die Preisauszeichnung ein, und sie reißt sich zusammen. Bald merkt sie, daß ihr die Fotografie tatsächlich liegt und sie gerne mehr lernen möchte. Sie fragt, ob es die Möglichkeit gibt, nicht nur das Praktikum, sondern eine Lehre zu machen. Sie freut sich, als ihr Chef dazu bereit ist, doch sie ärgert sich über seine Bedingung: Jenny soll lernen, sich anders zu präsentieren. »Unsere Kunden sind anspruchsvoll. Sie erwarten von uns aussagefähige Bilder. Viele lassen sich bei uns für berufliche Zwecke fotografieren und erwarten von uns dabei fachkundige Beratung. Wenn wir da nicht selbst ein bestimmtes Image rüberbringen, trauen sie uns keine gute Arbeit zu.«

Das leuchtet Jenny nicht nur ein, es erinnert sie auch an die Worte von Karin Krüger. Jenny betrachtet ihren neuen Arbeitgeber, der ein interessanter Typ ist. Er sieht ein wenig wie ein Künstler aus, doch sehr gepflegt und, wie Jenny findet, cool. Irgendwie sieht man ihm den guten Ruf seines Studios an.

»Beschäftigen Sie sich mal mit dieser Materie. Auf jeden Fall erwarte ich, daß Sie, wenn Sie hier arbeiten, auch danach aussehen.«

Was sagt Ihr Bewerbungsfoto aus?

Er zeigt ihr eine Serie von Bewerbungsfotos. »Von diesen Aufnahmen hängt sehr viel ab. Da sich heute immer mehr Bewerber um eine Stellung bemühen, wird der erste optische Eindruck immer wichtiger. Unsere Arbeit kann entscheidend dazu beitragen, ob jemand überhaupt zum Vorstellungsgespräch eingeladen wird. Aber die Menschen nehmen von uns keine Tips an, wenn wir selbst nicht erfolgreich aussehen.«

Da Jenny den Ausbildungsplatz haben möchte, beginnt sie sich mit dem zu beschäftigen, was ihr Chef unter »Image« versteht. Als drei Wochen später ihre Freundin Patrizia kommt, um sich Bewerbungsfotos machen zu lassen, darf Jenny sogar zum erstenmal fotografieren. Patrizia ist begeistert, denn sie braucht die Fotos nicht zu bezahlen.

2. Kapitel
Äußere Erscheinung und Selbstpräsentation

Jenny hat sich mit den Fotos ihrer Freundin wirklich große Mühe gegeben. Um so enttäuschter ist sie, als sie erfährt, daß Patrizia den Job bei der Bank nicht bekommen hat.

»Das wundert mich gar nicht«, Jennys Vater hat natürlich, wie immer, eine Erklärung parat. »Schau dir doch diesen Vogel an.«

Jenny ist entsetzt. Sie will nicht akzeptieren, daß das Aussehen eine so große Rolle spielen soll.

»Es geht nicht nur um das Aussehen, es geht um die Botschaften, die durch das Aussehen vermittelt werden.«

»Und welche Botschaft, bitte schön, vermittle ich?« Jenny ist in Kampfstimmung. »Kreativität, Originalität und etwas Anti-Establishment.«

Jenny ist sprachlos. »Aber das ist doch toll!«

»Für eine angehende Fotografin schon, aber nicht für die zukünftige Mitarbeiterin einer Bank.«

Zum erstenmal spricht der Vater mit Jenny über seine beruflichen Erlebnisse, seine Einsichten und die Erfahrungen, die er auf seinen vielen Geschäftsreisen gesammelt hat. »Wir sprechen nicht überall auf der Welt die gleiche Sprache, doch überall kennen wir die Macht der Bilder. Du weißt, daß die Menschen malten, bevor sie zu schreiben lernten. Die Sprache der Bilder ist international. Deine äußere Erscheinung ist ein Bild. Du gibst ein Bild ab, bevor du den Mund aufgemacht hast!«

Wissen Sie, welches Bild Sie abgeben?

Das stimmt. Nur am Telefon können wir – jedenfalls bis zur allgemeinen Einführung des Bildtelefons – noch ungesehen kommunizieren. Doch dank ISDN und Internet müssen in einigen Firmen die Mitarbeiter zu Konferenzen, Betriebsratssitzungen oder Seminaren nicht mehr anreisen, sondern bleiben an ihrem Schreibtisch sitzen. Kann uns unser Gesprächspartner aber nicht nur hören, sondern auch sehen, so setzt sich der Eindruck, den er von uns gewinnt, aus optischen und akustischen Botschaften zusammen. Die meisten Menschen betonen zwar, wie wichtig es ihnen sei, nicht allein nach ihrem äußeren Erscheinungsbild beurteilt zu werden, trotzdem wird unsere Gesellschaft von Tag zu Tag visueller: Bilder bestimmen unser Leben!

War es noch vor dreißig Jahren ein Erlebnis, ins Kino zu gehen, so können wir uns heute zehn Filme hintereinander ansehen, ohne auch nur das Haus zu verlassen. Unseren Lieblingsstreifen haben wir zum Dauerkonsum auf Video, und wenn's etwas Besonderes sein soll, schwingen wir uns ins nächste Multiplexkino auf. Fußballspiele, Tennismatches, Autorennen, alles wird uns aus den besten Blickwinkeln mit Teleobjektiv und Zoom in unsere vier Wände geliefert, wobei die Bilder in Übertragungsqualität die beim Live-Erlebnis weit übertreffen. Opernaufführungen, Popkonzerte, Modeschauen, wir verfolgen alles aus nächster Nähe. Wir nehmen via Live-Übertragung an Ereignissen teil, für die die Besucher horrende Eintrittspreise zahlen. Wir sind bei Veranstaltungen dabei, in die man uns »live« niemals hineinlassen würde. So werden wir verwöhnter und kritischer zugleich.

Unsere Maßstäbe verschieben sich. Die Gesichter, die über den Bildschirm zu uns ins Haus kommen, ob Tagesschausprecher, Kommissar, Soap-Opera-Star oder Protagonist einer Werbekampagne, sind uns oft vertrauter als die unserer Nachbarn.

Doch diese Gesichter sind sorgfältig gestylt und ausgesucht. Der nette Italiener, den alle Mütter sofort an ihr Herz drücken würden, ist das Ergebnis eines wochenlangen Castings: Italienisches Aussehen, aber bitte nicht zu südländisch, die Sprache verständlich, doch noch immer ganz leicht exotisch, der Akzent so gehaucht wie der Kakao auf dem Cappuccino. Ganz anders die bezaubernde Fee, die vergeblich versucht, dem Fettfilm in ihrer Küche beizukommen: Zurechtgemacht, als würde sie den Wiener Opernball besuchen, mit blütenweißer Schürze und kunstvoll hochgesteckten Haaren erinnert sie uns an die Zeit, in der Hausfrau zu sein der Gipfel weiblicher Entfaltung war.

Diese Bilder sollen verkaufen. Doch wir kaufen nur, wenn wir das Gefühl haben, daß wir etwas brauchen. Aber wer von uns braucht wirklich ein neues Putzmittel? Also muß die Industrie einen Wunsch wecken, eine Sehnsucht auslösen. Es ist sehr clever, gerade in Zeiten hoher Arbeitslosigkeit für ein neues Putzmittel mit einem Bild zu werben, das uns an eine Zeit erinnert, in der die meisten Frauen nicht außerhalb ihres eigenen Haushalts gearbeitet haben und daher auch nicht arbeitslos werden konnten.

Es wird eine Sehnsucht geweckt, das Putzmittel wird uns helfen, sie zu erfüllen! In Amerika werden inzwischen auch die Serien nach diesem Prinzip und damit vollständig auf dem visuellen Eindruck aufgebaut. Die Handlung ist nur das Vehikel, um Produkte, Schauplätze und Kleidung in Szene setzen zu können. Einzelne Sequenzen werden dann um eine Farbgruppe herum komponiert und perfekt durchgestylt. Sollte sich dennoch ein Staubkorn aus einer unerwünschten Farbpalette verirrt haben oder die Hauptdarstellerin plötzlich grünlich schimmernde Haare oder rötliche Augen zeigen, wird am Computer nachgebessert, bis alles in das angestrebte Raster paßt. Doch diese Techniken verändern unser Farb- und Stilempfinden!

Welchen Einfluß hat das auf uns?

Monochrome – einfarbige – oder gut aufeinander abgestimmte Farbkombinationen empfinden wir als gekonnter als ein buntes Outfit. Schwache Kontraste in unserer Kleidung lassen uns zugänglich erscheinen, kombinieren wir eine kräftige Farbe, sagen wir Blau, Schwarz oder Dunkelgrau, mit Weiß oder Beige, erscheinen wir autoritärer. So ist es also nicht geschickt, bei einem internen Meeting, zum Beispiel einer Dienstbesprechung, bei der Sie für eine neue Regelung der Mittagspausen werben möchten, in einem dunkelblauen Kostüm mit weißer Bluse aufzutreten. Haben Sie sich hingegen vorgenommen, sich bei Ihrem Chef für ein besonderes Projekt stark zu machen, oder ist sogar eine Präsentation außerhalb Ihrer Firma geplant, kann diese Kombination Ihnen genau die richtige Power verleihen.

Bei der Garderobe auf die Farbkombinationen achten!

Als Faustregel können Sie sich merken: Starke Hell-dunkel-Kontraste verleihen mehr Autorität, schaffen aber auch mehr Abstand. Helle Outfits mit weniger Kontrasten lassen Sie zugänglicher, verbindlicher und weniger streng erscheinen. Unsere Farbkombinationen verraten viel über unser Stilempfinden und unser ästhetisches Auge. Gekonnte Kombinationen sind nicht so einfach zu erzielen, wie wir glauben, und da kann der Blick in den Fernseher unser Auge durchaus schulen.

Trotzdem tut es unserem Selbstbewußtsein gut, wenn wir uns hin und wieder bewußtmachen, daß die Bilder, die uns da ins Haus flattern, künstlich sind und sorgfältig zusammengestellt wurden. So sehen wir zum Beispiel in Filmen nur noch selten Leute, die wirklich so aussehen, wie es ihrem Alter entspricht. Selbst die männlichen Stars lassen sich inzwischen das, was wir früher Charakterlinien nannten, wegschnippeln. Andererseits sehen Fünfzehnjährige aus wie dreißig. Bei den amerikanischen Verkaufsshows werden nämlich auch die Zuschauer im Studio mit Hinblick auf die Produkte ausgesucht, die angeboten werden, und dementsprechend »bearbeitet«, bevor sie vor die Linse dürfen.

Welche Wirkung hat dies alles auf den Zuschauer?

Sehen wir uns diese Serien an, so füttern wir Verstand und Unterbewußtsein mit Bildern, die total manipuliert worden sind. Vergleichen wir sie mit unserer Realität, bekommen wir zuerst einen Schreck, dann ein schlechtes Gewissen.

Denken Sie nur an Ihre Figur! Gewicht ist zu einem unglaublichen Reizthema geworden! Das Empfinden, wer dick ist und wer dünn, hat sich in den letzten Jahrzehnten sehr gewandelt. Blicken wir zurück, stellen wir erstaunt fest, daß Frauen, die in den Fünfzigern als schön galten, heute mollig wirken.

In den sechziger Jahren startete das englische Fotomodell Twiggy den Siegeszug der superschlanken Models, der bis heute ungebrochen ist. Er wandelte zuerst unser Schönheitsempfinden, dann unsere Eßgewohnheiten. Eßstörungen sind heute an der Tagesordnung, jedes zweite dreizehnjährige Mädchen hat schon mehrere Diätversuche hinter sich.

Auch das Bild des erfolgreichen Mannes hat sich verändert. Hielten wir im Wirtschaftswunder-Deutschland den Bauch für das Markenzeichen eines Generaldirektors, so sind erfolgreiche Männer heute schlank. Übertrieben gut genährt zu sein, ist heute kein Ausdruck des Könnens, sondern ein Zeichen mangelnder Disziplin.

Die äußere Erscheinung des Erfolges wandelt sich

Das, was wir gut finden, was modern und »in« ist, reflektiert unsere Zeit. Es wird von allem beeinflußt, was um uns herum geschieht: Erfindungen, Eroberungen, Kriege und Persönlichkeiten. Mode spiegelt unser Empfinden, unser Lebensgefühl und unsere Kultur wider. Doch seit dem Zweiten Weltkrieg dreht sich das Modekarussell immer schneller – heute kann etwas bereits wieder out sein, bevor die letzte Warenbestellung der Einzelhändler ausgeliefert wurde. Einerseits entspricht dieses Tempo unserem Lebensgefühl und unserem Hunger nach neuen Dingen, andererseits macht es uns angst.

Im Hinblick auf unsere beruflichen Chancen ist der rasante Wechsel problematisch.

Denn im Berufsleben müssen wir zwar ständig zeigen, daß wir fachlich voll auf der Höhe der Zeit sind, sollen aber gleichzeitig Vertrauen, Zuverlässigkeit, Beständigkeit und Seriosität ausstrahlen!

Die systematische Erforschung der Wirkung von Menschen und ihren Kleidern begann in den dreißiger Jahren in Hollywood: Filme wurden das große Geschäft. Die Studiobosse überließen nichts dem Zufall, zuviel Geld stand auf dem Spiel. So suchten sie nach Typen, von denen sie annahmen, sie würden ein bestimmtes Publikum ansprechen, und bauten sie um. Auf dem Weg zum Star wurde alles ausgetestet, womit diese Menschen in Berührung kamen, von der Frisur bis zum Schuh, vom Kragen bis zum Knopf, nichts blieb dem Zufall überlassen. Die Bosse waren sich nicht zu schade, für ihre weiblichen Sternchen eigenhändig neue BHs zu entwerfen. Nicht nur aus Leidenschaft, nein, um mehr Leistung, sprich mehr Geld, mit dem verbesserten Aussehen machen zu können! Denn diesen Herren war der Zusammenhang zwischen Aussehen und Wirkung wohl bewußt! Sie ließen auch die Namen der angehenden Superstars von den Fans bestimmen: Joan Crawford verdankte ihren Künstlernamen einem Preisausschreiben! Natürlich ging es den Studios dabei genauso um Publicity, doch sie wollten auch herausbekommen, welche Wirkung ein Name auslöst.

Wir kennen dies aus unserem eigenen Leben: Die schlichte Frau Müller verwandelt sich sofort, kann sie ihrem Namen ein »Dr.« oder ein »von« voranstellen. Eine Patrizia Renata Caruso stellen wir uns unbewußt anders vor als eine Heidi Maus. Auch die neue Vorliebe für Doppelnamen hat nicht nur etwas mit Identität zu tun, sondern sicher auch etwas mit Wirkung!

Kleidung hat eine ähnliche Macht. Damals wurden die Idole Lana Turner und Rita Hayworth aufgebaut, um die Sehnsucht des typischen »American male«, des Durchschnittsmannes, nach einer »tollen Frau« zu befriedigen. Da ein »normaler Amerikaner« aber zu jener Zeit meist Soldat war, mußte vor allem seine Einsamkeit bedacht werden. Die Damen strahlten also mehr Sex aus, als im recht prüden Amerika bis dato schicklich war. Da ein Soldat im Einsatz nicht ständig ins Kino rennen kann, erfand Hollywood die »Pin-ups«, die Vorläufer unserer heutigen Poster. Diese Fotos konnten sich die Soldaten in die Spinde und an die Wände hängen. Und während die GIs von den Schönheiten in ihren Spinden träumten, eiferten die Bräute daheim den Damen nach. So kam der Pullover in Mode, die Hose, der Bikini und die Nacktaufnahme.

Dieses Prinzip hat sich bis heute erhalten.

Paradebeispiel: die Reinkarnation des Evita-Looks. Ein Film entsteht. Maskenbildner und Kostümdesigner entwerfen, von Originalvorlagen inspiriert, die passenden Kleider, Schuhe, die Frisur und das Make-up. Sofort greift die Industrie diesen Look auf. Der Film kommt in die Kinos, die passende Ware ist da. Kaufhäuser widmen dem neuen Trend ganze Schaufensterreihen und Abteilungen: Innerhalb weniger Wochen geht er um die Welt: Gesteuert, gestylt, verkauft. Doch bis die letzte Kundin begriffen hat, welche Lippenstiftfarbe zu diesem Look gehört, ist schon etwas Neues aufgetaucht: 101 Dalmatiner tragen ihr Fell zu Markte.

Von einer Frau, die mit beiden Beinen im Leben und im Beruf steht, wird erwartet, daß sie diese Mechanismen durchschaut.

Offensichtliche Trends sind gefährlich

Jenny liebt den Raubtierlook. An manchen Tagen kann man sie glatt mit einer Katze verwechseln. Ihr kritischer Chef mustert sie nachdenklich.

Dann bittet er sie, sich während der Arbeitszeit auf ein gemustertes Teil zu beschränken.

Modetrends können falsche Botschaften senden!

Nicht alles, was wir kaufen und anziehen können, bringt uns beruflich weiter. Vieles, was die Kassen der Modemacher klingeln läßt, schadet uns sogar!

Hautenge Stretchkleider, Spitzenbodys ohne passende Jacke, dafür vielleicht mit langen Ohrringen, knappste Shorts und »high heels«,

Flower-Power und Hanfsandalen, all dies mag privat durchaus irgendwo seinen Platz haben, aber im Geschäftsleben können uns diese Outfits um unseren Erfolg bringen. Diese Zusammenhänge sind inzwischen auch guten Rechtsanwälten geläufig: Falsche Kleidung kann nicht nur die Glaubwürdigkeit eines Zeugen in Frage stellen, sondern einen Mandanten unter Umständen ein Vermögen kosten! In England machte man deshalb eine Untersuchung, mit welcher Garderobe eine Frau vor dem Scheidungsrichter auftreten sollte. Das Ergebnis erstaunt uns nicht: Je hilfloser die Lady erschien (Blümchenkleid und Häkelschal), um so günstiger war für sie das Ergebnis der Verhandlung. Im Beruf ist es genau umgekehrt. Wollen Sie ernst genommen werden, ist Hilflosigkeit nur in Ausnahmefällen und wohldosiert der richtige Weg.

Es war ein Amerikaner, John T. Molloy, dem dies auffiel. Er fragte sich, warum es Frauen oft trotz guter fachlicher Qualifikation nicht so weit bringen wie ihre männlichen Kollegen. Seine Antwort: Mit unprofessioneller Selbstpräsentation und unpassender Kleidung bringen sie sich selbst um den verdienten Erfolg!

Er nannte seine Entdeckung »wardrobe engineering« und war fest davon überzeugt, daß es den Frauen mit seiner Technik endlich gelingen werde, besserbezahlte Jobs zu bekommen und auf der Karriereleiter emporzusteigen! Genauso können Sie lernen, sich so zu kleiden, daß Sie dem Mann gefallen, dem Sie gefallen wollen!

Die etablierte Bekleidungsindustrie dachte damals, diese doch sehr männlich klingende Idee des »wardrobe engineering« würde schnell wieder von der Bildfläche verschwinden. Doch weit gefehlt! Was verschwand, war die trockene, männliche Bezeichnung, die Idee jedoch setzte sich durch. Image-Consultants, Farb- und Stilberatungen und Vorher-und-nachher-Make-over werden immer beliebter.

Auch europäische Frauen wollen nicht nur arbeiten, sie wollen Erfolg!

Jenny knabbert noch immer an der Bedeutung, die der Vater dem Äußeren beimißt.

»Aber kommt es denn nicht auf die Leistung an?«

»Stell dir vor, wir suchen in unserer Firma eine Mitarbeiterin für die Buchhaltung und bekommen fünfzig Bewerbungen. Was sollten wir deiner Meinung nach tun?« Jennys Vater ist bei diesem Thema immer ganz bei der Sache.

»Na, ansehen natürlich.«

»Alle fünfzig? Weißt du, wie lange das dauern würde?«

Jenny schüttelt den Kopf.

»Na, also. Deshalb müssen wir eine Vorauswahl treffen, das heißt, zuerst einmal die Qualifikationen anhand der eingereichten Unterlagen prüfen. Bleiben noch vierundzwanzig übrig. Was nun?«

»Die ladet ihr ein.«

»Alle vierundzwanzig? Nein. Was meinst du, warum wir einen handgeschriebenen Lebenslauf verlangen? Und ein Foto? Nur, damit du fotografieren kannst?

Nein, jetzt betrachten wir genau, was uns geliefert wurde: Wie sehen die Unterlagen aus, optischer Eindruck, Papier, Schrift, Füllhalter oder Kugelschreiber, und dann natürlich: Wie sieht sie aus? Übrigens, nur zu deiner Information: Bei den Herren machen wir es genauso!«

Erster Eindruck: 55 % Äußeres – 38 % Stimme – 7 % Können

Jenny weiß inzwischen sehr genau, daß Bilder eine Botschaft überbringen.

Auch unsere Handschrift ist ein Bild. Jenny hat beobachtet, daß es gern gesehen wird, wenn Lebensläufe mit dem Füller geschrieben werden, sie hat es bei ihren eigenen Bewerbungen erfahren. Das Schreiben mit dem Kugelschreiber mag uns leichter fallen, doch Feder und Tinte übertragen nicht nur die Auf- und Abschwünge unserer Schriftzüge deutlicher, sondern auch den Druck, mit dem wir die Buchstaben zu Papier bringen. Schon diese Merkmale lassen Rückschlüsse auf die innere Verfassung des Schreibers zu. Viele Firmen sind inzwischen dazu übergegangen, Schriftanalysen der Bewerber machen zu lassen, um versteckte Eigenschaften ihrer Bewerber aufzuspüren. Diese graphologischen Gutachten erlauben Einblicke, die wesentlich tiefer gehen als ein Vorstellungsgespräch. Natürlich läßt sich aus der Handschrift nicht alles herauslesen, was einen Menschen ausmacht, doch geübte Augen können Eigenschaften wie Großzügigkeit, Pedanterie, Ehrgeiz, Brutalität oder mangelndes Durchsetzungsvermögen erkennen.

Was verrät die Handschrift?

Wenn Sie ganz sichergehen wollen, daß Ihre Handschrift zu Ihnen und Ihrem Beruf paßt, dann lassen Sie sich selbst ein graphologisches Gutachten machen. Nehmen Sie das Ergebnis als Anregung, und versuchen Sie, Ihre Schrift zu verbessern.
Wichtig ist in jedem Fall der Gesamteindruck Ihrer Unterlagen. Personalmanager/innen verlassen sich bei der Beurteilung auf ihre Erfahrung und ihr Feeling.

Alles, was von Ihnen kommt, sagt etwas über Sie aus

Das gleiche gilt natürlich für die Auswertung der Bewerbungsfotos. Zwar liest nicht jeder aus jedem Bild die gleiche Botschaft heraus, doch es scheint, als würden für Schönheit und Attraktivität universelle Regeln gelten.

Jenny hat darüber Interessantes von ihrem Chef erfahren, der Hunderte von Menschen fotografiert hat. Ihr ist schnell aufgegangen, daß die Kunden auf den Fotos gern ein bißchen besser aussehen möchten als in Wirklichkeit. Der erfahrene Chef gibt ihr einen Rat: »Achte auf die Proportionen! Je gleichmäßiger ein Mensch gewachsen ist, je symmetrischer Körper und Gesicht sind, um so attraktiver finden wir ihn. Doch die wenigsten haben völlig gleiche Augen, Ohren oder Hände, die meisten haben noch nicht einmal gleich lange Beine. Trotzdem ist diese Liebe zur Symmetrie universell. Hier können wir durch geschicktes Ausleuchten vieles verbessern, außerdem läßt sich bei den Damen durch Make-up und Frisur eine Menge ausgleichen.«

Symmetrie wirkt sympathisch

Doch unsere Vorliebe für das Gleichmaß hat wahrscheinlich tiefere Gründe als unsere Freude an ebenmäßigen Gliedmaßen. In der Natur gilt »bilaterale Symmetrie« nämlich als Zeichen für eine stabile Entwicklung. Deshalb, so glauben die Biologen, hat uns die Natur, deren höchstes Ziel ja bekanntlich die Arterhaltung ist, damit ein sichtbares Zeichen innerer, sprich biologischer, Qualitäten geben wollen. In allen Märchen und Sagen sind die »Guten« ebenmäßig, hold und schön, die »Bösen« jedoch anders: bucklig, riesig, Nase, Ohren oder Füße grotesk vergrößert oder übertrieben gekrümmt! Die Dummen, die Feigen, die Gemeinen und Bösen weichen, wir sehen es auf den ersten Blick, äußerlich von der Norm ab. Doch die »Norm« wird vom Normalen abgeleitet. Als normal bezeichnen wir das, was normalerweise vorkommt, also den Durchschnitt.

Die Amerikaner geben dies offen zu: Like »the girl next door«, so soll die Freundin oder Frau aussehen. Mit einem kleinen Zusatz: »Only better.«

Forscher haben längst herausgefunden, was sich hinter diesem »Only better« verbirgt. Das Kinn muß schmaler, die Lippen voller und die Stirn ein wenig höher sein. Sonst kann alles bleiben, wie es ist.

Jenny geht wieder in Angriffsstellung. Wenn ein Fotograf nach Schönheitsmerkmalen sucht, dann kann sie das akzeptieren. Doch ein Personalchef?

»Aber der sucht doch nicht nach Schönheit! Im Gegenteil! Eine Miß würde doch unseren Rahmen sprengen! Nein, wir suchen zum Beispiel nach der perfekten Empfangsdame. Das heißt, wir suchen eine Mitarbeiterin, die unserer Vorstellung von einer perfekten Empfangsdame entspricht.«

Doch Jenny gibt sich nicht so schnell geschlagen. »Und was heißt das jetzt wieder?«

»Daß wir eine Dame suchen, die Charme hat, sehr gutes Deutsch spricht, Englisch und Französisch kann, sicher und gewandt auftritt, Streß verträgt, es gewohnt ist, mehrere Arbeitsabläufe zu koordinieren, hervorragend telefonieren kann und sich gut zu kleiden versteht. Kurz, wir suchen eine Dame, die sich vom Trubel nicht verrückt machen läßt, unseren Kunden und Gästen Vertrauen einflößt, Ruhe ausstrahlt, eben eine, die in die Führungsetage eines internationalen Unternehmens paßt. Übrigens, du wirst mir zustimmen, daß sich diese Bewerberin wahrscheinlich gewaltig von der Buchhalterin, von der wir letztesmal gesprochen haben, unterscheidet. Und diesen Unterschied, den sehe ich auf den ersten Blick!«

Dieses Rezept läßt sich auf jeden Job übertragen: Eine Arzthelferin sollte schon so aussehen, wie sich die Patienten eine Arzthelferin vorstellen. Noch besser ist es, wenn sie nicht nur so aussieht, sondern wenn sie vermittelt, was Patienten an einer guten Arzthelferin schätzen: Verständnis, Vertrauen, Hilfsbereitschaft und ein gewisses Maß an Durchsetzungsfähigkeit. Es kommt vor allem darauf an, jene Qualitäten auszustrahlen, die die Menschen mit dem jeweiligen Arbeitsgebiet und/oder der angebotenen Ware verbinden: Eine Vertreterin, die den Markt für teuren Modeschmuck erobern will, muß dem Preis ihrer Ware entsprechend angezogen sein. Legt sie ihr eigenes Anfangsgehalt zugrunde, wird sie nicht den Eindruck machen, der potentielle Kundinnen zum Kauf anregt.

Paßt mein Image zu meinem Tätigkeitsfeld?

Gute Garderobe hat ihren Preis. Oft sind wir nicht gewillt, die nötigen Scheine auf den Tisch zu legen. Doch wir sollten uns bewußtmachen, daß unsere äußere Erscheinung ein Teil unseres beruflichen Kapitals ist. Gut einzukaufen muß nicht heißen, den höchsten Preis zu zahlen! Gut einzukaufen heißt, gezielt einzukaufen. Die »smart buys« müssen nicht die teuersten Käufe sein, sondern es sind jene, mit denen wir am weitesten kommen. Nicht nur weiße Kittel und Uniformen sind Berufskleidung, sondern alles, was wir im Beruf tragen!

Das ist uns nicht immer klar, und so kann es passieren, daß wir in dem gleichen Outfit, mit dem wir am Schreibtisch sitzen, abends kochen oder in der Disco hocken. Dies ist ein Fehler, den wir unbedingt vermeiden sollten! Nicht nur unserer Garderobe zuliebe, nein, es ist für uns viel einfacher, den Arbeitsalltag abzuschließen, wenn wir die Kleidung wechseln! Außerdem haben die Aktivitäten unserer Freizeit alle spezielle Gerüche: die Küche, die Disco, das Restaurant, der Fitneßclub. Schon ein kurzer Trip zum Schnellimbiß kann uns noch tagelang anhaften!

Doch was tun, wenn Sie gar nicht erst nach Hause gehen, sondern gleich in die Freizeit starten? Sollten Sie sich in der Firma nicht schnell vollständig umziehen können, dann haben Sie wenigstens eine zweite Jacke in Ihrem Büroschrank! Doch meistens können wir in einem ganz dünnen Kleidersack (auch daheim zum Aufbewahren unserer Sachen wunderbar geeignet) eine zweite sportliche Ausstattung irgendwo an der Garderobe, im Vorratsraum oder

der Abstellkammer, vielleicht sogar seitlich an einem Schrank hängen lassen. Diese Notausstattung – es gehören auch Schuhe und Strumpfhosen dazu – erweist sich sogar im Büro, wenn sich Handwerker in der Firma angesagt haben, Sie Ihren Schreibtisch umräumen wollen, plötzlich Nachtschichten eingelegt werden müssen, um einen Termin zu halten, oder der Deckel der Kaffeekanne geklemmt hat, als ausgesprochen nützlich.

Ihre Geschäftsgarderobe ist ein Teil Ihres Kapitals

Natürlich haben es Berufe, in denen auch heute noch offiziell Berufskleidung getragen wird, in dieser Hinsicht leichter. Dennoch, ein Assistenzarzt macht meistens einen anderen Eindruck als der Chefarzt. Auch die innere Entwicklung spiegelt sich im äußeren Erscheinungsbild!

Erscheinungsbild und Verhalten müssen sich entwickeln

Jenny diskutiert diese Frage wieder mit ihrem Vater. Als Beispiel nimmt sie den Bäcker in ihrer Straße, der inzwischen in der ganzen Stadt Filialen hat. Jenny ist enttäuscht, sie hat das Gefühl, der Mann habe sich verändert. Ihrer Meinung nach sollte er immer jener Bäcker bleiben, den sie als kleines Mädchen gekannt hat. Doch ihr Vater widerspricht. Er ist davon überzeugt, daß der Bäcker sich auf seinem Weg nach oben auch in seiner Persönlichkeit anpassen muß. Aber Jenny ist entschieden gegen dieses »Anpassen«. Er darf doch seine ursprüngliche Persönlichkeit nicht verlieren!
Doch Jennys Vater argumentiert: »Warum setzt du Anpassung mit Aufgabe gleich?« fragt er. »Ist es in der Natur nicht genau umgekehrt? Was sich nicht anpaßt, das stirbt aus? Kann Anpassung nicht auch Entwicklung bedeuten?«
Der Vater deutet auf Ringo, den störrischen kleinen Dackel, den sie seit einigen Wochen haben. »Was glaubst du, was deine Mutter sagt, wenn er sich nicht ihren Regeln anpaßt und endlich stubenrein wird? Für ihn ist das doch ein Stück Entwicklung, oder nicht?« Jenny muß ihm zustimmen.

»Genau so muß sich unser Bäcker entwickeln, will er kein Außenseiter werden. Er muß sich der nächsthöheren Stufe anpassen. Was meinst du, was passiert, wenn der Besitzer von sieben Filialen zur Besprechung mit seiner Bank in derselben Montur erscheint, mit der er früher in seiner ersten Backstube am Ofen stand und der kleinen Jenny eine warme Semmel holte? Alle Beteiligten werden sich wundern, wie er es zu mehreren Filialen brachte, und keiner wird ihm zutrauen, daß die gewünschte Geschäftsausdehnung innerhalb der EU so ohne weiteres gelingt. Und das bedeutet, der arme Kerl muß erst einmal gewaltige Überzeugungsarbeit leisten. Außerdem wird er sich bei diesem Gespräch wahrscheinlich des äußeren Unterschiedes bewußt, und wenn er nicht ein ganz hartgesottener Typ ist, so wird ihn dies zusätzlich verunsichern.«

Der erste Eindruck entsteht, bevor Sie etwas sagen können!

Jenny ist verblüfft. So hat sie die Sache noch nie betrachtet. »Und wenn es sich nun um eine Bäckerin handelt? Was dann?« »Dann ist der erste Eindruck noch wichtiger. Die Frau als Manager oder Boß ist noch nicht ganz so etabliert, es fehlen die Vorbilder, auch was das Aussehen betrifft. Übrigens, weißt du, wie schnell der erste unbewußte Eindruck entsteht?«
Jenny schüttelt den Kopf.
»Schneller, als du auf deinen Auslöser drücken kannst. In drei Sekunden.«

Wir beurteilen menschliche Veränderungen jedoch unterschiedlich.
Kommt zum Klassentreffen ein Junge, der noch immer so lausbubenhaft aussieht, wie wir ihn seit zwanzig Jahren im Gedächtnis haben, vermuten wir mit einem leichten Vorwurf, er sei wohl noch immer der freche Junge, der sich weigere, erwachsen zu werden. Sieht eine reife Frau dagegen aus wie ein junges Mädchen, so rufen wir fröhlich erstaunt: »Du hast dich ja gar nicht verändert!« und halten dies für ein großes Kompliment. In Wirklichkeit ist es ein Armutszeugnis, denn wer sich nicht verändert, der hat sich nicht entwickelt. Doch »Veränderung«, bezogen auf Frauen, ist

auf unserer inneren Bewertungsskala meistens nicht positiv besetzt, sondern wir verbinden dieses Wort mit der Vorstellung von Älterwerden, Schlechteraussehen. In diesem Fall klingt »Veränderung« automatisch negativ. Doch nicht jede innere Veränderung muß sich durch Falten ausdrücken! Wir können auch selbstbewußter werden, selbstsicherer, wir können anders aussehen, ohne deshalb gleich älter erscheinen zu müssen! Am deutlichsten spiegelt sich innere Veränderung an der veränderten Selbstpräsentation!

Busineßkleidung muß sich in Arbeitssituationen bewähren

Am nächsten Tag beobachtet Jenny die Kunden noch aufmerksamer, besonders die weiblichen. Sie registriert Einzelheiten, die ihr früher nicht aufgefallen sind. Plötzlich erkennt sie, wie schmal der Pfad zwischen Busineß- und Partylook sein kann. Schon ein glänzender Stoff kann aus dem seriösen Blazer eine Abendjacke machen. Lange Ohrringe können toll aussehen, doch ob sie uns bei heftigen Diskussionen auch beruflich weiterbringen? Oder lenken ihre Bewegungen unseren Gesprächspartner ab?

Zeige mir, was du trägst, und ich sage dir, wer du bist

Unsere Kleidung hat bereits eine imponierende Karriere hinter sich: Ob Eva das Feigenblatt trug, um ihre Reize zu erhöhen oder weil sie sich plötzlich schämte, werden wir wohl nie ganz ergründen. Doch bereits diese Dame erkannte schnell den doppelten Nutzen eines Kleidungsstücks: Es schützt und schmückt! Doch es kann noch mehr:

Unsere Busineßgarderobe muß unser Selbstbewußtsein stärken

Die Kunst der Selbstdarstellung entwickelte sich von den Seiden des Königs Salomon bis zu den strengen Kleidervorschriften des

Mittelalters und der tradierten Zusammenstellung der Trachten. Vom König bis zum Bettelmann – im Laufe der Geschichte entwickelte jeder Stand, jedes Handwerk, jede Zunft ein spezifisches Gewand! Dabei bahnte sich die Mode ihren Weg von oben nach unten: Jahrhundertelang war der Adel das Vorbild, dem die Menschen nachstrebten. Die Moden gingen von den Machtzentren aus: Die Höfe bestimmten, was man trug, wie man sich verhielt und wie man sich zu benehmen hatte. Da der Adel aber eine in sich geschlossene Gesellschaft war, gab es nur wenig Möglichkeiten, ihm seine Sitten und Gebräuche abzuschauen. Das wiederum kam den Herrschenden sehr gelegen: Wer sich nicht zu benehmen weiß, ist verunsichert, wer verunsichert ist, der läßt sich leichter einschüchtern. In unserer Zeit haben sich die Führungseliten der großen Unternehmen viel von diesem Verhalten zu eigen gemacht.

Neben dem Adel beeinflußte auch das Militär das Verhalten und die Kleidung der Bürger. Noch heute sind seine Einflüsse zu sehen! Der Military-Look – Schaftstiefel, Schulterstücke, Reithosen mit Außentaschen – ist immer wieder modern.

Auch andere Elemente vergangener Epochen sind heute selbstverständlicher Bestandteil unserer Garderobe. Doch dies war nicht immer so!

Es gab Zeiten, da war die Zuteilung von Seiden, Spitzen und Stoffen, Farben, Federn und Bordüren streng geregelt: Jeder konnte nur erwerben, was seinem Stand entsprach. Eine einfache Frau durfte bestimmte Dinge einfach nicht tragen, selbst wenn sie sie hätte bezahlen können! Andererseits gab es auch Bestimmungen, die die Ehemänner vor allzu kauflustigen oder modebewußten Ehefrauen bewahrte: So verbaten die frühen Gesetze in Neuengland den Frauen, kostspieligere Kleider zu tragen, als sich ihre Männer leisten konnten, und es gab Vorschriften, die regelten, wieviel Stoff für ein Kleidungsstück verwandt werden durfte!

Angenehm auffallen, nicht unangenehm herausstechen.

Heute kann sich zwar jeder kaufen, was er bezahlen kann, doch macht dies nicht in jedem Fall den besten Eindruck! Ein Stück dieser alten Traditionen lebt! So gilt es als ausgesprochen ungeschickt, sich bei betrieblichen Veranstaltungen auffälliger und teurer anzuziehen, als es sich die Frau des Chefs leisten kann. Hier liegt die Betonung auf »leisten«, denn manche Frauen leisten sich einfach nicht, was sie sich leisten könnten. Doch wenn wir nicht overdressed erscheinen wollen, ist es klug, sich dem Standard des Gastgebers anzupassen.

Jennys erster beruflicher Auftritt ist eine Jubiläumsfeier. Der Chef muß dort fotografieren, und sie soll ihm helfen. Jenny hat eine große Abneigung gegen Betriebsfeste, denn mit Schaudern denkt sie an eine Feier zurück, auf dem die Frau des Chefs einen schlichten Hosenanzug trug, ihre Mutter jedoch ein sehr auffälliges Cocktailkleid. Trotz ihrer neun Jahre hatte sie sofort bemerkt, wie die Frau des Chefs, die Jenny sogar Tante nennen durfte, zusammenzuckte und die Mutter pikiert fragte, ob sie noch etwas Besseres vorhabe.

Beruflicher und gesellschaftlicher Status können unterschiedlich sein

Verstoßen Sie gegen diese ungeschriebenen Gesetze, wird frau zumindest unbewußt die Augenbrauen runzeln und sich fragen, ob Sie sie provozieren wollen oder keine gute Kinderstube hatten.

Solange frau auf dem Weg nach oben noch in den unteren und mittleren Ebenen verweilt, ist es klüger, wenn der Status der Kleidung den Status, den der Job mit sich bringt, nicht gleich um mehrere Stufen übersteigt.

Bei einer betrieblichen Veranstaltung mischen sich die Ebenen, wir haben es zwar mit den gleichen Menschen zu tun, doch nicht unbedingt in der gleichen Funktion. So ist es durchaus möglich, daß der Abteilungsleiter, der immer vermeidet, direkt mit den Mitarbeitern zu sprechen, und ständig seine Sekretärin dazwischenschaltet, jetzt plötzlich munter auf alle zugeht und jedes weibliche Wesen zum Tanzen auffordert. Genauso kann frau sich nach einer anstrengenden Verhandlungsrunde plötzlich mit der ganzen Mannschaft in einer Bar wiederfinden, und die Herren können sie drängen, nun doch endlich die steife Jacke auszuziehen.

Alles, was mit dem Beruf zu tun hat, gehört zum Beruf

Das heißt nicht, daß wir uns auf einem Fest genauso anziehen sollten, genauso benehmen müssen wie am Arbeitsplatz. Es bedeutet
auch nicht, daß wir in einer anderen Umgebung nicht lockerer und
lässiger sein können. Doch wenn wir glauben, außerhalb der Büro-
zeit würden andere Gesetze gelten als zwischen acht und siebzehn
Uhr, dann haben wir uns getäuscht. Einen Moment mag es so aussehen, als seien die Schranken verwischt, doch eine Überschrei-
tung kann Ihnen später schwer zu schaffen machen. Verhalten Sie
sich, wie Sie sich immer verhalten, und zeigen Sie gute Laune –
mehr nicht. Es gibt Chefs und Geschäftspartner, die die Freiräume
außerhalb des Betriebes geschickt zu nutzen verstehen. Deshalb,
senden Sie keine Signale, die Sie am nächsten Tag bereuen, weder
verbal – Alkohol löst die Zunge – noch nonverbal. Unsere Kleidung für festliche Gelegenheiten ist oft etwas knapper geschnitten,
der Rock ist enger und kürzer, der Ausschnitt etwas tiefer. Wenn
Sie sich so kleiden, müssen Sie sich besonders an diese Regel halten, denn Ihre Kleidung kommt in männlichen Köpfen vielleicht
anders an, als Sie es sich gedacht haben.

Männer reagieren anders auf Kleidung

Wir Frauen sind nicht ganz unschuldig daran. Denn wir sind es
doch, die durch Kleidung auch auf uns aufmerksam machen möchten! So haben wir es im Grunde uns selbst zuzuschreiben, wenn
dieser Balanceakt uns ab und zu Schwierigkeiten macht. Denn,
Hand aufs Herz, wer von uns möchte in seinem neuen Outfit nicht
bewundert werden? Doch romantische Gefühle oder erotische
Gedanken sollten im Beruf nicht die erste Geige spielen. Kleidet
sich eine Frau im Beruf genauso, wie es ihr privat gefällt, so kann
dies allerdings auch noch auf anderen Ebenen problematisch werden: Zieht sich eine Frau wesentlich lässiger an, als es dem Job entspricht, sägt sie an ihrer eigenen Kompetenz, ist sie wesentlich teurer und aufwendiger gekleidet, als es ihrem Beruf entspricht, zwei-
felt man an ihrer ursprünglichen Motivation: Muß sie wirklich arbeiten? Daß sie es vielleicht versteht, günstig einzukaufen, oder
sich ihre Garderobe vom Munde abspart, weiß ja niemand. Doch
das Etikett, den Job nicht nötig zu haben, erschwert eine erfolgrei-

che Integration in die Firma und verhindert die offene Aufnahme in das Team. Bleibt frau allerdings mit ihrer Kleidung hinter den Erfordernissen ihres Berufes zurück, zweifeln die Kollegen auch, diesmal jedoch nicht an der Motivation, sondern an ihren Fähigkeiten. Wenn sie noch nicht einmal weiß, wie sie sich zu kleiden hat, wird sie auch sonst nicht viel auf dem Kasten haben! Diesen Reaktionen begegnen wir natürlich nicht nur im Kollegenkreis, sondern wir finden sie bei allen Menschen, mit denen wir es im Beruf zu tun haben. Besonders Geschäftspartner, Klienten, Mandanten und Kunden empfinden diese nonverbalen Botschaften und lassen sich bei ihren Entscheidungen davon beeinflussen!

Die unüberlegte Auswahl unserer Garderobe macht uns also in jedem Fall das Leben schwerer!

So ist es zum Beispiel sehr ungeschickt, bei Treffen, zu denen die Herren einen Anzug tragen, nur in Rock und Pullover zu erscheinen oder zu einem entscheidenden Gespräch im luftigen Blumenkleid mit Ballerinaschuhen aufzutreten. Pullover und ganz flache Schuhe sind Kleidungsstücke, die es uns schwerer machen, anerkannt zu werden. Der Pullover ist im Unterbewußtsein vieler Männern nicht unbedingt nur als Sportbekleidung gespeichert, denn er verführt, hat er eine flauschige Oberfläche, zum Anfassen, ist er sehr eng, zum Träumen! Flache Schuhe assoziieren die meisten Männer dagegen mit Mauerblümchen, alten Jungfern oder ganz jungen Mädchen. Allen dreien gestehen sie leider nicht viel Kompetenz zu! Schuhe sind sowieso ein delikates Thema! Kennen Sie noch die alte Etiketteregel, daß der Mann immer vor der Dame die Treppe hinauf- oder hinuntergehen muß? Nicht, um sie aufzufangen, sollte sie stolpern, nein, sondern um zu verhindern, daß er ihre Schuhe oder – schlimmer noch – ihre Fesseln sehen konnte! Hier können wir mit Recht behaupten: »You have come a long way, baby!«

Trotzdem bleiben die Schuhe auch in unserer Zeit ein schwieriges Kapitel! Gehörte der weibliche Fuß und damit der weibliche Schuh jahrhundertelang zu den wenigen offiziell geduldeten Verführern – irgendwann blitzte er ja doch unter dem Rocksaum hervor –, so trieben die Männer mit ihrer Fußbekleidung geradezu einen Kult! Denken wir nur an die Stiefel – sie verliehen doch der Uniform erst die besondere Note! Stunden wurden der Pflege dieser Maßanfertigungen gewidmet, ein Bursche, der nicht imstande war, Hochglanz auf die Schuhe seines Herrn zu zaubern, fürchtete um seine Existenz!

Doch für Eingeweihte haben Schuhe auch heute nichts von ihrer Aussagekraft verloren. Stellen Sie sich vor, Sie müßten für einen Tag vor dem besten Hotel in Berlin Portier spielen. Woran würden Sie erkennen, in welche Kategorie Sie den jungen Mann einordnen müssen, der mit langen Haaren und einem Drei-Tage-Bart, Jeans und einer Lederjacke, die jedem Secondhandshop Ehre machen würde, aus einem Taxi steigt? Na klar, an den Schuhen. Ihr zweiter Blick wird wahrscheinlich auf die Haare fallen, denn ob lang oder kurz, der Zustand ist es, der Ihnen als erfahrenem Hotelangestellten sofort verrät, wen sie vor sich haben.

Doch in den meisten Fällen werden die Schuhe laut genug gesprochen haben, selbst wenn sich der junge Mann ganz leise verhalten sollte. Die Amerikaner haben es mal wieder treffend auf den Punkt gebracht: »Well heeled« ist ihr Ausdruck für »begütert«.

Zwar kann es passieren, daß der Zustand besagter Schuhe nicht der glänzendste ist, doch Qualität spricht für sich.

In puncto Schuh haben wir Frauen es natürlich nicht so leicht wie die Herren, denn nichts ändert sich so schnell wie die Schuhmode. Deshalb sind wir mit einem Paar auch nicht bedient, selbst zwei tun es nicht. Doch meistens haben wir viel mehr Schuhe – nur leider nicht in der richtigen Qualität. Dabei reißen gute Schuhe ein altes Outfit immer raus, genau wie schlampige das teuerste Kleid verderben. Sie können sich noch so viel Mühe mit Ihrer äußeren Erscheinung gemacht haben, wenn die Basis – und das sind nun mal die Schuhe – nicht stimmt, dann war fast alles umsonst. Kenner starten deshalb einen Look von unten nach oben – sie fangen mit den Schuhen an! Vielleicht ist dies keine Alltagsregel, doch für besondere Anlässe durchaus zu empfehlen.

Wichtig ist auch, zu bedenken, daß Schuhe ein eigenes Image haben: Extrem hohe Absätze, Sandaletten, Stiefel mit hohen Absätzen, zehenfreie Schuhe, Metalleder, verzierte Absätze, Sondermodelle haben eine eigene, starke Message, die mehr in den privaten Bereich paßt, genau wie Birkenstocksandalen, Gummistiefel und alle Sportmarken. Diese Botschaft kann uns im Beruf im Wege stehen.

Machen Sie einen Test: Kaufen Sie sich die teuersten Schuhe, die Sie sich leisten können, und probieren Sie Ihren Kleiderschrank durch. Plötzlich bekommen viele Sachen ein neues Gesicht, mit einemmal sieht eine Hose vom Schlußverkauf ganz toll aus, und der Rock, der Ihnen schon lange nicht mehr gefiel, bekommt eine zweite Chance. Italienerinnen wissen dies, selbst wenn sie wenig Geld für ihre Garderobe ausgeben können, die Schuhe sind immer perfekt!

Übrigens haben teure Schuhe gegenüber ihren billigen Vettern weitere unschätzbare Vorteile: Da sie aufwendiger gearbeitet sind – das Label Handarbeit bedeutet allerdings heute nicht mehr, daß sie vollkommen von Hand gefertigt sind – und aus besserem Material gemacht werden, sind sie zärtlicher zu unseren Füßen. Teureres Leder, und zwar nicht nur als Oberleder verarbeitet, ist wesentlich weicher, atmungsaktiv, und es paßt sich besser unserer Fußform an. Außerdem haben gute Schuhe weniger Nähte, und die, die notwendig sind, sitzen an den anatomisch richtigen Stellen. Dadurch kann der Schuh, unterstützt von seinem Freund, dem Schuhspanner, problemlos zu seiner ursprünglichen Form zurückfinden, daß heißt, er behält bei richtiger Pflege Form und Aussehen. Ein guter Schuh ist also sehr beredt – lassen Sie ihn für sich sprechen!

Übrigens, wußten Sie, wer vor dem Zweiten Weltkrieg in dem berühmten Hotel Adlon in Berlin nach dem Generaldirektor das meiste Geld verdiente? Der Chefportier!

Veränderung im Umfeld – Veränderung im Aussehen!

Das Betriebsfest ist vorbei, die Bilder sind im Kasten.

Nun grübelt Jenny darüber nach, wie sie Patrizia helfen kann. Sie fragt ihren Chef, ob sie die Schulfreundin nach Feierabend noch einmal fotografieren darf. Der Chef hat nichts dagegen.

Jenny studiert aufmerksam Patrizias Fotoserie, diesesmal will sie es besser machen. Doch Jenny muß zugeben, daß die schlechten Bilder nicht allein ihre Schuld waren: Patrizia sieht auf ihnen genauso aus, wie sie immer ausgesehen hat: leicht verschlafen, die Haare nachlässig zusammengesteckt, das Make-up macht einen verwischten Eindruck. In der Schule fanden das alle gut, jede bemühte sich irgendwie, so auszusehen. Patrizias T-Shirt ist verwaschen, die Jacke sieht aus, als hätte sie mehrere Stunden zusammengeknüllt unter der Bank gelegen. Was hatte der Vater gesagt? Die hätte sich ja wenigstens für das Foto ein bißchen Mühe geben können? Zähneknirschend stimmt Jenny ihm zu.

Das Wichtigste dabei ist der Gesamteindruck. Der Betrachter nimmt in den ersten Sekunden nicht jede Einzelheit wahr, doch jede Einzelheit trägt zum Erscheinungsbild bei. Ein fehlender Knopf, eine ausgebeulte Hose, ungeputzte Schuhe, das reißt die beste Bluse nicht heraus. Denken Sie auch an Ihre Tasche und den Aktenkoffer! Hier zählt nicht nur der äußere Eindruck, es kommt auch auf den Inhalt an!

Die Tasche nicht vergessen! Sie spricht!

Nicht nur unsere Schuhe, sondern auch unsere Taschen kommunizieren! Doch die Tasche einer Frau ist mehr als nur ein Beutel, in dem sie bestimmte Dinge mit sich herumschleppt. Für viele weibliche Wesen ist die Tasche eine Art Rettungsanker, ein magischer Beutel, der ihnen Sicherheit verleiht, denn in ihm, so hoffen sie jedenfalls, findet sich alles, was frau irgendwann gebrauchen kann. Für viele Frauen ist das Gefühl, »alles« dabeizuhaben, sehr, sehr wichtig. Doch leider fällt uns ständig etwas anderes ein, von dem wir glauben, es unbedingt dabeihaben zu müssen, und so besitzen viele Taschen ein sehr reichhaltiges Innenleben. Es gibt Psychologen, die Größe und Inhalt der Handtasche einer Frau in Relation zum Selbstbewußtsein der Trägerin setzen. Diese Gleichung ist für uns nicht immer vorteilhaft. Andere Psychologen bringen das Herumschleppen großer, gutgefüllter Taschen mit unserem Hamstertrieb in Zusammenhang. Doch gleichgültig, welche Auslegung uns plausibel erscheint, im Berufsleben sollten wir versuchen, professionell zu erscheinen, und unsere Taschen, egal, ob Handtasche oder Aktenkoffer, sollte uns dabei unterstützen. Beide sollten gepflegt, nicht zu überladen und gut zu verschließen sein. Wir sollten unsere Taschen überall öffnen können, und ihr Innenleben muß im Beruf präsentabel sein. Minutenlanges Kramen, Umschichten und Sortieren sind weder am Bahnschalter noch an der Hotelrezeption und schon gar nicht am Konferenztisch attraktiv.
Ihre Handtasche sollte keine längst vergessenen Schätze bergen, sondern nur das, was Sie tatsächlich brauchen, Ihr Aktenkoffer so eingerichtet sein, daß er nicht nur äußerlich einen geschäftsmäßigen Eindruck macht. Alle persönlichen Dinge, die Sie nicht in Ihrer Handtasche unterbringen können oder wollen, sondern in Ihren Aktenkoffer tun, verstauen Sie in einer flachen Tasche, die Sie über

oder unter die Unterlagen legen, um sie vor fremden Blicken zu schützen, denn ein Aktenkoffer muß auch geöffnet einen geschäftsmäßigen Eindruck machen!

Gepflegte Taschen und Aktenkoffer können Ihr berufliches Auftreten sehr positiv unterstützen, lassen Sie organisiert und kompetent erscheinen. Betrachten Sie Ihre Taschen als Requisiten, die Ihrer Arbeit und Ihrer Leistung den richtigen Rahmen geben! Daß Sie besonders bei Präsentationen darauf achten müssen, aus welchem »Hut« Sie Ihre Unterlagen und Folien zaubern, versteht sich von selbst!

Noch ein kleiner Trick: Versuchen Sie, wenn Sie Kunden oder Geschäftspartner besuchen, mit dem Aktenkoffer und der flachen Tasche, die sich gut unter den Unterlagen verstauen läßt, auszukommen. Je weniger Einzelteile Sie mit sich herumschleppen, um so professioneller wirken Sie. Je weniger Sie in den Händen halten, um so souveräner können Sie auftreten! Weniger ist mehr!

Ungeschickte Wahl – falsche Botschaft

Als Patrizia drei Tage später im Pelzmantel ihrer Mutter, mit hochgesteckten Haaren und riesiger Schultertasche vor der verschlossenen Ladentür steht, schüttelt Jennys Chef zwar den Kopf, macht aber nicht auf. Er reagiert erst, als Patrizia über ihr Handy im Laden anruft.

»Ich habe Sie nicht erkannt«, entschuldigt er sich in leicht ironischem Ton, während er die Tür öffnet. »Letztesmal sahen Sie ganz anders aus!«

Während er Patrizia den Mantel abnimmt, verzieht er entsetzt das Gesicht.

Auch Jenny traut ihren Augen nicht, überall prangen die Buchstaben einer sehr bekannten Marke. Patrizia sieht aus, als hätte sie den ganzen Laden geplündert!

Sie sollen auffallen, nicht ein Warenzeichen!

Auch hier gilt wieder: Nicht die Menge ist entscheidend!
Übertriebene Markentreue deutet eher auf Unsicherheit und Abhängigkeit hin als auf souveräne Entscheidungsfähigkeit!
Ihre Garderobe soll Ihre Persönlichkeit unterstreichen, nicht die Weltanschauung eines Designers hinausposaunen!

Unterstreicht Ihre Busineßgarderobe
Ihre Persönlichkeit?

Jeder Designer hat sein eigenes Image. Auch in der Mode stehen wir ständig zwischen zwei Fronten: Einerseits wollen wir dazugehören, andererseits wollen wir uns von den anderen unterscheiden. Da dieses Dilemma im Grunde nicht zu lösen ist, wählen wir einen Ausweg: Wir schließen uns zu Gruppen zusammen. Alles, was zu unserer Gruppe gehört, ist in, alles, was nicht dazugehört, ist out.

Verrät Ihre Kleidung, zu welcher Gruppe Sie gehören?

Ganz offensichtlich zu einer bestimmten Gruppe zu gehören, kann Ihnen beruflich schaden oder nützen. Wenn Sie als offensichtliche Grüne in Ökokleidung und Kneipp-Sandalen bei einer Firma für Luxusartikel arbeiten möchten, kann Ihnen Ihre sichtbare Gruppenzugehörigkeit im Wege stehen. Andererseits wird eine Dame aus der Modebranche, die es gewohnt ist, jeden Trend mitzumachen, als Pflegedienstleiterin gewisse Vorurteile überwinden müssen.

Steht Ihnen Ihre Mode im Beruf im Wege?

Diese Vorurteile sind zwar nicht berechtigt, aber historisch gewachsen. Die Mode war jahrhundertelang eine Frage des Standes, das heißt der gesellschaftlichen Stellung. Es gab früher keinen Designer, der Mode für alle machte, denn es gab keine Mode, die für alle bestimmt war.
Heute macht ein Designer sein Glück, wenn Prinzessin Diana seine Sachen trägt: Die Fotos gehen um die ganze Welt! Als Dior vor zwei Jahren eine neue Handtasche herausbrachte, mußten in amerikanischen Dior-Boutiquen Bestellisten ausgelegt werden, da die vorhandenen Exemplare binnen weniger Stunden ausverkauft waren. Der Grund? Princess Di war mit dieser Tasche in der Hand über die Straße gegangen! Dior ist ein französisches Modehaus und steht damit in einer alten Tradition, denn seit Ludwig XIV. folgt die vornehme Welt der französischen Mode. Daran änderte

auch die Französische Revolution nichts, im Gegenteil, danach beeinflußte der natürlichere Stil sogar Amerika! Doch die französische Gesellschaft begann damals, den sportlichen englischen Stil zu kopieren, der bis heute in drei Kategorien unübertroffen ist: in Material, Paßform und Verarbeitung. Die englische Herrenmode hat sich ihre führende Position bis heute bewahrt, auch die Bosse des 20. Jahrhunderts tragen feinen englischen Zwirn, englische Hemden, Schuhe und Blazer!

Paßform, Verarbeitung, Qualität zeichnen gute Garderobe aus.

Und es war ein Engländer, Charles Frederic Worth, der 1858 das erste Couture-Haus in Paris eröffnete! Damals hatte die industrielle Revolution zwei Errungenschaften gebracht, ohne die Mode in unserem Sinne nicht denkbar wäre: Die Stoffherstellung wurde einfacher, schneller und dadurch billiger, und die Bilder der neuen Mode liefen immer schneller um die Welt! Damit waren die Voraussetzungen geschaffen, die die Mode, so wie wir sie kennen, braucht: Schnelle, einfache Herstellung und schnelle Verbreitung! Doch Worth war noch ein Schneider alter Schule: Er gab der standesgemäßen Garderobe durch absolut perfekten Sitz, hervorragende Verarbeitung und exquisites Material etwas Einmaliges! Haute Couture, wie diese exklusive Mode auch heute noch genannt wird, können sich weltweit nur noch wenige Frauen leisten, doch der Maßstab, an dem gute Garderobe gemessen wird, ist geblieben:
Inzwischen haben sich auch die Couturiers angepaßt: Sie nennen sich jetzt Designer und schaffen das, was wir »prêt-à-porter« oder »ready to wear« nennen: keine exklusive Sonderanfertigung, aber auch keine Massenproduktion. Diese Stücke werden nicht jedem Kunden einzeln auf den Leib geschneidert, sondern in mehr oder weniger großen Stückzahlen hergestellt. Der Kunde sieht, probiert und kauft. Er bekommt zwar keine Maßarbeit mehr, dafür aber ein Label! Und dieses Etikett, das die Herkunft des Kleidungsstücks ausweist, hat heute einen besonderen Wert: Es zeigt, zu welcher Gruppen der Träger gehört oder gehören möchte!
Geübte Augen erkennen eine Marke auch ohne dieses Schildchen! Wer's nicht kann, muß nicht traurig sein: Viele Designer plazieren ihren Schriftzug inzwischen sowieso dort, wo ihn jeder sehen kann: auf dem Busen, dem Po, den Knöpfen, Gürtelschnallen und Schuh-

kettchen. Im Augenblick total in: den ganzen Stoff mit dem Logo bedrucken. Diese auffällige Plazierung hat Vor- und Nachteile: Jeder kann nun genau sehen, was wir tragen, wieviel Geld wir für unsere Garderobe ausgeben und wie wir uns fühlen. Denn die Designer haben sich spezialisiert: Während Jil Sander, Donna Karan und Armani die erfolgreiche, sachlichere Frau bedienen, kleidet Versace Rock- und Popstars. Rena Lange ist weniger verbreitet als Escada, beide Marken sprechen jedoch sowohl das oberste Management in Deutschland und Amerika an und stehen für Mode, wie sie von Frauen getragen wird, die keine eigene berufliche Karriere anstreben. MCM ist auffälliger, die Kunden sind häufig jünger und möchten gern gesehen werden. Chanel ist teurer, Valentino dezenter, Yves Saint Laurent klassischer. Doch auch Mondi, Betty Barclay und Louis London haben ihren eigenen Stil. Diese Reihe läßt sich bis zu Palomino fortsetzen, wobei ganz junge Leute die Sportmarken Adidas, Puma, Reebok und Nike für ihr komplettes Outfit favorisieren.

Da Markenartikel leicht zu erkennen sind, kann der aufmerksame Beobachter sich ausrechnen, was uns unser Äußeres wert ist. Je nachdem, in welcher Gesellschaft wir uns befinden, werden wir nun beurteilt: Entweder sind wir eitel und geben zuviel Geld für Klamotten aus, oder wir erscheinen ahnungslos und knauserig. Weder das eine noch das andere fördert unsere Karriere.

Auffällige Marken sparsam einsetzen

Wir merken also, wie wichtig es ist, daß wir uns ein paar Gedanken darüber machen, wie wir von unserer beruflichen Umgebung gesehen werden wollen und welcher optische Eindruck unsere Persönlichkeit und unsere Fähigkeiten unterstreicht. Karriere zu machen erfordert viel Geschick, und Sie brauchen dazu Engagement und Energie. Machen Sie sich den Aufstieg nicht durch die unbedachte Wahl Ihrer Kleidung schwerer, als er ist, sondern betrachten Sie Ihre Garderobe als einen Gehilfen, der in jeder Situation *für* Sie spricht! Betrachten Sie auch Schmuck aus diesem Blickwinkel! In diesem Sinne sind auch die vielen Nachahmungen edler Uhren, die durch die Welt geistern, problematisch. Denn wenn uns ein Kenner einfach das Handgelenk umdreht, um zu sehen ob das, was wir am Arm tragen, eine Nachahmung ist oder nicht, dann brauchen wir

schon eine gehörige Portion Selbstbewußtsein, um davon un-
berührt zu bleiben!
Doch ob wir uns nun für das Original entscheiden oder mit einer
Kopie glücklich sind, im Beruf vor allem an den Gesamteindruck
denken!

Der Chef hat Patrizias geliehenen Pelz auf den Bügel gehängt
und Jenny gerufen. »Ihre Freundin ist da!«
Jenny schlägt die Hände über dem Kopf zusammen. »Patrizia,
willst du den Boß heiraten, oder willst du ein Praktikum machen?«
Patrizia kontert beleidigt: »Du hast doch gesehen, wie weit die
braven Fummel letztes Mal geführt haben. Die Bosse wollten
mich noch nicht einmal ansehen!«
Jenny kann es nicht fassen. »Aber du fällst ja von einem Extrem
ins andere! Sieh dir doch an, wie du vorige Woche ausgesehen
hast, und dann schau in den Spiegel! Glaubst du, so kommst du
an? Du siehst aus wie eine aufgetakelte Witwe, die das Aktien-
paket ihres verstorbenen Gatten besprechen will. Ein Flirt mit
dem Bankdirektor kann dabei nicht schaden!«
Patrizia ist beleidigt. Sie zerrt wütend an dem kurzen Rock.
»Ich nehme an, Ihre Mutter hat eine andere Größe?«
Der Chef mischt sich ein. Jetzt sieht Patrizia rot. Doch der Chef
lächelt sie aufmunternd an. »Enge Kleidung macht leider nicht
schlanker, Patrizia. Kaufen Sie sich lieber die Größe, die wirklich
paßt, oder sogar eine Nummer größer! Dann sehen Sie viel
dünner aus. Übrigens, Jenny hat das schon kapiert: Hosen und
Röcke müssen sitzen. Und noch etwas: Bevor Sie sich ein Kleidungsstück kaufen, bewegen Sie sich darin! Es nützt überhaupt
nichts, nur gerade in den Spiegel zu starren! Heben Sie die Arme,
gehen Sie, bücken Sie sich, verschränken Sie die Arme vor dem
Körper! Ihre Kleidung muß jede Ihrer Bewegungen mitmachen –
und immer noch gut aussehen!«

Zu enge Kleidung macht im Beruf
immer einen negativen Eindruck

Qualität, Verarbeitung und der Sitz unserer Garderobe sind Maßstäbe, die uns fast verlorengegangen sind, wir tragen gern engan-
liegende oder ganz legere Sachen. Freizeitlook und Stretch sind

angesagt, egal, ob sie passen oder nicht. Doch immer, wenn etwas zu einem Massenphänomen wird, scheren einige Gruppen aus diesem Verhalten aus. Im internationalen Busineß entwickeln die einzelnen Ränge ihre ganz speziellen Dreß-Codes: Ein Geschäftsführer in der metallverarbeitenden Industrie sieht nicht viel anders aus als der Geschäftsführer eines Baubetriebes, der Vorstand einer Autofirma unterscheidet sich im Aussehen kaum von einem Vorstand der chemischen Industrie.

Vielleicht fragen Sie sich, warum wir hier von Männern sprechen und nicht von Frauen. Dafür gibt es mehrere Gründe, der wichtigste ist jedoch folgender: Die Geschäftswelt, so wie wir sie heute (noch) kennen, ist männlich geprägt. Die Männer haben vielleicht nicht den Tauschhandel, doch das Busineß, im weitesten Sinne, erfunden. Darum sind die Bilder, die wir von erfolgreichen Geschäftsleuten in unserem Unterbewußtsein gespeichert haben, meistens auch männlich. Selbst die Kosmetikköniginnen dieses Jahrhunderts, Helena Rubinstein, Elizabeth Arden und Estée Lauder, die den Grundstein für eine Milliarden-Dollar-Industrie legten, haben es nicht geschafft, in Europa allgemein anerkannte, modische Vorbilder zu werden. In Amerika prägen sie das Bild der erfolgreichen Frau, jedoch mehr mit ihren Produkten als ihrem eigenen Auftreten. Daher legen erfolgreiche Amerikanerinnen wesentlich mehr Wert auf ihr äußeres Erscheinungsbild, und je höher sie in der Hierarchie einer Firma steigen, um so besser sind sie in der Regel zurechtgemacht.

Doch wenn es um die Frage geht, was ziehe ich an, lernen erfolgreiche Frauen bis heute von den Männern: Busineß-Kleidung soll die Persönlichkeit vorteilhaft unterstreichen, nach acht Stunden anstrengender Arbeit noch gut aussehen, Auto- und Bahnfahrten ohne Schaden überstehen, nicht rutschen, nicht zwicken und im Tagesgeschehen nicht die Form verlieren, die Figur immer besser erscheinen lassen, als sie vielleicht ist, sich reduzieren lassen, wenn es ein muß (Jacken kann man ablegen!), und trotzdem für andere noch angenehm anzusehen sein. Wir müssen es zugeben: Ein guter Anzug erfüllt diese Kriterien. Darum sind alle Variationen dieses Themas fürs Busineß so geeignet: Kostüm mit Bluse oder T-Shirt – Kleid mit passender Jacke – Rock, Bluse, Jacke – Bluse, Hose, Jacke – T-Shirt, Rock, Jacke – kurz alles, was diese Vorgaben erfüllt!

Entspricht Ihr Busineß-Outfit den Anforderungen?

Für uns Frauen ist das Tragen einer Jacke noch lange nicht selbstverständlich. Als in den achtziger Jahren die Schulterpolster aufkamen und prompt von Saison zu Saison breiter wurden, kam der Power-Look in Mode. Die Fernsehserien »Denver« und »Dallas« gaben den Ton an, weibliche Kleidung wurde auf dem Bildschirm zur Waffe. Wir wundern uns nicht mehr, daß die Amerikaner mit ihrem Ausdruck »dress to kill« den Nagel auf den Kopf trafen. Aber dieser »tödliche« Stil wirkt im richtigen Leben übertrieben und verschwand allmählich auch vom Bildschirm. Wir Frauen hatten jedoch eine Entdeckung gemacht: welches Potential in starken Schultern steckt! Seitdem spielen Schulterpolster, wenn auch in bescheideneren Ausmaßen, in der Mode eine Rolle. Mit gutem Grund! Klagen wir nicht oft über unsere Figur, die häufig unten etwas ausladender ist als oben? Das, was wir birnenförmig nennen, ist nur eine weibliche Proportion: Hüften und Po sind bei uns von Natur aus stärker ausgeprägt als Oberkörper und Schultern. Hier können uns Schulterpolster helfen, sie gleichen aus, geben uns die heute so beliebte etwas eckige Form – im Gegensatz zu der runden, sanduhrenförmigen Figur vergangener Zeiten –, und sie lenken den Blick nach oben! Deshalb verleiht uns eine Jacke Präsenz, ein gewisses angezogenes Rückgrat, das wir im Beruf gut gebrauchen können und das uns in so mancher Situation die nötige äußere Unterstützung verschafft! Allerdings, wenn das Rückgrat nur in der Jacke steckt, dann ist Selbstbewußtseinstraining angesagt!

> Busineßgarderobe ist ein Wegweiser.

Ob nun mit Jacke oder ohne, bis auf wenige Ausnahmen (Werbung, Mode und Entertainment) bestimmt nicht nur die Branche, in der wir arbeiten, wie wir aussehen sollten, sondern vor allem die Position, die wir bekleiden.

Doch Positionen wechseln im Verlauf unserer Karriere. Haben wir uns auf einer Ebene qualifiziert, müssen wir uns für die nächste empfehlen, auch durch unsere äußere Erscheinung.

Wir sehen, daß von uns heute in puncto Anpassung viel, viel mehr verlangt wird als von vergangenen Generationen. Außerdem agieren wir in einem ganz anderen Radius: nicht nur regional, sondern auch international, ja sogar global.

Doch die drei Kriterien Paßform, Qualität und perfekte Verarbeitung haben überall alle Stürme und alle Moden überstanden. Bekannte schon die Herzogin von Windsor, die nicht nur jahre-, sondern sogar jahrzehntelang die »best dressed list«, die Liste der bestgekleideten Frauen der Welt, anführte, »frau« könne ruhig etwas tragen, was nicht ganz neu sei, wenn es nur perfekt sitze und in perfektem Zustand sei. So trug Diane Vreeland, die lange Zeit Chefredakteurin der amerikanischen »Vogue« war, häufig dasselbe Outfit: graue Hosen und eine graue Tunika aus Kaschmir, die sie mit zwei Schals dekorierte. Die Herzogin von Windsor und Diane Vreeland waren große modische Vorbilder, doch beide Damen trugen seltsamerweise nie etwas, was aussah, als sei es gerade der allerletzte Schrei. Sie waren super gekleidet, doch nie ultramodisch, nie nach dem allerneuesten Trend. Sie trugen auch keine besonders verführerischen Schnitte, sie gaben sich eher bedeckt und zugeknöpft. Ob in Hosen oder Kleidern, sie hatten immer jenen Look, den die Amerikaner »well cared for« nennen und der sie gerade deswegen von anderen unterschied.

»Well cared for« bedeutet gepflegt sein, sich Mühe machen. Es bedeutet, daß ein Kleidungsstück vor dem Tragen gelüftet wird, wenn es lange im Schrank hing. Es bedeutet, daß eine Bluse mit der Hand gebügelt wird, bevor frau sie anzieht. Es bedeutet, daß die Schuhe sorgfältig geputzt werden, bevor frau sie trägt. Es bedeutet, daß die Hosen und Kleider gedämpft oder gepreßt werden, bevor wir sie ausführen.

Vielleicht werfen Sie jetzt ein, daß Sie dazu keine Zeit haben! Doch genau dies ist der Punkt: Keine Zeit für etwas zu haben heißt, es nicht so wichtig zu nehmen. Unsere Kleidung setzt aber Signale! Wir zeigen damit unserer Umgebung, unseren Gesprächspartnern, unseren Kunden, was wir von uns, aber auch, was wir von ihnen halten. Erscheint jemand zu einer Trauerfeier nicht in gedeckter Kleidung, so zeigt sie/er damit nicht nur schlechten Stil, sondern gibt auch zu verstehen, daß er zu den Hinterbliebenen ein besonderes Verhältnis hat, ihm an den Trauernden nicht besonders viel liegt und er sich von den anderen unterscheiden möchte.

Tragen wir zu einem besonderen Anlaß oder bei einer Einladung nicht die erwünschte Garderobe, drücken wir damit entweder aus, daß wir über solchen Äußerlichkeiten stehen oder daß wir die Mühe scheuen. Doch der Gastgeber hat sich mit seinem Wunsch etwas gedacht, er hat das Bild seiner Gäste in seinen Rahmen eingeplant. Wir sollten seine Überlegungen nicht durchkreuzen: Ein Tweedkostüm paßt nicht in einen festlichen Rahmen, ein Smoking nicht zu einer Sportveranstaltung.

Was sagt Ihre Garderobe über Sie aus?

Mit der Wahl unserer Kleidung machen wir also immer mehrere Aussagen: eine über uns, die andere über die Situation oder wie wir heute sagen, den »event«. Die dritte verrät, was wir von den Menschen halten, die uns dabei begegnen. Und noch etwas sollten wir nicht vergessen: Unsere Kleidung ist das erste, was die Menschen von uns sehen. Wir tragen weder unser Herz noch unsere Fähigkeiten auf unserem Gewand, sondern darunter!

Bügeln, pressen, dämpfen, lüften, dies sind Handlungen, die aus der Mode gekommen sind. Dies sind die typischen Arbeiten des Schneiders und das Brot einer Zofe.

Dienstbare Geister gelten zwar allgemein als ausgestorben, doch zumindest der Schneider kommt wieder in Mode. Und damit ein gewisser klassischer Stil.

Jeans muß frau nicht bügeln, so glaubt sie. Jogging-Anzüge kommen aus dem Trockner und die Schuhe dazu aus der Waschmaschine. Doch die Pflege macht den Unterschied. Aus der Herrenmode ist sie nicht wegzudenken: Ein gutes Oberhemd muß gebügelt werden, gute Hosen verlangen eine Bügelfalte, und ein gutes Sakko ist aus gutem Tuch. Versuchen auch Sie, in klassische Stücke zu investieren!

Jenny hat wieder die halbe Nacht mit ihrem Vater diskutiert.
»Aber eine Frau will doch nicht jeden Tag das gleiche anziehen, so wie du! Bei dir ändert sich doch nur die Hemdenfarbe und die Krawatte. Wie langweilig! Nein, danke! Wir Frauen gehen mit der Mode.«
»Das kann ein Fehler sein«, Jennys Vater lächelt. »Kleidung war zu allen Zeiten mehr als nur Bekleidung. Bei den Frauen war und ist sie ein Bestandteil der Verführung.« Jenny glaubt ihren Ohren nicht zu trauen. Ihr korrekter Vater spricht von Verführung? »Wie meinst du denn das?« Der Vater lacht. »Na, so wie ich es sage. Ihr Frauen zieht euch doch an, um uns zu gefallen, oder nicht?«
»Ja, und?«

»Möchtest du ernst genommen werden oder in den Arm?« Jenny ist verblüfft.

»Heißt das, daß ich nicht ernst genommen werde, nur weil ich gut aussehe?«

»Gut aussehen und gut aussehen ist nicht dasselbe. Eine Frau kann sogar sehr gut aussehen, was sie vermeiden sollte, ist, übertriebene Signale auszusenden. Du weißt doch, in Wahrheit sind wir das schwache Geschlecht!«

Männer haben eine viermal so hohe Testosteron-Ausschüttung wie Frauen. Das ist es, was sie zu Männern macht. Doch das Hormon Testosteron reguliert auch den sexuellen Trieb, übrigens bei Männern und Frauen. Das bedeutet, ein Mann springt viel schneller auf erotische Signale an als eine Frau. Hier haben wir die Erklärung dafür, warum Männer auch im Alltag häufiger an Sex denken und schneller durch Äußerlichkeiten abzulenken sind. Natürlich geben sie dies nicht gern zu, sondern schieben lieber uns und unseren Reizen die Schuld in die Schuhe. Andererseits hat die Natur da natürlich ihre Hand im Spiel! Doch im Geschäftsleben ist für Debatten über Ursache und Wirkung wenig Zeit, und so sollten wir versuchen, möglichst wenig Anlaß zur Ablenkung zu geben. Das Ausmaß der sexuellen Belästigung am Arbeitsplatz zeigt uns jedoch, daß Männer und Frauen im beruflichen Umgang miteinander noch eine Menge lernen müssen. Dazu gehört auch, daß wir Frauen uns bewußtmachen, daß der Rahmen die Botschaft der Kleidung verändert! Was im Sommer an der Côte d'Azur in einem Strandcafé schick aussieht, kann in einem kalten Chrom-Glas-Büro in Frankfurt einen ganz anderen Eindruck hervorrufen!

Busineßgarderobe soll Kompetenz ausstrahlen.

Im allgemeinen gilt die Regel: Je mehr nackte Haut Sie zeigen, desto weniger Kompetenz traut man(n) Ihnen zu! Wobei nackte Haut in der Geschäftswelt ähnlich wie im viktorianischen Zeitalter bereits bei Handgelenk und Knöchel beginnt: Mag im Sommer eine Jacke mit halbem Arm noch angemessen sein (braune Haut wirkt angezogener), so gehören ganz nackte Arme, besonders wenn die Armkugeln weit ausgeschnitten sind, nicht in den Arbeitsalltag. In New York sind unter Geschäftsfrauen selbst im heißesten Sommer nackte Beine verpönt! Das Argument, daß

Freizügigkeit durch die Temperatur bedingt sei, kann jede Frau widerlegen, die schon einmal in den Tropen gewesen ist. Im Gegenteil, leichte Bekleidung saugt die Feuchtigkeit auf, die beim Schwitzen auf der Haut entsteht, und vermittelt dadurch ein angenehmes Gefühl! Frühling und Sommer verführen in nördlichen Breitengraden zu einer eigenartigen Lässigkeit, doch Lässigkeit ist im Geschäftsleben keine Auszeichnung, nach der wir streben sollten! Wie wir uns bei Hitze gut anziehen, können wir den Südländern abschauen: leichte Stoffe, weite Schnitte, doch immer bedeckt! Und Hand aufs Herz: Richtig gut sehen wir halbnackt doch höchstens ein bis zwei Wochen nach dem Urlaub aus! Und dies leider auch nur bis zu einem bestimmten Alter. Also, im Sommer doppelt selbstkritisch sein! Packen Sie sich lieber noch eine frische Bluse in Ihren Kleidersack im Büro! Eine lockere Hose ist zweimal so schick wie ein kurzer Mini mit dicken Querfalten, der nach einigen Stunden am Körper klebt! Er unterstreicht ihre beruflichen Fähigkeiten genausowenig wie zu tiefe Einblicke, durchsichtige Stoffe und kindliche Blümchenmuster.

Paßt die Geschäftsgarderobe in den beruflichen Rahmen?

Auch diesen Zustand kennen wir alle: Zu Hause vor dem Spiegel haben wir uns so gut gefallen, doch dann sind wir im Büro, und plötzlich finden wir uns unmöglich!
Woher kommt das? Weil unsere Kolleginnen alle so gut aussehen? Die Umgebung spielt bei der Wirkung unserer Garderobe eine ganz entscheidende Rolle: Verändert sie sich, verändert sich auch unser Bild! Machen Sie einen Test: Setzen Sie sich in alltäglicher Kleidung in die Lobby des besten Hotels am Platze.
Wie kommen Sie sich vor?

Kleidung als Wegbereiter

Zwei Abende später kommt Patrizia wieder ins Studio, dieses Mal in einem Kleid.
Doch Jenny schüttelt genervt den Kopf.
»Aber das ist doch kein Dreß für eine Bank. Du willst doch in

einer Bank arbeiten, oder?« Patrizia nickt zerknirscht. Allmählich traut sie sich schon gar nicht mehr in das Fotogeschäft.
»Wissen Sie was?« Der Chef hat sich eingeschaltet. »Bringen Sie doch einfach morgen abend mal alles mit, was aus Ihrem Kleiderschrank in Frage kommt. Und dann suchen wir gemeinsam das Passende aus!«

Unterstützen Ihre Manieren Ihre beruflichen Ansprüche?

Modische Veränderungen setzen sich langsam durch. So kann es durchaus sein, daß sie sich überschneiden: Während die Leute, die »Mode« machen, sich bereits die Röcke abschneiden, läßt der Normalbürger noch den Saum heraus.
In Wirklichkeit ist diese Entwicklung jedoch noch viel differenzierter, und dies betrifft auch Fragen, die Stil und Etikette betreffen: Schweigt die weitgereiste Frau höflich, wenn der Nachbar laut und vernehmlich niest, rufen wir noch aufmunternd »Gesundheit«. Unsere Kollegin, die schon mehrere Auslandsaufenthalte hinter sich hat, betritt die Kantine nur mit einem freundlichen Nicken, wir rufen deutlich immer wieder »Mahlzeit«.
Geübte Beobachter sehen und hören mehr, als wir ihnen freiwillig verraten wollen.
Das gleiche gilt für unsere Garderobe. Starten wir Befragungen, wie sie John T. Molloy in Amerika gemacht hat, wir kämen zu ähnlichen Resultaten: Berufsgruppen, Gesellschaftsschichten, Regionen, Städte und Bundesländer haben ihren eigenen Stil. Und dies nicht nur im Beruf, sondern auch in der Freizeit!

Jennys Freundin Rosie hat sich in einen Jungen verliebt, der trotz der andauernden Krise im Bergbau genau dieses werden will: Bergmann. Sein Großvater war Bergmann, sein Vater war Bergmann, sein Onkel ist Bergmann. Rosie hat ihn beim Tanzen kennengelernt, und die beiden trainieren nun jedes Wochenende mit großer Begeisterung. Rosie hat schnell kapiert, daß ihr Freund es liebt, wenn sie sich besonders schön macht, denn er selbst genießt nach vier Tagen in Staub, Sand und Dreck die gepflegte Atmosphäre und ist immer einer der am attraktivsten gekleideten Männer. Rosie ist stolz auf ihn, und da ihr eigener Vater am Wo-

chenende immer nur im Jogging-Anzug herumhängt, ist sie sogar froh, daß ihr Bergmann so eitel ist.

Jenny findet das aufgesetzt, übertrieben, ja sogar albern. Ihr gefällt
die legere Art ihres Vaters viel besser, der nach einer harten Woche
in Blazer, Hemd und Krawatte, kombiniert mit Hosen, deren Bü-
gelfalten nach jedem Tragen gepreßt werden müssen, seine teure,
doch lässige Cordhose und seine Rollkragenpullover vorzieht.

Das, was Rosie für Eitelkeit hält, muß gar keine sein. Viel wahrscheinlicher ist es, daß unser angehender Bergmann schon als
kleiner Junge gesehen hat, daß man sich am Wochenende nach
getaner Arbeit »schön« macht. Auch John T. Molloy kam bei seinen
intensiven Studien darauf, daß Männer, die in sogenannten »blue
collar jobs«, wir würden sagen im »Blaumann«, arbeiten, es gern
haben, wenn sich ihre Frauen am Wochenende und zum Ausgehen
besonders herausputzen. Auch sie selbst bemühen sich dann, wahrscheinlich als Ausgleich für die harte, schmutzige Arbeit, einen sehr
gepflegten Eindruck zu machen. In bestimmten amerikanischen
Fernsehserien erkennen wir, daß dieses Klischee lebt: Egal, wann
die Typen nach Hause kommen, die Frauen sind gestylt, als wären
sie einem Manta-Film entstiegen. Doch wir können sicher sein:
Würden sie nicht den Geschmack breiter Zuschauerschichten treffen, wären sie nicht mehr im Programm.

Kleidung und Aufmachung haben in unterschiedlichen Situationen unterschiedliche Wirkungen!

Ob eine dieser Damen bei Jennys Vater eine Chance hätte, käme
vielleicht auf die Situation an: Bei einem Herrenabend, nach einem
anstrengenden Verhandlungstag, würde er sich ihr gegenüber
wahrscheinlich lockerer verhalten, als wenn sie sich um einen Posten in seinem Vorzimmer bewerben würde!

Land, Kultur, Anlaß, Ort, Wetter, Tageszeit bestimmen das Outfit

Welche Wirkung unsere Kleidung erzielt, hängt nicht nur von der
Situation ab, in der wir sie tragen, sondern auch von den gespei-

cherten Bildern der beteiligten Personen. Ein wunderbares Beispiel war in dem amerikanischen Fernsehkanal NBC zu sehen: Anläßlich des zehnjährigen Todestages von Fürstin Gracia Patricia von Monaco wurde ein altes Interview gezeigt, das Barbara Walters einst gemacht hatte. Die Bilder waren beeindruckend: Barbara Walters im Chanelkostüm, mit toupierten Haaren und dreilagigem Lidschatten, die Fürstin in einem schlichten Tageskleid, sehr dezentem Make-up und gepflegter Außenrolle. Das Interview fand im Garten des Palastes statt, die Kinder tobten im Hintergrund ausgelassen im Swimmingpool. Die Sonne stand hoch am Himmel, und es war sichtbar heiß.

Barbara Walters wirkte aufgetakelt und fehl am Platz, ganz so, als hätte sie sich in Ort und Zeit vertan, Prinzessin Gracia hingegen paßte wunderbar ins Bild. Barbara Walters, die erste Journalistin, die in Amerika für die Moderation einer Tagesschau eine Million Dollar bekam, hatte sich bestimmt nicht leichtfertig zurechtgemacht. Ich bin sicher, daß in ihrem Unterbewußtsein das Chanelkostüm mit Eleganz, Stil und einer gewissen Gesellschaftsschicht verbunden war. Dementsprechend hatte sie sich angezogen, dabei jedoch weder Tageszeit noch Umgebung, noch die unterschiedlichen europäischen Vorstellungen darüber, was am Vormittag angebracht ist, berücksichtigt.

Patrizia hat das Angebot von Jennys Chef angenommen, sie kommt noch einmal ins Studio.

Doch der Chef ist erstaunt: »Wollen Sie verreisen?«

Er deutet auf die beiden Koffer. »Wo soll es denn hingehen?«

Patrizia lächelt schüchtern. »Sie haben doch gesagt, ich soll alles mitbringen, was in Frage kommt, und da dachte ich …«

Doch dann geschieht etwas Unerwartetes: »Auspacken!«

Jenny traut ihren Ohren nicht. Patrizia soll die beiden Koffer auspacken? Mitten im Studio? Doch der Chef nickt. »Jetzt machen wir es richtig. Wie bei einer Modenschau.«

Und tatsächlich: Partizia muß jedes Teil hinlegen, sogar die Schuhe, die sie eingesteckt hat, den Modeschmuck, die Tücher. Der Chef studiert die ausgelegten Sachen. Jenny schämt sich ein wenig, Patrizia hätte sich mit dem Einpacken wirklich mehr Mühe geben können, alles ist zerknittert.

Doch ihr Chef übersieht es. Jenny ist neugierig, was jetzt kommt.

Das Outfit muß zur Branche und zum Unternehmen passen.

»Wo wollen Sie sich bewerben?« Er ist wirklich ganz bei der Sache.

»Ich möchte ein Praktikum bei einer Bank machen.«

»Bei welcher?« Jennys Chef bildet aus verschiedenen Kleidungsstücken kleine Gruppen.

»Spielt das etwa eine Rolle?«

»Natürlich. Nennen Sie den Namen, und zählen Sie auf, was Ihnen dazu einfällt.«

Patrizia taut allmählich auf. Jenny ist erstaunt, wieviel die Freundin über die Firma weiß: Umsatz, Mitarbeiterzahl, Ausdehnung des Filialnetzes, Geschäftsstellen im Ausland. Sie zählt die Geschäftsfelder auf, in denen die Bank tätig ist, ja, sie kennt sogar den aktuellen Tageskurs der Aktien.

»Also mental haben Sie sich gut vorbereitet, bravo! Und wie stellen Sie sich den idealen Mitarbeiter dieses Hauses vor?«

Die Frage hätte ja glatt von Jennys Vater kommen können!

Patrizia schweigt. »Darüber habe ich mir noch keine Gedanken gemacht.«

»Dann wird es aber höchste Zeit! Jede Firma hat ein eigenes Gesicht, jede Branche hat ein Image. Im Idealfall decken sich die beiden. Für Sie ist es wichtig, daß Sie da hineinpassen.«

Je besser Sie optisch in eine neue Umgebung passen, um so schneller werden Sie akzeptiert!

Wenn wir uns um einen Job bewerben, sind wir Außenstehende, die Teil einer bestehenden Organisation werden möchten. Doch wir Menschen haben zu dem Platz, den wir einnehmen, ein ähnliches Verhältnis wie ein Hund zu seinem Körbchen: Wir lassen nur ungern andere hinein. Denken Sie an eine Zugfahrt: Sie sitzen drei Stunden mit zwei netten Herren im Abteil, und plötzlich steigt eine ältere Dame zu. Wahrscheinlich reagieren Sie wie die Königin von England: We are not amused.

Dieses Verhalten ist nicht böswillig, es ist natürlich. Nur ist es natürlich nicht höflich. Doch wir Menschen betrachten den Raum, in dem wir uns aufhalten, schnell als unser ureigenes Territorium. Selbst wenn wir andere auffordern, dieses Territorium zu betreten, wehren wir den »Eindringling« unbewußt ab. Wir zeigen dies dadurch, daß wir ihm seinen Platz zuweisen und erwarten, daß er sich so benimmt, wie wir es wünschen. Dieses Abwehren verläuft um so heftiger, je fremder uns die/der andere vorkommt. Haben wir aber das Gefühl, die/der Neue passe zu uns, gelingt es uns schneller, diese Haltung aufzugeben.

Wollen wir also in einen neuen Kreis aufgenommen werden, sollten wir uns dieser Mechanismen bewußt sein und von uns aus alles tun, um sie außer Kraft zu setzen!

Wahrscheinlich ist der Grund für dieses »Revierverhalten« wiederum ein bio-logischer: Was uns ähnlich ist, das können wir berechnen. Interessant ist, daß im Geschäftsleben der Vorwurf, unberechenbar zu sein, einer der unangenehmsten ist, den wir einem Menschen machen können. Mit einem Geschäftspartner oder Mitarbeiter, dessen Verhalten für uns nicht zu kalkulieren ist, arbeiten wir nicht gern zusammen.

Dies gilt auch für unsere privaten Beziehungen, dennoch, in der Liebe erhöht diese Unberechenbarkeit oft den Reiz!

Doch die Wissenschaftler sind einem anderen Aspekt auf die Spur gekommen: Je mehr übereinstimmende Gene ein Paar hat, desto dauerhafter ist seine Verbindung! Denn je mehr übereinstimmende Gene die Menschen haben, desto ähnlicher sind sie sich innerlich und äußerlich!

Fiel es uns schon immer schwer, uns zwischen »gleich und gleich gesellt sich gern« und »Gegensätze ziehen sich an« zu entscheiden, so wissen wir nun, daß gleich und gleich besser ist. Und so stammt die Ähnlichkeit, die wir bei alten Paaren oft feststellen, wohl doch nicht von den gemeinsam verbrachten Jahren, sondern daher, daß sich im Alter durch die gebremste geschlechtstypische Hormonausschüttung das geschlechtsunabhängige Aussehen verstärkt herausbildet.

Wir kennen noch einen Faktor, der Sympathie und Antipathie entscheidend beeinflussen kann: Geruch. Lebten wir in einer perfekten Welt, könnte jeder so duften, wie wir in einer perfekten Welt duften würden, dann wäre der sprichwörtliche Rosengarten wohl Wirklichkeit. Doch wir leben mit Umweltverschmutzung, manipulierten Lebensmitteln und Medikamenten. Hätten wir noch keine Duftwässerchen, jetzt wäre es an der Zeit, welche zu erfinden!

Doch schon die ältesten Kulturen kannten die Wirkung geheimnisvoller Gerüche, nutzten sie zu religiösen, medizinischen und spirituellen Zwecken, denn die Menschen bemerkten schnell, daß Geruch nicht nur in der Nase, sondern auch im Gehirn wirkt. Gerüche wecken Erinnerungen, Gefühle und Ahnungen. Und so ist »Ich kann dich nicht riechen« kein Verzweiflungsschrei eines verschnupften Menschen, sondern ein negatives Urteil, das keiner Erläuterung bedarf. Sich riechen zu können ist die Voraussetzung, um jemandem näherkommen zu wollen und zu können. Doch wir haben nicht nur einen Eigengeruch, sondern alles, was wir unserem Körper zuführen – Nahrungsmittel, Gewürze, Medikamente, Getränke –, verändert diesen Eigengeruch. Ein weiterer Faktor kommt hinzu: Die Ausscheidungen unserer Haut, die neben unseren Nieren das wichtigste Entgiftungsorgan unseres Körpers ist, reagieren mit dem natürlichen Säureschutzmantel und mit allem, was unserer Haut so anhaftet: Bakterien, Schmutz, Haare. Doch damit nicht genug: Diese Mischung reagiert wiederum mit den Stoffen, die wir tragen, und mit den chemischen Mitteln, mit denen diese Stoffe gefärbt, imprägniert oder behandelt worden sind.

All dies zusammen ergibt einen Geruch – und der gefällt uns meistens nicht! Doch bereits am Hofe Ludwigs XIV. wußte man, was dann zu tun ist: Einen Duft mit einem anderen übertrumpfen! Selbstverständlich stehen wir der damaligen intensiven Anwendung von Duftstoffen heute in keiner Weise nach. Im Gegenteil, in den letzten zwanzig Jahren ist der Parfümmarkt explodiert. Fahren wir mit einem Bürofahrstuhl in den zehnten Stock oder sitzen wir in einem Restaurant, so sind Duftattacken von allen Seiten keine Seltenheit! Gnadenlos wird unsere Nase herausgefordert, doch sie kann sich leider nicht zur Wehr setzen. Duft ist ein Stoff, dem wir ausgeliefert sind! Frauen haben hier eine größere Toleranzschwelle als Männer, die auf Parfüm empfindlicher reagieren, doch zuviel »Wolke« macht, besonders im Beruf, keinen guten Eindruck!

> Busineßgarderobe durch Fotos oder Videoaufnahmen testen.

Inzwischen hat sich das Studio in eine Umkleidekabine verwandelt. Patrizia probiert ein Stück nach dem anderen. Der Chef ist nur schwer zufriedenzustellen. Der eine Blazer ist ihm zu lang, beim anderen gefällt ihm die Farbe nicht. Dann muß Patrizia die Ohrringe abnehmen, sich ein Tuch umbinden, die Hose gegen einen Rock vertauschen, den Gürtel weglassen oder sich andere Schuhe anziehen. Jenny macht von jeder Kombination, die seine Gnade findet, ein Polaroidfoto.

Sehen wir in Modemagazinen oder Schaufenstern etwas, was uns gefällt, machen wir uns wenig Gedanken darüber, wie der »Look« entstanden ist. Probieren wir dann daheim vor dem Spiegel, ähnlich auszusehen, sind wir enttäuscht. Wir glauben, *wir* sähen nicht gut genug aus, *uns* würden die schönen Sachen nicht stehen.

Wir geben *uns* die Schuld, wenn das teure Stück bei *uns* seine Wirkung verfehlt.

Leider machen wir uns nicht klar, daß der Look, der uns gefällt, das Ergebnis einer intensiven Zusammenarbeit ist: Visagisten, Stylisten, Friseure, Fotografen, alle haben nur eine Aufgabe: für dieses Kleidungsstück das beste Model, den besten Rahmen, die besten Accessoires, Schuhe, Strümpfe und den vorteilhaftesten Hintergrund zu finden. Ein Modefoto geschieht nicht einfach, ein Schaufenster dekoriert sich nicht von allein. Beide sind das Resultat vieler Überlegungen, langer Vorbereitung und von gebündeltem Know-how. Dieses Know-how können wir uns mit der Zeit selbst beibringen, denn im Grunde brauchen wir dazu nur zwei Spiegel und einen klaren Blick.

Testen Sie! Kreieren Sie Ihren eigenen Look!

Kennen Sie ihn nicht auch, den Schlachtruf: »Ich hab' nichts anzuziehen?«

Dabei fehlt es uns nicht an Garderobe, doch wir stehen vor unserem Kleiderschrank und können vor lauter Klamotten nichts Gescheites finden! Uns fehlt der Überblick! Dagegen gibt's nur ein Rezept: Alles raus, anprobieren und neu einsortieren!

Wir wissen erst, was wir für Schätze haben, wenn wir sie sehen! Nehmen Sie sich ein Wochenende Zeit. Planen Sie diese Zeit genau. Sie brauchen einen Spiegel, der Sie von vorne zeigt, und einen, mit dem Sie sich von den Seiten und von hinten betrachten können. Und wahrscheinlich brauchen Sie einige Plastiktüten.

Fangen Sie ein paar Wochen vor Ihrem Date mit dem Kleiderschrank an, aus alten und neuen Modezeitungen alles herauszureißen, was Ihnen gefällt, egal, ob es gerade in Mode ist oder nicht. Bringen Sie sich aus der Firma einige Bogen Flip-Chart-Papier mit, schneiden Sie die Looks aus, und kleben Sie sie auf. Die großen Bogen haben den Vorteil, daß Sie sie an die Wand oder die Kleiderschranktür heften können. Erscheint Ihnen das zu umständlich, legen Sie einfach einen Ordner an. Nach einer Weile werden Sie bemerken, daß sich die Bilder anfangen zu ähneln. Dies ist der Stil, der Ihnen am besten gefällt. Jetzt fragen Sie sich, welche Frau, möglichst mit einer Position, die höher angesiedelt ist als die Ihre, in Ihrer Firma Ihnen vom Äußeren her am besten gefällt. Vielleicht haben Sie Glück, und es gibt in Ihrem Unternehmen gute Vorbilder. Vergleichen Sie den Stil Ihres Vorbildes mit Ihrem eigenen. Paßt das, was Ihnen gefällt, zum Image Ihres Hauses?

An Ihrem Wochenende räumen Sie wirklich alles aus: Schubladen, Schuhkartons, Regale. Wenn Sie genügend Platz haben, breiten Sie die Kleidungsstücke aus, sonst stapeln Sie sie oder hängen sie an einen Wäscheständer. Auch Gürtel, Tücher, Taschen, Modeschmuck, Strumpfhosen, Schuhe, alles wird so hingelegt, daß Sie sehen können, was Sie haben.

Dann beginnen Sie, selbst einen Look zusammenzustellen: Nehmen Sie ruhig Ihre Modeseiten als Inspiration, doch vergessen Sie nicht, in welcher Umgebung, in welcher Branche, in welcher Firma und in welcher Position Sie Ihren Look tragen wollen. Wahrscheinlich müssen Sie ihn etwas anpassen und abschwächen.

Üben Sie nicht nur »trocken«, sondern ziehen Sie alles an! Oft sehen Kleidungsstücke in der Hand ganz anders aus als getragen. Suchen Sie den hellsten Platz für Ihre Spiegel, oder drehen Sie überall die stärksten Glühbirnen ein, die Ihre Lampen vertragen, denn ob zwei Farben wirklich zueinander passen, erkennen wir nur, wenn die Beleuchtung stimmt.

Dann fangen Sie an, zu experimentieren und zu kombinieren. Versuchen Sie dabei, sich etwas distanziert zu betrachten, so wie ein anderer Sie sieht. Wir lassen uns bei der kritischen Betrachtung unserer Kleidung oft von unserem Gesicht ablenken. Geht es Ihnen auch so, hängen Sie die Spiegel einfach in Höhe des Gesichtes zu. Zur endgültigen Entscheidung, ob Ihnen ein Look steht, nehmen Sie das Tuch wieder ab. Und jetzt probieren Sie!

Genau dies haben unsere drei gemacht.
Plötzlich ist es in dem Studio ganz still.
»Jetzt hab' ich's kapiert.« Jenny legt die Kamera zur Seite. »Wir müssen ausprobieren, wir müssen testen!« Sie ist ganz begeistert von ihrer Entdeckung. »Sieh doch nur, wie toll diese Bluse unter der Jacke aussieht! Wenn mir das jemand gesagt hätte, ich

hätte gedacht, der spinnt!« Sie schwenkt ein Foto hin und her. »Seht euch das an!«

Der Chef lächelt. »Erfaßt. Auch ein Profi testet oft stundenlang, bis er ein Outfit zusammengestellt hat. Vor einer Modenschau werden Hunderte von Accessoires ausprobiert, denn ein einziges Teil kann den Stil der ganzen Kombination verändern. Wenn Patrizia zum Beispiel die Perlenstecker rausnimmt und dafür Creolen trägt, sieht der ganze Anzug anders aus.«

Schmuck rundet die Busineß-Garderobe ab

Schmuck verändert offenbar nicht nur unser Aussehen. So empfahl John T. Molloy den Damen, immer einen Ehering zu tragen. Nach seinen Erkenntnissen wurden Verheiratete von Geschäftspartnern ernster genommen und konnten sich leichter durchsetzen. Ebenfalls aus Amerika kommt der Vorschlag, stets Ohrringe zu tragen, Ohrringe seien im Geschäftsleben inzwischen für eine Frau, was die Krawatte für den Mann ist: unentbehrlich.

Diese Auffassung ist vielleicht ein wenig übertrieben, doch es gibt einen sehr einleuchtenden Grund, Ohrringe zu tragen: Wenn sie aus poliertem Metall sind, egal, ob nun aus Gold, Silber oder Messing, reflektieren sie das Licht, und dies kommt unserem Gesicht zugute, besonders an harten Arbeitstagen. Doch ob wir nun Ohrringe tragen oder nicht, Schmuck sollte im Beruf um so sparsamer getragen werden, je jünger wir sind. Jugend schmückt sich selbst, sagt ein Sprichwort, und da ist etwas dran.

Mit den Jahren verliert unser Gesicht viel von seinem Unterhautfettgewebe, es schrumpft ein wenig. Darum können wir in reiferen Jahren mehr Unterstützung gebrauchen: Schmuck schmeichelt und lenkt die Blicke von den Problemzonen ab.

Doch auch unser Schmuck sollte dem Image unseres Berufs angepaßt sein. In der Mode, im Gastgewerbe, in der Unterhaltungsindustrie darf's schon ein wenig mehr sein, in den meisten anderen Branchen ist Vorsicht angesagt. Zuviel echter Schmuck setzt mehr gesellschaftliche als geschäftliche Signale, zuviel falscher Schmuck wirkt billig.

Wenn Sie neue Kombinationen Ihrer Garderobe gefunden haben, dann testen Sie bis zur Strumpfhose durch. Manches sieht nur gut aus, solange wir noch nicht vollständig angezogen sind: Der lange

Sommerrock steht uns gut, solange wir noch keine Schuhe tragen, der Pullover wirkt ohne lange Hose sehr schick. Doch so können wir im Ernstfall ja nirgends erscheinen!

Ziel dieser Aktion sollte nicht nur sein, daß Sie herausfinden, was Ihnen wirklich gut steht, sondern auch, daß Sie sich angewöhnen, in ganzen Outfits zu denken und zu planen! Je höher Sie auf der Karriereleiter steigen, desto weniger Zeit werden Sie für diese Dinge haben. Je besser Sie in jeder Hinsicht vorbereitet sind, um so intensiver können Sie sich auf die tatsächliche Arbeit konzentrieren!

Stellen Sie sich vor, wie angenehm ein Tag beginnt, an dem Sie schon beim Aufstehen genau wissen, was Sie anziehen wollen! Malen Sie sich aus, wie gern Sie auf Geschäftsreisen gehen werden, wenn das Kofferpacken kein Problem mehr ist!

Denken Sie schon jetzt an die gute Laune, die sich nach jedem Kompliment von Mitarbeitern und Kollegen bei Ihnen einstellt!

Patrizia hat sich für die Perlenstecker, den mittelblauen Blazer und die schöne grün-weiß karierte Bluse entschieden. Um den Hals trägt sie ein kleines, pfiffig gebundenes Seidentuch, die dunkelblaue Hose paßt super zu den halbhohen blauen Schuhen.

Plötzlich sieht sie jung, schwungvoll und clever aus.

»Die Bank an Ihrer Seite!« Der Chef strahlt. »Zufrieden? Das spricht jeden Personalmenschen an!«

Patrizia nickt.

Garderobe gezielt einkaufen!

Wenn Sie Ihre Garderobe durchtesten, werden Sie wahrscheinlich feststellen, daß Sie eine ganze Menge anzuziehen haben. Gleichzeitig bekommen Sie einen Überblick darüber, was Ihnen tatsächlich fehlt: Dies notieren Sie und stecken den Zettel in Ihren Terminplaner oder Ihre Brieftasche; bei ungewöhnlichen Farben versuchen Sie, aus einer Naht oder dem Saum einen Faden als Muster zu ziehen, oder nehmen den Ersatzknopf mit. Jetzt wissen Sie bei Ihrem nächsten Einkaufsbummel ganz genau, was Sie brauchen. Hier noch ein Tip von Joseph Ettedgui, dem Inhaber der gleichnamigen super sortierten Boutiquen: »Wenn ich einkaufe, verhalte ich mich wie ein Chefkoch: Ich frage mich, paßt diese Ware zu meinem Menü? Die schönsten Erdbeeren nützen mir nichts, wenn sie nicht zu meinen Zutaten gehören.« Genau dies ist die Falle, in die wir häufig geraten: Wir verlieben uns in ein Einzelteil, das nicht zu unserem »Menü« paßt. Das ist oft nicht nur ärgerlich, sondern auch kostspielig, denn nun brauchen wir wieder andere Teile.

Am Ende Ihrer ganz privaten Modenschau werden Sie einen guten Überblick haben: Sie wissen, was da ist, Sie wissen, was fehlt. Sie wissen, was gut aussieht und was nicht. Das, was Ihnen nicht gefällt, wandert in die Plastiktüten. Warten Sie ein paar Wochen, bevor Sie die ausrangierten Teile endgültig weggeben, oft kommen wir noch tagelang nach der großen Bestandsaufnahme auf gute Ideen.

Wahrscheinlich haben Sie jetzt eine ganze Reihe von Kombinationen. Versuchen Sie diese nun so aufzuhängen und zu verstauen, daß Sie sie ohne Schwierigkeiten mit wenigen Griffen parat haben und jederzeit anziehen können.

Jetzt haben Sie den Kopf frei für Ihre Arbeit und Ihre Karriere!

Patrizia jedenfalls ist happy. Sie kann es gar nicht erwarten, ihre neuen Erkenntnisse auszuprobieren. Doch vorher muß Jenny zeigen, was sie kann, denn jetzt müssen die Bewerbungsfotos Patrizias neuem Image gerecht werden! Doch während sie die Scheinwerfer postiert und sich fragt, ob der Hintergrund die richtige Farbe für die Aufnahmen hat, kommt ihr eine Idee: »Patrizia, mußt du dein Praktikum unbedingt bei einer Bank machen? Schick doch deine Unterlagen mal zum ›Kleinen Teehaus‹, das ist ein großer Spezialversand, die arbeiten mit der ganzen Welt zusammen! Da kenne ich eine Frau, die würde dir gefallen!«

3. Kapitel
Kommunikation

»Nachdem ich gesehen habe, was ihr aus Patrizia gemacht habt, möchte ich dich bitten, dir diesen jungen Herrn mal anzusehen.« Jennys Vater hat einen jungen Mann zum Abendessen mitgebracht. Als Jenny erfährt, daß der Gast aus Tibet kommt, in einem Kloster aufgewachsen ist und in der Firma des Vaters volontiert, wird sie neugierig. Zwar spricht er nur gebrochen Deutsch, doch Jenny hört ihm begeistert zu. Noch nie ist sie jemandem begegnet, der die Menschen so intensiv beobachtet und ihre Interaktionen so genau studiert.

Das Wort kommunizieren leitet sich vom lateinischen Verb »communicare«, ab, was soviel bedeutet wie »verbinden«, »vereinigen«. Allerdings zeigt uns das tägliche Leben, daß Kommunikation häufig genau das Gegenteil bewirkt, nämlich Mißverständnis und Trennung. Aber wir machen uns nur selten die Mühe, das Wesen der Kommunikation zu erforschen. Wir sind uns nicht bewußt, wie wir uns dabei verhalten, und lassen außer acht, daß Kommunikation auf Wechselwirkung beruht. Diese Wechselwirkung ist sogar mehrdimensional!
Unter Kommunikation verstehen auch heute noch viele Menschen allein das Gespräch. Doch dies ist nur ein Aspekt, denn gleichgültig, auf welche Weise wir Kontakt zu einem anderen Menschen aufnehmen, wir kommunizieren.
Ein Telefonat, ein Brief, ein Lächeln – alles ist Kommunikation. Inhalte und Botschaften können als »Einweg-Sendung« in Form eines Briefes oder Faxes oder als »Mehrweg-Sendung« via Dialog oder Diskussion gesendet und empfangen werden. Kommuniktion beginnt in dem Augenblick, in dem wir andere Menschen wahrnehmen, selbst dann, wenn wir kein Wort sprechen. Wir senden immer Botschaften: durch Blicke, Körperhaltung, Mimik und Gestik. Selbst der Abstand, den wir zu den Menschen in unserer Umgebung halten, sagt etwas aus: Wie nahe wir jemanden körperlich an uns heranlassen oder wie weit wir uns im Gespräch von jemandem entfernen, ist kein Zufall.
Wir kommunizieren immer – auch wenn wir nur mit uns selbst und unseren eigenen Gedanken beschäftigt sind. Bewußt oder unbe-

wußt senden wir ständig Botschaften aus; entweder verbal, also mit unserer Stimme und durch das ausgesprochene Wort, oder nonverbal mit unserer Körpersprache, unserer Haltung, Mimik und Gestik. Gleichzeitig empfangen wir auf verschiedenen Kanälen die Botschaften der anwesenden Personen: Stellen Sie sich einfach einmal vor, Sie wären eine Radiostation und auf Sendung – doch gleichzeitig rufen die Hörer bei Ihnen im Studio an und geben Ihnen Feedback.

Der *aktive* Teil der Kommunikation:
Sie agieren als *Sender* einer Botschaft.
Der *passive* Teil der Kommunikation:
Sie erfahren die Reaktionen – und werden damit automatisch zum *Empfänger*.
Kommunikation – eine ständige Wechselwirkung.

Wie geschieht Kommunikation?

Zum erstenmal in ihrem Leben beginnt Jenny sich Gedanken darüber zu machen, warum einige Gespräche erfolgreich verlaufen und andere nicht.
Der Praktikant aus Tibet zeigt ihr auf, wie wenig wir beim Sprechen an den anderen denken – auch wenn es um den anderen geht! An Beispielen aus seinem Arbeitsalltag erklärt er ihr Ursache und Wirkung.

Kommunikation ist nur so gut wie die Reaktion, die sie hervorruft.

Kommunikation gelingt, wenn der Sender einer Botschaft nicht nur an sich und sein Anliegen denkt, sondern wenn er sich auch Gedanken über den Empfänger macht. Botschaften können nur dann auf fruchtbaren Boden fallen, wenn bei unseren Gesprächspartnern die richtigen Assoziationen geweckt werden.
So sind also nicht die Worte, die wir aussprechen, das Interessanteste an einem Gespräch, sondern die Gedanken und Emotionen, die diese Worte bei unserem Gesprächspartner wecken. Nehmen wir die zuvorkommende Anrede »Gnädige Frau!« Sehen wir uns die Empfängerin dieser Worte nicht genau an, lösen wir damit vielleicht genau das Gegenteil davon aus, was wir uns vorgestellt haben: Die Dame hält uns nicht für höflich, sondern für über-

spannt. Haben wir mit unseren Worten total danebengegriffen, wird sie vielleicht sogar behaupten, wir wollten uns über sie lustig machen.

Die Fähigkeit, blitzschnell hinter die Fassade anderer Menschen sehen zu können, die vielschichtigen zwischenmenschlichen Verhaltensmuster zu erkennen und seinen eigenen Stil entsprechend anzupassen, ist die Grundlage gelungener Kommunikation. Die Art und Weise, was ich wem wie sage und was ich wann sage, ist ausschlaggebend dafür, ob ich Herz und Kopf des Gesprächspartners für mein Anliegen öffne oder verschließe. Mangelnde Beobachtungsgabe, mangelnde Kenntnis von Ursache und Wirkung, die Unfähigkeit zuzuhören und das Unvermögen, den anderen richtig anzusprechen, sind verantwortlich für die vielen Mißerfolge, beruflich und privat!

Kommen Sie im Beruf nicht so recht vorwärts, haben Sie Schwierigkeiten mit Vorgesetzten, Mitarbeitern, Kunden, sind Sie häufig von der Reaktion Ihrer Mitmenschen überrascht? Haben Sie immer wieder das Gefühl, daß Ihre Gesprächspartner etwas anderes verstehen als das, was Sie sagen?

Dann sollten wir uns mit den Verknüpfungen der Kommunikation vertraut machen, denn sie berührt immer zwei Bereiche: Verstand und Gefühl. Doch damit nicht genug: Sie berührt auch zwei verschiedene Zeitzonen: Gegenwart und Vergangenheit. Hier liegt der Schlüssel für Kommunikationsschwierigkeiten: Eine aktuelle Aussage weckt gespeicherte Emotionen, und diese Emotionen geben der aktuellen Aussage unter Umständen eine ganz andere Färbung! Reagiert unser Gesprächspartner nicht nur sachlich, sondern auch vom Gefühl her anders, als wir es erwartet haben, dann können wir davon ausgehen, daß er unsere Botschaft nicht nur auf der sachlichen Ebene anders betrachtet, sondern daß sie emotional anders aufgenommen wurde, als wir vorausberechnet hatten.

Basiswissen Kommunikation

Wer die Gesetzmäßigkeiten der Kommunikation kennt und berücksichtigt, der ist der Konkurrenz einen großen Schritt voraus. Unser Ziel muß es sein, unseren Gesprächspartner so anzusprechen, daß er unsere Botschaft versteht und Vorstellungen in ihm geweckt werden, die den unseren möglichst entsprechen. Denn bereits während wir sprechen, entstehen in unserem Gegenüber Bilder, geweckt durch Signale aus seinem Unterbewußtsein. Diese inneren Bilder müssen nicht scharf und präzise sein, es genügt schon, wenn eine vage Ahnung entsteht. Doch entspricht diese vage Ahnung nicht wenigstens in Ansätzen dem, was wir uns selbst während des Sprechens vorstellen, dann reden wir aneinander vorbei.

Dazu müssen wir wissen, daß jede Botschaft aus verschiedenen Einzelelementen besteht: dem Sachinhalt, der Information, der Frage oder dem Kommentar und den emotionalen Äußerungen.

Den Gesprächspartner dort abholen, wo er steht!

Über die Sachinformation brauchen wir nicht viele Worte zu verlieren. Doch auch hier müssen wir uns fragen, ob unser Ansprechpartner überhaupt in der Lage ist, uns verstehen zu können. Dieses »Verstehenkönnen« ist in vielen Situationen nicht etwa eine Frage der Intelligenz oder der Bildung, sondern eine Frage des Berufes und der Interessen. Unser Wissen explodiert, Universalgenies sterben aus. Unser Leben ist so differenziert, daß die Annahme »Na, die wird schon wissen, wovon ich rede!« gefährlich ist. Oft wissen wir es eben nicht oder nicht so genau!

Wir alle kennen die Situation: Wir brauchen die Hilfe eines Spezialisten. Während heute viele Frauen in der Autowerkstatt den Fragen des Monteurs durchaus standhalten, kommen wir aber ins Schwimmen, wenn der Computer streikt. Erscheint das Wort »Systemfehler« auf dem Bildschirm und rufen wir genervt bei unserem »Support« an, dann können uns die Bemerkungen, mit denen unser Wissensstand über das Innenleben unseres PC kommentiert wird, ganz schön in Verlegenheit bringen. Aber beruhigen wir uns, in zehn Jahren ist auch dies kein Thema mehr! Doch bis dahin sind wir für »Übersetzungshilfen« der Fachsprache dankbar.

Andererseits, nicht jeder, der mit Fachausdrücken um sich wirft, ist auch ein echter Profi.

Frau Rundel hetzt nach Büroschluß in die Apotheke.
»Ach, mein Mann hat da einen ganz besonderen Wunsch, warten Sie mal, ich habe es mir extra aufgeschrieben.« Sie kramt in ihrer Tasche. Wo ist denn nur der Zettel? Der Herr neben ihr räuspert sich schon.

»Bitte«, sie will ihm gerade den Vortritt lassen, da findet sie das kleine gelbe Blatt.
»Bitte schön, ich möchte Acetylsalicylsäure mit Kalziumkarbonat und Mannitol und ...«
»Und warum verlangen Sie nicht gleich Aspirin-Kautabletten?« fällt ihr da der Apotheker ins Wort und schüttelt den Kopf.

Es ist also gar nicht so einfach, die Sachaussage empfängergerecht zu formulieren! Wir müssen uns schon Gedanken darüber machen, wie gut unser Gegenüber unsere Sprache spricht, ob wir ohne Hemmungen Fachausdrücke verwenden dürfen, ob Abkürzungen und Insiderjargon angesagt sind oder ob wir unser Fachchinesisch übersetzen, das heißt anpassen müssen.
Doch dies ist noch nicht alles. Während wir nämlich versuchen, die sachlichen Fakten anzubringen, schleichen sich emotionale Botschaften in unsere Mitteilung hinein. Und diese gefühlsmäßigen Aussagen haben es in sich, denn sie betreffen alle Aspekte unserer Interaktion.
Einmal, wie wir innerlich zu dieser Mitteilung stehen – und wir alle wissen, daß es vor allem im Berufsleben Situationen geben kann, in denen wir innerlich nicht unbedingt mit dem übereinstimmen, was wir sagen –, oder sagen müssen. In diesem Fall haben wir nicht nur ein rhetorisches Problem, sondern auch ein moralisches, und darauf werden wir in Kapitel 5 eingehen. Wir müssen uns allerdings darauf gefaßt machen, daß einem aufmerksamen Gesprächspartner dieser innere Widerspruch nicht entgeht! Denn wir spüren alle, daß wir mit jedem Satz auch eine Mitteilung aus dem Bauch senden und empfangen. Über uns, unser Gegenüber und über die Sache im allgemeinen.

Reine Sachaussagen kommen nur vom Automaten.

Frau Stein arbeitet konzentriert an einer wichtigen Analyse. Da kommen die beiden Geschäftsführer der Firma in das Labor. »Sie sind bei der Analyse für die Central-Versicherung? Der Abgabetermin ist doch schon nächste Woche!« Der erste Geschäftsführer stützt sich auf den Labortisch.
Frau Stein glaubt zu hören: »Ich soll wieder Überstunden machen, damit wir auch ja rechtzeitig fertig werden.« Sie denkt: »Immer auf meinem Rücken ...« und fühlt sich ungerecht behandelt.

Der zweite Geschäftsführer aber vernimmt: »Was, schon wieder ein Termin in Gefahr? Bei diesem wichtigen Kunden?«
Er denkt: »Wenn ich mich hier nicht blicken lasse, klappt auch gar nichts!« Er fühlt sich wichtiger.

Was ist geschehen?
Wir merken, nicht nur das wortwörtlich Gesagte spielt eine Rolle, sondern auch die individuelle Interpretation der Beteiligten. Diese wird blitzschnell während der Interaktion ausgelöst – durch innere Bilder, die durch die aufgenommenen Worte, die Gesten und die Körpersprache des Sprechenden entstehen.
Der erste Geschäftsführer hat eine sachliche Aussage gemacht.
Dabei stützt er sich auf den Labortisch.
Die Mitarbeiterin hört aus den Worten die Mahnung heraus, schneller zu arbeiten. Die Körpersprache des Geschäftsführers unterstreicht in ihren Augen diese Aussage, denn der Labortisch ist ihr Revier!
Der zweite Geschäftsführer hört aus den Sätzen heraus, die fällige Arbeit könnte vielleicht nicht pünktlich fertig werden. Für ihn unterstreicht die Körpersprache seines Kollegen diese Besorgnis.

Was ist wichtig für uns?
Nicht nur auf die Worte achten, sondern auch berücksichtigen, daß mit jedem Satz bei unserem Gegenüber Gedanken und Emotionen geweckt werden. Diese Gedanken und Emotionen können sich aber sehr von unseren eigenen Gedanken und Emotionen unterscheiden! Außerdem müssen es nicht die Gedanken und Emotionen sein, die wir auslösen wollten.
Bleiben wir bei unserem Beispiel:
Nur wer den Geschäftsführer gut kennt, wird heraushören, was er mit seinem Satz wirklich ausdrücken wollte. Wollte er nur wissen, woran Frau Stern im Augenblick arbeitet? Oder wollte er dem anderen Geschäftsführer mit seiner Frage imponieren?
Vielleicht. Doch erreicht hat er leider mit seinem Satz, daß sich die Mitarbeiterin gedrängt fühlt, dadurch wahrscheinlich unruhig wird und unter Umständen jetzt Fehler macht, die sie Zeit kosten.

Unklare Botschaften sind teuer.

Der zweite Geschäftsführer wird sich ausmalen, was geschieht, wenn der Auftrag nicht pünktlich fertig wird. Er wird Frau Stein deshalb im Auge behalten und beginnen, den Zeitplan des Labors in Frage zu stellen und sich über den ersten Geschäftsführer Gedanken zu machen!
Dieselbe Frage – große Wirkung!

Noch komplizierter wird dieses Zusammenspiel, wenn es um die Kommunikation zwischen Frau und Mann geht:

Kommunikation Mann – Frau
Sprechen wir dieselbe Sprache?

»Du verstehst mich nicht!« Welche Frau kennt ihn nicht, diesen Seufzer! Schwieriger wird es, wenn wir sagen: »Du willst mich einfach nicht verstehen« oder gar resignierend ausrufen: »Du kannst mich nicht verstehen!«
Die amerikanische Sprachforscherin Deborah Tannen versuchte in umfassenden Untersuchungen diesem Phänomen auf die Spur zu kommen und kam zu einem erstaunlichen Ergebnis: Sprechen Mann und Frau miteinander, so ist das etwa so, als wolle sich ein Japaner mit einem Palästinenser unterhalten – beide werden entdecken, daß es zwischen ihnen große kulturelle Unterschiede gibt. Ähnliche Unterschiede gibt es nach Dr. Tannen offenbar auch im Sprachgebrauch und -verständnis von weiblichen und männlichen Wesen, selbst dann, wenn sie nebeneinander aufgewachsen sind. Wenn dies tatsächlich so ist – und wir haben bestimmt alle Erfahrungen gemacht, die diese These unterstützen können –, dann sind wir erst dabei, eine gemeinsame Sprache zu entwickeln!
Doch was uns privat Kummer bereitet, kann im Berufsleben zu schwerwiegenden Mißverständnissen, teuren Fehlern, verlorenen Kunden und frustrierten Mitarbeitern führen, denn je besser die Kommunikation, desto besser die Zusammenarbeit. Doch unsere Sprache drückt nicht nur aus, was wir wortwörtlich sagen, es schwingt immer etwas Unausgesprochenes mit. Die Sprache ist das Medium, mit dem wir unseren Mitmenschen unsere Vorstellungen, unsere Wünsche, Ziele und unsere Gefühle verständlich machen

wollen. Es versteht sich, daß wir Menschen gelernt haben, dieses Instrument, dem eine so große Bedeutung zukommt, auf vielerlei Arten zu spielen. Die Art, wie wir sprechen, das heißt wie wir dieses Instrument einsetzen, wird aber nicht nur sehr stark von unseren Lebensumständen, sondern – wie wir jetzt wissen – auch von unserem biologischen Geschlecht bestimmt.

Jahrtausendelang zogen die Männer in die Welt hinaus, waren Jäger und Eroberer, kämpften um Frauen, Tiere, Grund und Boden, für ihren Glauben, ihr Vaterland. Ein Mensch, der kämpft, muß vor allem drei Dinge tun: sich auf den Gegner konzentrieren, ihm imponieren, ihn in die Flucht schlagen oder kampfunfähig machen. Doch obendrein muß er noch dafür sorgen, daß er selbst nicht den Mut verliert! *Männer betrachten daher fast alle Situationen als Wettkampf, und in diesem Wettkampf muß ma(n) sich behaupten.*

So entstand die männliche Sprache: fokussieren, informieren, imponieren. Klar, daß Männer untereinander mit dieser Art sich auszudrücken keine Schwierigkeiten haben.

Männliche Sprache:
Fokussieren – Informieren – Imponieren

Im Leben der Frauen war jedoch bis vor kurzem, historisch gesehen, genau das Gegenteil angesagt: zu Hause bleiben, Kinder kriegen, pflegen und hegen. Ob Burgfräulein oder Bäuerin, Frauen waren für das Miteinander verantwortlich. Wir mußten die Gruppe der Zurückgebliebenen zusammenhalten, egal, ob die Männer auf der Jagd waren oder im Krieg. *Frauen betrachten das Leben als Gemeinschaft, und diese Gemeinschaft muß frau bewahren.* Wir lernten zu trösten, zu beschwichtigen und Konflikte zu umgehen.

Unsere Sprache spiegelt dies wider:

Weibliche Sprache:
Verstehen – Verbinden – Verhindern

Nicht die Information steht bei uns an erster Stelle, sondern die Beziehung. Uns fällt es im allgemeinen schwer, uns auf die Sachebene zu konzentrieren, ohne daß die Gefühlsebene dazwischenfunkt, und es ist uns oft sogar unmöglich, voll bei der Sache zu sein, wenn die emotionale Ebene gestört ist.

Der Chef der Auslandsabteilung, Herr Röver, muß auf die Dienste seines Übersetzungsbüros verzichten, weil die Firma an diesem Freitag mittag keinen Eilauftrag mehr annehmen kann. Doch er braucht unbedingt in einer Stunde die Übersetzung eines eben aus Marseille eingegangenen Faxes, da er mit einem anderen französischen Geschäftspartner einen festen Rückruftermin vereinbart hat.

»Sie haben das doch auch mal gelernt«, kommt er auf seine Assistentin zu, »dann zeigen Sie mal, was Sie können.«

Frau Ulbrich hat zwar ein wenig Angst, nicht alle Fachausdrücke des Textes übersetzen zu können, doch sie fürchtet sich mehr vor der Hektik, die der Chef in solchen Fällen verbreitet, als vor der Arbeit.

»Also los, nun machen Sie mal!« Das von Herrn Röver freundlich unterstützend gemeinte Startzeichen empfindet sie als unnötig.

»Ich halte Ihnen auch alle Anrufe vom Leib! Schalten Sie ruhig das Telefon um!«

Herr Röver kommt sich besonders kooperativ vor. Da fällt ihm ein, er könnte in der Zwischenzeit ja einige Anrufe erledigen.

»Sagen Sie mir nur schnell, wie der Nummernspeicher funktioniert!«

Frau Ulbrich redet sich gut zu. Nur ruhig bleiben …

Doch dann hört sie Herrn Röver sagen: »Also Bernd, du sprichst doch perfekt Französisch! Wir sitzen hier nämlich gerade an einer kniffligen Übersetzung …«

Frau Ulbrich hat jetzt wirklich Mühe, sich auf den Text zu konzentrieren. So eine Unverschämtheit!

»Kommen Sie voran?« tönt es dazu auch noch aus dem angrenzenden Büro.

Kann er denn nicht wenigstens die Tür zumachen! Frau Ulbrich wird immer nervöser, sie empfindet diese Frage als überflüssige Aufforderung, schneller zu arbeiten. Allmählich wird ihr heiß.

Da fällt ein Schatten auf ihr Blatt.

»Wie weit sind wir denn?« Herr Röver beugt sich über sie. »Zeigen Sie mal her …«

»Bitte, ich bin noch nicht fertig!« Frau Ulbrich spürt, wie ihr Gesicht rot anläuft. Warum läßt er sie denn nicht ruhig arbeiten?

»Ich muß doch wissen, was ich diesem Gabon antworten soll«, Herr Röver geht wieder in sein Büro, »Sie sollen das doch nur übersetzen …«

Frau Ulrich ringt um ihre Fassung. Muß er sie jetzt auch noch beleidigen?

»Sie können mir doch wenigstens die ersten Sätze geben … und irgendwo muß doch auch der Preis stehen und wie das Muster heißt … gucken Sie doch mal!«

Jetzt hat Frau Ulrich den Faden verloren.

»Bitte, Herr Röver.« Ihre Stimme klingt schon ein wenig hilflos.

»Wohl doch zu schwer der Text, was? Aber auch zu ärgerlich, daß die da heute keine Leute mehr haben. Wo wir doch so gute Kunden sind … Also kümmern Sie sich Montag mal gleich um ein neues Übersetzungsbüro.« Herr Röver nimmt die Bürowanderung wieder auf.

»Was ich noch fragen wollte, werden irgendwelche Bedingungen genannt?«

Frau Ulrich schickt einen flehentlichen Blick zum Himmel.

Herr Röver tut, als drehe er sich um. »Verstehe, verstehe, ich immer mit meiner Ungeduld …«

»Wie spät ist es jetzt? Mensch, Sie sind ja schon beim letzten Absatz. Geben Sie mal her.« Kurze Zeit später nimmt er ihr das beschriebene Blatt aus der Hand und fängt an, laut zu lesen.

»Herr Röver«, Frau Ulrich ist den Tränen nahe.

»Nun stellen Sie sich doch nicht so an, Sie haben es doch gleich. Verbinden Sie mich doch schon mal mit Bordeaux.«

Frau Ulrich reißt sich mit letzter Kraft zusammen. »Das Gespräch ist für 15 Uhr vereinbart worden …«, zischt sie mit zusammengepreßten Zähnen zurück.

»Na, wenn wir doch schon fast fertig sind!«

Herr Röver ist plötzlich guter Laune, ist ihm doch eben eine blendende Idee gekommen.

»Wissen Sie, was ich dem Gabon sage? Ich muß erst den Wechselkurs am Montag abwarten. Wie finden Sie das? Und dann können Sie sich das in aller Ruhe noch einmal ansehen.«

Herr Röver ist richtig stolz auf seinen Einfall. Wie sich Fau Ulrich dabei fühlt, das fragt er nicht.

Müssen wir uns noch ausmalen, mit welchen Gefühlen diese beiden ins Wochenende gehen?

Was ist geschehen?
In ganz freundlicher Absicht geht Herr Röver auf seine Assistentin zu. Doch schon die Formulierung »Sie haben das doch mal gelernt« – für ihn einfach ein Fakt, an den er sich glücklicherweise erinnert – ärgert Frau Ulbrich. Für sie hört sich diese Formulierung herablassend an. Gleichzeitig fühlt sie sich unter Druck gesetzt zu beweisen, daß sie tatsächlich damals etwas gelernt hat. Die Aufforderung »Nun machen Sie mal« verstärkt diesen Druck. Sie hat das Gefühl, Herr Röver untermauere damit seine Position als Chef. Außerdem verstärkt er in ihren Augen diesen Eindruck durch seine Schein-Entlastungsangebote, bei denen er jedoch wiederum auf ihre Hilfe angewiesen ist.

Männliche und weibliche Interpretation unterscheiden sich.

Herr Röver bemerkt gar nicht, daß er sich mit seinem Verhalten mehr schadet als nützt. Er ist fest davon überzeugt, ziel- und ergebnisorientiert zu handeln, wenn er den Freund um Unterstützung bittet. Frau Ulbrich interpretiert dieses Vorgehen aber als massives Mißtrauen und fühlt sich verraten. Den Eifer ihres Chefs deutet sie als unausgesprochenen Vorwurf, nicht nur zu langsam, sondern auch nicht kompetent genug zu sein!
Herr Röver jedoch denkt nur an das bevorstehende Gespräch. Er möchte sich die Antworten schon mal überlegen, denn er blamiert sich nicht gern. Außerdem möchte er den Vorteil eines Überraschungsanrufs nutzen. Zwar merkt er, daß dieses Verhalten seine Assistentin nervt, doch er legt die Situation wieder in seinem Sinne aus: »Wie bin ich heute wieder fix!«
Dann hat er sogar eine noch listigere Idee. Daß er Frau Ulbrich damit das ganze Wochenende verdirbt, kommt ihm nicht in den Sinn. Er ist überzeugt, die für alle Beteiligten beste Lösung gefunden zu haben!
Ganz anders ergeht es Frau Ulbrich: Sie empfindet die vergangene Stunde als vergeudete Zeit. Hätte Herr Röver gleich an den Wechselkurs gedacht, hätte sie das Fax am Montag morgen, noch bevor er im Büro aufgetaucht wäre, in aller Ruhe übersetzt. Sie hätte ihre Nerven geschont, vielleicht sogar am Sonntag einige Wörter im Wörterbuch nachgeschaut, und das Wochenende wäre gerettet gewesen!

Was ist für uns wichtig?
Wir haben gesehen, daß Worte eine zusätzliche, unausgesprochene

Bedeutung haben können. Diese Bedeutung kann gewollt sein oder auch nicht. In diesem Sinne kommt es also nicht so sehr darauf an, was wir sagen, sondern viel mehr darauf, was unser Gesprächspartner versteht. Unser Gesprächspartner wird auf das reagieren, was er aus unserer Botschaft *heraushört.* Doch heraushören können wir nur, was ankommt. Ist unser Empfänger nicht genau auf die Frequenz eingestellt, die wir benutzen, wird die Botschaft nur unzureichend aufgefangen. Wir wissen nun, daß Männer bei ihrer Kommunikation mehr auf Informationen, Daten und Fakten achten und weniger auf die mitschwingende Botschaft über den Stand der Beziehung.

Inhalt ist nicht gleich Bedeutung.

Frauen dagegen hören und analysieren zuerst die mitschwingende Botschaft, dann die Informationen, Daten und Fakten.
Doch damit nicht genug: Wir hören mit unseren Ohren, oder besser ausgedrückt, durch unsere Ohren. Doch entschlüsselt wird die Botschaft nicht im Ohr, sondern in Gehirn und im Unterbewußtsein. Ein Beispiel: Sagen Sie zu drei Leuten: »Rumble in the jungle!« Wenn nicht alle drei Film- oder Boxfreunde sind, die auf Anhieb wissen, daß damit ein Boxkampf (Mohammed Ali gegen George Foreman in Zaire, jetzt als Film im Kino zu sehen) gemeint ist, werden Sie drei unterschiedliche, wahrscheinlich lustige Erwiderungen erhalten. In jedem Ihrer Gesprächspartner haben die Worte innerlich ein Bild aufgerufen. Da der Ausdruck aber nicht alltäglich ist, werden sie Sie fragen, welches Bild wirklich gemeint ist. So weit, so gut. Doch die unterschiedlichen Bilder, die durch das, was wir hören, in unserem Kopf und unserem Gefühl ausgelöst werden, betreffen nicht nur außergewöhnliche Wortschöpfungen. Machen Sie eine weitere Probe: Sagen Sie zu vier Menschen unterschiedlichen Geschlechts und aus unterschiedlichen Lebenssituationen, einer Ihrer Freunde hätte enorme Schulden. Es wird sich nicht nur jeder unter dem Wort »enorm« einen anderen Betrag vorstellen, sondern auch die aktuelle Situation, in der sich der Freund jetzt befindet, unterschiedlich bewerten: Die Frauen werden zuerst fragen, ob er Familie hat, was aus den Kindern wird und wie es weitergehen soll, während sich die Männer zuerst nach der tatsächlichen Höhe der Schulden und der vereinbarten Zinsen erkundigen dürften, um dann zu fra-

gen, was der gute Mann verdient, um die Zahlen in Relation zu setzen.

Nicht jede Aussage sofort gefühlsmäßig umsetzen.

Unsere emotionale Betroffenheit verleitet uns oft, Daten und Fakten zu schnell zu interpretieren, und zwar in unserem Sinne. Unser Herz spricht häufig schneller als unser Verstand. Doch dadurch verlassen wir die neutrale Position, die wir einnehmen müssen, wenn wir uns umfassend informieren wollen. Lassen wir zu, daß unsere Gefühle verhindern, daß wir die gesamte Botschaft aufnehmen, werden wir keine richtigen Entscheidungen fällen können. Dies gilt natürlich ganz besonders bei Botschaften, die uns persönlich betreffen. Hier lauern wir geradezu auf jene Untertöne, die die emotionale Ebene berühren!
Haben wir das Gefühl, das heißt, glauben wir herauszuhören, daß die Beziehungsebene zwischen dem Sender und uns in Ordnung ist, oder lesen wir aus Mimik, Gestik und Blickkontakt diese Bestätigung heraus, dann können wir uns unbelastet auf die sachlichen Inhalte konzentrieren. Fehlt diese Bestätigung, leidet unsere Aufmerksamkeit!
»Hörst du mir überhaupt zu?« – »Nun sei doch nicht gleich eingeschnappt! Nun sei doch nicht immer gleich beleidigt!«
Kennen Sie diese Sätze? Reagieren wir Frauen nicht manchmal auf sachlich ausgesprochene Argumente unberechenbar, mit gefühlsmäßigen Reaktionen, die aus unbekannten Quellen zu kommen scheinen? Unsere Antennen sind ständig auf die Untertöne ausgerichtet! Es ist, als hätten wir eine innere Instanz, die nur darauf ausgerichtet ist, zu erfahren, wie es um die *Beziehung* steht. Doch wenn wir uns unsere Entwicklungsgeschichte betrachen, dann verstehen wir den Ursprung dieser Instanz. Für einen Menschen, der von anderen Menschen abhängig ist, ist natürlich der Zustand dieser Beziehungen das Wichtigste! Solange Frauen erst von ihren Vätern, dann von ihren Männern abhängig waren, konnten sie sich Beziehungskrisen kaum leisten, wollten sie nicht ihre physische und psychische Lebensgrundlage gefährden.
Männer hingegen fühlen sich nicht abhängig, sondern als Teil einer Ordnung. Diese Ordnung ist hierarchisch organisiert, und hier müssen sie sich beweisen, das heißt, sie müssen sich ihre Position erkämpfen. Diese Organisation des Zusammenlebens finden wir in

der Natur sehr häufig, sie beruht auf dem Gesetz der Stärke und stellt denjenigen an die Spitze der Organisation, der im Kampf mit den anderen gezeigt hat, daß er der Stärkste ist. Doch Stärke ist keine statische Größe, sondern sie ist von vielen, sich ständig wandelnden Faktoren abhängig. Darum kann jeder innerhalb dieser Hierarchie zu jeder Zeit von einem anderen, der sich stark genug für einen Kampf fühlt, herausgefordert werden. Das bedeutet, kein Platz ist jemals ganz sicher, und auch der Erfolgreichste muß ständig auf der Hut sein.

In diesem Muster erkennen wir die Grundlagen vieler Institutionen: Vom Militär bis zum Fußballteam haben die Männer ihre Welt nach diesem Prinzip organisiert. Doch um sich wenigstens kleine Verschnaufpausen im ständigen Kampf erlauben zu können, begannen sie, in der Wirtschaft und in der Politik festgesetzte »Laufzeiten« für Plätze einzuführen und den offenen Schlagabtausch durch den Kanal von Wahlen in berechenbare Wege zu lenken. Dennoch haben sie sich überall die Möglichkeit des offenen Kampfes freigehalten.

Deshalb müssen die Männer ständig auf der Hut sein, ob im Beruf, in der politischen Arbeit oder dem Verein. Wie sagte Al Gore, der Vizepräsident der USA? Einen Tag nach der Wahl, da beginnt der nächste Wahlkampf. Dieser Ansicht sind auch Männer, die keine Vizepräsidenten sind.

Versteht es sich bei dieser Einstellung nicht von selbst, daß Männer anders kommunizieren? Daß Männer den Wettkampf, in dem sie sich sehen, auch verbal führen? Daß sie schon als Jungen beginnen, eine verbale Kampfsprache zu entwickeln? Daß sie Teamsportarten lieben, bei denen man(n) Anführer braucht und Fußvolk, bei denen sich in jedem Spiel ein neuer Held hervortun kann? Daß sie den Wettkampf vom Spielfeld mit in das Klassenzimmer nehmen und von dort an den Studien- und Arbeitsplatz?

Daß sie auch den verbalen Schlagabtausch sportlich sehen, der die Mannschaft vorwärtsbringen kann?

Was bedeutet dies?

Wir Frauen müssen uns bewußtmachen, daß der Austausch von Argumenten wiederum Argumente und Ideen auslöst! Daß feurige verbale Attacken den Adrenalinspiegel erhöhen, die Diskutierenden dadurch auf gute Gedanken kommen und sich im Kopf neue Horizonte ergeben. Dies ist eines der Ziele der Kommunikation: Daß wir uns gegenseitig auf Ideen bringen, uns austauschen! Dabei fällt uns wirklich manches »gerade ein«! Doch verbale Schnellfeuerangriffe sind nicht nach unserem Geschmack. Wir möchten gut gerüstet in ein Gespräch hineingehen.

Der weibliche Schlachtruf:»Das hättest du doch gleich sagen können«, mag daher aus unserer Sicht ab und zu durchaus berechtigt sein, nach männlicher Denkweise ist er jedoch nicht immer gerechtfertigt. Gedanken und Argumente entwickeln sich! Doch nun verstehen wir den Unterschied: Dem einen geht es vor allem um die Wahrung seines Ranges, dem anderen um die Wahrung seiner Beziehung.

Vielleicht ist es wichtig, daß wir uns an dieser Stelle noch einen Aspekt der männlichen Selbstbehauptung ins Gedächtnis rufen: Ein Mann kämpft nur in Ausnahmefällen für sich. Wenn ein Mann sich und seinen Platz behaupten will und davon überzeugt ist, ihn behaupten zu müssen, dann *für* seine Frau, *für* seine Kinder, *für* seine Firma, *für* sein Volk.

Die verinnerlichte Überzeugung, *für* andere zu kämpfen, ist für die meisten Männer Motivation und Legitimation ihres »Kampfgebarens«.

Was erkennen wir daraus?
Wir erkennen, daß es bei der Kommunikation entscheidend darauf ankommt, wie das gehörte Wort im Geiste umgesetzt wird. Diese innerliche Umsetzung aber hängt wiederum davon ab, welche inneren Bilder ein Mensch gespeichert hat. Das bedeutet: unterschiedliches Geschlecht – unterschiedliche Bilder; unterschiedlicher kultureller Hintergrund – unterschiedliche Bilder.

Auf die Fakten achten!

Noch gelten in der Geschäftswelt die von Männern aufgestellten Regeln, noch bestimmen sie, wie Verhalten interpretiert wird, noch beherrschen ihre Bilder die Szene. Zwar wandelt sich allmählich auch die Geschäftswelt, doch wir müssen lernen, uns besonders im Beruf der unterschiedlichen Kommunikationsstile und ihrer inneren Voraussetzungen bewußt zu werden. Es ist wichtig, daß wir Frauen trainieren, die wichtigen Fakten aus einer Botschaft herauszufiltern und sachliche, vielleicht sogar scharfe Töne nicht immer gleich als persönlichen Angriff zu interpretieren!

Allerdings ist es auch falsch, Botschaften strikt nach Sach- und Gefühlsebene zu trennen, denn Emotionen sind ein Fakt! Wir Frauen wissen, daß zum Beispiel kein Vorgesetzter auf Dauer mit einem Team erfolgreich zusammenarbeiten kann, das ihn ablehnt. Diese Ablehnung ist ein Gefühl! Doch dieses Gefühl wird mit Sicherheit im Laufe der Zeit Fakten schaffen, die auch der sachlichste Chef nicht übersehen kann!

Aber Gefühle sind individuell und deshalb nicht zu normieren. Im Berufsleben müssen wir daher ein für alle mögliches Mittelfeld erreichen. Wir Frauen müssen lernen, nicht jede Botschaft sofort auf ihren Beziehungswert abzuklopfen, uns umfassend zu informieren, bevor wir unsere Gefühle mit uns durchgehen lassen. Die Männer sollten lernen, die unterschwelligen Botschaften ihrer Sachaussagen mehr zu berücksichtigen.

Kommunikationskanäle

Neben der Interpretation gibt es eine Reihe anderer wichtiger Faktoren, die darüber entscheiden, ob, wie und was wir verstehen oder andere verstehen.

Beginnen wir mit der Sender-Empfänger-Beziehung:

Als *Sender* agieren Sie auf folgenden Ebenen:

– Stimme:
  Sie übermittelt Ihre Botschaft. Wortwahl und Ausdrucksweise werden vom Verstand gesteuert und sind normalerweise bewußt gewählt.
  Doch Tonfall, Lautstärke und Volumen verraten Ihre Emotionen in zweifacher Hinsicht: Sie geben preis, was Sie von sich selbst halten, aber auch, welche Gefühle Sie Ihrem Gesprächspartner und der gesamten Situation gegenüber empfinden.

– Körpersprache :
  Sie verrät, ob Sie hinter Ihrer Aussage stehen, sich mit dem Gesagten identifizieren oder ob Sie (bewußt/unbewußt) doch eine andere Meinung haben. Die Körpersprache wird nicht vom Verstand gesteuert, sondern ist Ausdruck innerer Bewegung. Wir können natürlich lernen, unsere inneren Regungen bewußt zu unterdrücken, doch innere Regungen sind Energie. Diese Energie sucht sich immer einen Weg. Selbst wenn es uns gelingt, uns in der Gewalt zu haben, gibt es körpersprachliche Ausdrucksfor-

men – z. B. das Größer- oder Kleinerwerden der Pupillen –, die wir nicht in den Griff bekommen können. Unsere Körpersprache verrät, wie wir wirklich zu dem Gesagten stehen.

– Sprache
Unsere Sprache – Aussprache, Betonung, Dialekt – entspricht unserem fachlichen und persönlichen Niveau. Die Sprache, die wir sprechen, übermittelt Hintergrundinformationen:
Wo kommen wir her – geographisch und gesellschaftlich?
Wo waren wir? Hat unsere Sprache internationale Färbung angenommen, regionale Klangfarben hinzugewonnen, ist sie mit Fremdwörtern und anderen Wörtern fremder Sprachen durchsetzt? Internationale Profis auf diesem Gebiet hören sogar heraus, ob jemand eine berühmte Schule oder Universität, wie z. B. Eton, Oxford, Harvard oder Yale, absolviert haben könnte. Viele Berufe beeinflussen die Menschen weit in den privaten Sprachgebrauch hinein.

Als Jenny dies hört, muß sie lachen. Jetzt ist ihr klar, warum Vater und Mutter sich so oft streiten: Der Vater spricht daheim genauso wie im Betrieb. Selbst wenn die Mutter genervt einwirft, sie sei nicht seine Angestellte, fällt es dem Vater hörbar schwer, zu Hause nicht in seinen Kommandoton zu verfallen. Klar, daß Jennys Mutter darauf empfindlich reagiert, denn sie ist der Empfänger seiner Befehle!

Jeder Sender muß sich bewußt fragen: Wer hört mir zu? Wir können nicht mit allen Menschen auf die gleiche Art und Weise sprechen.
Genau wie Ihr Lieblingssender bei Radio und TV große Anstrengungen unternimmt, um ganz genau herauszufinden, wie er seine Sendungen gestalten muß, damit Sie ihm treu bleiben, genauso müssen wir versuchen herauszufinden, auf welcher Wellenlänge wir unser Gegenüber erreichen. Das erfordert natürlich, anders als bei unserem Radiosender, eine ständige Anpassung der Frequenz. Doch wenn wir Wert darauf legen, verstanden zu werden, dann müssen wir uns um unsere Empfänger bemühen! Unser Tuning muß jedoch noch weiter gehen, wir sollten versuchen herauszufinden, welches Vokabular unsere Empfänger benutzen, ja, wir sollten sogar versuchen herauszufinden, wie sie uns hören!

Als *Empfänger* nehmen wir Botschaften nämlich auf verschiedene Weisen auf: Denn wir haben nicht nur einen, sondern mehrere Empfangskanäle. Welchen Aufnahmekanal wir bevorzugen, hängt davon ab, welcher Teil unseres Gehirns und damit unseres Nervensystems am schnellsten aktiviert wird:

• *Visueller Kanal*
Sie sehen, wie sich Ihr Gegenüber darstellt, wie es sich und sein Anliegen präsentiert. Darauf springen Sie an, denn Ihr Kopf ist voller Bilder. In Sekundenbruchteilen verwerten Sie innerlich alles, was sie sehen.
Ein Blick genügt. Sie vergleichen das, was Sie sehen, mit dem, was Sie im Kopf haben. Umgekehrt funktioniert es genauso. Werden Sie gefragt, wie Sie gestern Ihren freien Tag verbracht haben, taucht blitzartig ein inneres Bild auf. Die Bilder sind oft schneller da, als Sie sie beschreiben können, deshalb gehören Sie in der Regel zu den Menschen, die schnell sprechen:
»Mensch, das sieht man doch! Da muß man doch gar nichts mehr sagen!«
Motto: Das sehe ich.

• *Kinästhetischer Kanal*
Sie müssen den Inhalt einer Botschaft spüren, be-greifen. Sie reagieren auf den Händedruck Ihres Gesprächspartners, Sie wollen die Unterlagen erst einmal selbst in die Hand nehmen, die neue Creme auf dem Handrücken verteilen, das Muster ausprobieren. Sie brauchen das »Konkrete«, das »Faßbare«.
»Mensch, bis ich das begriffen hatte! Wie mußte ich mit mir ringen, bis ich endlich das Seminar besuchte!«
Motto: Das begreife ich.

• *Auditiver Kanal:*
Worte haben für Sie einen besonderen Klang. Sie reagieren empfindlich auf Stimmen, verlieben sich am Telefon. Sie lernen und begreifen durch »Hinhören«. »Das hört sich gut an« bezieht sich bei Ihnen aber nicht nur auf den Klang der Botschaft, sondern auch auf den Inhalt. Der Fluß der Dinge ist Ihnen wichtig, der richtige Takt. Alles hat seinen Rhythmus, doch es kommt auch auf den inneren Klick an.
»Um mich tobte der Verkehr, aber ich war so verzaubert, ich hab' gar nichts gehört! Ich war völlig weg! Der Typ hat eine Stimme, wie

der uns die Kirche erklärt hat, du kannst es dir nicht vorstellen! Das hättest du hören müssen!«
Motto: Das verstehe ich.

Erfolgreiche Kommunikation nutzt die unterschiedlichen Ebenen und Kanäle, um den Gesprächspartner richtig einzuordnen und ihn auf seiner individuellen Ebene anzusprechen.
Gute Redner nutzen dieses Wissen: Sie versuchen, durch geschickte Wortwahl ihren Zuhörern ihr Thema über die verschiedenen Kanäle nahezubringen, denn wenn wir Informationen auf verschiedene Arten aufbereiten und darbringen, haben wir größere Chancen, verstanden zu werden. Ein großer Teil der Schwierigkeiten, die Kinder und Erwachsene mit dem Lernen haben, hängt mit der Art und Weise zusammen, wie der Lehrstoff vermittelt wird. Häufig verstehen wir eine Sache nur deswegen nicht, weil sie uns über einen Kanal vermittelt wird, auf dem wir nur begrenzt empfangen. Doch wir alle haben in der Schulzeit die Erfahrung gemacht, daß ein Lehrerwechsel Wunder wirken kann: Nicht der Stoff verändert, sondern die Art der Übermittlung – und schon macht es »Klick«!

Die Abteilungsleiterin Monika Merkel ärgert sich, weil die interne Post häufig falsch geleitet wird, wichtige Unterlagen sie zu spät erreichen und dadurch unnötiger Streß und Zeitdruck entstehen. Sie will mit ihrer Sekretärin ein neues Ablauf- und Verteilerkonzept entwickeln.
Gehört die Sekretärin zum auditiven Typ, wird sie sich die Vorschläge überlegen, sie mit den anderen Abteilungssekretärinnen diskutieren und hören, was die Kollegen dazu sagen.
Gehört sie zum kinästhetischen Typ, läßt sie sich die Idee von Monika Merkel genau erläutern, macht sich dazu Notizen, geht diese dann Punkt für Punkt durch und ändert so lange daran herum, bis sich das neue Konzept gut »anfühlt«.
Gehört sie zum visuellen Typ, hört sie sich die Vorschläge an, macht sich einen Plan, dann eine Skizze, danach eine Grafik und schließlich eine Folie. Nun können alle »sehen«, wie es funktioniert.

Wollen wir unsere Gesprächspartner nachhaltig erreichen, die gewünschten Assoziationen in ihnen wecken, sie dazu bringen, unserer Argumentation zu folgen und unseren Vorschlägen zuzustimmen, dann müssen wir uns bemühen, sie zu erreichen.

»Wenn dich klassische Musik anspricht, wirst du den Klassiksender einstellen. Wenn ich dir eine Freude machen will, werde ich klassische Musik spielen.« Jenny ist sehr beeindruckt davon, wie schnell der Tibeter die deutsche Sprache gelernt hat. »Und woran erkenne ich, mit welchem Typ ich es zu tun habe?«
»Du mußt beobachten, genau beobachten.«
Jenny ist verblüfft, doch er fährt fort: »Ihr habt keine Zeit. Sonst würden euch viel mehr Dinge auffallen! Das Wichtigste an der Kommunikation ist nicht das Sprechen, sondern das Zuhören. Doch nicht nur mit den Ohren, sondern auch mit den Augen! So bekommst du alle Hinweise, die du brauchst!«

Woran können Sie erkennen, welchen Kanal Ihr Gesprächspartner bevorzugt?
Beobachten Sie: Wie erklärt sie/er Situationen, mit welchen Worten gibt sie/er Informationen weiter? Stellt sie/er viele Fragen, verlangt sie/er nach Plänen, Mustern oder praktischen Beispielen? Redet sie/er von Gefühlen, Ahnungen, Regungen und Beweggründen?
Hat sie/er ständig ein Bild vor Augen, das sie/er auch Ihnen nahebringen möchte nach dem Schema: Stell dir doch nur mal vor …

Achten Sie auf die Stellung der Augen Ihres Gegenübers!
Unsere Augen sind nicht nur, wie der Volksmund sagt, der Schlüssel zur Seele, sondern auch der Wegweiser zu unserem Gehirn! Wie eng unser Gehirn und unsere Augen verkabelt sind, erfahren wir allerdings erst jetzt. Die vielschichtigen Röntgenaufnahmen, die wir heute von unserem Gehirn machen können, lassen uns jetzt Wege und Zusammenhänge erkennen, die unsere Vorfahren nur erahnt haben. Es ist eben doch kein Zufall, daß unser Gegenüber die Stirn in Falten zieht oder die Lippen zusammenpreßt, wenn ihm etwas nicht paßt! Wenn wir vor Erstaunen die Augen aufreißen oder sie zusammenkneifen, um etwas besser erkennen zu können, dann muß dieses Erkennen gar nichts mit unserer Optik zu tun haben, es kann sich auch um ein inneres Erkennen handeln! Zuerst ist es natürlich wichtig, herauszufinden, welcher Typ sind Sie selbst?
An welche Informationen erinnern Sie sich am besten?
Was geschieht vor Ihrem geistigen Auge, wenn Sie sich fragen, wie sah mein erster Schwarm aus? Oder hören Sie zuerst ein Lied? Sie

kennen die Gefühle und Erinnerungen, die eine Melodie auslösen kann!

Welcher Typ ist Ihr(e) Sekretär(in), Ihr Vorgesetzter, Ihr wichtigster Verhandlungspartner?

Doch damit nicht genug:

Wir unterscheiden uns nicht nur durch den unterschiedlichen Einsatz unserer Wahrnehmungskanäle, sondern auch, wie wir inzwischen wissen, durch die unterschiedlichen Reaktionen, die die aufgenommene Botschaft in uns auslöst. Nehmen wir ein Beispiel, dem jede Frau irgendwann in ihrem Berufsleben begegnet:

Sexuelle Auslegung von Worten und Bewegungen

Gemischte Gruppen, in denen das weibliche Geschlecht zahlenmäßig unterlegen ist, werden ab und zu von einem seltsamen Virus befallen: Einige Männer hören plötzlich ganz andere Dinge, als tatsächlich gesagt wurden. Sie interpretieren nun Stimme, Körpersprache und Kleidung nach Gesichtspunkten, die gar nichts mit der tatsächlichen Thematik zu tun haben: Alles bekommt eine erotische Färbung. Wer von diesem Virus infiziert wird, der empfängt auf diesem Kanal nicht nur besonders gut, sondern sendet auch blitzschnell auf dieser Frequenz!

Männer senden gerne auf dem Sexkanal.

Frauen, die in Branchen arbeiten, in denen Männer bis vor einigen Jahren noch unter sich waren, wie zum Beispiel der Bauindustrie, können ein Lied davon singen, hier wird der Infekt schnell zur Seuche. Doch auch Bürohengste sind gegen diesen Virus nicht immun und legen mitunter ein Vokabular an den Tag, mit dem sie sich im Bahnhofsviertel durchaus behaupten könnten.

Im Gegensatz zu diesen Maulhelden ist uns Frauen diese Sprache peinlich. Sie ruft in uns Bilder hervor, die uns nicht animieren, sondern abstoßen. Uns regt diese Ausdrucksweise nicht an, sondern auf.

Doch wieso schämen sich selbst gebildete Männer nicht, im Beruf mit einer Sexbrille herumzulaufen und sich an sprachlichen Umschreibungen ganz normaler Vorgänge zu ergötzen, die uns äußerst peinlich sind? Wie kommt es, daß ganz biedere Typen in einer Art und Weise über Mädchen und Sex reden können, von der uns Frauen ganz schlecht wird?

Wir haben schon gehört, daß Männer mehr Testosteron produzieren und daß dieses Hormon den Sex-Drive steuert. Trotzdem sind wir bestimmt überrascht, daß der Kinsey-Report jetzt postuliert, Männer dächten im Durchschnitt 206mal am Tag an Sex! Doch Testosteron beeinflußt auch das Sprachzentrum, und dies offenbar im doppelten Sinne: Wir mögen zwar sprachlich gewandter sein, doch wenn es um das Thema Sex geht, haben die Männer nicht nur das lockerere sondern auch das drastischere Mundwerk.

Männer sind Augentiere.

Besonders visuell sind Männer nicht nur anzuregen, weil sie Augentiere sind, sondern auch zum Plappern zu bringen. Leider bleibt der Gossenton, mit dem Halbwüchsige sich dem ungewohnten Thema Sexualität nähern, vielen erwachsenen Männern erhalten. In der Gegenwart von »Damen« reißen sie sich zusammen, doch sind sie unter sich, klopfen sie Sprüche, die an Deutlichkeit nichts zu wünschen übriglassen!

Normalerweise ist diese drastische Ausdrucksweise für Männerrunden reserviert. Nehmen die Herren der Schöpfung jedoch in Gegenwart einer bestimmten Frau kein Blatt mehr vor den Mund, so kann dies zwei Gründe haben: Die Frau ist bereits so in die gesamte Gruppe integriert, daß sie sie nicht mehr als etwas anderes, Besonderes ansehen, oder die Männer wollen sie bewußt kränken. Frauen ist diese Art der Sprache verhaßt, wir fühlen uns durch diesen Ton degradiert, in unserer Würde verletzt und den Witzen meistens hilflos ausgeliefert. Zwar gibt es Frauen, die den Kerlen lange genug aufs Maul geschaut haben und nicht zu zimperlich sind, um mit gleicher Münze zurückzuzahlen, doch die sind rar. Die meisten Frauen verstehen weder, wie man(n) so sprechen kann, noch würden sie sich trauen, solche Ausdrücke zu benutzen. Doch die meisten Männer reden untereinander von Jugend an mehr über Sex.

Vielleicht hängt dies mit der Art zusammen, wie männliche Sexualität geschieht: sichtbar, am Körper. Ein Junge kann beobachten, was Sex mit seinem Körper macht, es ist für ihn überhaupt kein Geheimnis. Er lernt schnell, daß es bei seinen Freunden genauso funktioniert. Daraus entwickeln sich nicht selten Rituale und regelrechte Wettbewerbe, die zwischen Jungen häufig ein festes

132

Band schmieden. Gleichzeitig gehen sie – genau wie die Mädchen – gemeinsam auf die Suche nach den ersten Opfern, an denen sie diesen Mechanismus testen können. Dabei machen sie sich durch ihre drastische Sprache gegenseitig Mut. Je mehr sie weibliche Wesen heruntermachen, um so weniger müssen sie sich schämen, wenn ihre Annäherungsversuche nicht erwidert werden! Die Ausdrücke steigern sich mit dem Druck, unter dem die Jungen stehen. Je reifer ein Junge wird, desto mehr verliert sich diese Sprache. Doch manche werden einfach nicht erwachsen! Sie behalten die pubertäre Schnoddrigkeit bei! Manch einer entwickelt sich zum regelrechten Verbalerotiker, dessen Sprache allerdings oft einer eher tristen Realität entspringt.

Andererseits ist der Gossenjargon für viele Männer ein Ventil, um Frustrationen abzubauen. Dieser Frust muß übrigens ebensowenig etwas mit Sex zu tun haben, wie die »Weiber«, über die geredet wird, etwas mit richtigen Frauen zu tun haben.

Doch was machen wir, wenn wir in einer Umgebung arbeiten, in der auf unser Sprachempfinden keine Rücksicht genommen wird?

Dreckige Sprüche gekonnt parieren

Zeigen Sie *einmal,* daß Sie mithalten können! Wenn Sie alt genug sind, den Sch … zu hören, sind Sie auch alt genug zurückzuschlagen. Verbal natürlich!

Beobachten Sie Ihre Kollegen, hören Sie zur Abwechslung mal genau hin!

Wählen Sie den Zeitpunkt exakt, denn Ihr Einwurf muß sitzen. Versuchen Sie eine Antwort oder eine Aussage zu finden, die man(n) nicht gegen Sie verwenden kann. Das Manöver macht keinen Sinn, wenn Ihnen hinterher angedichtet wird, Sie hätten es wohl doch ganz gern.

Bevor Sie zum Gegenangriff starten, versetzen Sie sich mental in einen Western, in den Salon »Zur Roten Laterne«. Oder stellen Sie sich vor, Sie wären eine Kollegin von Irma La Douce! Behalten Sie Stil, bleiben Sie ganz gelassen! Atmen Sie tief ein – und dann volle Breitseite!

Irene arbeitet in einem Bauunternehmen. Oft muß sie auf die Baustellen fahren und die Baustände notieren. Diese Baustellenbegehungen werden jedesmal zu einem Spießrutenlauf, denn die ganze Meute pfeift und johlt hinter ihr her. Als bei einer Besichtigung auch der Bauleiter in den Chor einstimmt, hat sie endgültig genug.

Abends stellt sie sich vor, wie sie am nächsten Tag zurückschlagen wird. Sie nimmt sich ganz fest vor, sich nicht noch einmal so anmachen zu lassen. Und tatsächlich: Als am nächsten Tag in der Baubude ein Mann keß bemerkt: »Mensch, guckt euch bloß mal an, wie ihre Brüste stehen«, da zischt sie schlagfertig zurück: »Wohl neidisch, was, bei mir stehen sogar zwei!« Danach ist es ganz still. Zu ihrem Erstaunen bietet der Bauleiter ihr später eine Tasse Kaffee an!

Schlagen Sie gekonnt zurück, zeigen die Kollegen meistens Respekt und hören für eine Weile mit dem dämlichen Gerede auf. Aber bitte diese Retourkutschen nicht zur Gewohnheit werden lassen, sonst wird dieser Trick zum Bumerang! Doch wenn Sie in einem so männlich dominierten Gewerbe wie dem Baugewerbe Karriere machen wollen, müssen Sie sehr schnell beweisen, daß Sie weder zimperlich noch auf den Mund gefallen sind. Gelingt Ihnen dies, werden Sie schnell feststellen, daß »Ihre« Leute versuchen werden, Sie vor Verbalattacken zu schützen und anderen aufs Maul zu schauen, wenn Sie in der Nähe sind!

Eine Frau, die beruflich vorankomen möchte, sollte die Umgebung ihrer Kollegen und Mitarbeiter auch in dieser Hinsicht beobachten: Wie wird in meiner Abteilung mit Anspielungen, zweideutigen Wörtern und doppelsinnigen Aussagen umgegangen? Welche Kleidung ruft welche Reaktionen hervor? Und schließlich: Wie wird in meiner Firma mit dem Thema Sex umgegangen?

Die Überschrift in der Frauenzeitschrift »Cosmopolitan«: »Wenn Frauen sich hochschlafen, ein Tabu gerät ins Wanken« zeigt, daß diese Karriereabkürzung durchaus nicht nur in Filmen beschritten wird. Doch ist diese Straße zu empfehlen? Die Antworten, die Sie auf diese Frage erhalten, werden sicher immer von den persönlichen Erfahrungen der Befragten geprägt sein: Entweder haben sie diese Route selbst mit Erfolg beschritten, oder sie sind dabei entgleist. Oder aber, und dies ist noch verzwickter, sie kennen jemanden, dem entweder das eine oder das andere geschehen ist!

Bevor wir uns daranmachen können, zu klären, wie wir uns am geschicktesten verhalten, lassen Sie uns eine Situation ausklammern:

die große Liebe. Denn wenn beide davon überzeugt sind, die Liebe ihres Lebens gefunden zu haben, dann brauchen wir nicht mehr zu diskutieren, dann nimmt die Geschichte ihren Lauf.

Doch wenn es nicht ganz so überwältigend ist? Wenn ein paar andere Dinge eine Rolle spielen, wie Status, Prestige, Ansehen und Macht? Fünfzehn Jahre Erfahrung im Coaching haben gezeigt: Die Frau, die im Job souverän mit Sex und seinen möglichen Folgen umgehen kann, hat es gar nicht nötig, sich darauf einzulassen. Und noch etwas: Viele Frauen sagen »ja«, weil sie nicht wissen, wie sie »nein« sagen sollen. Wir Frauen geraten leider häufig in eine emotional verzwickte Lage, das heißt, wir sind einem Flirt mit dem Vorgesetzten oder dem Chef nicht abgeneigt. So etwas macht Spaß, bringt Schwung in den Alltag und vielleicht sogar Glanz ins Leben. Doch wie weit soll dieser Flirt gehen, und was kommt danach? Wir wissen, Männer reden gern über Sex – auch über Sex mit der Kollegin. Das mag uns vielleicht ungeheuerlich vorkommen, doch Männer sehen das nicht so eng. Ihre Lust zu prahlen, ihr Imponiergehabe verleitet sie schnell zu indiskreten Bemerkungen. Sind Sie eine auffallende Erscheinung und bekommen auch andere Kollegen Stielaugen, so ist die Gefahr groß, daß Ihre Officeliebe nicht nur genießt und schweigt, sondern mit seiner Eroberung hausieren geht. Könnten Sie damit umgehen bzw. könnten Sie die daraus resultierenden Sticheleien gelassen, ja vielleicht sogar mit Humor nehmen? Dabei spielt natürlich auch die Frage eine Rolle, ob Sie selbst oder Ihr »Liebster« gebunden sind. Sind beide Singles, ist die Geschichte relativ unproblematisch. Doch diese Kombination ist nicht allzu häufig anzutreffen. Schwieriger wird die Situation, wenn auch die Partner mit im Unternehmen arbeiten oder dort gut bekannt sind. Dies wiederum kann nicht nur für die Betroffenen, sondern auch für die Kollegen zum Problem werden.

Eines ist jedenfalls sicher: Die Kommunikation zwischen Ihnen wird sich verändern, die Körpersprache und auch die Wortwahl. Wenn auch Situationen, in denen sich der Chef während einer Besprechung zu seiner Assistentin beugt und fragt: »Nun, mein Schatz, was meinst du dazu?«, die Ausnahme sein dürften, so hören Mitarbeiter mit geschulten Ohren schnell heraus, ob zwischen zwei Menschen etwas »läuft«. Genauso schnell bemerken diese Kollegen dann aber auch, wenn die Geschichte wieder vorbei ist. Sind Sie bereit, vielleicht nicht nur Herzschmerz, sondern auch Spott zu ertragen?

Doch was ist, wenn wir in Versuchung geraten, körperliche Reize einzusetzen, um beruflichen Ambitionen auf die Sprünge zu helfen? Dann sollten wir uns ganz ehrlich folgende Frage stellen: Lohnt sich der Einsatz wirklich?

Selbst Hollywood-Insider geben heute zu, daß die berüchtigte »Besetzungscouch« inzwischen ein Relikt vergangener Tage ist. Die guten Rollen werden im »boardroom« vergeben und nicht im »bedroom«, denn es geht hier ums Geschäft! Doch noch immer gibt es viele Mädchen, die dies nicht glauben wollen. Davon profitieren die kleinen Lichter der Branche, die vorgeben, sie könnten etwas für die junge Schöne tun, und mit diesem Versprechen schon einmal »Vorschuß« einfordern.

Genauso ist es im Beruf: Viele Versprechungen entpuppen sich als warme Luft, ist der Reiz der Eroberung verflogen. Darum prüfe, wer mit barer Münze zahlen will: Wenn schon, dann muß es auch strategisch der richtige Mann sein, sprich einer, der wirklich etwas für Sie tun kann. Aber auch hier gilt: Was wird er tun, wenn das Feuer erlischt?

Doch wie verhalten Sie sich, wenn Ihnen der Vorgesetzte oder vielleicht sogar der Oberboß Avancen macht? Da kann frau schon in Versuchung geraten, denn heutzutage sind die leitenden Herren häufig ausgesprochen attraktiv, und nichts ist so anziehend wie der Erfolg. Erfolg und Macht ist eine verführerische Kombination!

Trotzdem, überlegen Sie gut, denn eines steht ebenfalls fest: Je attraktiver der Typ, desto größer sein Erfolg bei den Damen, nicht nur bei Ihnen! Sie können also davon ausgehen, daß Sie weder die erste noch die einzige sind, es sei denn, es hat Sie beide der Blitz getroffen! Doch diese Situation hatten wir ja schon ausgeklammert …

Sollten Sie also nicht wissen, was tun, wie wäre es mit folgendem Vorschlag: Sie nehmen seine Einladung zu einem Drink an, schauen ihm tief in die Augen und erklären ihm, wie gern Sie auf seine Vorschläge eingehen würden, wenn, ja, wenn er nicht ausgerechnet die Position einnähme, die er nun mal einnimmt! Schmeicheln Sie ihm, sagen Sie ihm alle Nettigkeiten, die Ihnen einfallen, und dann machen Sie ihm klar, daß Sie ihn gerade wegen dieser Vorzüge nie verlieren möchten. Nicht als Chef und nicht als Kollegen, und aus diesem Grund werden Sie jetzt ganz tapfer sein und der Versuchung widerstehen!

Wenn Sie es gut machen, wenn Ihre Komplimente geschickt die

Wahrheit mit einbauen – schließlich muß er Vorzüge haben, sonst hätte er seine Position nicht erklommen –, gewinnen Sie einen Freund, der Ihnen unter Umständen Ihre ganze Karriere über erhalten bleibt. Der Trick ist, seine männliche Eitelkeit nicht zu verletzen, sondern ihm das Gefühl zu geben, bewundert und geschätzt zu werden. Gerade einflußreiche Männer hören gerne Komplimente, und wenn Sie damit nicht knausern, wird er Ihre Zurückhaltung nicht nur akzeptieren, er wird Ihnen heimlich recht geben, Sie klug nennen und sich neue Jagdgründe suchen – ohne Sie zu vergessen.

Doch nicht nur Mann und Frau sprechen in vielen Situationen verschiedene Sprachen, sondern auch die Frauen untereinander.

Nicht verstehen wollen

Dies ist eher eine weibliche Spezialität! Wir treffen sie oft dort an, wo eine junge Frau zur Chefin wird.
Diese Kommunikationsblockade ist gefährlich, denn an ihr können Sie sich die Zähne ausbeißen!

Kommunikationsblockaden nicht aussitzen!

Jutta Leonhard ist nach drei harten Jahren endlich Geschäftsführerin geworden. Sie übernimmt den Bereich eines Kollegen, der aus gesundheitlichen Gründen in einen anderen Bereich wechselt. Voller Schwung stürzt sie sich in die neue Aufgabe, doch schon bald hat sie das Gefühl, gegen eine Wand zu rennen. Ihre Mitarbeiterinnen, die sich bei ihrem ersten Besuch in der Abteilung so aufgeschlossen zeigten, sind plötzlich »zu«. Jutta bekommt keine Auskünfte mehr, ihre Anweisungen werden nicht befolgt, sie erhält auf Fragen nur unzureichende Antworten. Nach zwei Wochen hat sie das Gefühl, die Arbeit nicht in den Griff zu bekommen. Allmählich kommen die ersten irritierten Anrufe aus der Zentrale. Jutta beginnt, an sich und ihren Fähigkeiten zu zweifeln. Abends ist sie völlig ausgepumpt und fürchtet sich schon vor dem nächsten Tag.
Da bringen sie die Fragen eines Kunden auf die richtige Spur: Ob denn die Damen nicht den netten Herrn Huber vermissen? Der sei doch immer so reizend zu seiner Mannschaft gewesen!

Jutta läßt die Worte auf sich wirken, und langsam dämmert es ihr: Ihre Mitarbeiterinnen vermissen das Wechselspiel, die Wortgeplänkel, die männliche Energie!

Auch wenn Sex und Romantik keine Rolle spielen, das Wechselspiel zwischen weiblichen und männlichen Kollegen kann für das Betriebsklima durchaus anregend sein. Versteht es ein männlicher Vorgesetzter, durch geschickt eingeworfene Komplimente, kleine Aufmerksamkeiten und fröhliches Augenzwinkern seine Damen bei Laune zu halten, dann hat es eine Frau als Nachfolgerin in derselben Position oft schwer. Noch immer gibt es Frauen, die gerade wegen dieses kleinen Unterschiedes lieber für einen Mann als für eine andere Frau arbeiten. In Amerika haben Firmen inzwischen erkannt, daß die erfolgreichsten Teams »gemischt« sind.

Mitarbeiter erwarten mehr als Anweisungen!

An diesem Beispiel wird uns bewußt, daß viele Menschen von ihrem Beruf mehr erwarten, als daß er sie ernährt. Die sozialen Kontakte und der mitmenschliche Aspekt spielen für die meisten von uns eine ganz entscheidende Rolle. Hier liegt einer der Gründe dafür, daß viele Betriebsräte und Gewerkschaften den neuen Tele-Arbeitsplätzen distanziert gegenüberstehen: Diese Komponenten des Berufslebens fallen dabei nämlich weg. Für viele Menschen bedeutet dies noch mehr Isolation: Wer wenig soziale Kontakte hat, bekommt häufig nur im Beruf die notwendigen »Streicheleinheiten«.
An diesen »Streicheleinheiten« fehlte es auch Juttas Mitarbeiterinnen in unserem Beispiel. Gerade junge, ehrgeizige Menschen, die anfangen, die Karriereleiter emporzusteigen, auch privat mitten im Leben stehen, häufig noch Freunde aus Schul- und Ausbildungszeiten haben oder durch ihre Freizeitaktivitäten in Gruppen eingebunden sind, bringen oft nur wenig Verständnis für die persönlichen Bedürfnisse der Mitarbeiter auf. Doch wer den sozialen Aspekt der Arbeit übersieht, erntet häufig genau das Gegenteil von dem, was er erreichen möchte: Nicht Leistungssteigerung, sondern schleichende Verweigerung ist die Folge.
Wenn wir uns im Beruf qualifizieren, werden von uns, neben den fachlichen Kenntnissen, auch soziale Fähigkeiten gefordert. Wir müssen lernen, nicht nur Anweisungen zu geben, sondern auch

soziale Bedürfnisse zu erkennen und auf sie einzugehen. Fachlich führen zu wollen, ohne soziale Kompetenz zu zeigen, ist für uns Frauen gefährlich, denn von uns erwarten die Mitarbeiter mehr menschliches Einfühlungsvermögen als von männlichen Vorgesetzten!

Hinzu kommt, daß eine Frau als Chefin ihren Mitarbeiterinnen täglich vor Augen führt, was sie vielleicht selbst hätten erreichen können. Das schafft Neid, oder es verbittert. Beide Gefühle tragen weder zu einem produktiven Arbeits- noch zu einem positiven Betriebsklima bei.

Nach dieser kleinen »Erleuchtung« beginnt Jutta Leonhard von ihrer strikten »Nur Geschäftliches zählt«-Politik abzurücken und ihre Mitarbeiterinnen auch als Menschen wahrzunehmen.

Sie bemerkt eine neue Bluse oder eine frische Haartönung und spricht die Mitarbeiterinnen darauf an. Zuerst kommt sie sich dabei blöd vor, doch bald spürt sie einen Unterschied: Die Kolleginnen werden zugänglicher. Eines Tages gelingt es ihr, mit der ältesten Mitarbeiterin zusammen zu Tisch zu gehen. Dabei erfährt sie, daß die Damen ihr sogar versteckte Vorwürfe machen: Wäre sie nicht so ehrgeizig, wäre der Herr Huber vielleicht noch da! Alle Kolleginnen hatten nämlich gehofft, es würde sich kein geeigneter Nachfolger finden und alles beim alten bleiben!

Jutta Leonhard ist inzwischen klug genug, *nicht* zu fragen, warum denn überhaupt in einer anderen Abteilung nach einem Nachfolger gesucht werden mußte.

Statt dessen lobt sie die Mitarbeiterinnen ganz bewußt, auch für jene Dinge, die sie selbst eigentlich für selbstverständlich hält.

Als sie einige Tage später im Vorbeigehen den Satz aufschnappt: »Na, vielleicht ist die ja doch nicht so verkehrt«, weiß sie, daß sie auf dem richtigen Weg ist.

Die erfolgreiche Kommunikation

Die Lösung aller Probleme wäre eine gelungene Kommunikation. Kommunikation, die Barrieren überwinden, Brücken bauen und Verständnis schaffen kann. Erst wenn wir mit dem anderen reden können, sei es nun in der Politik, im Geschäftsleben, in der Familie oder in der Beziehung, besteht die Chance, etwas zu verändern.

Doch wir wissen bereits, daß die vielen unterschiedlichen Einflüsse aus Kultur und Erziehung unsere Kommunikation wie ein roter Faden durchziehen und zum Stolperstein werden können.

Wir brauchen uns nur die Nachrichten anzusehen, um eine heftige Dosis Unverständnis vorgesetzt zu bekommen. Die Araber verstehen die Israelis nicht, die Liberalen nicht die Arbeiterpartei, die Rechte nicht die Linke. Am Anfang steht oft ein Kommunikationsproblem, ein Mißverständnis. Am Ende stehen Streit, Ärger, Frustration, Prozesse oder gar Kriege.

Die verschiedenen Kommunikationsebenen

Kommunikation spielt sich nicht nur auf den oben beschriebenen verbalen bzw. nonverbalen Ebenen und Kanälen ab, sondern lebt von der Wechselwirkung. Eine Persönlichkeit mit individueller Motivation und speziellen Zielen trifft auf einen Gesprächspartner mit anderer Motivation und anderen Zielen. Erfolgreiche Kommunikation ist ein Austausch, bei dem die Beteiligten sich auf einen Konsens, eine Vorgehensweise oder eine Erklärung einigen können, wobei keiner der beiden das Gefühl hat, zu kurz gekommen zu sein. Merken wir schon im Privatleben, wie schwierig erfolgreicher Meinungsaustausch sein kann, so gibt es doch im Beruf vor allem einen zwingenden Grund, an der Kommunikation zu arbeiten: Jedes Geschäft lebt vom Informationsaustausch.

Informationsaustausch ist der wichtigste Aspekt der beruflichen Kommunikation, ihm folgt aber ein anderer ganz wichtiger sofort auf dem Fuße: die Schaffung und Erhaltung eines leistungsfähigen Arbeitsklimas.

Wir unterscheiden deshalb

die Sachebene

– das ist die reine Information in der Kommunikation –

und

die Gefühlsebene

– die zwischenmenschliche Beziehung, der emotionale Bereich, muß stimmen.

Eine Aussage berührt beide Ebenen.

Selbstverständlich beeinflussen sich die beiden Ebenen wiederum gegenseitig. Wenn die Gefühlsebene stimmt, eine harmonische Basis auf persönlicher Ebene besteht, kann eine Aufgabe besser erfüllt werden.

Fred, Bernd, Marianne, Ursula und Uta sind seit Jahren ein eingespieltes Team von Personalberatern. Jeder ist Profi in seinem Bereich. In wöchentlichen Besprechungen werden die Projekte durchgesprochen und gemeinsame Lösungen erarbeitet. Das funktioniert so lange gut, bis Bärbel dieser Gruppe zugeteilt wird. Sie ist schon länger in der Firma, hat sich von der Assistentin zur Beraterin hochgearbeitet. Bärbel ist ehrgeizig und – da sie kein Studium vorweisen kann – besonders darauf bedacht, keinen Fehler zu machen und sich durch viel Aktivität zu profilieren. Mit ihrer forschen Art, einem kompromißlosen Durchsetzungswillen und geringem Taktgefühl wird sie zum Störfaktor in der Gruppe. Auf einmal funktioniert die Kommunikation nicht mehr. Informationen werden zurückgehalten, Unterlagen nicht mehr so sorgfältig zusammengestellt wie bisher, die Motivation und der Teamgeist sinken. Die Gefühlsebene ist gestört; die Aufgabenebene wird davon betroffen. Die Gespräche beim Kunden sind nicht mehr so erfolgreich wie zuvor.

Was ist geschehen?
Das Verhältnis in der Gruppe ist gestört. Der Erfahrungsaustausch wird dadurch automatisch reduziert, die Qualität der Arbeit leidet. In diesem Stadium entwickeln sich zunehmend individuelle Ziele der einzelnen Teammitglieder. Fred, der Älteste, beginnt an seinem Anspruch als Senior zu arbeiten. Marianne versucht, sich durch ihr Fachwissen zu profilieren, Bernd fühlt sich ausgeschlossen und reduziert seinen Arbeitseinsatz.
In einer gestörten Kommunikation treten individuelle Ansprüche mehr hervor und wirken sich störend auf die Arbeit aus. Es ist wichtig, zu wissen, daß es gemeinsame, offensichtliche Aufgaben und Ziele gibt, aber auch die unterschwellig vorhandenen individuellen Ziele dürfen nicht außer acht gelassen werden.
Wir erkennen an diesem Beispiel, daß der Gefühlsebene gerade in Arbeitsgruppen eine ganz wichtige Aufgabe zufällt: Sie ist die Ebene, auf der das Funktionieren eines Teams sichergestellt wird. Kommunikation ist das Medium, mit dem wir den Zusammenhalt

und die Leistungsfähigkeit einer Gruppe managen. Jedes Team ist nur so gut wie seine Kommunikation!

Viele erfolgreiche Manager zählen die Kommunikation daher auch nicht mehr zu den soften Themen, denn Gefühle sind ein Faktum!

Unsere Gefühle hängen aber sehr stark mit unserer eigenen Motivation zusammen. Stimmt die Gefühlsebene in einer Gruppe, treten egoistische Ziele in den Hintergrund. Bricht die Kommunikation, wird das Gefühl des Zusammenhaltens geschwächt, treten individuelle Motivationen in den Vordergrund. So kann aus einer funktionierenden Truppe ein rivalisierender Haufen werden, in dem nur noch minimale Zusammenarbeit möglich ist.

Ellen verhandelt mit einem langjährigen Geschäftspartner, der immer große Aufträge an ihre Firma vergibt. Allerdings versucht er jedesmal, den Liefertermin vorzuziehen. Wie aus der Vergangenheit bekannt, braucht der Kunde die Ware nicht unbedingt früher, doch er genießt es, wenn er Druck ausüben kann.

Die zuständige Abteilung hat mit dem Chef beraten, ob dieser ständige Streß nicht zu vermeiden sei. Es wurde beschlossen zu versuchen, den Kunden zum Einlenken zu bewegen. Der Chef war von dieser Idee nicht begeistert, gab jedoch unter einer Bedingung nach: Der Kunde dürfe nicht verärgert werden. Das Gespräch wurde Ellen übertragen.

Ellen Fuchs erwähnt deshalb zuerst die langjährige Geschäftsbeziehung, die guten Kontakte zwischen den Firmen und die Zuverlässigkeit auf beiden Seiten – sie versucht eine positive Beziehungsebene zu schaffen. Auf der Sachebene erteilt sie dem Kunden dagegen eine klare Absage: »Leider ist es diesmal nicht möglich, den Liefertermin vorzuziehen, da die Maschinen so ausgelastet sind, daß wir keine Sonderschichten mehr fahren können. Sie wissen, wie sehr uns an der Zusammenarbeit mit Ihnen gelegen ist. Deshalb möchten wir nicht das Risiko eingehen, daß die Qualität unserer Produkte unter dem Termindruck leidet.« Zu ihrer Überraschung willigt der Kunde ein.

Auf dem Weg zu seinem Wagen trifft er jedoch Herrn Specht. »Na, Termin fixiert?«

Der Kunde schüttelt den Kopf. »Ihr könnt ja nicht so schnell, wie ich euch brauche!«

»Was?« Herr Specht verzieht entsetzt das Gesicht. »Wir können nicht? Aber hallo, natürlich können wir, ist doch gar kein Problem! Das überlassen Sie nur mir, ich mach' das schon!«

Was erkennen wir daraus?
Ellen hat die emotionale Ebene angesprochen, dem Kunden ein Kompliment gemacht. Da, wie wir schon gehört haben, erfolgreiche Männer durchaus auf positive Bemerkungen reagieren, ist er freundlicher gestimmt, und es fällt ihm schwerer, auf der sachlichen Seite auf seinen Terminforderungen zu bestehen. Ellen Fuchs gelingt es, ihre Vorstellung durchzusetzen.
Leider hat sie nicht mit Herrn Specht gerechnet, der das Unbehagen des Chefs geschickt für seine Ziele nutzt. Aber nicht im Sinne der Gemeinschaft, sondern um sich beim Kunden in ein gutes Licht zu rücken. Er hofft, daß der Kunde nun sagt: »Das sind ja alles Idioten, nur der Specht, der weiß, worum es geht!« und daß dies eines Tages dem Chef zu Ohren kommt.

Was bedeutet dies?
Wir erkennen, daß es offenbar noch zwei Ebenen gibt, auf der sich Kommunikation abspielen kann: eine offizielle und eine versteckte, inoffizielle.
Offizielle Ebene
– die Linie, die eine Firma oder Abteilung offiziell verfolgt.
Inoffizielle Ebene
– die Linie, die die Mitarbeiter oder die Abteilung heimlich verfolgen.
Die offizielle Linie bei unserem letzten Beispiel lautet: Wir lassen uns von dem Kunden nicht mehr terminlich in die Enge treiben. Der Chef hatte zwar eingewilligt, doch eine Bedingung daran geknüpft: Der Kunde darf nicht verärgert werden. Herr Specht hört, nicht ganz zu Unrecht, eine gewisse Besorgnis des Chefs heraus. Diese Besorgnis nutzt er nun geschickt für seine eigenen Ziele, denn er möchte weiterkommen. Sein lockerer Auftritt auf dem Parkplatz ist clever und gut vorgebracht: Sollte er die Kollegen nicht überzeugen können, kann er sich beim Chef immer noch damit herausreden, er habe es doch nur gut gemeint, er habe doch alles nur im Sinne des Kunden regeln wollen. Wahrscheinlicher aber ist, daß Herr Specht mit seiner Attacke durchkommt, der Chef ihm den Rücken stärkt, die Ware wieder eher fertiggestellt werden muß und er ein dickes Lob bekommt. Der Kunde freut sich, der Chef

freut sich, Herr Specht freut sich, nur die Kollegen, die sind sauer. Herr Specht hat geschickt sein ganz privates Ziel, seine inoffizielle Agenda verfolgt. Dieses Verhalten bringt uns Frauen oft in Rage, während Männer ihm einen gewissen sportlichen Reiz nicht absprechen.

Dieser Unterschied kommt nicht von ungefähr: Jungen lernen schon früh, daß Selbstbehauptung und Durchsetzungsfähigkeit kein Makel sind, sondern Eigenschaften, die bewundert werden.

Unterschiedliche Meinungen sind noch kein Konflikt!

Unter Jungen ist nicht der der Größte, der brav in der Ecke sitzt, sondern der, der den Ton angibt. Jungen lernen allerdings auch, die Führung des anderen anzuerkennen und zu akzeptieren. Nur mit diesem »Unterbau« sind die betrieblichen Strukturen, so wie wir sie kennen, überhaupt möglich. Das bedeutet, daß sich Männer verbal duellieren und hinterher ein Bier trinken gehen können, während Frauen in einem solchen Fall mit ihrer Gegnerin kein Wort mehr sprechen wollen.

Dieses Verhalten ist einer unserer großen Schwachpunkte im Beruf: Meinungsverschiedenheiten hart auszufechten und dennoch auf guter emotionaler Basis zu bleiben fällt uns Frauen schwer. Wir können uns nicht davon freimachen, daß harte Verhandlungen, das Ringen um die beste Lösung und das Abschmettern von Vorschlägen nichts mit unserer eigenen Persönlichkeit zu tun haben sollen. Männer sehen diesen verbalen Schlagabtausch sportlich, wie ein Match auf dem Tennis- oder Golfplatz.

Sie lieben diese rhetorischen Kämpfe, dieses verbale Ringen und spielen es mit ganzem Einsatz. Ein bezeichnendes Bild bieten immer wieder gegnerische Anwälte, die nach der Verhandlung, in der sie sich gegenseitig nichts geschenkt haben, gemeinsam zum Mittagessen gehen. Im Berufsleben müssen wir Frauen unsere Kommunikation verbessern. Wir müssen aber auch an unserem Selbstbewußtsein arbeiten, lernen, unseren Glauben an uns selbst nicht von jedem abgeschmetterten Argument beeinträchtigen zu lassen. Diese Aufforderung bedeutet nicht, sich nun verbal rücksichtslos behaupten zu wollen. Im Gegenteil. Je selbstbewußter wir sind, desto gelassener können wir reagieren! Außerdem können wir einen unschätzbaren Beitrag zur erfolgreichen Kommunikation leisten, wenn es uns gelingt, unsere Sensibilität geschickt einzusetzen und unsere emotionalen Fähigkeiten in Verbindung mit unseren logischen Argumenten einzubringen.

Was ist wichtig für uns?
Eine positive Basis zu schaffen ist für jedes berufliche Gespräch eine unabdingbare Voraussetzung. Denn soll ein Unternehmen, ein Team Erfolg haben, muß vor allem die innerbetriebliche Kommunikation stimmen. Mangelt es am Informationsaustausch, fehlt die täglich erforderliche Abstimmung auf der emotionalen Basis, dann arbeiten wir nicht mit-, sondern gegeneinander. Ist die Kommunikation gestört, erhöht sich der Arbeitsaufwand, doch die reale Leistung sinkt. Innerbetriebliche Konflikte können mehr Energie kosten als die Tätigkeit an sich und sind für alle Beteiligten teuer. Innerbetriebliche Konflikte verursachen Streß und Fehler und ziehen Unstimmigkeiten mit der Umwelt nach sich.
Sie sehen, Kommunikation ist weit mehr als nur der Gedankenaustausch, die Weitergabe einer Information, das Übermitteln und Empfangen einer Botschaft. Kommunikation spielt sich auf vielen Ebenen gleichzeitig ab. Erfolgreiche Kommunikation ist die größte Herausforderung.
Eine Verbesserung der Kommunikation beginnt mit dem Wissen um die einzelnen Faktoren, einer klaren Selbsteinschätzung und der Arbeit an möglichen Schwachpunkten. Hören Sie genau zu, wie ihr Umfeld kommuniziert. Lernen Sie die Kommunikationswege in Ihrem Unternehmen kennen, nutzen Sie die Schwachstellen, entwickeln Sie Ihre eigenen Strategien, und setzen Sie sie mit Erfolg ein.

Die heimlichen Spiele

In der Firma Gebr. Stumpf arbeiten drei Generationen. Frau Schwarz, die Prokuristin, ist seit zwanzig Jahren im Betrieb. Sie hat weder mit den älteren Brüdern Stumpf noch mit dem Junior Schwierigkeiten. Ganz anders ergeht es Frau Silbernagel, der neuen Chefsekretärin: Wenn sie mit einem Stumpf Krach hat, dann wenig später mit allen. »Gucken Sie doch hin«, rät ihr Frau Schwarz, »das sieht man doch.« Doch Frau Silbernagel sieht nicht. Ihr sind bestimmte Anzeichen einfach noch nicht vertraut:

Robert Stumpf knallt die Tür hinter sich zu, Günther Stumpf macht sie demonstrativ wieder auf. Michael Stumpf pfeift demonstrativ. Robert Stumpf brüllt: »Ruhe!«

»Muß hier denn immer Krach gemacht werden!« Günther Stumpf schließt die Tür wieder.

Betont fröhlich erscheint da Frau Silbernagel: »Noch ein paar Unterschriften, meine Herren«, und bekommt von jedem nur ein genervtes »Doch nicht jetzt!« zu hören.

Und dann murmelt Frau Schwarz mal wieder: »Das hätte ich Ihnen gleich sagen können!«

Gute Beobachtung – gutes Timing.

Diese Spiele werden überall gespielt.

Warum? Weil wir Menschen komplexe Wesen sind. Wir werden von unseren Trieben geleitet, von unserem Verstand, von unseren Wünschen, von Angst und Motivation. Es ist irrig, zu glauben, daß wir diese inneren Gegebenheiten beim Portier abgeben, wenn wir die Firma betreten. Im Gegenteil, so mancher miese Zug wird erst im Unternehmen richtig lebendig! Schon Sigmund Freud, der Begründer der Psychoanalyse (1856–1939) fand heraus, daß wir nicht Herr im eigenen Haus sind, sondern daß uns unsere inneren Instanzen ganz schön drängen können. Auch die Psychiater Thomas A. Harris und Eric Berne, die »Erfinder« der Transaktionsanalyse, kamen zu ähnlichen Schlüssen, gingen jedoch einen Schritt weiter: Während Freud seine Aufmerksamkeit besonders darauf richtete, wie diese unterschiedlichen Instanzen in uns untereinander kommunizieren, so konzentrierten sich die Amerikaner mehr darauf, was diese Instanzen von Mensch zu Mensch miteinander treiben:

Frau Putz kann ihren neuen Geschäftspartner noch nicht richtig einschätzen. Deshalb zögert sie, seine Einladung zum Abendessen anzunehmen. Doch schließlich gibt sie nach, er hat sie mit seinem jungenhaften Charme überredet. Der Abend wird heiter und fröhlich, und Frau Putz ist von dem strahlenden unschuldigen Blick ihres Gegenübers begeistert. Mit leuchtenden Augen lauscht sie seinen Visionen, hört begeistert seine Schilderungen über die geplante Größe seines Unternehmens, und noch vor dem Dessert haben sie die geschäftlichen Belange auf lockere Weise geregelt.

146

Als sie am nächsten Morgen ihrer Sekretärin die vereinbarten Punkte diktiert, stöhnt diese leise auf. »Da haben Sie sich aber schön über den Tisch ziehen lassen! Ist Ihnen denn nicht aufgefallen, daß wir die ganzen Vorleistungen erbringen müssen?«

Nein, es ist Frau Putz nicht aufgefallen. Ihr Gesprächspartner hat es geschickt verstanden, sie nicht nur total von der rationalen Ebene auf die emotionale Schiene zu lotsen, sondern ihren sonst gefürchteten Verstand einzulullen. Wir liegen sicher nicht ganz falsch, wenn wir uns vorstellen, daß bei diesem Geschäftsessen zwei große Kinder am Tisch saßen, die sich gegenseitig begeistert anfeuerten und sich dabei hingerissen Köstlichkeiten in den Mund stopften!

Die innere Kommunikation

Sigmund Freud teilte unsere inneren Instanzen in drei Einheiten:

1. Das ES: Das ES bildet die Grundlage, ist bei jedem Menschen der Speicher, der die Programme, die die Natur in uns angelegt hat und die das Überleben der Art sichern sollen, beherbergt. Diese Programme wollen sich verwirklichen, unabhängig davon, ob das nun gerade angebracht ist oder nicht.

2. Das ÜBER-ICH: Da ein Mensch, der es nicht gelernt hat, mit den arterhaltenden Programmen auf gesellschaftsfähige Weise umzugehen, nicht in der Gemeinschaft leben kann, werden wir erzogen. Von Kirche, Staat und Eltern. In dem, was Sigmund Freud das ÜBER-ICH nannte, sind alle Gebote, Verbote, Normen, Moralvorstellungen, die von der Umwelt an uns weitergegeben werden, vereint. Das ÜBER-ICH entwickelt sich durch Religion, Kultur, Umwelt und Familie. Es ist wichtig für uns, das im Auge zu behalten, denn im interkulturellen Austausch kommunizieren wir mit Menschen, die ganz andere Wertvorstellungen und Ansichten haben können. Nehmen Sie nur die unterschiedlichen Ansprüche, die die Religionen stellen: Während wir das Christentum zwar als moralische Instanz verstehen, ihm im Alltagsleben aber mehr die geistige und metaphysische Ebene zuordnen, ist der Islam für einige Kreise nicht nur Religion im geistigen Sinn, sondern ganz klare praktische Lebens- und Handlungsanweisung. Auch die orthodo-

xen Juden nehmen die Bibel wörtlich! Diese Unterschiede vergessen wir oft, doch das ÜBER-ICH pocht auf seine vermeintlichen Ansprüche.

3. Das ICH: Das ICH ist das Ergebnis aus den Forderungen des ES und den Forderungen des ÜBER-ICH. Das ICH entscheidet, welche Bedürfnisse zu welchem Zeitpunkt und in welcher Situation zugelassen werden.

Das ICH sind wir, der bewußte Mensch. Das ICH wägt ab, vermittelt zwischen den ungebremsten Ansprüchen des ES und den strengen Vorschriften des ÜBER-ICH. Das ICH ist der Diplomat, es beschwichtigt, es vertröstet, es vertagt. Ist aber unser ICH nicht stark genug entwickelt, treiben nicht nur die beiden anderen Instanzen mit uns ihr Spiel, sondern auch unsere Gesprächspartner!

Die Amerikaner Harris und Berne untersuchten die einzelnen Instanzen und erarbeiteten eine noch differenziertere Einteilung. Und sie machten eine erstaunliche Entdeckung: Die einzelnen Instanzen in uns kommunizieren mit den Instanzen unserer Mitmenschen!

Frau Mehltau hat sich lange überlegt, wie sie ihren Bankdirektor wegen der Erhöhung des Dispos ansprechen soll. Sie braucht unbedingt noch 4000,– DM, um die günstige Maschine kaufen zu können, bevor ein anderer von dem Schnäppchen erfährt. Da kommt ihr eine Idee: Sie packt alle Unterlagen zusammen und fährt unangemeldet zur Bank. Mit forschem Schritt geht sie die Treppe hinauf, bleibt vor dem Schreibtisch der Sekretärin stehen und sagt freundlich, aber bestimmt: »Ich weiß, daß ich keinen Termin habe, doch wenn Herr Krause zwei Minuten Zeit hätte, wäre das genau das, was ich brauche.« Die Sekretärin verschwindet und kommt mit Herrn Krause im Schlepptau zurück. »Frau Mehltau.« Herr Krause hat sich noch nicht einmal sein Jackett angezogen, so überrascht ist er. Jetzt ergreift Frau Mehltau ihre Chance. »Herr Krause, wir brauchen nur fünf Minuten. Sehen Sie sich das bitte mal an.« Geschickt breitet sie schnell die Unterlagen aus. Direktor Krause studiert das Angebot.
»Das kann man sich ja fast nicht entgehen lassen.«
»Stimmt«, entgegnet Frau Mehltau, »die Sache hat nur einen Haken, ich muß mich sofort entscheiden.«

Direktor Krause wirft seinen Computer an: »Na, sehen wir doch mal, ob da nicht noch irgendwo Luft ist. Die Zahlen vom laufenden Monat haben Sie nicht zufällig dabei?«
Frau Mehltau hat – und plötzlich wird ihr bewußt, daß sie zum erstenmal nicht als Bittstellerin mit Herrn Krause spricht.

An diesem Beispiel wird deutlich, was gemeint ist: Der Bankdirektor Krause war für Frau Mehltau bis dato eine Respektsperson.
Einer Respektsperson gegenüber verhalten wir uns aber anders, als wenn wir unser Gegenüber als gleichwertig – und *uns* damit als gleichberechtigt – ansehen.

Welche Instanz reagiert in mir?

In dem Augenblick, in dem Frau Mehltau sich innerlich von der Rolle der Bittstellerin löste und ihre Forderung selbstbewußt präsentierte, reagierte auch Herr Krause dementsprechend: Er überlegt nicht, ob er Frau Mehltau wohl noch ein paar Mark seines kostbaren Bankgeldes anvertrauen darf, sondern unterstützt plötzlich ihre Tatkraft, sieht wie sie die günstige Gelegenheit, die seinem kaufmännischen Denken gut entspricht!
Welche Schlußfolgerung ziehen wir daraus?
Unser Auftreten, unsere Selbstpräsentation löst in unserem Gegenüber eine Reaktion aus. Diese Reaktion beeinflußt bereits, *wie* unser Gegenüber unsere Botschaft aufnimmt, welche innere Instanz sich bei ihm angesprochen fühlt. Aus dieser inneren Instanz heraus antwortet es uns.
Natürlich ist die Ich-Instanz, die erwachsene, gewachsene Persönlichkeit in uns, der geeignetste Gesprächspartner.
Dr. Eric Berne fand eine gute Formel, um diese Ebene zu erreichen:

Ich bin o.k. – du bist o.k.

Diese Formel hat für uns Frauen eine besondere Bedeutung: Wir neigen nämlich dazu, andere Menschen besser zu beurteilen als uns selbst. Daran, daß unser Gegenüber o.k. ist, zweifeln wir nicht, doch für uns dasselbe gelten zu lassen, damit tun wir uns schwer!

Unser Selbstbewußtsein steht auf etwas wackeligen Beinen, und eine scharfe verbale Attacke haut uns um. Auch wenn wir wollen, wir sind eher geneigt, uns zu bescheiden und andere in den Vordergrund zu stellen, auch bei unserer Kommunikation. Selbst wenn wir wollen, fällt es uns oft sehr schwer, uns zu behaupten. Wir stellen immer wieder fest, daß andere Menschen offenbar über mehr innere Kraft verfügen als wir!

Wir sind eins und doch zwei?

Wie oft haben Sie sich schon vorgenommen, etwas nie mehr zu tun?

Zum Beispiel nicht soviel zu essen? Den Kollegen nicht zu zeigen, wenn Sie sich ärgern, die saure Miene des Chefs nicht so wichtig zu nehmen oder sich von keinem Kunden mehr provozieren zu lassen?

Doch kaum haben Sie zwei Tage durchgehalten, da schielen Sie bereits verstohlen im Supermarkt nach den Süßigkeiten – ich will ja nur mal sehen, was das hier kostet –, beantworten wieder prompt die versteckten Sticheleien im Büro mit einem pikierten: »Na, Sie müssen es ja wissen« und grübeln wie auf Kommando darüber nach, was Sie nun wieder falsch gemacht haben, als der Chef, sichtlich verärgert, Ihr Zimmer betritt. Als dann noch ein Kunde zum fünftenmal behauptet, den Vertrag nicht erhalten zu haben und ihn deshalb auch nicht unterschrieben zurückschicken zu können, ist es fast mit Ihrer Beherrschung vorbei. Nur mühsam unterdrücken Sie ein gequetschtes »Hören Sie mal« und schleudern dem Kunden einen neuen, allerletzten Termin hin. Doch der Tag ist gelaufen.

Warum?
Unsere Vorsätze sind eine bewußte Angelegenheit. Wir fassen sie, weil wir erkannt haben, daß uns ein bestimmtes Verhalten nicht weiterbringt … zu viel zu essen … schnippische Antworten zu geben … alles auf uns zu beziehen … die Beherrschung zu verlieren … Deshalb fassen wir den bewußten Vorsatz, in Zukunft anders zu reagieren. Unser rationaler Verstand ist voll dabei, wir sind fest entschlossen, diesen Vorsatz umzusetzen.

Doch wir haben etwas übersehen: Wir haben uns nicht gefragt, warum wir uns so verhalten, wo diese Reaktionen herkommen und warum sie so schwer zu verändern sind. Wir haben versäumt, nach den Gründen für unser Fehlverhalten zu suchen. Das ist etwa so, als wenn jemand über den Dimmer das Licht absenkt und dann glaubt, die Birne hätte nur noch 20 Watt. Kaum drückt jemand einige Male auf den Dimmer, ist es wieder strahlend hell.

Die Antwort auf die Frage »Warum habe ich so gehandelt« zu finden, ist also genauso wichtig wie der Vorsatz: »Jetzt handle ich anders!«

Um uns dauerhaft zu verändern, müssen wir nämlich in den geheimen Speicher in uns hinabsteigen. Dort, wo all unsere Gefühle, all unsere Gedanken und all unsere Erinnerungen wie in einem riesigen Archiv aufbewahrt werden: in unser Unterbewußtsein. Dort finden wir für jedes Verhalten einen Auslöser, einen Grund, einen Impuls. Auch dann, wenn unser bewußter Speicher, unser Gehirn, sich zuerst nicht daran erinnern kann. Es gibt in unserem Verhalten nichts Zufälliges. Selbst wenn wir – beim besten Willen – nicht wissen, warum wir etwas tun. Es gibt einen Auslöser, wir haben nur nicht tief genug in den Speicher geschaut.

Wir können uns nun natürlich die berechtigte Frage stellen: *Warum haben wir so einen Speicher?*

Die Antwort ist ganz einfach: Um uns den Kopf freizuhalten! Stellen Sie sich vor, alles, was Sie *automatisch* machen, müßten Sie bewußt tun. Zum Beispiel noch genauso Auto fahren wie damals in der Fahrschule. Würden Sie so viel fahren, wie Sie fahren? Wahrscheinlich nicht, es wäre zu anstrengend, denn Sie müßten bei jeder Handlung *überlegen*. Unser innerer Speicher nimmt uns nun nach einer Weile – wenn wir genug Auto fahren gespeichert haben – diese Grundüberlegungen ab. Wir können uns voll auf den Verkehr konzentrieren und verschwenden keine Gedanken mehr daran, wie man kuppelt oder die Handbremse anzieht. Diese Überlegungen nimmt uns jetzt unser Speicher ab und stützt sich dabei auf die in ihm gespeicherten Autofahrten. Verstehen Sie jetzt, warum Profis meinen, daß man/frau erst nach 100 000 zurückgelegten Kilometern richtig fahren kann?

Das Unterbewußtsein nimmt uns also viel Arbeit ab. Stellen wir uns nur unseren komplexen Alltag ohne diesen Helfer vor: Wir könnten nur einen Bruchteil dessen erledigen, was wir täglich tun

– wären ständig mit denselben Vorgängen beschäftigt und könnten uns nicht auf neue Dinge konzentrieren.

Die Natur, in ihrer weisen Vorausschau, hat uns mit diesem Speicher ausgestattet, denn sie hat wohl geahnt, daß wir nicht lange überleben würden, wenn wir bei Gefahren stets neu überlegen, sprich nachdenken müßten.

Selbst bei den sogenannten verstandesorientierten Kopfmenschen spielt der Verstand beim Verhalten leider oft eine unwesentliche, untergeordnete Rolle. Entscheidend ist das Unterbewußtsein, denn die dort angesiedelten Gefühle und Erfahrungen haben mehr Auswirkungen auf das Verhalten, als man/frau sich im allgemeinen vorstellt.

Jetzt wird uns klar, warum wir in entscheidenden Momenten so gern auf Menschen zurückgreifen, die nicht nur sofort wissen, was zu tun ist, sondern es auch ohne nachzudenken ausführen können: Notärzte, Piloten, Polizisten, Hebammen. In kritischen Situationen wünschen wir uns jemanden, der nicht lange überlegen muß, sondern einfach – intuitiv – das Richtige tut. Über diese gespeicherten Handlungsabläufe freuen wir uns, weil sie nach unserer Vorstellung die *richtige* Art zu handeln repräsentieren. Doch haben wir alle leider auch Muster gespeichert, die uns das Zusammenleben und -arbeiten schwermachen.

Irene ist die Jüngste von drei Geschwistern, der Altersunterschied zu ihrer ältesten Schwester beträgt fast 15 Jahre. Wenn Irene an ihre Kindheit denkt, fällt ihr nur ein Wort ein: »Schön!« Ihre Schwestern räumten ihr alles aus dem Weg, was sie hätte ärgern können, sie durfte fast alles und mußte kaum etwas dafür tun. Die Eltern waren mit der Zeit nachsichtig geworden, zuversichtlich und verständnisvoll. Warum sollten sie sich noch aufregen? Schließlich war aus den zwei Älteren ja etwas geworden, auch ihre Jüngste würde ihren »Mann stehen«, wenn es darauf ankommen sollte. Doch schon vor dem Abitur zeigte sich, daß Irene nur in jenen Fächern gute Leistungen brachte, in denen sie sich nicht anstrengen mußte. Dieses Muster setzte sich beim Germanistikstudium fort, und so brach Irene nach drei Semestern ab und suchte sich eine Stelle bei einer Zeitung. Zuerst waren alle von ihrer lockeren, zuversichtlichen Art begeistert, doch nachdem ständig jemand abkommandiert werden mußte, um ihre Beiträge fristgerecht zu beenden, platzte einem Kollegen bei der Redaktionskonferenz der Kragen. »Warum kannst du denn nicht endlich mal deine Arbeit allein machen, du bist doch kein kleines Kind!« Irene fing an zu weinen, doch dies machte die Situation nur noch schlimmer.

»Hat man dir denn zu Hause immer alles nachgeräumt? Übernimm doch endlich mal die Verantwortung für deine Termine!« Der Kollege hatte, ohne es zu wissen, den Nagel auf den Kopf getroffen. Irene hatte es in der Kindheit nicht gelernt, verantwortlich zu sein. Stets hatte sich jemand gefunden, der ihr die Kastanien aus dem Feuer holte. So war in ihrem Unterbewußtsein das Programm entstanden: Es wird schon werden, einer wird schon dafür sorgen, daß alles klappt.

Was ist geschehen?

Wir sehen, wie sich aus kindlichen Erfahrungen ein ganzes Programm entwickelt hat. Diese »Programmentwicklung« entsteht durch die Verknüpfung von Handlung und Gefühlen. Wir tun etwas, die Umwelt reagiert, und diese Reaktion wiederum löst in uns ein Gefühl aus. Die Frage, was zuerst kommt – das Gefühl oder die Handlung – wird so kontrovers geführt wie die Frage, was war zuerst da, die Henne oder das Ei. Doch wir erinnern uns: Die meisten unserer Programme werden zu einer Zeit geschrieben, in der unser Verstand noch gar nicht beurteilen kann, ob Gefühl, Aktion und Reaktion angemessen bzw. richtig sind. Wir fühlen, bevor wir denken können. Wenn wir uns nun die Basis unserer inneren Muster wie ein Netz aus Gefühlen vorstellen, kommen wir unserer inneren Realität schon sehr nahe: Von jedem Knoten aus ist das ganze Muster zu aktivieren. Unsere inneren Verknüpfungen reagieren auf alles, was in unserer Umgebung geschieht, und auf alles, was wir über unsere Sinne wahrnehmen.

Was bedeutet dies?

Jetzt wird uns deutlich, warum die Mimik, die Gestik, die Stimme und die Wortwahl unseres Gesprächspartners unter Umständen in uns Reaktionen auslösen, die in keinem Verhältnis zum Sachinhalt stehen.

Als die Mutter Jenny erzählt, daß Patrizia trotz des hübschen Fotos noch immer keine positive Antwort auf ihre Bewerbungen erhalten habe, fühlt sich Jenny plötzlich schlecht. Sie versucht dieses Gefühl abzuwehren. »Kann ich doch nichts dafür«, antwortet sie genervt, doch dann wird sie zornig. In ihr rumort es, und dieses Gefühl ist ihr sehr vertraut. Sie hätte sich doch mehr Mühe geben müssen, es ist wieder ihre Schuld. Sie macht ja immer alles falsch. »Ist doch mir egal«, Jenny verzieht das Gesicht.

»Jetzt sei doch nicht gleich wieder beleidigt«, Jennys Mimik löst natürlich auch bei der Mutter eine vertraute Reaktion aus, »dir kann man ja wohl gar nichts mehr sagen!«

Der junge Tibeter versucht zu vermitteln, doch Mutter und Tochter sind nicht so schnell bereit, seinen versöhnlichen Worten zu folgen.

»Deine Mutter hat nur gesagt, Patrizia habe noch keine positive Nachricht bekommen. Doch du hast etwas ganz anderes herausgehört!«

Was erkennen wir daraus?

Was wir aus einer Botschaft heraushören, hängt nicht nur von unseren Wahrnehmungskanälen ab, sondern auch von unseren inneren Programmen. Läuft bei uns die Dauersendung »Ich mache immer alles falsch!« kann bereits ein kleiner Verbesserungsvorschlag, freundlich gesagt und unterstützend gemeint, uns jeden Mut nehmen. Jeder von uns hat ein ganzes Arsenal von Reaktionsabläufen gespeichert, und ihnen auf die Spur zu kommen ist nicht ganz einfach. Oft erkennt ein Außenstehender schneller als wir selbst, welches Programm in uns abläuft.

»Fühlst du dich schuldig an Patrizias Mißerfolg?« Der Tibeter gibt nicht so schnell auf.

»Natürlich. Hat meine Mutter doch gesagt, oder nicht? Ich bin immer schuld, wenn etwas schiefgeht, ist doch nichts Neues! War doch schon immer so!« Diese Überzeugung ist so tief in Jennys Innerem verankert, daß sie schon ein *Glaubenssatz* ist.

Glaubenssätze

Solange in unserem Leben alles so verläuft, wie wir es uns wünschen, machen wir uns keine Gedanken: weder um unsere inneren Muster noch um unsere Grundüberzeugungen, unsere Glaubenssätze. Doch in dem Augenblick, in dem uns bewußt wird, daß wir selbst uns mit unserem eigenen Verhalten ein Bein stellen, sollten wir nach ihnen forschen.

Unsere Glaubenssätze wirken wie ständige innere Suggestionen. Glauben wir zum Beispiel, daß das Leben ungerecht ist, dann werden wir nach allem Ausschau halten, was diese innere Überzeugung bestätigt. Schließlich sehen wir überall nur noch Ungerechtigkeiten, und auch unser eigenes Verhalten wird sich dementsprechend ändern.

Die inneren Überzeugungen aufspüren.

»Du bist also tatsächlich davon überzeugt, daß du immer schuld daran bist, wenn etwas nicht klappt?« Der Tibeter bohrt weiter. »Nein«, jetzt ist Jenny in Kampfstimmung, »wenn du es genau wissen willst, es ist noch schlimmer. Ich bin der Auslöser dafür, daß etwas schiefgeht. Ich habe immer irgend etwas getan, was zu der Katastrophe geführt hat. Was ich getan habe, weiß ich nicht, aber ich habe es getan. Ich kann einfach nichts richtig machen«.

»Und daran glaubst du tatsächlich?«

»Daran muß ich nicht glauben, das ist einfach so. Ich weiß es einfach.« Jetzt wird Jenny traurig. »Ich kann machen, was ich will, ich mache nichts richtig. Trotzdem, was ist denn ein Glaubenssatz?«

Der Tibeter überlegt einen Augenblick, doch dann fällt ihm ein Beispiel ein. »Kennst du Regina?« Regina ist die Assistentin von Jennys Vater.

»Wie sieht Regina aus?«

»Spindeldürr. Früher wollte ich auch immer so schlank sein.«

»Hast du Regina mal gefragt, wie sie selbst ihr Aussehen findet? Sie wird dir sagen, sie sei noch immer zu dick!«

Die Selbstwahrnehmung überprüfen.

Es gibt viele Frauen, die glauben, sie seien noch immer zu dick, obwohl sie sehr schlank sind. Sie *glauben,* sie seien fett, und diese innere Überzeugung hat sich in ihnen so verfestigt, daß sie sich dieser Überzeugung entsprechend *sehen.* Der Glaubenssatz: »Ich bin dick« hat bereits ihre Selbstwahrnehmung verändert. Sie sehen, was sie glauben, und nicht, was tatsächlich *ist.* Ihre Gefühle und ihre Gedanken haben Einfluß darauf, wie sie die Dinge wahrnehmen.

Sagen wir einer Frau, die unter dieser Wahrnehmungsstörung leidet, sie sei doch sehr schlank, wird sie uns entsetzt auf ihren Bauch oder auf ausladende Hüften aufmerksam machen. Doch wir können diese Polster nicht sehen, denn für uns, mit unseren Augen gesehen, sind sie absolut nicht da. Wir können sie nicht sehen, weil sie in Wahrheit nicht existieren. Für jene Frauen aber sind sie Realität. Sie tragen eine Brille, und wenn sie sich durch diese Brille betrachten, dann sind sie dick.

In gewisser Weise tragen wir alle eine Brille. Diese Brille bestimmt, wie wir die Welt, die Menschen und das Leben sehen: Der eine glaubt, das Leben bestehe aus Mühe und Arbeit, und nur wer sich dieser Auffassung unterwerfe, führe ein anständiges Leben. Diese Lebensauffassung schreiben wir im allgemeinen den Preußen zu, und eine sogenannte preußische Natur wird fleißig und strebsam sein. Glaubt dieser strebsame, pflichtbewußte Mensch nun auch noch, er müsse sich alle weltlichen Genüsse versagen, dann wird er allmählich zu einem Zeitgenossen, an dem die Freuden des Lebens ungenutzt vorüberziehen. Ein anderer hingegen, der glaubt, das Leben sei dazu da, gelebt zu werden, wird immer einen Anlaß finden, der gefeiert werden muß. Wer wird sich noch darüber wundern, wenn die preußische Natur ihre Pflichten nicht nur wahrnimmt, sondern nach einer Weile auch dort welche sieht, wo unser lebenslustiger Freund beim besten Willen keine erkennen kann? Die Brille, die die beiden tragen, bestimmt, welchen Teil des Lebens sie bevorzugt sehen! Wenn sich die beiden gut leiden können, wird der eine den anderen für fleißig und rechtschaffen, der andere den einen für einen Lebenskünstler halten. Wenn sie sich nicht mögen, wird der eine den anderen einen unsympathischen Streber nennen und der andere den einen für einen Nichtsnutz halten.

Unsere Glaubenssätze bestimmen, wie wir die Welt sehen und einordnen!

Die Glaubenssätze überprüfen!

»Nimm Frau Bertram, die arbeitet von morgens bis abends ununterbrochen! Du traust dich gar nicht, sie anzusprechen, aus Angst, du könntest sie stören.« Der Tibeter versucht Jenny noch ein Beispiel zu geben. »Aber das weißt du besser als ich. Wie lange ist sie schon stellvertretende Abteilungsleiterin?«

»Fünf Jahre.«

»Fünf Jahre auf einem Platz? Bei dem Arbeitsaufwand?« Jetzt ist der Tibeter überrascht.

»Sie weiß, daß sie nicht mehr erreichen kann«, erklärt Jenny, »Vater gibt ihr die Abteilung nie. Davon ist sie überzeugt. Das ist übrigens die Mutter von Patrizia.«

»Na und? Ach so, jetzt versteh' ich einiges. Trotzdem, wenn sie davon überzeugt ist, daß sie nicht mehr werden kann, dann wird sie es auch nicht! Was sagt denn dein Vater dazu?«

»Der meint, die Bertram sei eine gute Mitarbeiterin, zuverlässig, fleißig, und nach der Scheidung unermüdlich im Einsatz, aber mehr sei nicht drin, irgend etwas fehle ihr.« Plötzlich stutzt Jenny. »Nach deiner Theorie kommt sie also nicht weiter, weil sie selbst *glaubt,* daß sie nicht weiterkommt?«

Glauben Sie, daß Erfolg möglich ist?

Unsere Glaubenssätze beeinflussen unser gesamtes Verhalten. Sind wir zum Beispiel davon überzeugt, daß Frauen in unserem Unternehmen keine großen Chancen haben, dann werden wir unsere Arbeit mit einer anderen inneren Einstellung angehen, als wenn wir davon überzeugt sind, daß wir es im Betrieb so weit bringen können, wie es unsere Fähigkeiten ermöglichen.

Gehen wir noch weiter zurück: Sind wir in dem Glauben aufgewachsen, daß Frauen nicht das erreichen können, was ein Mann erreichen kann, dann wird uns dieser Glaubenssatz beeinflussen, wenn wir unsere Karriere starten, auch wenn uns dies nicht bewußt ist. Sind wir hingegen von dem Glauben durchdrungen, daß es nur auf das Können ankommt und nicht auf das biologische Geschlecht, werden wir uns von Anfang an anders präsentieren. Gleichzeitig werden wir unsere Umgebung anders wahrnehmen und dadurch Chancen und Möglichkeiten entdecken, die andere Frauen nicht erkennen. Außerdem gehen wir natürlich ganz anders an Herausforderungen heran, denn gerade in schwierigen Situationen kommt es auf die innere Einstellung an. Sind wir überzeugt, am Ende mit allen Widrigkeiten fertig zu werden, können wir positive Kräfte mobilisieren; denken wir von vornherein, die Sache geht schief, schwächen wir bereits mit diesen Gedanken nicht nur unsere innere Kraft, sondern unseren ganzen Körper!

Im Berufsleben finden wir oft seltsame Mischungen: Großer Fleiß paart sich mit geringen Ansprüchen : »Ich schufte mich hier fast zu Tode.« Starke fachliche Leistung mit persönlich schwacher Darstellung: »Wenn die in der Zentrale wüßten, wie der Laden hier wirklich läuft!« Großer Einsatz für den Betrieb mit geringen persönlichen Bedürfnissen: »Ich kann doch nicht gehen, bevor die Arbeit nicht gemacht ist!«

»Frau Bertram reagiert immer gleich. Sie sagt immer, das schaffe ich schon.« Der Tibeter lächelt. »Ich höre sie zwar ab und zu jammern, aber sie beklagt sich nie. Ich glaube auch, daß sie fest davon überzeugt ist, die ganze Abteilung sei verloren, wenn sie nicht soviel schuften würde. Einer muß die Arbeit ja machen, meint sie. Das ist die richtige Einstellung für eine Ameise, doch das ist keine Strategie für den beruflichen Erfolg! Aber vielleicht kann sie nicht anders.«

Denken Sie an die Arbeit oder an den Erfolg?

Unsere Gefühle und Gedanken spielen bei den Erfahrungen, die wir im Leben und mit anderen Menschen machen, eine große Rolle. Andererseits bestätigen diese Erfahrungen dann wiederum unsere Gefühle.

»Das versteh' ich nicht.« Jenny schüttelt den Kopf. »Du meinst, weil Frau Bertram davon überzeugt ist, daß einer die Arbeit machen muß, deshalb arbeitet sie soviel und wird trotzdem nicht befördert?«

Der Tibeter nickt. »Was meinst du, wie oft ich die anderen bei Diskussionen gesehen habe, während Frau Bertram exakt die Unterlagen für diese Diskussion kopiert. Oder wie die anderen Zielvorstellungen entwerfen, Pläne ausarbeiten und sie die Tabellen und Folien erstellt. Dabei könnte sie diese Arbeit auch andere machen lassen! Aber wenn du zu ihr sagst, du hättest schon genug zu tun, gibt sie nach und macht die Sache selbst. Doch so profiliert sie sich nicht! Im Gegenteil, inzwischen sind alle davon überzeugt, Frau Bertram sei nur deswegen stellvertretende Abteilungsleiterin, weil der Heinz Richter auf diese Weise sehr elegant eine ehrgeizige Vertretung von seiner Abteilung fernhalten kann.«

Jenny ist empört. »Du meinst, die Bertram schuftet, und der Richter benutzt sie auch noch für seine Ziele?«

»Ein kompetenter Abteilungsleiter muß zukunfts- und zielorientiert denken, muß sich was einfallen lassen! Eine kompetente Stellvertretung muß sich erst recht was einfallen lassen! Schließlich will sie sich ja für den nächsthöheren Platz empfehlen! Doch zum Denken hat die Bertram gar keine Zeit! So muß der Richter nicht befürchten, daß sie mit ihm konkurriert! Der kann es sich gemütlich machen!«

Was bedeutet dies?
Wir Frauen neigen dazu, gründlicher und umsichtiger als die männlichen Kollegen zu arbeiten. Doch unsere Liebe zum Detail kann zur Fessel werden: wenn wir versäumen, das gesamte Bild zu erkennen, die große Linie zu verfolgen. Oft huldigen wir dem Perfektionismus nicht nur, wir halten uns an ihm fest! Aber was oberflächlich gut aussieht, ist bei näherer Betrachtung wenig schmeichelhaft: Dahinter steckt häufig nicht die Liebe zum Detail, sondern die Angst vor Entscheidungen.

Was erkennen wir daraus?
Wir trauen uns nicht zu sagen: So, das ist es! Wir trauen uns nicht, eine Aufgabe loszulassen! Wir haben oft nicht das nötige Selbstbewußtsein und nicht die innere Sicherheit, voranzuschreiten und dabei bewußt Fehler in Kauf zu nehmen. Die Männer wissen das und überlassen die tägliche Kleinarbeit gerne den Damen.

Was lernen wir daraus?
Wenn wir es im Beruf zu etwas bringen wollen, müssen wir lernen zu delegieren.

Lernen Sie zu delegieren!

Wir Frauen tun uns damit schwer. Anderen Arbeit zuzuschieben, während wir – äußerlich betrachtet – nichts tun, entspricht nicht unserem inneren Bild einer fleißigen Frau. Doch Fleiß ist kein Garant für Erfolg, im Gegenteil. Oft könnten wir mehr erreichen, wenn wir weniger arbeiten, dafür aber mehr denken würden. Joseph P. Kennedy, der Vater des späteren Präsidenten, ein Mann, der nicht nur vom Geldverdienen viel verstand, lebte nach einem präzisen Tagesplan, der auch festgelegte Mußestunden auswies. Darauf angesprochen, erklärte der alte Herr: »Man verdient mehr, wenn man zehn Minuten über Geld nachdenkt, als wenn man zehn Minuten arbeitet.«

Das gleiche gilt für unsere berufliche Laufbahn. Selbstverständlich müssen wir arbeiten und Leistung bringen, doch wir sollten darüber nachdenken, wie und wo wir unsere Kräfte geschickt einsetzen, statt uns jede Arbeit aufbürden zu lassen. Gerade Frauen, die die ersten Hürden der beruflichen Leiter erklommen haben, glauben oft irrtümlich, je größer der Arbeitseinsatz, desto besser der Eindruck.

Was erkennen wir daraus?

Arbeit = Erfolg, dies stimmt nur bedingt, von einer gewissen Ebene an wird mehr von uns erwartet. Doch wir Frauen setzen das Wort »Arbeit« häufig noch immer mit Handarbeit gleich: Wir packen an! Aber die Arbeit, die uns weiterbringt, findet im Kopf statt! Solange wir jedoch innerlich davon überzeugt sind, Arbeit müsse erschöpfen und nur der, der abends ausgelaugt und fertig sei, habe etwas geleistet, so lange sind wir für Führungspositionen nicht geeignet! Wie sollen wir uns auch für weiterführende Aufgaben empfehlen, wenn wir bereits an unserem jetzigen Platz den Eindruck machen, als würden wir in Arbeit ersticken?

Weiterführende Aufgaben kann doch nur der Mitarbeiter übernehmen, der mit seiner bisherigen Arbeit bestens zurechtkommt, oder?

Welchen Eindruck vermitteln Sie an Ihrem Arbeitsplatz?

Was ist wichtig für uns?

Kommt es Ihnen auch manchmal so vor, als hätten erfolgreiche Menschen mehr Zeit? Dabei hat auch ihr Tag nur 24 Stunden! Doch Erfolgreiche können besser delegieren, sie übernehmen selbst möglichst noch weniger Aufgaben, als sie optimal erledigen können. Vor allem aber planen sie, nicht nur Wochen und Monate, sondern weit in die Zukunft hinein.

Diese Art der Planung ist uns Frauen von Haus aus nicht so vertraut. Eine Frau lernt eher, immer 100prozentig dazusein, als ihre Energien bewußt einzuteilen. Das ist aus unserer Entwicklungsgeschichte heraus auch verständlich, denn eine Mutter kann nicht planen wie ein Manager. Kinder bekommen ihre Kinderkrankheiten nicht nach dem Terminkalender und entwickeln sich nicht quartalsweise. Daher gelingt es den Frauen oft, viel spontaner und flexibler zu reagieren, als Männer dies können, doch für die große Planung fehlt uns oft der Mut. »Wer weiß, was bis dahin alles passiert«, sagen wir uns, und für Haushalt und Familie mag dies zutreffen, für die Karriere taugt das Prinzip »Zufall« wenig.

Was erkennen wir daraus?
Frauen kommt eine strategische Planung, die ihnen selbst nutzen soll, oft berechnend vor, und das ist sie auch, im wahrsten, guten Sinne des Wortes. Aber eine solche strategische Karriereplanung ist vielen Frauen suspekt.

Hier offenbaren sich weitere Glaubenssätze, die unserer beruflichen Entwicklung im Wege stehen: *Frau* darf nicht unbescheiden sein, *frau* darf nicht zuviel wollen, *frau* darf sich nicht so wichtig nehmen, *frau* darf sich nicht in den Vordergrund stellen, *frau* darf nicht egoistisch sein, *frau* darf nicht aus der Masse herausragen, *frau* kann sowieso nicht viel ausrichten, *frau* ist doch immer abhängig, *frau* bekommt doch keine Chance. Diese Glaubenssätze sind relativ allgemein gehalten, doch jeder von uns hat auch ganz persönliche, individuelle. Dann sagen wir: *Ich* darf nicht mehr wollen, als die anderen; *ich* darf nicht so ehrgeizig sein; *ich* darf nicht besser sein als die anderen!

Was bedeutet dies?
Diese Glaubenssätze liegen, einmal gefaßt, nicht etwa abgelegt und stumm in unserem Unterbewußtsein, sondern sie kommunizieren mit uns! Sie sind die Auslöser unserer inneren Diskussionen: Kann ich, darf ich, soll ich? Unsere Glaubenssätze versuchen, sich zu behaupten, selbst dann, wenn unser rationaler Verstand zu anderen Ergebnissen kommt. Eines der besten Beispiele für diesen Mechanismus sind jene Frauen, die für ihre Familie alles geben, doch sofort ein schlechtes Gewissen bekommen, wenn sie etwas

für sich selbst tun! Ihr Verstand sagt ihnen, daß es richtig ist, auch einmal an sich zu denken, daß sie es sich erlauben können, doch kaum haben sie es getan, kommt das »schlechte« Gewissen und verdirbt ihnen den ganzen Spaß.

Unsere Glaubenssätze sind die Grundlagen der Überzeugungen, die wir immer wieder vertreten und nach denen wir unsere Handlungen ausrichten. Sie müssen keinesfalls immer negativ sein, sondern es gibt auch positive, unterstützende Glaubenssätze, die dem Menschen helfen, mit seinem Leben zurechtzukommen. So kann die tiefe Überzeugung, genau auf dem richtigen Posten zu stehen und genau an diesem Posten für andere Menschen wichtig zu sein, die Einstellung zu unserer Arbeit und damit die Art und Weise, wie wir diese Arbeit ausführen, entscheidend beeinflussen.

»Nehmen wir Robert. Nett und, wie sagt ihr, gemütlich?«

Da muß Jenny lächeln. Robert ist einer der Pförtner in der Firma ihres Vaters.

»Robert ist im Grunde ein Anachronismus, doch er ist davon überzeugt, daß er sehr wichtig für das Unternehmen ist. Jeden begrüßt er, als wäre er der Vorstand persönlich. Wenn du morgens an Robert vorbei auf das Gelände fährst, hast du schlagartig bessere Laune!«

»Das sagt mein Vater auch immer. Sie haben ihn ja auch trotz der Einführung der Chipkarte behalten! Toll, nicht? Ich glaube, der läuft jetzt unter Werbungskosten! Und du meinst, das hat auch etwas mit seiner inneren Einstellung zu tun?«

»Garantiert. Wäre er nämlich nicht von dem Sinn seiner Arbeit überzeugt, würde er sie nicht so gut machen. Er sagt, er sei wie der Wettermann im Fernsehen. Zuständig für das Klima. Und weißt du was? Das stimmt!

Es gibt sogar Mitarbeiter, die fragen ihn, wie der Chef drauf sei, wenn sie etwas Wichtiges besprechen wollen. Außerdem hat sich der Robert mit seiner Einstellung einen Posten gesichert, der eigentlich schon abgeschafft werden sollte.«

»Aber er macht es auch toll! Alle Kunden sind begeistert! Es gibt welche, die fragen, ob sie bei Robert parken dürfen, wenn sie in die Stadt gehen. Und wenn er freie Plätze hat, erlaubt er es auch. Vater sagt, das ist die beste Werbung für die Kundenfreundlichkeit des Hauses.«

»Siehst du! Warum machen die anderen es nicht genauso? Weil

162

sie mit einer anderen Grundeinstellung an ihre Arbeit herangehen. Die Vertretung von Robert sitzt doch nur ihre Zeit ab. Aber
bei Robert, da merkt man immer, der ist ganz da. Weißt du, daß
er der erste war, der mich gefragt hat, wo ich herkomme?«

Was bedeutet dies?
Es gibt in jeder Firma Mitarbeiter, die es schaffen, sich ihren besonderen Platz zu schaffen. Doch jeder kann sich seinen Platz er-
obern, wenn er die nötigen fachlichen Kenntnisse mitbringt, sich
ständig weiterentwickelt und mit der richtigen inneren Einstellung
an die Sache herangeht.
Haben Sie sich mal gefragt, was Ihr Unternehmen von *Ihnen* hat?
Oder glauben Sie, als Arbeitnehmer nur das tun zu müssen, wofür
Sie eingestellt wurden? Wenn Sie so denken, dann vergessen Sie,
daß sich in jedem Beruf heute eine rasante Entwicklung vollzieht!
Wir müssen uns mitentwickeln, wollen wir nicht zurückfallen!
Doch nicht nur das, wenn wir Karriere machen wollen, dann müssen wir erkennen, was in unserem Arbeitsplatz drinsteckt. Jede Position hat Potential zu Verbesserungen! Wir müssen diese Möglichkeiten nur erkennen, müssen mitdenken, müssen unsere Antennen
ausfahren, Entwicklungen voraussehen, auch unsere eigene!

Glauben Sie an Ihre Entwicklung?

»Weibliche Höhenangst« nannte das deutsche Nachrichtenmagazin
»Focus« (44/1996) die Summe der Verhinderer, die Frauen bis heute
vom beruflichen Aufstieg abhalten: kein strategisches Geschick bei
der Auswahl der Studienfächer, das Angewiesensein auf helfende
Hände, die Unfähigkeit, eine Karriere zu planen. Laila Maija Hof-
mann, Dozentin an der Führungskräfteschmiede Schloß Gracht,
meint, Frauen definierten sich anders, Verantwortung für die eigene
Arbeit oder gar für Mitarbeiter empfänden sie nicht etwa als erstre-
benswert, sondern eher als lästig, und Sabine Siegl, Bundesvor-
sitzende der Betriebspsychologen, erklärte, bei ihrer Arbeit immer
wieder zu erfahren, daß Frauen dem Freundeskreis, den Hobbys und
dem Partner eine ebenso hohe Priorität einräumen wie dem Job.

Was bedeutet dies?
Ob wir uns nun nicht strategisch zu planen wagen oder uns bereits

beim Vorstellungsgespräch nicht selbstbewußt genug präsentieren, ob wir uns zuviel Arbeit und zuwenig Anerkennung geben lassen, hinter jeder Verhaltensweise steht eine innere Überzeugung, ein Glaubenssatz. Diesen Sätzen müssen wir auf die Spur kommen.

Was erkennen wir daraus?
Beobachten Sie sich selbst. Wie verhalten Sie sich? Stellen Sie sich einen Tag Ihres Lebens als Theaterstück vor. Welchen Titel würde es tragen? »Die Fleißige«? Oder »Blinder Eifer schadet nur«? Vielleicht sogar: »Viel Lärm um nichts«? Vielleicht aber auch: »Eine Frau, die weiß, was sie will«?
Suchen Sie sich aus Ihrem Tagesgeschehen bestimmte, für Sie typische Verhaltensweisen heraus, und fragen Sie sich: »Woran glaubt ein Mensch, der so handelt?« Unsere äußeren Leistungen, unsere Handlungen, haben immer etwas mit inneren Abläufen zu tun.

»Bedeutet das«, Jenny ist ganz bei der Sache, »daß Patrizia noch keine Praktikantinnenstelle bekommen hat, weil sie es sich gar nicht vorstellen kann, eine zu bekommen? Aber wie funktioniert das?«
»Du kennst das Wort Ausstrahlung? Was aber ist Ausstrahlung? Unser Robert, der hat eine Ausstrahlung, den fragt niemand, warum er in seiner Pförtnerloge steht. Seine innere Überzeugung, sein innerliches Einverstandensein mit seinem Beruf, seine Freude an der Arbeit, das strahlt bei ihm aus jeder Pore. Patrizia, die habt ihr zwar äußerlich fit gemacht, doch innerlich ist sie noch nicht von sich überzeugt. Das strahlt sie aus, und darauf reagieren wiederum die anderen.«
»Und was soll sie tun?«
»Nicht nur äußerlich an sich arbeiten, sondern auch innerlich.«
Jenny ist wieder nachdenklich geworden. »Aber vielleicht klappt es auch nicht, weil die Chefs alle so blöd sind! Die haben ja nun wirklich alle ganz schreckliche Ansichten, da kann das auch nichts werden.«
»Jenny«, der Tibeter bleibt ganz ruhig, »jetzt hör dir doch mal selbst zu. Wenn die Chefs so sind, wie du sie beschreibst, möchtest du für so jemanden arbeiten? Wahrscheinlich nicht. Also sorgt dein Unterbewußtsein dafür, daß das auch nicht geschieht. Du mußt zuerst einmal in dir etwas ändern, damit sich äußerlich etwas ändern kann!«

164

Was müssen wir lernen?

Unsere Glaubenssätze durchziehen unser ganzes Leben. Betreffen sie nur uns selbst, dann sind wir die Leidtragenden, wenn sich herausstellt, daß unsere Glaubenssätze Stolpersteine sind. Doch viele unserer Glaubenssätze beeinflussen auch die Beziehungen zu unseren Mitmenschen. Sind wir zum Beispiel davon überzeugt, daß wir Ausländern nicht trauen dürfen, so werden wir uns Angehörigen anderer Nationalitäten gegenüber dementsprechend verhalten. Glaubenssätze können zu Vorurteilen werden. Vorurteile blockieren jede wirklich erfolgreiche Kommunikation, denn ein Mensch mit Vorurteilen sucht nur nach einem: der Bestätigung seiner Vorurteile. Unbewußt wird er sich deshalb möglichst so verhalten, daß er diese Bestätigung auch bekommt.

Jetzt ist Jenny betroffen. Sie hat nämlich schon gehört, daß einige Mitarbeiter ihres Vaters gar nicht erfreut davon waren, daß ausgerechnet ein Junge aus Lhasa die Praktikantenstelle erhalten hat, und nun versuchen, dem Tibeter das Leben schwerzumachen. »Wenn dich jetzt einige Typen ärgern, und du gehst darauf ein, dann sagen die hinterher: Seht ihr, das haben wir doch gleich gesagt, der paßt nicht zu uns?«
»Richtig. Aber da ich das Spiel durchschaue, lasse ich mich nicht provozieren.«

Vorurteile erschweren das menschliche Miteinander, machen im Beruf eine erfolgreiche Zusammenarbeit unmöglich. Außerdem basieren Vorurteile häufig nicht auf unseren eigenen Erfahrungen, sondern wir übernehmen ungeprüft ein Urteil, das andere gefällt haben. Wenn Kinder nachplappern, was sie von den Erwachsenen hören, so ist dies verständlich. Von einem Menschen, der andere Menschen führen will, der mit Menschen umgehen möchte, erwarten wir mehr. Deshalb ist es ganz wichtig, daß wir nicht nur die Glaubenssätze überprüfen, die uns selbst betreffen, sondern auch jene, die wir in Form von Vorurteilen mit uns herumtragen.

Sich selbst erfüllende Prophezeiungen

Jenny ist wieder mutlos. »Aber dies ist alles so schwierig. Mein Chef ist zwar nett, aber doch wirklich sehr anspruchsvoll, und wenn ich so weitermache wie diese Woche, dann bin ich meinen Ausbildungsplatz bald wieder los. Es wird nicht mehr lange dauern, du wirst schon sehen. Ich sage mir das jeden Tag, das kann gar nicht gutgehen!« Jenny schüttelt den Kopf. »Nein, das wird garantiert nichts!«

»Wenn *du* weiter so denkst, dann wird das eine sich selbst erfüllende Prophezeiung.«

»Wie bitte?«

»Jenny, wenn du fest davon überzeugt bist, daß eine bestimmte Sache ganz bestimmt scheitern wird, dann wirst du die Dinge tun, die dazu führen, daß die Sache scheitert! Nimm Deutschland! Als ich hierherkam, erwartete ich ein Wunderland. Für mich ist es das auch immer noch, doch hier reden alle nur über die negativen Seiten. Der Standort Deutschland sei in Gefahr! Hätte ich das früher immer und immer wieder gehört, ich wäre wahrscheinlich in die USA gegangen. Aber wenn ihr hier so weiterjammert, glaubt euch bald die ganze Welt! Und was passiert dann? Niemand kommt mehr her, keine Firma investiert, und dann tritt genau das ein, was ihr jetzt beschwört.«

Jenny ist ganz still geworden. »Mein Chef sieht das so ähnlich.«

»Dein Chef ist ein ganz cleverer Mann, und deshalb solltest du dich anstrengen, dort zu bleiben. Fang an, an dich zu glauben!«

»Meinst du, daß er schon gemerkt hat, daß mein Selbstvertrauen nicht sehr groß ist?«

»Bestimmt, denn deine innere Grundeinstellung, deine Glaubenssätze beeinflussen alles: deine Gedanken, deine Körpersprache, die Art, wie du sprichst und arbeitest, sogar wie du aussiehst! Erinnerst du dich noch an das Beispiel mit dem Sender: Du sendest deine innere Einstellung immer mit aus. Und dein Gegenüber fängt sie auf, wenn auch nicht immer bewußt.«

Was können wir tun?

Wir nehmen unbewußt viel mehr Informationen auf, als wir bewußt bemerken. Jetzt verstehen wir, daß das gesprochene Wort nur ein Aspekt der Kommunikation ist. Die Kanäle, über die unser Unterbewußtsein die unausgesprochenen Botschaften aufnimmt, sind natürlich wieder unsere Sinnesorgane!

Wir können jedoch sowohl uns wie auch unsere Gesprächspartner *bewußt* beobachten und dabei Informationen sammeln. Achten wir dabei besonders auf die Körpersprache. Sie drückt Gefühle aus,

166

bevor wir den Mund aufmachen, und ist, besonders in Streßsituationen, aussagekräftig und ehrlich. Durch diese Beobachtungen können wir auch unseren eigenen Gefühlen und Glaubenssätzen auf die Spur kommen. Wenn wir ein Bewußtsein für unsere eigene Körpersprache entwickeln, wenn wir lernen, bewußt auf den Klang unserer Stimme zu achten, und wenn wir unserer eigenen Mimik und Gestik gegenüber aufmerksamer werden, dann erfahren wir auch eine ganze Menge über uns selbst.

»Wie meinst du das?« Jenny versteht nicht, warum sie ein Bewußtsein für ihren eigenen Ausdruck entwickeln soll.

»Einmal natürlich, um dich so zu präsentieren, wie es gut für dich ist. Andererseits kannst du deinen Körper wie ein ganz feines Meßgerät benutzen, das deine inneren Regungen anzeigt, noch bevor sie ins Bewußtsein gedrungen sind.«

»Patrizia sagt oft, ich soll nicht so böse gucken, aber ich bin immer der Meinung, ich guck' überhaupt nicht böse, sie bildet sich das nur ein.«

»Da gibt es zwei Möglichkeiten. Versuche doch nächstes Mal, herauszufinden, an was du gerade gedacht hast. Vielleicht erkennst du einen Zusammenhang zwischen deinen Gedanken und deinem Gesichtsausdruck. Wenn du die beiden in Relation zueinander setzt, erkennst du vielleicht etwas Wichtiges, zum Beispiel, daß du dich ärgerst, wenn Patrizia immer bestimmt, wo ihr hingehen wollt, du sagst aber, es mache dir nichts aus. Damit machst du nicht nur Patrizia, sondern auch dir etwas vor! Es gibt aber noch eine andere Möglichkeit: Patrizia ist selbst ärgerlich und geht davon aus, du müßtest genauso fühlen wie sie, und das nennt man ›Projektion‹. Aber wenn wir davon ausgehen, daß der andere genauso fühlt wie wir, übersehen wir seine Eigenart und ziehen falsche Schlüsse.«

Plötzlich hat Jenny eine Idee. »Kann es nicht sein, daß Patrizia, wenn sie sich jetzt vorstellt, in Gedanken immer die Typen sieht, die sie schon abgelehnt haben?«

»Natürlich. Vielleicht empfindet sie auch sofort Antipathie. So etwas nennt man ›Übertragung‹, das heißt, man überträgt einmal erlebte Gefühle auf einen anderen Menschen, nur weil er uns an den anderen erinnert.«

»Aber dann klappt das ja nie!«

»Doch. Du mußt dir diese Zusammenhänge nur bewußt machen.

Außerdem kannst du lernen, dich so zu verhalten, wie es gut für dich ist.«

Wir können unsere Körpersprache genau wie unsere Stimme trainieren! Wir können unseren Ausdruck verbessern und uns auch verbal so präsentieren, wie es für unser berufliches Fortkommen wichtig ist.

4. Kapitel
Rhetorik

Abteilungsleiter Friedrich Jünger hat fünfundzwanzigjähriges Firmenjubiläum. Die Mitarbeiter haben eine Feier organisiert, Gäste und Belegschaft treffen sich zu einem Empfang.

Schon nach wenigen Minuten ist der Raum brechend voll, die Kollegen drängen sich um den Jubilar. Friedrich Jünger ist erstaunt, so viel Anteilnahme hatte er nicht erwartet. Gerührt breitet er die Arme weit aus: »Freunde …«, dann versagt ihm die Stimme. Die Gäste fangen an zu klatschen, die Augen des als sehr sachlich bekannten Leiters des Rechnungswesens werden feucht: »Freunde …« Er nimmt einen neuen Anlauf, »ich danke Ihnen allen, daß Sie gekommen sind!« Seine Stimme bricht ab. »Liebe Kollegen, ich bin einfach überwältigt!« Wieder unterbricht ihn lautes Klatschen, einige Mitarbeiter haben angefangen zu johlen. Der Jubilar nimmt einen neuen Anlauf, doch er ist zu gerührt, um viele Worte zu machen. »Das Buffet ist eröffnet!« Friedrich Jünger weist auf die Tischreihe an der Wand. »Bedient euch!«

Die Kollegen sind begeistert, die Feier wird ein voller Erfolg. Keiner wird am nächsten Tag behaupten, Abteilungsleiter Friedrich sei noch nicht einmal in der Lage gewesen, an seinem Ehrentag eine kleine Rede zu halten; niemand lästert, der Leiter des Rechnungswesens sei ja erstaunlich sentimental für seinen Posten, habe doch recht nahe am Wasser gebaut, ihm habe ja sogar die Stimme versagt; keiner lästert, er habe noch nicht einmal einen zusammenhängenden Satz herausgebracht, man habe sich ja vor den Gästen direkt geschämt!

Verbale Äußerungen werden unterschiedlich bewertet!

Als Außendienstmitarbeiter Langenstein bei einer Lagebesprechung die Zahl der Abschlüsse der vergangenen vierzehn Tage bekanntgibt, sieht der Chef rot. Der Umsatz hatte sich schon im letzten Quartal verringert, und er hatte bereits dem gesamten Außendienst seine Meinung gesagt. Das vorgetragene Ergebnis überrascht ihn deshalb sehr. Haben seine Ermahnungen nichts gefruchtet? Seine Faust donnert auf die Tischplatte, sein Gesicht läuft rot an; zornig springt er auf und brüllt, daß die Kollegen in den angrenzenden Büros jedes Wort verstehen.

Die Standpauke dauert geschlagene drei Minuten. Erst erklärt der Chef dem gesamten Außendienst den Krieg, dann will er sich die Mühe sparen und gleich alle an die Luft setzen. Er bescheinigt der versammelten Mannschaft Unfähigkeit, Dummheit, Desinteresse und schimpft sie alle eine Bande!

Niemand widerspricht. Doch dann, genauso schnell, wie das Gewitter heraufzog, genauso schnell ist es wieder verflogen.

Die Mitarbeiter in den angrenzenden Büros atmen auf. Der Alte hat Dampf abgelassen, nun können sie zur Tagesordnung übergehen. Daß der Chef so ausrastet, sei zwar übertrieben, aber man kenne ihn ja. Keiner behauptet, der Chef sei hysterisch, verliere ständig die Beherrschung, führe sich auf wie eine Furie, sei wohl nicht ganz zurechnungsfähig, vergreife sich nicht nur im Ton, sondern auch in der Wortwahl, und ihm fehle jede Qualifikation, Menschen zu führen.

Wie hätten die Kollegen wohl reagiert, wenn die »Täter« in unseren Beispielen weiblichen Geschlechts gewesen wären?

> *Worte bilden die Perlenschnur,*
> *an der wir unsere Erfahrungen aufreihen.*
>
> Aldous Huxley

Die Erfahrungen, die wir mit Worten machen, sind jedoch nicht gleich.

Sie unterscheiden sich nicht nur von Mensch zu Mensch, sondern vor allem von einem Geschlecht zum anderen.

Diese Erfahrung mußte auch ZDF-Chefredakteur Klaus Bresser machen, als er sich auf den »Mainzer Tagen der Fernsehkritik« sowohl in der Rolle des Chauvis wie der des Hoffnungsträgers versuchte:»Frauen steigen mit Macht ein, doch sie steigen nicht auf«, bekannte er und fügte ungeniert hinzu, für die totale Verfügbarkeit, wie sie in Spitzenpositionen gefordert werde, seien Frauen vor fünfzehn Jahren noch nicht nervenstark und belastbar genug gewesen. Doch vielleicht spürte der Chefredakteur, daß er sich mit diesem Satz keine Freunde machte, denn er fuhr fort:»Lassen Sie die jungen Frauen erst mal kommen, die sind so tough, die würden

170

sogar ihre eigene Großmutter verkaufen.« (SZ, 15.5.1997) Jetzt protestierten die Damen allerdings erst recht. Doch nun beklagte sich wiederum Bresser: Jutta Limbach, die Präsidentin des Bundesverfassungsgerichts, habe ähnliche Worte gesprochen! Doch sie habe dafür Applaus bekommen, während er Buhrufe ernte!

Was war geschehen?
Wurde in Mainz tatsächlich mit zweierlei Maß gemessen? Oder war die Botschaft des Herrn Bresser doch eine andere als die der Frau Limbach? Waren vielleicht die Worte ähnlich, nicht aber das, was bei den Zuhörerinnen ankam?

Dieselben Worte – unterschiedliche Auslegungen.

Woran liegt es, daß dieselben Worte unterschiedlich aufgenommen werden? Weil wir nicht nur hören, was der Sprecher ausspricht, sondern auch registrieren, wie er innerlich, bewußt oder unbewußt, zu uns steht. Diese sogenannte »Metabotschaft« ist oft wichtiger als das, was tatsächlich gesagt wird. Bleiben wir bei unserem Beispiel: Jene Worte, die sich, gesprochen von Herrn Bresser, wie die unerbetene Kritik eines Chauvinisten anhören, klingen aus dem Munde der erfolgreichen Frau Limbach wie ein hoffnungsvoller Aufruf!
Das bedeutet, daß die Persönlichkeit des Sprechenden, seine innere Haltung die Botschaft verändert. Persönlichkeit aber drückt sich durch Körpersprache, Stimme und Verbalsprache aus.
Je höher wir im Geschäftsleben auf der Erfolgsleiter steigen, desto mehr Zeit verbringen wir in Verhandlungen, Meetings und auf Konferenzen. Das Nachrichtenmagazin »Focus« schätzt, daß Führungskräfte zwischen fünfundsiebzig und neunzig Prozent ihrer Zeit mit interaktiver Kommunikation verbringen.
Wollen wir vorankommen, so müssen wir eines auf unserem Weg nach oben unbedingt lernen: uns möglichst so auszudrücken, daß wir *nicht* mißverstanden werden!

Was bedeutet dies?
Frauen sind im Geschäftsleben eine noch relativ junge Erscheinung. Da es für uns noch keine etablierten Standards des Verhaltens und der Selbstpräsentation gibt, vergleichen uns unsere Gesprächspartner – dies gilt für Männer und Frauen – mit den alten Bildern, die sie vom weiblichen Verhalten gespeichert haben.

Diese alten Bilder werden unserem neuen Image nicht gerecht. Wir können sie jedoch nicht einfach löschen, wir können sie nur langsam verändern. Eine unserem Beruf angemessene Ausdrucksweise, unterstützt von eindeutiger Körpersprache und einer sicheren, sympathischen Stimme, kann uns helfen, Vorurteile zu überwinden, Klischees abzubauen und uns in allen Situationen Gehör zu verschaffen. Die einzelnen Komponenten unserer Rhetorik – Körpersprache, Stimme, Verbalsprache – sind von vielen Faktoren abhängig: Kultur, Familie, Schule und Universität, regionalen Besonderheiten und Eigenheiten unserer Umgebung.

Unsere Sprache entspringt rationalen und gefühlsmäßigen Quellen

Diese Komponenten entscheiden auch, wie wir mit dem Auslöser unserer Körpersprache umgehen: den Impulsen unseres Unterbewußtseins. Diese Impulse unseres Unterbewußtseins drücken sich in Bewegung, Gestik und Mimik aus. Samy Molcho, der große Pantomime, fand heraus, daß diese Umsetzung einem bestimmten Code folgt. Dieser Code wird innerhalb einer Gemeinschaft von einem zum anderen weitergegeben.

Was erkennen wir daraus?
Die Geschäftswelt ist, genau wie Politik und Kirche, *noch* männlich dominiert. Doch wer das Sagen hat, bestimmt den Ton, und so wird auch im Geschäftsleben eine männlich orientierte Sprache gesprochen.
Wir sind daran gewöhnt, von Männern meist sachlichere und knappere Äußerungen zu erhalten als von einer Frau. Dies gilt sowohl im Privatleben als auch im Beruf. Männer reden mehr darüber, wie die Dinge funktionieren, als darüber, wie sie sich anfühlen.

Rhetorik im Geschäftsleben ist männlich geprägt

Wir haben schon erfahren, daß Jungen anders aufgezogen werden und lernen, sich anders zu verhalten. So berichtete die »Wirtschaftswoche« (Ausgabe 16, 10.4.1997), daß eine Untersuchung der American Association of University Women an amerikanischen

Schulen gezeigt habe, daß sich Jungen in gemischten Klassen im Unterricht rund achtmal so häufig zu Wort melden wie die Mädchen. Zwar bekämen die Mädchen die besseren Noten, doch die Lehrer schenkten den Jungen größere Aufmerksamkeit und ermutigten sie häufiger. Die Folge: Die Jungen verließen die Schule mit größerem Selbstvertrauen und höheren Erwartungen, bezogen auf ihre spätere Karriere. Die Mädchen hingegen hätten am Ende ihrer Ausbildung an gemischten Schulen in der Regel niedrigere Erwartungen an ihre Karriere als noch beim Start. Die US-Unternehmerin Ruth Owades sagt auch, warum: Weil auf der ganzen Welt Mädchen in gemischten Klassen klargemacht wird, daß sie besser nicht zu schlau sein sollen.

Zwar gibt auch Ruth Owades zu, daß sich die Verhältnisse in den vergangenen Jahren gebessert haben, doch im Geschäftsleben haben die Männer noch immer Heimvorteil.

Was bedeutet das?
Jungen lernen schon frühzeitig, eine andere Sprache zu sprechen: Sie konzentrieren sich inhaltlich mehr auf die sachlichen Aspekte der Botschaft, haben dabei aber rhetorisch ihre Stellung innerhalb der Gruppe im Auge: Sie sprechen härter und deutlicher miteinander, als Mädchen es tun, bevorzugen Ausdrücke, die kriegerisch und kämpferisch klingen, und sind ständig bemüht, zumindest verbal zu dominieren. Die amerikanische Wissenschaftlerin Deborah Tannen beobachtete, daß es Männern deshalb später leichter fällt, eine wettbewerbsorientierte Sprache zu sprechen.

Was ist wichtig für uns?
Die Sprache wird allerdings bei Männern, genau wie bei kleinen Jungen, nicht nur zur Verständigung untereinander, sondern auch zur Festigung der Position, zur rhetorischen Darstellung eigener Größe verwendet. Das Sprichwort »Klappern gehört zum Handwerk« trifft den Nagel auf den Kopf. Wobei manche Zeitgenossen in der Kunst des Klapperns weit besser sind als in ihrem Handwerk.

Wie spricht man(n) mit Ihnen?

Unsere Sprache ist der Schlüssel, der uns fast alle Türen öffnen kann: Im kleinen Kreis haben wir Frauen das schon immer gewußt.

173

Jetzt wird es Zeit, daß wir es im großen versuchen. Doch damit man(n) uns nicht die Tür vor der Nase zuschlägt, müssen wir erst einen Fuß hinein bekommen!

Sybille ist sehr groß, hat einen kurzen pfiffigen Haarschnitt und ist ausgesprochen tüchtig in ihrem Job als Assistentin der Geschäftsleitung. Sie ist die einzige Frau in dieser Position, und es herrscht in der Firma ein recht lockerer Ton. Auf der Hannover-Messe besucht sie den Stand eines Unternehmens, mit dem ihr Chef schon lange sehr guten Kontakt pflegt. Der Mitarbeiter, der ihre Visitenkarte in Empfang genommen hat, mustert sie unverhohlen, schweigt aber. Doch dann hört Sybille, wie er belustigt ruft: »Herr Römer, die Kleine von Paus und Partner ist da!«
Sybille läuft feuerrot an! Da eilt Herr Römer auch schon auf sie zu: »Wie nett, Sie hier zu treffen! Aber ganz im Vertrauen, wir haben Sie uns alle etwas anders vorgestellt ...«
Noch am gleichen Abend ruft Sybille in ihrer Firma an: »Wenn noch ein einziges Mal jemand Kleine zu mir sagt ...«

Was lernen wir daraus?
Eine ähnliche Erfahrung machte auch Moderatorin Sabine Christiansen, die in einem Bericht der Illustrierten »Stern« erzählte, daß sie zu Beginn ihrer Karriere bei den »Tagesthemen« erst dreißig Jahre alt gewesen und damit automatisch als die »Kleine« abgetan worden sei. Ihrer Erfahrung nach wäre der Ton einem Mann gegenüber mit Sicherheit ein anderer gewesen!
Die Wortwahl unserer Kollegen deutet also an, wie sie uns *wirklich* sehen.

Was erkennen wir daraus?
Es kommt im Berufsleben nicht nur darauf an, wie wir selbst sprechen, sondern auch darauf, wie mit uns und über uns gesprochen wird!
Attribute wie »reizend«, »charmant« oder gar »niedlich« sind in Wirklichkeit im Geschäftsleben keine Komplimente. Wenn Sie im Berufsleben so bezeichnet werden, dann sollten Sie sich fragen, ob Sie den richtigen Eindruck machen!

Inzwischen hat sich auch Patrizia über das Gespräch mit Jenny Gedanken gemacht und Jennys Vorschlag angenommen: Sie hat sich bei Karin Krüger beworben. Und tatsächlich, die Abteilungsleiterin bat sie, ihre Bewerbungsunterlagen zu schicken und ihren Rückruf abzuwarten.

Endlich ist es soweit: Patrizia sitzt Karin Krüger gegenüber und versucht mit fester, klarer Stimme ihre Fragen zu beantworten.

»Patrizia, was wollen Sie studieren?«

»Das weiß ich noch nicht so genau. Entweder BWL oder Sozialwissenschaften.«

Karin Krüger runzelt die Stirn. »Aber das ist ein gewaltiger Unterschied. Wollen Sie nicht erst einmal herausfinden, was Ihnen liegt? Oder wollen Sie deshalb ein Praktikum machen?«

Patrizia weiß nicht, was sie sagen soll. Doch dann wird ihr schlagartig bewußt, wenn sie es jetzt nicht schafft, über ihren Schatten zu springen, dann wird sie auch diese Chance verpassen. Was hatte Jenny gesagt? Sie solle sich an ihre Erfolge erinnern? Da hört sie die Stimme ihres Rektors: »Patrizia, Sie haben es geschafft! Sie haben tatsächlich das Abitur bestanden!« Ja, das war ein tolles Gefühl! Aber warum soll sie nicht noch einmal Glück haben? Sie konzentriert sich ganz fest auf diesen Augenblick und beginnt: »Einer meiner Mitschüler geht auf eine Berufsakademie. Das finde ich sehr interessant, weil sich da die praktischen und theoretischen Elemente abwechseln. Aber ich weiß nicht, ob es auch für mich richtig ist.«

»Was macht Ihnen denn Spaß?«

Diese Frage überrascht Patrizia, obwohl Jenny sie darauf vorbereitet hatte. »Kann man denn danach gehen?« Patrizias Mutter spricht immer nur vom Arbeiten.

Karin Krüger lacht. »Natürlich, jeder Beruf hat seine Schattenseiten, doch Sie wissen ja schon von Jenny, daß ich Begeisterung für ein wichtiges Kriterium halte. Sehen Sie, ich arbeite zwischen vierzig und fünfzig Stunden in der Woche, bin dazu noch sehr viel auf Reisen, muß oft gegen meine innere Uhr ankämpfen und auch auf meine Familie verzichten. Glauben Sie, ich würde dies alles auf mich nehmen und dabei erfolgreich sein, wenn es mir keinen Spaß machen würde? Das bedeutet nicht, daß der Beruf nicht auch Schattenseiten hat. Was glauben Sie, Patrizia, wie lang ein Arbeitstag sein kann, wenn Sie Ihre Arbeit schrecklich finden? Wobei«, Karin Krüger blättert in Patrizias Unterlagen und betrachtet das ansprechende Foto, »wir das Wort Spaß vielleicht etwas präzisieren sollten. Ich verstehe darunter eine Mischung aus Interesse, Begeisterung, Neugier und einer großen Portion Lerneifer. Denn glauben Sie bitte nicht, daß mit dem Studium alles gelaufen wäre. Wissen Sie, daß ich jetzt Chinesisch lerne? Die Lehrerin kommt sogar ins Büro. Hätte ich grundsätzlich keine Freude an dem, was ich tue, würde ich diese Strapaze nicht auch noch auf mich nehmen. Aber«, und sie schlägt die Bewerbungsmappe zusammen, »ich bin immer wieder davon überzeugt, daß ich bei den Chinesen zu hohe Preise zahle!«

Patrizia schluckt. Sie hatte immer gehofft, mit dem Abitur sei das Pauken vorbei.

»Was interessiert Sie an BWL, was an Sozialkunde?«

»Ich gehe gerne mit Menschen um. Doch ich bin mir noch nicht darüber im klaren, ob ich ihnen eher helfen möchte oder ob ich geschäftlich mit ihnen zu tun haben will. Ich möchte gerne Arbeitserfahrungen sammeln, um das herauszubekommen. Ich habe mich bereits bei der Volkshochschule zu Psychologiekursen angemeldet, und wenn ich jetzt praktisch arbeiten kann, dann finde ich vielleicht heraus, was mir mehr liegt.«

»Das gefällt mir!« Karin Krüger steht auf und geht in ihrem Büro auf und ab. »Patrizia, vielleicht läßt sich später auch beides miteinander verbinden! Viele Unternehmen suchen schon heute Mitarbeiter, die auch geeignet sind, anderen Mitarbeitern in schwierigen Situationen Wege aufzuzeigen, wie sich die Krise meistern läßt, und helfen, Konflikte zu lösen. In so einem Fall ist es sehr vorteilhaft, wenn dieser Mitarbeiter nicht nur etwas von der menschlichen, sondern auch von der betrieblichen Seite versteht. Patrizia, wollen Sie denn Karriere machen? Oder suchen Sie nur eine Stellung?«

Patrizia ist verwirrt. Wieder versucht sie, sich an ihre Kraftquelle anzuschließen, doch diesmal klappt es mit der Verbindung zur inneren Ressource nicht so gut. »Wie meinen Sie das?«

»Wollen Sie arbeiten, oder wollen Sie etwas werden?«

Patrizia schluckt. »Arbeiten muß man doch immer, dachte ich.«

»Aber Sie wollen es auch zu etwas bringen?«

»Ja, aber kommt das nicht automatisch?«

Karin Krüger lacht. »Nein, Patrizia, das kommt nicht automatisch. Sehen Sie, wenn Sie ein Praktikum in unserem Hause machen, dann werden Sie viele Frauen kennenlernen, die sehr fleißig sind. Aber trotzdem gibt es außer mir keine weitere weibliche Geschäftsführerin. Dabei arbeiten diese Frauen nicht weniger als ich, im Gegenteil, manche tun sogar mehr. Doch sie haben versäumt, sich Gedanken um ihre Karriere zu machen.«

Patrizia hört sehr aufmerksam zu. »Wir Frauen meinen oft, wenn wir nur fleißig genug wären, dann käme alles andere von selbst. Leider stimmt dies nicht. Darum sollten wir, genau wie die Männer, von Anfang an wissen, wo wir hinwollen.«

Karin Krüger sitzt wieder hinter ihrem Schreibtisch. »Wissen Sie übrigens, daß Sie vom kommenden Wintersemester an bei uns an dreizehn Hochschulen in Englisch und Deutsch studieren können?«

Patrizia schüttelt den Kopf.

»Ich mache Ihnen einen Vorschlag: Sie kommen für drei Monate in unsere Firma, durchlaufen alle Abteilungen, und dann sagen Sie mir, für welches Studium Sie sich entschieden haben.«

Patrizia kann es nicht glauben. »Echt?«

Karin Krüger lacht. »Ja. Aber das sagen Sie bitte nie wieder! – Ulrike«, die Geschäftsführerin ruft ihre Sekretärin, »Ulrike, sagten Sie nicht gestern, Sie könnten gar nicht mehr über Ihren Schreibtischrand sehen? Ich habe jemanden gefunden, der Ihnen dabei helfen kann, wieder Durchblick zu bekommen!« Sie schiebt Patrizia in das Sekretariat. »Na, Ulrike, was sagen Sie nun? Nächste Woche, wenn ich wieder da bin, möchte ich den Fahrplan sehen, nach dem diese junge Dame die verschiedenen Abteilungen durchläuft. Und verständigen Sie bitte auch Herrn Überreiter, damit die Personalabteilung alle Formalitäten erledigen kann. – Patrizia«, Karin Krüger streckt ihre Hand aus, »wenn ich von meiner nächsten Reise zurückkomme, setzen wir das Gespräch fort! Jetzt muß ich zum Chef!« Voller Schwung dreht sich die Geschäftsführerin auf dem Absatz um und geht schnellen Schrittes aus dem Büro. Patrizia ist begeistert: Sie spürt direkt die Konzentration und das Engagement, mit denen Karin Krüger ihrer Aufgabe nachgeht.

Erfolgsfaktor Körpersprache

In der Tierwelt ist es meist das Männchen, das, wie die »Wirtschaftswoche« (Nr. 19, 1.5.1997) titelte, versucht, mit schrillem Imponiergehabe auf sich aufmerksam zu machen. Auch bei uns gibt es eine nonverbale, aber dennoch äußert wirksame Art der Darstellung: die Körpersprache.

Denken wir nur an die wortkargen Helden unsterblicher Western: Wie sie sprachen, weiß niemand mehr, doch wie sie gingen, standen und den Revolver zückten, das haben wir nicht vergessen. Ihre Körpersprache war so prägnant, daß sie keiner Worte mehr bedurfte. Diese Männer drückten Selbstbewußtsein, Kampfgeist, Mut und ein gewisses Maß an Unerbittlichkeit aus – ohne ein Wort zu sagen.

Noch heute begeistern sich Legionen gestandener Manager für diese Art der Kommunikation: Sieh mich an, und du weißt Bescheid. Mit Imponierposen und Machtgesten demonstrieren sie, was man(n) ist!

Was erkennen wir daraus?
Diese Art der Selbstdarstellung fällt uns weiblichen Wesen schwer. Wir haben bereits als Mädchen von unseren Müttern eine bestimmte Art der Körpersprache übernommen. Diese Körpersprache entspricht wahrscheinlich eher der gesellschaftlichen und sozialen Stellung unserer Großmutter als der Körpersprache unseres Chefs! Kein Wunder also, daß die Psychologin Gitta Mühlen-Achs auf den 30. Mainzer Tagen der Fernsehkritik zum Thema »Weibsbilder und TeleVisionen« einem illustren Kreis von vierhundert Teilnehmerinnen erklärte, daß sie getrost alles, was sie im Verlauf der Sozialisation an Körpersprache gelernt hätten, zu Hause lassen könnten, da es karriereschädigend sei.

> Körpersprache im Beruf überprüfen.

Was bedeutet dies?
Wir müssen uns ehrlich fragen, ob die Art, uns zu bewegen, noch zu der Position paßt, die wir einnehmen oder anstreben. Jede Frau muß für sich selbst herausfinden, wie sie sich am besten bewegt: Sachlich, kompetent, feminin, das ist die richtige Mischung. Kopieren Sie die Männer nicht, aber lassen Sie alles zu Hause, was als typisch weiblich gilt: Kopf zur Seite legen, Schultern hochziehen, Haare um den Finger wickeln, Unterlippe vorschieben, auf die Lippe beißen, Augen erstaunt aufreißen, mit den Achseln zucken, Hände in die Hüften stemmen, auf einem Bein stehen und das andere schräg abknicken, schräg auf einem Sessel sitzen, die Beine in ex-

tremem Winkel übereinanderschlagen, unter dem Tisch aus den Schuhen schlüpfen. Alle Bewegungen, die Sie optisch schmaler und schlanker machen, auch wenn Sie vielleicht glauben, Sie sehen dadurch besser aus, nehmen Ihnen Präsenz. Alle Bewegungen, die mit kleinen Mädchen assoziiert werden, nehmen Ihnen Kompetenz.

Lassen Sie das Weibchen zu Hause!

Das »Weibchen« in uns hat, genauso wie das kleine Mädchen, im Geschäftsleben nicht viel verloren, denn es löst in unserem Gegenüber nicht die Reaktionen aus, die wir uns wünschen: Die Herren werden abgelenkt, die Damen werden wütend.

Was bedeutet das?
Alle Verniedlichungen, Verkleinerungen und auch alle Tierchen haben im Job nichts zu suchen! Auch wenn Mitarbeiter versuchen, komplexe Sachverhalte in einer leichtverständlichen Sprache zu erklären, bestehen Sie darauf, ernst genommen zu werden! Sprachliche Lässigkeiten schleichen sich ganz schnell ein, sind aber um so schwerer wieder auszurotten! Und vergessen Sie nicht: Das, was wir hören, tut seine Wirkung – bei uns und anderen!
Mit der Körpersprache zeigen wir, was wir wirklich meinen, wie wir wirklich zu einem Menschen, einer Aufgabe, einem Vorschlag stehen. Die Körpersprache kommt aus unserem Gefühl und spricht gleichzeitig die Gefühlsebene unseres Gesprächspartners an. Unsere nonverbale Kommunikation ist abhängig von verschiedenen Faktoren:

• *Kulturkreis*
Beobachten Sie nur einmal eine Süditalienerin und eine Norddeutsche. Die Italienerin wird ihr ganzes Temperament in ihre Gesten legen und eine der Botschaft entsprechende Mimik haben, während die Norddeutsche ihre Argumente eher mit knappen Bewegungen und sparsamem Ausdruck vorbringen wird.

• *Andere Völker – andere Sitten*
In jedem Kulturkreis gibt es überlieferte Regeln, die auch für die Körpersprache gelten. So ist es beispielsweise in vielen asiatischen Ländern verpönt, den Kopf eines Menschen – auch den eines Kindes – zu berühren.

• *Soziale Schicht*
Je höher die soziale Stellung ist, desto kontrollierter ist im allgemeinen die Körpersprache, desto weniger werden körperliche Äußerungen akzeptiert und zugelassen.

• *Familiäre Gewohnheiten*
Samy Molcho ist der Meinung, daß die Körpersprache noch schichtenspezifischer ist als die Verbalsprache, denn bereits der Säugling beginnt, sein Körperverhalten dem in der Familie vorherrschenden Muster anzugleichen.
Nicht nur der Baron Münchhausen hatte ganz spezielle Gebärden, in vielen Familien gibt es durchlaufende Muster! (Er griff sich nicht direkt ans Ohrläppchen, sondern faßte umständlich mit der Hand über den ganzen Kopf.)

• *Geschlecht*
Kinder lernen durch Nachahmung. Die Jungen ahmen den Vater, die Mädchen die Mutter nach. Jungen, die ohne direkte männliche Bezugsperson aufwachsen, suchen sich später im Verwandtenkreis, in der Schule, im Sport oder in den Medien ihr Vorbild. Doch dies geschieht erst in einem Alter, in dem sie schon eine ganze Reihe von Verhaltensweisen von der Mutter übernommen haben. Wissenschaftler sind davon überzeugt, daß die große Zahl vaterlos aufwachsender Jungen entscheidend zum androgynen Bild der Jugend beiträgt.

• *Beruf*
Jeder paßt sich mehr oder weniger seinem Umfeld an. Berufspersönlichkeit, die *Persona,* und Privatmensch, die Person, lassen sich nach einigen Jahren nicht mehr trennen. So kann ein Anwalt auch zu Hause anfangen, seiner Familie Plädoyers zu halten, und der Professor mag dozieren. Schwierig wird es für die Umgebung, wenn die Körpersprache dabei drohend, einschüchternd und so dominant wirkt, daß das gesunde Wechselspiel in der Kommunikation verhindert wird.

• *Lebensstil*
Wir nehmen auch als Erwachsene die sprachlichen Eigenheiten, die Bewegungen und sogar die Mimik der Gruppe an, mit der wir viel zusammen sind. So kann es durchaus geschehen, daß sich nach

einer Weile ein Freundeskreis in seinem *gesamten* sprachlichen Verhalten ähnlich wird. Dieses Verhalten kann, genau wie die Kleidung, zu einem Zeichen der Gruppenzugehörigkeit werden.

• *Körperbewußtsein*
Zum Glück hat der Fitneßboom uns Frauen ein ganz neues Körpergefühl beschert, und das ist auch für den Beruf wichtig! Wenn wir uns in unserem Körper wohl fühlen, wenn wir mit unserer Figur zufrieden sind, steigt unser Selbstbewußtsein, und das verbessert unsere Selbstpräsentation. Wenn unser Körper fit und unsere Muskeln trainiert sind, bewegen wir uns athletischer und damit sachlicher. Auch das ist gut für den Beruf, denn was wir vermeiden sollen, ist alles, was *betont* weiblich ist.

Körpersprache spiegelt die innere Verfassung wider

• *Selbstbewußtsein*
Unsere Körpersprache reagiert sofort auf unsere innere Verfassung. Sind wir mit uns und unserem Leben zufrieden, dann verändert sich unsere Haltung. Sind wir deprimiert und traurig, leider auch. Nun können wir nicht jeden Tag »gut draufsein«, doch wir können lernen, den Weg von außen nach innen zu gehen: Geben Sie sich auch dann optimistisch, wenn Ihnen nicht danach ist. Sagen Sie sich einfach, Sie seien Schauspielerin, und die Rolle schreibe Ihnen ausgerechnet heute eine zuversichtliche Haltung vor. Bewegen Sie sich, als ginge es Ihnen gut! Sie werden die erstaunliche Feststellung machen, daß diese Vorstellung nicht nur Ihre Körpersprache verändert, sondern auch Ihre Gefühle!

• *Unsicherheit*
Unsere Körpersprache verrät uns. Nicht nur der Lügendetektor kann anhand des veränderten Hautwiderstandes Unwahrheiten aufdecken, der geübte Beobachter erkennt sie mit bloßem Auge. Unser wahres Ich wird durch die Körpersprache oft klarer ausgedrückt, als uns lieb ist. Darum müssen wir unser Selbstbewußtsein trainieren! Denn so, wie wir uns *fühlen,* so geben wir uns! *Unsere Gefühle steuern unsere Körpersprache, nicht unsere Fähigkeiten!*

Was bedeutet dies?
Es ist oft erstaunlich, zu sehen, wie wenig die Körpersprache die

fachlichen Qualifikationen einer Frau widerspiegelt! Statt dessen präsentieren wir unser schlechtes Selbstbild, unsere innere Unsicherheit und unsere Selbstzweifel.

Dies tun wir übrigens auch, wenn wir, um unsere innere Unsicherheit zu verbergen, die Flucht ins Gegenteil antreten und uns *betont* selbstsicher geben.

> Achten Sie auf Ihren Gang und Ihren Handschlag.

Zwei Indikatoren unseres inneren Zustandes sind unser Gang und unser Handschlag. Großzügige Menschen machen große Schritte, der Pfennigfuchser spart nicht nur beim Trinkgeld. »Raumgreifende Bewegungen« entsprechen weitreichenden Vorstellungen. Menschen, deren Körpersprache »eng« ist, konzentrieren sich auch bei ihrer Arbeit mehr auf die Einzelheiten. Unser Händedruck verrät, im wahrsten Sinne des Wortes, wie wir die Dinge anpacken: zaghaft, zurückhaltend, vielleicht sogar widerwillig. Dies gilt nicht nur für die Aufgabe, die gerade vor uns liegt, sondern läßt sich auch auf unsere allgemeine Einstellung übertragen.

Was lernen wir daraus?
Überprüfen Sie die Meinung, die Sie von sich selbst haben, Ihr inneres Bild!

Stellen Sie fest, daß Sie sich in bestimmten Situationen mehr als hilfloses Mädchen sehen als als erfolgreiche, selbstsichere Frau, dann trainieren Sie alles, was Ihnen schwerfällt: Gehen Sie in die teuersten Geschäfte am Ort, und lassen Sie sich die Dinge zeigen, die Sie interessieren! Versuchen Sie, nichts zu kaufen! Lassen Sie sich Dinge zurücklegen, rufen Sie am nächsten Tag an, und sagen Sie, daß Sie leider nicht mehr wollen! Kaufen Sie etwas, und tauschen Sie es bewußt um! Machen Sie mit Ihrer Freundin ein Spiel daraus! Verabreden Sie sich in den besten Hotels, und lassen Sie sich gegenseitig warten! Zitieren Sie den Ober herbei, und bestellen Sie das Billigste, was auf der Karte steht!

Trainieren Sie schwierige Situationen!

Doch, es hat auch einen großen Vorteil, daß unsere Körpersprache so empfindlich reagiert: Wir können sie nutzen, um hinter unsere eigenen verborgenen Gefühle zu kommen. Probieren Sie es aus:

Tun Sie alles, was Ihnen normalerweise peinlich ist, und beobachten Sie sich selbst! Wie verändert sich Ihre Körpersprache?

Dann machen Sie eine ganz andere Übung: Sie versuchen, sich mit Leib und Seele an eine Situation zu erinnern, in der Sie sich sehr gut gefühlt haben! Wenn Sie sich wirklich mit jeder Faser auf diesen Zustand besinnen, dann werden Sie auch eine Veränderung in Ihrem körperlichen Ausdruck feststellen! Diese Übung wird Ihnen zuerst vielleicht schwierig vorkommen, denn wir sind meistens darauf programmiert, uns an unerfreuliche Erlebnisse zu erinnern. Wir brauchen uns dazu nicht anzustrengen, es geschieht beinahe automatisch: Unsere innere Negativliste reagiert auf den zartesten Impuls.

Doch unsere negativen Erlebnisse sind nur deshalb so schnell zu aktivieren, weil wir diesen Auslöser so häufig betätigen! Würden wir uns unsere Erfolge genauso häufig vor Augen führen, wären sie uns genauso präsent!

Es ist uns nicht bewußt, daß wir unsere negativen Erfahrungen durch dieses innere Rekapitulieren nicht nur lebendig halten, sondern noch verstärken. Stellen Sie sich vor, diese Ereignisse wären auf Videobändern aufgezeichnet. Sie befinden sich in Ihrem Unterbewußtsein, genau wie Ihre wirklichen Videobänder im Schrank. Von außen betrachtet, sehen alle Bänder gleich aus. Doch genau wie bei Ihren Videobändern im Schrank haben Sie auch bei den Videos, die Sie »im Unterbewußtsein« gespeichert haben, Ihre Vorlieben: Bänder, die Sie beinahe auswendig kennen. Da brauchen Sie nur den Titel zu nennen, und schon heißt es für Ihr Unterbewußtsein: Film ab.

Der Körper ist die Leinwand der Psyche

Die Videos aus Ihrem Schrank brauchen einen Bildschirm, um sichtbar zu werden, die Videos Ihres Unterbewußtseins bedienen sich Ihres Körpers, um sich darzustellen: durch Mimik, Gestik, Stimme.

Was wir gewinnen:
Je mehr Sie sich Ihrer Körpersprache bewußt werden, desto mehr erfahren Sie über sich selbst. Sie erkennen, welche Personen, welche Situationen Sie verunsichern, wo, wann und mit wem Sie ganz Sie selbst sein können. So können Sie versuchen, Schwierigkeiten

von innen nach außen zu arbeiten und nicht, wie es so oft geschieht, von außen nach innen!

Was müssen wir lernen:
Solange Sie sich noch nicht sicher sind, daß Innen und Außen übereinstimmen, machen Sie sich immer wieder bewußt: Ihre Körpersprache sollte das, was Sie verbal sagen, durch Bewegungen ausdrücken. Sprechen Mund und Körper zwei verschiedene Sprachen, sieht uns unsere Umgebung an, daß da etwas nicht stimmt.

Manuela Rückert muß mit ihrer Kollegin nach einem Seminarbesuch für die ganze Abteilung eine Zusammenfassung des durchgearbeiteten Stoffes vortragen. Obwohl beide erzählten, von dem Seminar begeistert gewesen zu sein, ist Manuelas Vortrag sehr verhalten. Sie steht mit verschränkten Armen vor den Mitarbeitern und dreht, während sie spricht, ganz leicht den Oberkörper hin und her. Zum Schluß zieht sie die Schultern nach oben und sagt: »Nun ja, das war's.« Dem Chef kommt das sehr seltsam vor, doch er sagt nichts. Als er einige Tage später erfährt, daß Manuela das Seminar vorzeitig verlassen hat, wird ihm schlagartig bewußt, was ihm bei ihrer Präsentation gefehlt hatte: die angebliche Begeisterung. Manuela hatte nur die Unterlagen durchgelesen, ihr fehlte die tatsächliche Erfahrung. So sprach sie zwar davon, wie gut es ihr gefallen habe, doch ihre Körpersprache drückte die Angst aus, daß ihre Abreise auffliegen könnte.

Was erkennen wir daraus?
Im Berufsleben ist es genauso wichtig, die Körpersprache unserer Kollegen und Geschäftspartner zu lesen und richtig zu deuten, wie unserer eigenen auf die Spur zu kommen. Dies ist eine der besten Voraussetzungen, um im Geschäftsleben erfolgreich zu sein! Übersehen wir die Signale, geraten wir schnell ins Abseits.

Als bei einer überraschend am Montag morgen angesetzten Abteilungsleiterbesprechung die Kollegen nur über die sportlichen Erfolge des Wochenendes sprechen, statt zum Thema zu kommen, wird Herta Rumland ungeduldig. Sie hat an diesem Tag noch mehrere Termine, und das kurzfristig angesetzte Treffen paßt ihr sowieso nicht. Mit der Begründung des Chefs, ihm seien bei der Durchsicht der Statistiken der einzelnen Abteilungen am Wochenende einige Ungereimtheiten aufgefallen, kann sie nichts anfangen. Ihr läuft die Zeit davon, doch nichts geschieht. Die Männer sind ganz in ihrem Element, einer übertrifft den anderen mit seiner Schilderung. Sie stehen in zwangloser Runde, einer klopft dem anderen anerkennend auf die Schulter, mit ausladenden Armbewegungen unterstreichen sie die Schilderung von einmaligen Golfschwüngen, unretournierbaren Tennisschlägen und hart am Wind gesegelten Meilen. Da Helga keinen Sport treibt, fühlt sie sich ausgeschlossen und setzt sich demonstrativ als erste an den Verhandlungstisch. Sie versucht, sich auf ihre Unterlagen zu konzentrieren, doch bald schießt sie wütende Blicke in die Richtung ihrer Kollegen. »Sie sollten auch für Ausgleich in der Freizeit sorgen, das entspannt«, bemerkt da einer der Kollegen, »das ist gut für die Nerven!«

»Meine Nerven sind in Ordnung, was ich nicht leiden kann, ist Zeitverschwendung!« Das wiederum hört ein anderer Kollege. »Na, das ist doch wohl der Gipfel, Ihretwegen veranstalten wir dieses Meeting, und Sie halten es für Zeitverschwendung?« Jetzt gerät Helga Rumland in Rage: »Meinetwegen? So eine Unverfrorenheit!« In diesem Augenblick tritt der Chef aus seinem Zimmer: »Na, Frau Rumland, schon so eifrig bei der Sache? Dann erklären Sie uns doch bitte, wie sich die Einführung der neuen Software in ihrer Abteilung ausgewirkt hat.« Jetzt starren sie die Kollegen teils spöttisch, teils mitleidig an. Sie weiß, daß alle mit der Einführung der neuen Software Probleme haben, doch nun sieht es so aus, als wäre sie die einzige, die damit nicht zurechtkommt. Herta Rumland wird es heiß und kalt, sie hat große Mühe, einigermaßen sachlich zu antworten, doch ihre Ausführungen überzeugen in diesem Augenblick weder sie selbst noch den Chef. Aber keiner der Kollegen unterstützt sie. Auf einmal sieht es so aus, als sei ihre Abteilung die einzige, die mit der neuen Software nicht zurechtkommt. Da wird ihr bewußt, welchen Fehler sie begangen hat: Ihre männlichen Kollegen haben sich bereits »spielerisch« formiert, haben gegenseitig die aktuelle Stimmungslage erkundet und Verbündete gesucht. Doch sie hat sich selbst ausgeschlossen und muß nun erkennen, daß sie auch in der geschäftlichen Diskussion alleine dasteht.

> Körpersprache verrät die soziale Stellung innerhalb der Gruppe.

Was erkennen wir daraus?
Das inoffizielle Powerspiel zu Beginn einer Unterredung gehört
bei vielen Besprechungen dazu und ist für die Männer selbstverständlich. Zuerst wird ein Thema aufgegriffen, das gute Möglichkeiten zur Selbstdarstellung bietet: Sport ist bestens geeignet. Ob
man(n) nun selbst aktiv ist oder das Geschehen nur am Bildschirm
verfolgt, bei diesem Thema kann jeder mitreden. Über diesen Umweg stimmen sich die Teilnehmer schon mal auf die folgende Unterredung ein: Viele Männer betrachten das inoffizielle Geplänkel
als Warming-up für den eigentlichen Schlagabtausch. Mit ihrer
Körpersprache signalisieren die Teilnehmer bereits jetzt, welchen
Status sie innerhalb der Gruppe zu haben glauben: Wer steht in der
Mitte, von allen umringt, wer redet am lautesten, über wessen Erzählungen wird von wem gelacht, wer nimmt wen zur Seite, wer
klopft wem auf die Schulter, wer geht wem aus dem Weg?

Was ist für uns wichtig?
Vielleicht kommt es Ihnen albern vor, sich diese Interaktionen genauer anzusehen, doch versuchen Sie einmal, diese Konfiguratio-
nen mit dem späteren Ablauf eines Meetings in Zusammenhang zu
bringen!
Herta Rumland hat sich mit ihrem freiwilligen Ausschluß einen
schlechten Dienst erwiesen. Hätte sie sich dazugesellt, statt die eif-
rige Streberin herauszukehren, die den »Boys« den Spaß des An-
gebens nicht gönnt, hätte sie sich eine viel günstigere Ausgangsba-
sis geschaffen. *Das Bild, das sich die Teilnehmer dadurch vor dem
Beginn des Meetings von ihr gemacht hätten, wäre ein anderes gewesen, und mit diesem positiven Bild wären sie in die Gesprächs-
runde gegangen.* Dieses positive Bild hätte zur Folge gehabt, daß
sie ihr interessierter zugehört und sie sachlich in einigen Punkten
unterstützt hätten. Jetzt läßt man(n) sie auflaufen und macht es ihr
schwer, ihren Bericht mit der nötigen Selbstsicherheit vorzutragen.
In diesem Augenblick untergräbt das Gefühl, nicht dazuzuge-
hören, ihre Leistungsfähigkeit, ihre Ausführungen klingen unsicher und sind plötzlich in sich nicht mehr schlüssig. Herta erweckt
nun tatsächlich den Eindruck, als überfordere sie die neue Software.

Was bedeutet das?
Der Eindruck, den wir von unserem Gesprächspartner bekommen, formt sich nicht erst in dem Moment, in dem wir mit ihm sprechen; er beginnt in dem Augenblick, in dem wir ihn sehen! Deshalb sind den Männern diese Spiele so wichtig! Hier können sie verbal oder nonverbal an dem Eindruck arbeiten, den sie machen möchten! Wer traut dem Fallschirmspringer nicht auch geschäftlich mutige Entscheidungen zu, wer läßt sich nicht gern davon überzeugen, daß der hervorragende Golfer auch im heißen Busineß immer eine ruhige Hand behält?

Was erkennen wir daran?
Wenn wir dieses Verhalten genauer unter die Lupe nehmen, so handelt es sich im Grunde um unlauteren Wettbewerb, denn wir wissen alle, daß sich das Verhalten in einer Situation nicht so ohne weiteres auf eine andere übertragen läßt. Doch dieser Protest nützt uns nichts. Wir müssen erkennen, daß wir im Beruf immer auf dem Präsentierteller stehen und die Auswirkungen unserer verbalen und nonverbalen Selbstpräsentation allgegenwärtig sind.

Was können wir tun?
Zuerst einmal sollten wir uns diese Spiele genau ansehen. Da wird uns deutlich, daß unsere männlichen Kollegen ständig im Einsatz sind: Für Selbstpräsentation ist überall Platz. Wir hingegen tendieren eher dazu, unsere Leistungen für uns sprechen zu lassen. Doch wenn wir in der Geschäftswelt bestehen wollen, müssen wir dieses Spiel verstehen, es bringt uns nicht weiter, wenn wir nur auf unsere Leistung pochen, uns aber sonst ins Abseits manövrieren.

Was lernen wir daraus?
Wir sollten bei diesen Sparringrunden natürlich nicht die Körpersprache unserer männlichen Kollegen imitieren, doch wir sollten lernen, die gleiche Präsenz zu zeigen! Gesellen Sie sich zu der Gruppe, geben Sie Ihre Kommentare ab, sie dürfen sogar kritisch sein, wenn Sie diese mit ein wenig Humor würzen! Vielleicht ist es keine schlechte Idee, sich mit den beliebtesten Themen oder der präferierten Sportart Ihrer Umgebung zu beschäftigen, dank der guten Übertragungen der Fernsehsender können Sie auch zu Hause viel mitbekommen. Doch selbst wenn Sie sich überhaupt nicht für diesen Diskussionsstoff erwärmen können, schließen Sie sich

nicht aus, und lassen Sie sich nicht etwa aus diesem Grund in die Mutter- oder Gouvernantenrolle drängen!

Was bedeutet dies?
Das bedeutet, daß Sie bei Besprechungen, die für Sie wirklich wichtig sind, weder Kaffee kochen noch Kekse holen oder gar Stühle schleppen. Wenn Sie befürchten, das nicht durchhalten zu können, dann kommen Sie erst in allerletzter Minute! Lassen Sie sich auch nicht zum Protokollführer, sollte plötzlich einer gebraucht werden, machen. Oder können Sie engagiert diskutieren und gleichzeitig notieren, was andere in Ihrer Umgebung sagen? Sich so zu verhalten erfordert Mut, doch wenn Sie Erfolg haben wollen, dann müssen Sie aus der Kleinmädchenrolle raus! Machen Sie dies von Anfang an klar, und lassen Sie sich auch durch Komplimente nicht davon abbringen.

Verhalten Sie sich Ihrer Position entsprechend

Doch wenn Sie selbstbewußt genug sind, auch bei großer »Belagerung« standhaft bleiben zu können, dann erscheinen Sie vor Besprechungsbeginn und schauen Sie den Männern soviel wie möglich ab! Dieses harmlose Sondieren des Terrains, dieses körpersprachliche »Sich-in-Szene-Setzen« zu beobachten ist oft aufschlußreicher als die nachfolgende Besprechung.

Was lernen wir daraus?
Das erste, was die Menschen an uns wahrnehmen, ist unser Energiezustand und unsere Laune. Schon von weitem können wir an Gesichtsausdruck und Körperhaltung sehen, wie jemand »drauf« ist. Ein schwacher Energiezustand, depressive Gefühle durchdringen, wenn wir es zulassen, jede einzelne Zelle unseres Körpers. Unsere gesamte Haltung drückt aus, wie uns zumute ist.
Wir nennen diesen Zustand auch Ausstrahlung. Doch was kann ausstrahlen: Energie.
Bleiben wir eine Minute bei diesem Wort: Ausstrahlen, also nach außen strahlen, kann nur, was innen ist. Geht es einem Menschen nicht gut, dann sagen wir: Er hat seine Ausstrahlung verloren. Doch wir wissen aus dem Physikunterricht, daß Energie nicht verlorengeht. Wo bleibt also die Energie, wenn sie nicht nach außen strahlt? Ist sie nicht mehr da? Doch, nur jetzt strahlt sie nach in-

nen. Irgend etwas ist schiefgegangen und gab den Anstoß, auch alle anderen Sorgen, Nöte und Befürchtungen, die wir in unserem Inneren hegen, zu beleuchten. Allmählich beleuchten wir diese Probleme so intensiv, daß keine Energie mehr vorhanden ist, kraftvoll nach außen zu handeln, und noch weniger Energie übrigbleibt, um sich nach außen zu verströmen; wir fühlen uns deprimiert, und wir sehen auch so aus. Wußten Sie, daß kein anderer Zustand mehr Energie verschlingt als der depressive? Befinden wir uns länger als einige Tage in diesem niedergeschlagenen Zustand oder überfällt er uns ohne jeden Grund, dann brauchen wir fachlich kompetente Hilfe. Doch geht uns etwas daneben, und wir fangen an zu grübeln, ziehen wir Energie an einem Problempunkt zusammen. Manchmal sind wir dabei so gut, daß uns der nächste Fehler passiert, worauf wir noch mehr Energie von außen abziehen, immer heftiger über unsere Schwächen nachdenken, und plötzlich fragt jemand: »Was ist denn mit dir los?«

Uns leuchtet ein, daß wir in diesem Zustand keinen erfolgreichen Eindruck machen.

Lernen Sie, bewußt mit Ihrer Energie umzugehen

Was lernen wir daraus?
Jeder hat Probleme. Doch erfolgreiche Menschen lassen es nicht zu, daß ihre Probleme die Oberhand gewinnen. Sie trainieren, ihre Energie *nicht* vollständig nach innen wandern zu lassen, sondern sie können diesem Prozeß durch Konzentration Einhalt gebieten. Nehmen Sie die Olympischen Spiele. Haben Sie sich nie gefragt, wie es zum Beispiel einem Sportler wie Frank Busemann gelingt, auf den Punkt genau in zehn Disziplinen Weltspitzenleistungen zu vollbringen? Weil er auch seine innere Energie auf diese Spitzenleistung konzentriert, weil er sich mental auf diese Spitzenleistung einstellt. Doch was Sportler können, können auch Sie! Ihr Sport ist Ihr Beruf! Trainieren Sie also!

Erfolg hat seine eigene Körpersprache

Zuvor sehen Sie sich um: Wie gehen, wie stehen, wie laufen erfolgreiche Menschen? Nehmen Sie ruhig das Fernsehen zu Hilfe, betrachten Sie die Videos ihrer Lieblingsfilme: Welche Körpersprache haben erfolgreiche Frauen? Dann üben Sie im stillen Kämmerlein: Stellen Sie sich vor, sie spielten die Hauptrolle in einem Stummfilm. Wie stellen Sie Erfolg ohne Worte dar? Fangen Sie bei den Zehenspitzen an und arbeiten Sie sich bis zu Ihrer Mimik hoch! Spielen Sie Situationen durch, in denen Sie Energie ausstrahlen, in denen Sie überzeugen, ohne einen Ton zu sagen. Erinnern Sie sich dabei an eine ganz erfolgreiche Situation, wiederholen Sie sie im Geiste, und bewegen Sie sich dazu!

Stellen Sie sich vor, Sie seien Evita Peron oder Margret Thatcher oder Rita Süßmuth. Dann versuchen Sie, Ihrer eigenen Persönlichkeit zum Ausdruck zu verhelfen, und finden Ihre eigene energetische Körpersprache.

Wenn Sie das Gefühl haben, Sie seien reif für »the real thing«, dann suchen Sie im Beruf nach geeigneten Situationen, um Ihre Fortschritte zu testen.

Vielleicht suchen Sie sich die nächste Besprechung als Übungsplatz heraus. Diesesmal sind Sie von Anfang an dabei, Sie bleiben nicht im Hintergrund, sondern sind schon beim vorgesprächlichen Showdown dabei. Plötzlich machen Sie eine weitere, wichtige Entdeckung:

Unsere männlichen Kollegen nutzen diese Gelegenheit auch zum »Abtasten« der anderen Gesprächsteilnehmer. Sie versuchen herauszubekommen, was der andere denkt und was er in diesem Gespräch erreichen will. Ganz helle Köpfe testen dabei bereits Ideen und Vorschläge. Sie checken ab, ob diese durchzubringen sind oder ob es geschickter wäre, sie zu modifizieren, neu zu formulieren oder vielleicht ganz zu verwerfen.

Testen Sie Ihre Vorschläge!

Was erkennen wir daran?

Wir Frauen haben mit diesem »Abtasten« unserer Gesprächspartner und dem Testen von Argumenten oft Schwierigkeiten. Wir stehen auf dem Standpunkt, entweder jemand ist *für* etwas oder er ist *dagegen*. Alles andere halten wir für Politik, und die steht bei uns nicht hoch im Kurs. Definieren wir Politik aber als die Kunst, verschiedene Interessen unter einen Hut zu bringen, so erkennen wir, daß es Geschäfte ohne Politik nicht geben kann. Auch im Geschäftsleben müssen wir immer wieder versuchen, den für alle besten Weg zu finden.

190

Dies ist es, was wir unter Verhandeln verstehen. Erfolgreiches Verhandeln erfordert, daß wir anbieten, abwägen, einlenken und schließlich zu dem Ergebnis kommen, von dem alle Beteiligten profitieren.

Was lernen wir daraus?
Dieses Verhandeln erfordert Geduld.
Wenn wir im Berufsleben erfolgreich sein wollen, dann müssen wir uns im Argumentieren üben, müssen lernen, rhetorische Trockenübungen zu machen, und uns daran gewöhnen, Sachverhalte rein theoretisch durchzuspielen, ohne alles gleich als endgültige Lösung anzusehen.
Wir müssen lernen, weder verbal noch nonverbal so schnell aus der Fassung zu geraten, wie es uns leicht geschieht. Wir müssen im wahrsten Sinne des Wortes trainieren, Haltung zu bewahren.
Sollte es Ihnen zum Beispiel bei einer Besprechung passieren, daß der Kollege, der Ihnen noch vor zehn Minuten entrüstet gesagt hatte, diese Lösung des Problems käme nun wirklich nicht in Frage, nun plötzlich behauptet, eben diese Lösung sei nicht schlecht, dann reagieren Sie bitte nicht mit einem genervten: »Aber Herr Kollege, Sie waren doch eben auf dem Flur noch der Meinung, daß …!«
Dieser plötzliche Sinneswandel hat weder etwas mit Amnesie noch mit labilem Charakter zu tun! Männer betrachten den Schlagabtausch *vor* einem Gespräch als rein *sportlich,* er dient ausschließlich der Erkundung des Terrains.

Was bedeutet dies?
Wir haben Schwierigkeiten, mit diesem Taktieren gelassen umzugehen.
Um professionell zu wirken, konzentrieren wir uns zu sehr auf die reinen Fakten, wollen direkt zur Sache kommen und weder unsere noch die Zeit unserer Gesprächspartner vergeuden. Damit machen wir einen großen Fehler.

Was können wir tun?
Wir Frauen sollten diese Spiele gut beobachten, bevor wir uns darauf einlassen. Wir agieren häufig zu engagiert, um abwarten zu können. Man(n) kann uns leicht durch Rituale und Powerspiele aus dem Konzept bringen. »Ich habe die Rituale in männerdominierten Gremien lange beobachtet«, sagte Ursula Nelles, Direkto-

rin am Institut für Kriminalwissenschaften Uni Münster, in einem Bericht des »Stern« (Heft 23, 28.5.1997), »und sie dann gelernt, wie man Französisch oder Spanisch lernt.« Ursula Nelles gab den Leserinnen noch einen wichtigen Hinweis: »Man muß warten können, bis alle wichtigen Männer ihre Statements abgegeben haben, auch wenn sie sich nur wiederholen. Wer als Frau zu früh dazwischengeht, erreicht nicht viel.«

Gehen Sie bedacht mit Ihren Ideen um

Wir müssen nicht nur trainieren, uns kraftvoll und kompetent zu präsentieren, sondern auch, uns in entscheidenden Augenblicken zurückzunehmen und abwarten zu können. Wir müssen lernen, daß im Geschäftsleben nicht immer so gehandelt wird, wie wir es uns wünschen. Vielleicht beschließen wir nun, uns bei der nächsten Besprechung an diesem Spiel zu beteiligen. Doch Vorsicht, am Anfang stolpern wir häufig noch über einen anderen Stein: Wir lassen uns sehr schnell dazu verleiten, unsere guten Argumente preiszugeben. Wir wollen gerne mithalten und verspielen unsere Trümpfe. Hat das Meeting dann begonnen, passiert's: Ein Kollege kommt Ihnen zuvor und präsentiert, scheinbar ganz arglos, Ihre Gedanken, noch bevor Sie zu Wort gekommen sind. Sie mögen dies gemein finden, Männer halten dies für ganz normal. Darum hüten Sie Ihre Zunge, sagen Sie außerhalb der Besprechung lieber etwas Dummes, als daß Sie Ideen, mit denen Sie Pluspunkte sammeln können, ausplaudern.

Doch nicht nur unbedachte Offenheit, sondern auch unsere innere Beteiligung kann uns einen Streich spielen. Wenn wir uns provozieren lassen, wenn wir mit rotem Kopf und sich überschlagender Stimme unsere Argumente vortragen, werden diese Argumente nicht *für uns* sprechen, selbst dann nicht, wenn sie inhaltlich richtig sind.

Auch dies mögen wir verwerflich finden, aber, Hand aufs Herz, erwarten nicht auch Sie, daß ein Mensch, dem wir Verantwortung übertragen, gelassen diskutieren kann?

Erfolgsfaktor Stimme

Selbst wir Frauen hören aus einer männlich markanten Stimme mehr Kompetenz heraus als aus einem weiblich charmanten Singsang. Dabei zeigen die großen allgemeinen Probleme im Augenblick recht deutlich, daß Stimmgewalt beileibe kein Indiz für Können sein muß. Dennoch, ein Baß macht in Politik und Wirtschaft mehr Eindruck als ein lyrischer Sopran. Außerdem fehlt es an femininen, selbstbewußten Stimmen, die uns in die neue Richtung weisen und die auch akustisch Eindruck auf uns machen!

Verändert Streß Ihre Stimme?

Stimmtraining ist nicht umsonst ein wesentlicher Bestandteil des Schauspielunterrichts. Genau wie unser Körper transportiert auch unsere Stimme Gefühle: Ärger, Freude, Überraschung, Schmerz. An der Stimme können wir die seelische Verfassung des Sprechenden erkennen: Ausgeglichenheit, Nervosität oder Streß. Unsere Stimmung beeinflußt unsere Stimme. Mit unserer Stimme lösen dann wiederum wir in unseren Gesprächspartnern Reaktionen aus.

Die menschliche Stimme ist ein perfektes Instrument, und wer sie beherrscht, kann herrschen. Einige Wissenschaftler sind davon überzeugt, daß der Gehörsinn der älteste der menschlichen Sinne und so der differenzierteste und einflußreichste sei. Und tatsächlich, viele Menschen müssen einen vertrauten Partner nur hören, um genau zu wissen, wie es ihm geht. Unser Gehörsinn ist selbst dann aktiv, wenn unser Bewußtsein schläft, wenn wir in Narkose oder im Koma liegen. Immer häufiger erfahren wir von Menschen, die diese tiefe Bewußtlosigkeit überlebt haben und die Gespräche wiedergeben können, die sie unserem allgemeinen Verständnis nach nicht gehört haben können.

Unser Gehör ist ständig auf »Empfang« eingestellt, denn die Natur hat leider einen kleinen Ohrstöpsel, etwa zu vergleichen mit unseren Augenlidern, vergessen. Doch vielleicht ist dies ein Hinweis, welche große Bedeutung unser Gehör für uns Menschen hat.

Doch wir hören nicht nur mit den Ohren.

Genauso, wie wir Bilder in uns tragen, die uns »Erfolg« signalisieren, genauso haben wir bestimmte Klänge im Ohr, die in uns bestimmte Eigenschaften suggerieren.

Die Stimme weckt Emotionen!

Eine tiefe Stimme vermittelt Sicherheit. Eine sonore Stimme suggeriert Vertrauen, Geborgenheit. Eine schneidende Stimme erinnert uns an Autorität und Gehorsam, zarte, hohe Töne an Hilflosigkeit, ein singender Tonfall vermittelt Lebensfreude und Unbekümmertheit. Leider haben auch bei der Stimme die Männer wieder einen Vorteil: Ein Mann kann unscheinbar, ja sogar häßlich sein, hat er eine gute Stimme, sagt er gescheite Dinge, dann vergessen wir das Aussehen. August Everding, Intendant des Münchner Prinzregententheaters und weit über Deutschland hinaus bekannt, sagte es sehr treffend: Ein Mann kann sich schön reden.
Wir Frauen reden uns dagegen oft um Kopf und Kragen!
Unsere Stimme ist von Natur aus eher hell und dünn. Kombinieren wir diese Qualität mit unserer Zurückhaltung, unsere Meinung fest und bestimmt zu sagen, mit unserem Wunsch, vor allem die Beziehung zum anderen nicht zu gefährden, dann erkennen wir unser Sprachmuster.
Frauen sprechen selten ohne Rücksicht auf Verluste, Männer machen sich da weniger Gedanken. Wir Frauen versuchen, uns rhetorisch und stimmlich ein Hintertürchen offenzuhalten: Wir ziehen die Satzendungen nach oben, wir verkleinern, verniedlichen oder nehmen durch eine weichere Stimme die Schärfe aus der Botschaft. Wir sprechen zaghaft und klingen zögernd, oft leider auch dann, wenn wir entschlossen klingen sollten.

Trainieren Sie, stimmlich und inhaltlich stimmige Aussagen zu machen

Umgekehrt schießen wir aber stimmlich oft über das Ziel hinaus, uns fehlt die innere Gelassenheit, auch in kritischen Situationen ruhig und besonnen zu sprechen. Dadurch verkrampft sich die Muskulatur im Halsbereich, wir versuchen dem »Es schnürt mir die Kehle zu« entgegenzuwirken, und durch diese Anstrengung rutscht unser Kehlkopf nach oben. Aber damit erhöht sich unsere Stimmlage und läßt uns so gerade in jenen Situationen, in denen wir kompetent erscheinen möchten, im Stich.

194

Was können wir tun?
Versuchen Sie herauszufinden, in welcher Tonlage Sie am unverkrampftesten sprechen. Zu diesem Zweck setzen Sie sich einigermaßen bequem hin, nehmen das Telefonbuch und lesen nun einfach, ohne besondere Betonung und ohne sich anzustrengen, eine Spalte herunter. Bald wir es Ihnen langweilig werden, und die Stimme wird monoton: Diese Stimmlage ist ihre »Grundstimmlage«.
Jetzt fangen Sie an, die Namen zu betonen.
Plötzlich sprechen Sie mal höher, mal niedriger. Ihre Stimme bekommt eine Melodie, Ihre Melodie. Jede Sprachmelodie ist einzigartig, auf der Welt einmalig und ersetzt bei einigen elektronischen Systemen (voice print) bereits das von uns allen geliebte Paßbild.
Jetzt kennen Sie Ihre Grundstimmlage und Ihre Sprachmelodie. Nun versuchen Sie so zu sprechen, wie Sie gehört werden möchten! Üben Sie für sich im stillen Kämmerlein. Wie möchten Sie klingen? Diese Stimme sollte sich nicht zu weit von ihrer natürlichen Frequenz entfernen, sonst wird es zu mühsam, sie beizubehalten, doch sie kann etwas tiefer liegen.
Natürlich können wir uns angewöhnen, tiefer zu sprechen, als es unserer normalen Tonlage entspricht. Doch jede Abweichung ist mit Anstrengung verbunden, und dies tut unseren Stimmbändern auf die Dauer nicht gut. Deshalb raten Sprachtherapeuten, bei feiner Stimme besonders auf die Artikulation der Wörter zu achten. Auch eine hohe und dünne Stimme wirkt durch eine gute Aussprache dunkler und voller. Spielen Sie »Moderator«, das heißt, sprechen Sie kurze Statements aus aktuellen Nachrichtenmagazinen in einer Art und Weise auf eine Kassette, als wollten Sie sich damit als nächste Tagesschausprecherin empfehlen. Besonders profitieren werden Sie von dieser Übung, wenn Sie sie auch auf fremdsprachliche Journale ausdehnen, denn oft haben wir nur deshalb Hemmungen, unsere Sprachkenntnisse in das gebührende Licht zu rücken, weil wir nicht genügend praktische Übung haben. Machen Sie es sich zur Gewohnheit, auch Zeitungen und Zeitschriften in den Sprachen zu lesen, die Sie in Ihrem Fach bereits brauchen oder eines Tages brauchen werden!
Wichtig aber ist, daß Sie nach jeder Übung wieder zu »Ihrer« Stimme zurückkehren, damit sich die Stimmbänder entspannen können. Lockern Sie die Muskulatur des Kiefers, indem Sie die Wangen aufblasen und die Luft dann langsam ausatmen, oder erlauben

Sie sich, herzhaft zu gähnen! Zu gähnen ist wunderbar entspannend, für den Kiefer, die Wangen und die Halsmuskulatur, für die Augenpartie, doch bitte … wählen Sie einen günstigen Zeitpunkt. Es ist nicht immer ganz einfach, dabei frisch und fit zu bleiben!

Unsere Stimme ist unser größter Sympathieträger. Ein Mensch kann noch soviel können und wissen, ist seine Stimme unsympathisch, verfehlt er seine Wirkung. Doch was macht eine Stimme sympathisch?

Sprich, damit ich dich sehe!

Sokrates

Unsere Stimme kommt aus unserem Inneren. Sie spiegelt, was in uns vor sich geht. Mit jemandem zu sprechen, der keine Emotionen zu haben scheint, ist nicht nur nervtötend, sondern auch sehr unergiebig: Wir haben nämlich Schwierigkeiten zu behalten, was sie/er sagt. Doch sich mit einem Menschen zu unterhalten, der innerlich vor Angst zittert, ist auch nicht einfach! Am angenehmsten ist es, mit jemandem zu sprechen, der Ruhe, Gelassenheit und emotionales Engagement ausstrahlt!

Was bedeutet das?
Wir müssen lernen, mit unseren Gefühlen klarzukommen. Wir müssen Selbstdisziplin üben, trainieren, uns nicht von jeder Kleinigkeit aus dem Gleichgewicht bringen zu lassen. Die hektische Aufgeregtheit, in die wir Frauen so schnell geraten können und die unserer Stimme verheerende Streiche spielt, müssen wir, wollen wir erfolgreich sein, in den Griff bekommen. In Streßsituationen wird der stimmliche Unterschied zum anderen Geschlecht besonders deutlich (übrigens auch biologisch bedingt, der männliche Kehlkopf funktioniert etwas anders als der weibliche, außerdem sind unsere Stimmbänder kürzer): Ein brüllender Löwe brüllt wie ein Löwe, eine fauchende Katze kreischt.

Was erkennen wir daran?
Unsere Stimme ist Ausdruck innerer Bewegung.

Stimme ist hörbare Emotion.

Wir müssen uns klar darüber sein, daß sie sich daher von Situation zu Situation verändern kann.

196

Wir müssen erkennen, in welchen Situationen unsere innere Betroffenheit, unsere innere emotionale Beteiligung unsere Stimme überrollt. Wir werden feststellen, daß dies häufig geschieht und nicht immer etwas mit dem Thema zu tun hat, über das wir gerade sprechen. Es sind oft unsere eigenen inneren Ängste und Befürchtungen, die uns einen Streich spielen und sich via Stimme Ausdruck verschaffen.

Was müssen wir wissen?
Vielleicht hilft uns hier auch ein Bild: Unsere Stimmbänder erzeugen unsere Stimme durch Vibration, und je stärker sie vibrieren, um so höher sind die Töne, die erzeugt werden. Psychische Erregung teilt sich aber dem ganzen Körper mit und wirkt wie ein Verstärker! Stellen Sie sich in entscheidenden Situationen ein Bild vor, das Sie beruhigt! Überlegen Sie ruhig schon in »ruhigen« Zeiten, wie dieses Bild aussehen könnte: ein Strandkorb im weißen Sand, ein Weg an einem See, vielleicht sogar Ihr Lieblingssessel. Verbinden Sie dieses Bild in Ihrer Vorstellung mit Ruhe und Gelassenheit, und üben Sie, es auf Kommando sehen zu können. Nach einer Weile werden Sie es auch in schwierigen Situationen abrufen und sich damit beruhigen können.

Was lernen wir dadurch?
Wir lernen, mit unserer Stimme zu unterstreichen, was unsere Worte aussagen, und nicht, wie wir uns im Augenblick fühlen! Wir müssen lernen, im Beruf etwas mehr Distanz zu den Gefühlen *uns* gegenüber zu bekommen! Nicht zu verwechseln mit den Gefühlen, die wir der Sache, um die es geht, entgegenbringen!

Fragen Sie sich während eines Gesprächs:
– Welche Stimmung deutet die Stimme meines Gesprächspartners an?
– Welche Stimmung scheint meine Stimme in ihm auszulösen?
– Kann ich durch eine Veränderung meiner Stimme diese Stimmung ändern?
– Kann ich unterscheiden, wie mein Gesprächspartner gefühlsmäßig zu unserem Thema und wie er zu mir steht?

Tina Rosen, neununddreißig Jahre, ledig, mit beinahe zwanzigjähriger Berufserfahrung, bewirbt sich im Unternehmen um den Posten einer Abteilungsleiterin.

Beim Vorstellungsgespräch ist Tina gut gekleidet, sie wirkt selbstbewußt und gelassen. Auf die Frage, ob sie sich zutraut, ein Team von fünfzehn Mitarbeitern zu führen, sagt sie mit kräftiger Stimme: »Ja.« Im weiteren Verlauf des Gesprächs stellt der zuständige Ressortleiter ihr gezielte Fragen über den zur Disposition stehenden Aufgabenbereich. Fachlich scheinen die Fragen Tina Rosen keine Schwierigkeiten zu machen, doch ihre Stimme wird bei jeder Antwort lauter, die Tonlage höher. Als sie schließlich genervt fragt, ob die Herren denn ihre Bewerbungsunterlagen nicht gelesen hätten und nicht wüßten, wen sie vor sich hätten, wird das Gespräch schnell beendet.

Welche Vorstellungen weckt meine Stimme?

Eine Frau, deren Stimme im Verlauf eines Gesprächs höher und lauter wird, wirkt nicht etwa dynamisch und selbstbewußt, sondern zickig und unbeherrscht! Genausowenig wird eine Stimme, die kleiner und schwächer wird, im Beruf einen positiven Erfolg erzielen!

Was können wir tun?
Überprüfen Sie Ihre Stimme – nicht nur auf dem Anrufbeantworter! Investieren Sie in ein kleines Aufnahmegerät, das Sie neben Ihr Telefon oder auf Ihren Schreibtisch stellen. Informieren Sie Ihre Kollegen, und dann nehmen Sie sich auf. Sie können das Gerät auch am Sonntag auf den Kaffeetisch stellen, die ganz Familie wird ihren Spaß daran haben!
Beantworten Sie sich folgende Fragen:
– Wie verändert sich die Stimme, wenn ich mich emotional getroffen fühle?
– Wie hört sich meine Stimme an, wenn ich unsicher, verärgert, überrascht oder erfreut bin?
– Kann man aus meiner Stimme meine innere Verfassung heraushören?
– Werde ich lauter oder leiser, wenn ich Mitarbeiter tadle?
Sie werden bald in der Lage sein, herauszuhören, wie Sie »drauf« sind.

Tina Rosen erhebt ihre Stimme nicht, weil sie den Herren die Meinung sagen will, sondern weil sie sich ungerecht behandelt fühlt! Das weckt einen alten Minderwertigkeitskomplex, und aus dieser inneren Not heraus steigt die Stimme und wird lauter! Doch Tinas Gesprächspartner fangen diese stimmlichen Vibrationen auf und reagieren entsprechend!

Fragen Sie sich dann, wie sich eine Frau anhören soll, mit der Sie gerne geschäftlich zu tun haben möchten!
Stellen Sie Ihr Aufnahmegerät wieder an, und lesen Sie sich laut etwas vor, am besten einen Artikel aus dem Wirtschaftsteil der Zeitung. Hören Sie das Band ab, markieren Sie mit Textmarker die Schlüsselworte des Textes, und lesen Sie wieder! Mit jeder Wiederholung werden Sie sich verbessern! Vielleicht haben Sie bemerkt, wie sehr die Stärke Ihrer Stimme von Ihrem Atem abhängt. Leider reagiert auch unser Atem bzw. unsere Atemfrequenz auf physische und psychische Vorgänge. Laufen Sie schnell fünf Stockwerke hoch, und lesen Sie laut Ihren Artikel vor! Dann machen Sie Entspannungsübungen, atmen ruhig und gleichmäßig, und nun lesen Sie wieder! Wenn Sie nicht sehr gut durchtrainiert sind, können Sie den Unterschied heraushören!
Doch oft bleibt uns die Luft auch dann weg, wenn wir uns kaum von der Stelle rühren: Psychische Vorgänge können dieselbe Wirkung hervorrufen wie fünf Stockwerke. Deshalb kann es unsere stimmliche Ausdruckskraft sehr verbessern, wenn wir lernen, auch in Streßsituationen unseren Atem zu kontrollieren und uns trotz der Anspannung nicht zu sehr zu verspannen. Verspannen nämlich Rücken- und Schultermuskulatur, die Muskeln im Hals- und Kieferbereich und die unseres Gesichtes, muß unsere Stimme sich gegen diesen Widerstand durchsetzen. Das ist anstrengend, und so hören wir uns dann auch an. Bald darauf sind wir heiser, müssen uns räuspern und sprechen trotzdem nicht freier. Übrigens, auch unsere Schuhe haben etwas mit unserer Stimme zu tun: Je höher der Absatz, desto angespannter die Rückenmuskulatur!
Entspannungs- und Atemtechniken muß man »live« erlernen; versuchen Sie ein Seminar zu besuchen oder mit Kassetten zu üben. Noch ein Wort zu dem berühmten »tief einatmen«. In einer Streßsituation ein- oder zweimal tief zu atmen, um sich zu beruhigen oder um nicht voreilig mit einer Antwort zu kontern, ist o.k. Doch wenn es zum Beispiel um eine kleine Rede oder einen Vortrag geht, atmen Sie bitte während des Redens wie immer. Warum? Weil Sie, wenn Sie tief einatmen, auch wieder verstärkt ausatmen

müssen, und nach zu vielen tiefen Atemzügen haben Sie unter Umständen Mühe, wieder in Ihren natürlichen Atemrhythmus hineinzukommen.

Trainieren Sie Ihre Atemtechnik!

Zum Schluß noch ein alter Schauspielertrick: Nehmen Sie einen Naturkorken, und stecken Sie ihn sich zwischen die Zähne, und zwar so, daß er aus dem Mund herausragt! Nun versuchen Sie wieder einen Ihrer Texte zu lesen. Zuerst werden Sie wahrscheinlich kein verständliches Wort herausbringen, dafür jedoch plötzlich bemerken, wie viele Muskeln nötig sind, um verständlich zu artikulieren! Üben Sie mit dem Korken zwischen den Zähnen zu sprechen, dies ist nicht nur eine hervorragende Gesichtsgymnastik, sondern Sie werden bereits nach einigen Versuchen erstaunt feststellen, wie sich Ihre Aussprache verbessert! Apropos Aussprache: Dialekt muß natürlich so gesprochen werden, daß jeder Sie gut verstehen kann! Und zwar von Rügen bis Deggendorf! Versuchen Sie, die Vokale a, e, i, o, u möglichst deutlich auszusprechen. Sollte Ihre Stimme Ihnen noch immer zu hoch erscheinen, *denken* Sie sie sich während des Sprechens tiefer. Sie werden erstaunt feststellen, daß sich die Stimme tatsächlich senkt. Vielleicht klappt es nicht auf Anhieb, doch Sie wissen ja: Üben, üben, üben! Einer Stimme, die man(n) gerne hört, hört man(n) zu!

Auch privat entdecken immer mehr Männer den Reiz einer schönen Stimme! Übrigens kein Wunder, denn viele von uns führen Dreiecksbeziehungen: er, sie und das Telefon! Doch es gibt offenbar noch andere Überlegungen. So erklärte ein Medienmann, der auch beruflich viel »hören« muß: »Ich verliebe mich nur noch in Stimmen.« Auf die Frage, warum, antwortete er verschmitzt: »Die Stimme bleibt …«

Doch es hilft uns auf dem Weg nach oben auch nicht immer weiter, wenn wir versuchen, uns betont »männlich« zu geben.

Erfolgsfaktor Sprache

Als bekannt wird, daß die stellvertretende Geschäftsführerin die Firma verlassen wird, bewirbt sich Heike Bentien um diese Position. Sie ist als zuverlässige Kraft begannt, die zupacken kann,

und hat in der Fertigung schon eine Reihe konstruktiver Vorschläge gemacht, die sie auch durchsetzen konnte. Die Mitarbeiter halten viel von ihr, besonders die Arbeiter in der Fertigung, die ihr unterstellt sind. Heike Bentien hat sich im Umgang mit ihnen eine recht direkte Art angewöhnt, ist sehr burschikos und verfällt schnell in einen kumpelhaften Ton.
Der Personalchef überlegt eine Weile, bittet Heike dann jedoch gemeinsam mit dem ersten Geschäftsführer zu einem Gespräch. »Ganz zufällig« kommt der Chef ins Büro, hört eine Weile schweigend zu und geht wortlos wieder hinaus.
Am nächsten Tag erfährt Frau Bentien, daß sich die Firma entschlossen hat, auch extern nach einer geeigneten Kandidatin für den vakanten Posten zu suchen.

Die Sprache wendet sich an die Ratio. An der Sprache erkennen wir in der Regel Niveau und Bildung unseres Gesprächspartners. Die Sprache ist ein Indikator für das soziale Umfeld, in dem wir uns bewegen. Was sich zum z. B. in der Lokalpolitik durchaus positiv auswirken kann, ist im Topmanagement eines internationalen Konzerns deplaziert. Auch bei der Sprache finden wir wieder Codes: einen restringierten und einen elaborierten, einen eingeschränkten Wortschatz mit einem beschränkten Sprechvermögen und einen umfassenden Wortschatz mit einem differenzierten Sprachverhalten.
Sprache und Identität sind eng miteinander verbunden. Genau wie es innerhalb eines Landes regionale Unterschiede in der Sprache gibt, gibt es diese Unterschiede in den Unternehmen. In einer Bank spricht man anders als in einer Schreinerei. Ein Vorstand spricht anders als ein Abteilungsleiter, ein Mann spricht anders als eine Frau. Das, was wir von einer erfolgreichen Frau im Berufsleben erwarten, ist eine klare, aber feminine Sprache.
Heinz Weinmann, Personalchef bei der Hoechst AG, gibt Frauen, die in der Wirtschaft ernst genommen werden wollen, den Rat, es zu vermeiden, männliche Eigenschaften zu kopieren. Denn, so sagt er, eine Kollegin, die sich sehr burschikos und streng gibt, wirke schnell etwas aufgesetzt, und das sei nicht karriereförderlich. (Stern/23, 28.5.1996) Ähnlich urteilte das Magazin »Focus« (44/1996) über den Sprachstil Margret Thatchers: Verständlich, klar, aber ihr männlicher Stil wirke manchmal abschreckend.
Im Beruf sprechen wir aus drei Gründen: um Informationen aus-

zutauschen, Anweisungen zu geben und Ergebnisse zu erzielen. Wenn wir in unserem Unternehmen vorankommen, dann weil wir bewiesen haben, daß wir erfolgreich denken und handeln können. Doch wir handeln und denken als Frau erfolgreich! Nur weil wir die männliche Rhetorik durchschauen und auf einige Spiele eingehen, bedeutet dies nicht, daß wir unsere sprachliche Identität aufgeben müssen. Wie würden Sie über einen männlichen Mitarbeiter urteilen, der, weil seine Chefin eine Frau ist, plötzlich anfängt, wie ein weibliches Wesen zu sprechen?

Das gleiche gilt für die sprachliche Ebene, auf der wir uns bewegen. Natürlich ist es vorteilhaft, wenn wir unseren Untergebenen aufs Maul schauen und es verstehen, uns genauso auszudrücken wie sie. Es darf nur nicht zur Gewohnheit werden! Gerade, wenn wir uns für eine weiterführende Position qualifizieren wollen, müssen wir auf allen Ebenen zu Hause sein. Unsere Sprache muß vor allem aber *für* uns sprechen, jeder Satz ist eine Empfehlung!

Sprache ist eine Visitenkarte!

Was bedeutet das?
Wir müssen uns darüber im klaren sein, daß es eine Karriere ohne Worte nicht gibt. Je besser wir uns auf jede einzelne Situation einstellen können, je besser wir uns ausdrücken, je sicherer wir mit Worten und Begriffen umgehen, je schneller wir erkennen, wie unsere Botschaft beim anderen angekommen ist, um so besser können wir uns, unsere Ideen und Vorschläge präsentieren. Fragen Sie sich:
– Welcher Zeitung/Zeitschrift entspricht mein Wortschatz in etwa? (Spiegel, FAZ, Süddeutsche Zeitung, Bunte, Bild)
– Welche Zeitung lese ich regelmäßig?
– Welche Zeitungen lesen meine Vorgesetzten, Mitarbeiter, Geschäftspartner?
– Bin ich mit allen in meinem Bereich üblichen Fachausdrücken vertraut?
– Beherrsche ich die gängigen Fremdwörter, Abkürzungen, Maßeinheiten?

Was erkennen wir daran?
Unsere Sprache ist unsere Visitenkarte. Wir müssen unsere Sprache ständig anpassen, wollen wir, daß sie Ausdruck unserer Fähig-

keiten ist. Wir müssen uns darüber im klaren sein, daß unser Umfeld sich von unserer Sprache oft stärker beeinflussen läßt als von unserem Können.

Doch wie gehen wir mit ihr um?

Wir alle wollen mehr Inhalt und weniger Verpackung.

Aber wie argumentieren wir richtig?

Dialektik

Der Zauber der siegreichen Argumentation entsteht in der Person, nicht in den Worten, in der Seele, nicht durch Redegewandtheit.

Gerry Spence

Inhalte, nicht nur Verpackungen!

Gerry Spence ist ein Mann, der es wissen muß, er gilt als einer der erfolgreichsten Anwälte Amerikas und hat in den vergangenen dreißig Jahren nicht einen Strafprozeß verloren.

Sein Satz hat für uns Frauen eine besondere Bedeutung, denn er bestätigt, was wir schon immer vermutet haben: daß Phrasendreschen nichts taugt. Wir haben schon immer das Gefühl gehabt, daß eine Rhetorik, die nur aufgesetzt und angelernt ist, eine Schablone bleibt und nur das hervorbringt, was wir zur Genüge haben: brillante Schwätzer.

Aber auch den Dampfplauderern wird immer klarer, daß Worte ohne Inhalt, konstruierte Sätze ohne Sinn und rhetorische Schleifen, die nur ein Nichts einpacken, nicht viel taugen.

Gehen Sie bewußt mit Fragen um

Fragen

Wer im Berufsleben vorankommen will, muß Fragen stellen. Jeder, der etwas lernen will, muß Fragen stellen. Verglichen mit anderen Satzarten haben Fragen eine starke psychische Komponente. Durch gezielte Fragen können wir einen Menschen in die Enge treiben, durch geschickte Fragen können wir einem Menschen etwas entlocken, durch Fangfragen können wir versuchen, ihn aufs Glatteis zu führen, und durch rhetorische Fragen können wir ihn verunsichern. So ist es kein Wunder, daß sich Fragen zu einem beachtlichen rhetorischen Werkzeug entwickelt haben. Fragen sind ein Mittel, um Menschen intellektuell und psychisch in eine bestimmte Richtung zu drängen. Doch die These: Wer fragt, führt, stimmt nur zum Teil. Es kommt nämlich entscheidend darauf an, wer fragt! Denn auch hier gibt es, laut Dr. Deborah Tannen, einen geschlechtsspezifischen Unterschied: Während Männer geschickter dabei sind, Fragen zur eigenen Profilierung und zu Machtdemonstrationen einzusetzen, gehen wir Frauen mit dem Instrument »Frage« ahnungsloser um. Wir fragen, wenn wir etwas wirklich nicht wissen oder nicht genau wissen, wenn wir ohne Zusatzinformationen nicht mehr weiterkommen oder wenn uns die Neugierde plagt. Doch keinen dieser Auslöser halten unsere männlichen Kollegen für Anzeichen von Kompetenz! Sie sehen darin eher Hinweise auf ein gewisses Unvermögen. Männer assoziieren Fragen nur dann mit Stärke, wenn der Fragende sie rhetorisch so geschickt einsetzt, daß er dabei der Überlegene bleibt.

Als Patrizia am nächsten Morgen ins Büro kommt, sitzt Ulrike schon am PC und schreibt. Ein Herr beugt sich über ihre Schulter, um den Text auf dem Bildschirm zu verfolgen. Ulrike dreht sich um: »Herr Überreiter, das ist Patrizia Bertram.« Herr Überreiter mustert erst Patrizia, dann das ganze Büro. »Wenn ich Ihren Schreibtisch betrachte, Ulrike, hättet ihr da nicht eher einen kräftigen jungen Mann gebrauchen können? Aber vielleicht verfügt diese junge Dame ja über verborgene Fähigkeiten!« Herr Überreiter geht zu Karin Krügers Büro und spricht dabei über seine Schulter. »Arbeitserfahrung haben Sie, nehme ich an? In welcher Firma?« Patrizia ist sprachlos, doch das scheint Herr Überreiter nicht zu bemerken. »Ach, übrigens, wo ist denn die Gnädigste heute?« Er hat die Verbindungstür geöffnet. »Frau Krüger ist auf dem Wege nach Dschabalapur.« Herr Überreiter stutzt. Jetzt spielt Ulrike ihre Karten aus. Ihre Blicke wandern an Herrn Überreiter auf und ab. »Sie wissen doch, wir wollen jetzt auch indische Textilien in unser Sortiment aufnehmen.« Als Herr Überreiter nicht reagiert, fährt sie fort: »Der Chef ist von dieser Idee total begeistert.« Plötzlich hat es Herr Überreiter sehr eilig. »Ich kann die Unterlagen mitnehmen?« Er greift nach der Mappe, nickt Patrizia zu und verschwindet, ohne die Tür hinter sich zu schließen.

Was erkennen wir daran?
Fragen stellen zu können, auf die der Gesprächspartner nur mit Ja oder Nein oder mit einem Wort antworten kann, ist ein Privileg. Die Polizei fragt so, die Justiz, das Militär und manchmal der Herr Pfarrer. Deshalb ist unser Gefühl, diese Art der Fragestellung sei eher ein Verhör, nicht falsch. Herr Überreiter versucht, den Besuch in Ulrikes Büro dazu zu nutzen, sich in Szene zu setzen und Informationen einzuholen. Die für ihn wichtigste Frage galt allerdings nicht Patrizia, sondern dem Aufenthaltsort von Karin Krüger. Seine Wortwahl verrät die innere Haltung, die er Frau Krüger gegenüber hegt. Ihr, und nicht Ulrike, galt auch der Seitenhieb bezogen auf Ulrikes Schreibtisch. Er hält das Chaos für den sichtbaren Beweis der schwachen Führungsqualitäten der Geschäftsführerin. Die Fragen an Patrizia dienten dem eigenen Image des Herrn Überreiter; er wollte sich als pragmatischen Typen darstellen, der weiß, worauf es ankommt.
Doch Ulrike scheint dieses Spiel zu durchschauen, sie kontert sehr geschickt und gibt mit dem Hinweis auf den Chef Herrn Überreiter zu verstehen, daß an der Stellung von Frau Krüger nicht zu rütteln ist.

Die rhetorische Frage
Die Frage, auf die niemand eine Antwort erwartet, die aber dennoch sehr effektiv sein kann, nennen wir die rhetorische.
Wir Frauen stehen mit ihr auf nicht allzu gutem Fuß. Zwar beherrschen wir sie auch, wir spielen sie jedoch eher in Situationen aus, in denen das Biest in uns zu Wort kommt. Wer kennt sie nicht, die spitzen Bemerkungen über Aussehen, Lebenswandel und Arbeitsleistung der lieben Freunde und Kollegen! Mit diesen schnippischen Fragen machen wir unserem eigenen Unmut Luft und demonstrieren unserer Umgebung, daß mit uns im Augenblick nicht gut Kirschen essen ist.
Geschickter ist es jedoch, rhetorische Fragen auch ganz gezielt im beruflichen Alltag einzusetzen. Sie können uns dabei helfen, Mitarbeiter und Geschäftspartner in die von uns gewünschte Richtung zu lenken, und sie dazu bringen, unseren Standpunkt zu akzeptieren. Doch rhetorische Kunstgriffe bewegen sich nach weiblichem

Sprachverständnis bereits stark an der Grenze zur Manipulation. Der Begriff »Manipulation« ist bei uns Frauen, ähnlich wie der Begriff »Aggression«, jedoch sehr negativ besetzt. Warum eigentlich?

Wie interpretieren Sie Manipulation und Aggression?

Anita Lau arbeitet als jüngste Nachwuchsarchitektin in einem Architekturbüro. Tage- und nächtelang hat sie die ganze Woche an der Bewältigung eines Problems gearbeitet und ist nun, am Freitag mittag, nach diesem Marathoneinsatz fest davon überzeugt, die geschickteste Lösung für die schwierige Aufgabe gefunden zu haben. Nur mit dieser erfolgreichen Vorleistung hat ihre Firma überhaupt eine Chance, den ausgeschriebenen Auftrag endgültig zu bekommen. Der Kunde will den Bauauftrag nämlich nur an die Architektengruppe vergeben, der es gelingt, seine Vorstellungen von einem bäuerlichen Gebäude mit den von der Gemeinde vorgegebenen Auflagen so zu verbinden, daß der ursprüngliche Charakter des Gutshofes erhalten bleibt.

Anita ist sich bewußt, daß sie ihr Ergebnis dem Kunden so schnell wie möglich präsentieren und gleichzeitig die feste Zusage aus ihm herauslocken muß, denn die Konkurrenz steht schon in den Startlöchern, und bis Montag kann viel passieren!

Doch es ist in Anitas Büro ein ungeschriebenes Gesetz, daß kein Plan, der nicht von mindestens zwei leitenden Mitarbeitern abgesegnet worden ist, einem Kunden vorgelegt werden darf. Der Chef hat diese Aufgabe schon vor Jahren abgegeben, damit er mehr Zeit für die Kundenkontakte hat. Die beiden Mitarbeiter sind zwar im Hause, haben jedoch eine wichtige Besprechung, der Chef ist vor wenigen Minuten von einem Termin zurückgekommen.

Anita möchte diesen Auftrag um jeden Preis. Ihre Idee ist hervorragend, und sie hat das Gefühl, daß der Bauherr auf Anhieb einwilligt. Sie überlegt kurz, dann steigt sie die Treppe zur Chefetage hinauf. Die Tür zum Chefbüro ist halb geöffnet; Anita sieht, der Chef hat seinen Aktenkoffer abgestellt und will sich gerade setzen, da tritt Anita nach resolutem Klopfen ein: »Ich komme gleich zu Ihnen, denn Sie erkennen mit einem Blick, wie gut diese Idee ist.«

Der Chef ist erstaunt, doch bevor er etwas erwidern kann, hat

Anita ihren Plan auf seinem Schreibtisch ausgebreitet. Begeistert erklärt sie ihm ihre Lösung. Stolz zeigt sie ihm, wie sie die Vorgabe des Kunden umgesetzt hat: »Das zeige ich jetzt dem Krahwinkel, und zwar sofort! Was glauben Sie, was der sagt, wenn er diesen Plan sieht? Wird er sich nicht vor Begeisterung auf die Schenkel klopfen, unser Großbauer? Sie wissen doch, seine artgerechten Ställe sind ihm das höchste! Sie stimmen mir doch zu, oder? Das muß ich ihm doch sofort zeigen? Ist doch auch super, nicht wahr? Sieht doch dabei sogar noch toll aus, oder? Für glückliche Kühe! Da kriegt der Krahwinkel noch einen Schönheitspreis für seinen Vorzeigehof! Und trotzdem alle Vorgaben exakt eingehalten!« Der Chef kann sich ein Schmunzeln nicht verkneifen, ihm gefallen begeisterungsfähige Mitarbeiter. »Also, dann fahr' ich jetzt, oder?« Anita beginnt im Eiltempo den Plan wieder zusammenzufalten: »Wenn wir den Auftrag tatsächlich an Land ziehen wollen, dann muß ich da heute noch hin!«
»Und Sie haben wirklich an alles gedacht?«
»Hier, sehen Sie, meine Berechnungen«, sie reicht dem Chef ein engbeschriebenes Blatt Papier, »das Landratsamt wird Augen machen.« Sie sieht entsetzt auf ihre Uhr: »Wenn ich mich beeile, schaffe ich es noch vor der Rush-hour.« Sie rafft die Pläne zusammen. »Viel Glück«, der Chef hat den Trick längst durchschaut, doch ihm imponiert, wie Anita die ganze Sache angeht. »Meinen Segen haben Sie! Aber, wehe, da ist ein Fehler im Aufmaß!«

Was lernen wir daraus?
Frechheit siegt, so könnten wir dieses Verhalten nennen. Aber, Hand aufs Herz, würden Sie es anders machen?
Wir können darüber streiten, ob es Kommunikation ohne Manipulation überhaupt gibt. Im Berufsleben sicher nicht, denn dort ist alles auf ein Ziel ausgerichtet: den Erfolg.

Legen Sie Ihre Maßstäbe fest

Das Unternehmensziel eines jeden Betriebes ist es, sich am Markt zu behaupten und Geld zu verdienen. Gehen wir einmal davon aus, daß Sie grundsätzlich mit den Prinzipien und Produkten Ihrer Firma einverstanden sind. Werden Sie dann nicht alles tun, um Ihre Ideen in diesem abgesteckten Rahmen zu verwirklichen?

Werden Sie nicht versuchen, Vorschläge, die Erfolg versprechen, auch durchzusetzen?

Anita Lau war völlig klar, daß sie den Kunden an diesem Tag nicht mehr zu fassen bekommt, wenn sie den im Büro üblichen Weg geht. Deshalb sucht sie eine andere Lösung. Dann handelt sie schnell und zielbewußt und hat damit Erfolg. Doch selbst wenn sie den Auftrag nicht bekommen sollte, hat sie sich mit dieser Aktion bei ihrem Chef empfohlen: Sie hat Einsatz und Engagement gezeigt. Sie hat den Mut bewiesen, für ein Ziel neue Wege zu gehen und dabei auch Ärger nicht zu scheuen. Denn Ärger wird Anita natürlich bekommen: mit den Kollegen, die sie übergangen hat. Anita hat eine Regel verletzt, und darauf werden sie reagieren.

Was lernen wir daraus?
Es fällt uns Frauen im allgemeinen nicht leicht, über Kollegen hinwegzugehen. Auch im Beruf verstoßen wir nicht gern gegen bestehende Regeln, sondern neigen eher dazu, uns ihnen anzupassen und unterzuordnen. Unser Harmoniebedürfnis drängt uns zu diesem Verhalten, denn wir möchten auch im Geschäftsleben, daß uns alle verstehen und jeder mag. Dieser Triebfeder entspringt auch unsere Angewohnheit, einmal getroffene Entscheidungen immer wieder zu begründen und zu erläutern. Wir möchten, daß jeder nachvollziehen kann, warum wir so und nicht anders gehandelt haben.
Natürlich fördert es das »Wir-Gefühl«, natürlich tut es dem Betriebsklima gut, wenn alle Mitarbeiter von allem, was sie tun, überzeugt sind und jede Aktion verstehen.
Doch Führungskräfte müssen auch den Mut haben, anzuordnen, ohne sich immer erklären zu müssen.
Eine fähige Führungskraft überzeugt *allgemein*, das heißt, die Mitarbeiter vertrauen dem Menschen und seinen Fähigkeiten *generell*. Dieses Vertrauen muß nicht jedesmal wieder neu gewonnen werden, sondern es gestattet hin und wieder auch Anweisungen und Handlungen, für die keine Begründung geliefert wird.
Eine solche Persönlichkeit müssen wir uns erarbeiten, sie fällt uns nicht in den Schoß. Doch um so zu werden, müssen wir handeln! Wir müssen ins Risiko gehen! Wir müssen lernen, auch Fehler zu verkraften, denn wenn wir offensiv arbeiten, werden sie nicht ausbleiben!

Nicht zögern, handeln!

Was erkennen wir?
»Führungsfrauen sind zögerlicher«, meint auch Krista Sager, Grünen-Politikerin und ZDF-Fernsehrätin. Wir Frauen haben häufig nicht nur Angst, Fehler zu machen, wir haben auch Angst vor dem Erfolg. Erfolg setzt konsequentes Handeln voraus, auch in Konkurrenzsituationen. Doch da schrecken wir häufig in letzter Minute wieder zurück. Wir reden uns und anderen ein, bestimmte Dinge könnten wir einfach nicht tun, doch immer, wenn wir etwas nicht tun, dann tut es garantiert ein anderer!
Wir müssen lernen, uns und unsere Arbeit ins richtige Licht zu rücken und uns nicht hinter Vorschriften und Verhaltensregeln zu verstecken! Wir müssen uns trauen, eingetretene Pfade zu meiden und unkonventionelle Wege zu gehen.

Anita hat ihrer Meinung nach eine hervorragende Idee gehabt, hat sich hineingekniet und möchte nun die Früchte ihrer Arbeit ernten. Ist das nicht verständlich? Daß sie sich überlegt, wie sie dieses Ziel erreichen kann, ist das nicht klug? Daß sie glaubt, bessere Chancen zu haben, wenn sie gleich zur höchsten Instanz in ihrem Büro geht, ist dies nicht mutig und clever? Daß sie ihrem Chef rhetorisch kaum Möglichkeiten des Einspruchs bietet, ist das nicht geschickt? Wenn ihre Rechnung aufgeht und das Büro den Auftrag bekommt, ist das nicht gut für alle?

Was können wir tun?
Wenn wir im Berufsleben vorankommen wollen, brauchen wir Mut! Wir müssen nicht nur fleißig sein, sondern wir müssen uns auch um die Früchte unserer Arbeit kümmern!
Lisa Feldmann, Chefredakteurin von »Cosmopolitan« sagte es: »Man muß gut sein und dafür sorgen, daß es die richtigen Leute merken!« (Stern 23/1997). Doch wie sollen es die richtigen Leute merken, wenn wir den Mund nicht aufmachen?
Wir müssen die Hemmungen abbauen, die uns hindern, das zu verbalisieren, was wir vermögen. Zählen Sie ganz schnell fünf Dinge auf, die Sie sehr gut können! Wiederholen Sie diese Aufzeichnung, aber bitte laut! Und nun rufen Sie eine Bekannte an und steuern Sie das Gespräch so, daß Sie auch ihr von diesen fünf Fähigkeiten erzählen. Aber bitte nicht beiläufig, sondern mit Nachdruck!

Sie meinen, dies könne frau doch nicht machen? Aber man(n) macht es von morgens bis abends! Hören Sie doch nur Ihren Kollegen, Ihrem Chef, ja vielleicht sogar dem ganz besonderen Mann in Ihrem Leben zu, wenn er mit Freunden, Geschäftspartnern und Mitarbeitern telefoniert! Na, wie hört sich das an? Jedes Gespräch ist auch ein Stück PR-Arbeit: Das eigene Image wird rhetorisch ins richtige Licht gerückt. Diese verbale »Schönfärberei« halten wir Frauen für unehrlich. Doch ist es nicht genauso unehrlich, wenn wir unser Licht immer unter den Scheffel stellen? Warum ist es moralisch anspruchsvoller, sich bescheidener und kleiner zu geben, als man/frau ist?

Warum bewerten wir Frauen positive Selbstdarstellung so negativ? Kann es damit zusammenhängen, daß wir von *anderen* hören wollen, wie gut wir sind?

Ist unsere Bescheidenheit dann nur ein Trick?

Ähnlich paradox ist unsere offizielle Haltung der Macht gegenüber.

Macht

»Viele Frauen tun sich noch schwer mit Macht«, sagt Lisa Feldmann, und damit hat sie nicht ganz unrecht. Sicher ist auch dies eine Folge unserer Konditionierung, die uns darauf getrimmt hat, *demonstrierte, offen genutzte Macht* zu meiden. Das heißt aber noch lange nicht, daß uns Macht fremd ist, im Gegenteil. Wir haben in vielen Fällen die Macht der Schwäche kultiviert, die Macht der Abhängigkeit. Hilflosigkeit, richtig eingesetzt, kann viel mehr Macht bedeuten, als es Selbstverantwortung und Selbstbewußtsein jemals können. Doch diese defensiven Varianten der Macht taugen nichts im Berufsleben. Doch können wir Karriere machen ohne den Mut zur Macht?

»… (man) braucht eine Affinität zur Macht. Wer die nicht hat, wird einen Führungsposten nicht nur doof, langweilig und anstrengend finden, sondern auch baden gehen«, meint Lisa Feldmann, und sie hat recht. Doch wir Frauen lernen nur langsam, mit Macht konstruktiv umzugehen, und schrecken davor zurück, sie zu nutzen. Macht hat bei Frauen ein schlechtes Image.

Wollen Sie wirklich mit Macht zu tun haben?

Was erkennen wir daraus?
Mit der Macht ist es so wie mit dem Geld. Weder Macht noch Geld sind von Haus aus positiv oder negativ; sie sind neutral. Erst der Mensch, der sie besitzt, bestimmt das Vorzeichen: Mutter Theresa war ohne Zweifel innerhalb ihres Ordens eine sehr mächtige Frau und, rechnet man die weltweiten Spenden und den Nobelpreis zusammen, auch vermögend. Doch sowohl ihre Macht wie ihr Geld setzte sie auf eine Art und Weise ein, die von der ganzen Welt bewundert wurde. Imelda Marcos dagegen, auch eine Frau mit Macht und Geld, ging ganz anders damit um, und ihr Verhalten beurteilten wir negativ. Zwei Frauen, zweimal Geld und Macht, zwei ganz unterschiedliche Resultate.
Es ist also weder die Macht, die schlecht ist, noch das Geld, das den Charakter verdirbt; wie beide eingesetzt werden, hängt einzig und allein von dem Menschen ab, der sie benutzt.

Finden Sie Ihre persönliche Definition von Macht

Im Geschäftsleben bedeutet Macht im positiven Sinne, die Möglichkeiten zu haben, Mitarbeiter und Unternehmen zu neuen Zielen zu führen. Etwas erneuern zu können, Verbesserungen durchzusetzen, eine Entwicklung in Gang zu bringen, das kann nur derjenige, der die Macht hat, diese Projekte anzuschieben und durchzusetzen.
In diesem Sinne sehen Männer im Beruf die Macht, nämlich als Möglichkeit, Ziele zu verwirklichen. Daß sie sich dabei oft in den Mitteln vergreifen, sich selbst oft überschätzen und in der Wahl der Mittel nicht immer eine glückliche Hand beweisen, ist wieder etwas anderes.
Wenn dies geschieht, erleben wir die negativen Seiten der Macht: Unterdrückung, Ausnutzung, Ausgrenzung.
Doch wenn wir etwas aus unserem Beruf machen wollen, dann kommen wir nicht darum herum, uns mit unserer eigenen Definition der Macht auseinanderzusetzen. Wir müssen eine positive Interpretation von Macht finden, sonst werden wir nicht führen können.

Was können wir tun?
Aber warum sollte es uns Frauen nicht gelingen, unseren eigenen Stil der Machtausübung zu finden? Warum sollte es uns nicht gelingen, einen kooperativen und teilnehmenden Führungsstil zu

entwickeln, der sich durch positive Machtausübung auszeichnet! Warum nicht an die Macht kommen, um das Gesicht der Macht zu verändern? Wir dürfen uns nicht vor Macht fürchten und sie anderen überlassen! Wir dürfen nicht am Rande stehenbleiben und die Macht verachten.Wir müssen sie suchen und sie dann von innen heraus neu definieren!

Nach den ersten harten Tagen fängt Patrizia an, sich im Büro wohl zu fühlen. Ulrike hat sie in die Ablage eingearbeitet, und Patrizia trägt nun langsam die Stapel in Ulrikes Büro ab. Dabei stellt sie erstaunt fest, daß das »Chaos« gar kein »Chaos« ist, sondern im wahrsten Sinne des Wortes eine kreative Ordnung. »Nachdem ich begriffen habe, worauf Frau Krüger Wert legt, habe ich mir ein bestimmtes System zurechtgelegt. Sie hat mir beigebracht, mich immer wieder zu fragen: Ist dies jetzt wichtig oder nicht? Ihre einzige Bedingung: Es darf keine Information verlorengehen. Weißt du übrigens, daß in fast jeder Firma durch interne Kommunikation mindestens fünfundzwanzig Prozent der Informationen verschluckt werden? Das wäre bei uns natürlich fatal. Klar, ich mache auch Fehler, aber zu denen muß ich dann stehen.« Patrizia ist von der Zielstrebigkeit, mit der Ulrike das Büro leitet, beeindruckt. »Ich fahre auf jedes Seminar, daß ich erwischen kann, auch wenn ich es selbst bezahlen muß. Eigentlich wollte ich Lehrerin für Englisch und Geographie werden, doch dann habe ich zum Glück gemerkt, daß mir das auf die Dauer nicht liegt. Ich hatte hier einen Ferienjob, aber da der Freund der damaligen Assistentin von Frau Krüger plötzlich nach Hamburg versetzt wurde und sie unbedingt mitgehen wollte, sprang ich einfach ins kalte Wasser. Ich habe es nie bereut! Seitdem bilde ich mich ständig weiter. Und jetzt«, Ulrike lächelt verschmitzt, »jetzt eigne ich mir Herrschaftswissen an.«

Nützt Ihr Wissen Ihrem Fortkommen?

Auch in Deutschland hat sich das Bild an den Universitäten gewandelt: 1995/96 nahmen mehr Frauen als Männer ein Studium auf. Doch noch immer besteht ein großer Unterschied in der Wahl der Fächer: So sind einundsiebzig Prozent der Studenten, die ihre Fächerkombination mit Hinblick auf eine spätere Laufbahn als Lehrer auswählen, weiblich, obwohl inzwischen auch Naturwissen-

212

schaft und Mathematik eine gewisse Anziehungskraft auf junge Frauen ausüben. Die späteren Chefs allerdings studieren Jura, Betriebs- oder Volkswirtschaft, verbunden mit Auslandsaufenthalten und Sprachstudien. Dieser Weg bringt natürlich für eine Karriere den richtigen Unterbau, das, was Dr. D. Tannen »Herrschaftswissen« nennt. Doch während Frau Tannen diesen Begriff auf Fachrichtungen und ihre späteren Auswirkungen im Beruf bezieht, können wir ihn getrost erweitern: Auch die heimlichen Spielregeln in einer Firma, die nichtöffentlichen Spielregeln der Macht, sind im wahrsten Sinne des Wortes »Herrschaftswissen«.

Was erkennen wir daran?
Dieses Herrschaftswissen gibt es in jeder Firma, in jedem Fachgebiet und in jeder Abteilung. Es ist das Wissen um die innere Struktur des Betriebes, um inoffizielle Kommunikationswege und Taktiken, mit denen bestehende »Seilschaften« ihre Vormachtstellung festigen und ausbauen.

Es ist Freitag mittag, und Patrizia freut sich auf ihr erstes Wochenende als »Werktätige«. Sie ist allein im Büro, da steht unerwartet ein junger Mann aus dem Versand in der Tür. »Na, das sieht hier aber proper aus! Donnerwetter! Ist ja toll! Wir haben schon von Ihnen gehört. Übrigens, ist die Tagesordnung für die Besprechung am Montag schon ausgedruckt? Kann ich eine haben?« Patrizia freut sich zu beweisen, wie gut sie sich schon zurechtfindet, und will gerade die Mappe mit den vorbereiteten Unterlagen öffnen, als Ulrike hereinkommt. Mit einem Blick übersieht sie die Situation. »Na, mal wieder auf der Jagd nach Infos? Euch interessiert die Tagesordnung? Haben wir aber selbst noch nicht. Können Sie sich doch denken, Joseph, so wie es hier jetzt aussieht! Wir haben nur entsorgt, sonst nichts.«
Patrizia macht ein ungläubiges Gesicht, doch sie traut sich nicht mehr, die Mappe zu öffnen. »Ich wünsche Ihnen ein schönes Wochenende! Gruß an den Chef!« Ulrike schiebt den jungen Mann beinahe aus der Tür.
Patrizia sieht sie ungläubig an. »Aber wir haben die Tagesordnung doch fertig!«
»Nicht zum allgemeinen Gebrauch. Weißt du, was der mit seinem Chef sonst macht? Die gehen jeden Punkt, der sie betrifft, am Wochenende gemeinsam beim Angeln durch, und dann bauen

sie sich ihre Verteidigungsposition auf.«

»Ja, und?« Patrizia findet nichts dabei.

»Mein Chef heißt Karin Krüger, und wenn sie den Überraschungseffekt nutzen will, bitte schön, ich kann das verstehen. Weißt, du, die haben sonst auf alle Fragen sofort die passende Ausrede zur Hand, haben für alles eine Erklärung parat und wissen obendrein noch alles besser. Nein, nein, der kriegt seine Unterlagen schon früh genug.«

Schärfen Sie Ihren Blick für die heimlichen Spielregeln

Diese Spiele laufen in jedem Unternehmen ab. Sie können sie gut finden oder auch nicht, doch Sie müssen sich darauf vorbereiten.

Was lernen wir daraus?

Wir Frauen sind häufig für diese »Mätzchen« zu ehrlich. Doch diese Ehrlichkeit kann manchmal Dummheit sein. In jedem Unternehmen gibt es heimliche Spielregeln, die oft strenger befolgt werden als jede offizielle Anweisung. Die »Undercover Action« in einer Abteilung kann für einen Neuling lange Zeit ein Buch mit sieben Siegeln bleiben. Freiwillig wird es Ihnen niemand erklären. Doch wenn Sie es in diesem Team zu etwas bringen wollen, müssen Sie diese verdeckten Spiele erkennen und verstehen. Sie werden Ihre Beobachtungsgabe und Ihren Scharfsinn brauchen, um den heimlichen Spielregeln auf die Spur zu kommen! Aber es lohnt sich! Diese inoffiziellen Agenden sind ein Machtmittel par excellence, wer sie nicht beherrscht, der wird beherrscht.

Kennen Sie die wahren Machthaber in Ihrem Unternehmen?

Wer kennt die Situation nicht: Da wird beschlossen, zwei Abteilungen zusammenzulegen, um Kosten zu sparen. Am grünen Tisch klappte die Umstrukturierung hervorragend, doch in der Realität des Alltags scheitert sie kläglich.

Warum? Weil die Planer die Rechnung ohne den Wirt gemacht haben. Sie haben die menschliche Struktur der beiden Teams nicht berücksichtigt, die persönlichen Ziele der einzelnen beteiligten Personen nicht ins Kalkül gezogen, sich nicht vor Augen geführt, was es menschlich bedeutet, daß bei der Zusammenlegung ein Teamchef von seiner Position heruntersteigen muß. Und direkt nach der Umstrukturierung scheint auch alles zu klappen: Nach außen hin handeln alle gelassen. Innerlich jedoch läßt keiner seine alten Ansprüche los. Dies wird zuerst am Informations- und Kommunikationsfluß sichtbar.

Was bedeutet das?
Informiert zu sein ist im Berufsleben die Voraussetzung für erfolgreiches Handeln. Nur wer weiß, was läuft, hat überhaupt eine Chance zu agieren!
Darum sind Informationsvorsprünge immer das Beste, was es gibt, ob Sie aus diesen Vorsprüngen nun Kapital schlagen oder nicht.
Diese Erkenntnis treibt seltsame Blüten. Um die eigene Position zu festigen oder auszubauen, lassen Mitarbeiter Informationen unter den Tisch fallen, Kommunikationswege versanden, sie halten wichtige Fakten gezielt zurück und sorgen dafür, daß vertrauliche Memos in offizielle Kanäle gelangen.
Es gibt sogar Vorgesetzte, die ihre Mitarbeiter in diese Spiele mit einbeziehen und sie nicht nur ausfragen, sondern sie auch gezielt einsetzen.

Patrizia wundert sich das ganze Wochenende über den »Fahrplan«, den Ulrike für sie entworfen hat. Patrizia wäre es völlig gleichgültig gewesen, in welcher Reihenfolge sie die einzelnen Abteilungen des Versandhauses durchlaufen würde, doch davon wollte Ulrike nichts hören. »Wenn du im Lager anfängst, dann lassen sie dich da die letzten Arbeiten machen, vielleicht Retouren bearbeiten oder so etwas. Du mußt von hier aus direkt zum Chef. Und dann gehst du langsam von oben nach unten, dann wirst du mit viel mehr Respekt behandelt. Mal sehen, ob es klappt.« Und tatsächlich, auch die Assistentin des Chefs freut sich über Unterstützung, denn in der nächsten Woche erwartet der Chef Gäste aus Hongkong und hat außerdem mehrere wichtige Termine im Hause. »Wenn du nicht klarkommst, dann ruf einfach an, ich helfe dir! Und vergiß dein Gespräch mit Frau Krüger nicht!«
Erst Mitte der Woche geht Patrizia auf, wie clever die Einteilung von Ulrike wirklich gewesen ist: Als für das Treffen mit den Gästen des Chefs ein Übersetzer gebraucht wird, ruft Patrizia spontan: »Die Ulrike wollte doch Englischlehrerin werden!« Ausgerechnet an diesem Tag ist Ulrike ganz schick und sofort be-

reit: In Kostüm und klassischen Pumps und mit ihrem strahlendsten Lächeln zeigt sie drei Stunden lang, was sie kann. Patrizia überlegt noch, ob dies wirklich alles Zufall war, als Karin Krüger von ihrer Geschäftsreise zurückkommt. Zuerst ist sie sehr ärgerlich, als sie hört, daß sie an diesem Nachmittag ohne Ulrike auskommen muß. »Hat sie sich das tatsächlich gemerkt, die Uli«, Karin Krüger staunt, »letztesmal wurde auch vergessen für den Chef einen Übersetzer zu bestellen. Trotzdem, die Ulrike weiß, daß ich immer die ganze Tasche voller Arbeit von den Reisen zurückbringe …« Doch schon nach wenigen Minuten hat sich Karin Krüger wieder beruhigt. Jetzt ist sie sogar froh, dem Chef mit ihrer Ulrike »aushelfen« zu können. Erfährt sie doch durch diese Konstellation ganz genau, was bei diesem Meeting, an dem sie leider selbst nicht teilnehmen kann, besprochen wird. So zahlt sich die »Hilfe« für alle Beteiligten aus: Die Firma macht einen guten Eindruck, der Chef macht einen guten Eindruck, Ulrike macht einen guten Eindruck, und Karin Krüger weiß Bescheid.

Hilfestellung im Beruf hat immer zwei Seiten

Wir Frauen helfen in der Regel gern und oft. Es gehört zu unserem »Sorgetrieb«, daß wir anderen beistehen. Doch im Berufsleben müssen wir lernen, auch die Folgen unserer Hilfestellung zu bedenken.

Was erkennen wir daraus?
Nicht alles, was wir als gutgemeinte Hilfe ansehen, wird vom Empfänger auch so verstanden. Hilfe schafft auch Abhängigkeiten. Gerade das männliche Geschlecht reagiert hierbei häufig sehr empfindlich, denn Männer sehen in jeder Form von Abhängigkeit ein Zeichen von Schwäche. So kann es Ihnen durchaus passieren, daß Sie einem Kollegen bei einer schwierigen Aufgabe den entscheidenden Hinweis geben und er Ihnen im Moment sehr dankbar dafür ist, doch kaum hat er die Aufgabe beendet, ändert sich sein Verhalten. Er wird unter Umständen nicht nur Ihren Beitrag zur Gesamtleistung unter den Tisch fallen lassen, sondern sich Ihnen gegenüber auch anders benehmen. Wir Frauen sind in solchen Situationen oft fassungslos, wir verstehen dieses Benehmen nicht. Dabei ist es ganz einfach: Natürlich gibt es immer wieder Momente, in de-

nen auch ein Mann Hilfe braucht. Ist für ihn in diesem Augenblick der Schrecken des Versagens größer als der Schrecken der Hilflosigkeit, freut er sich über die Unterstützung und nimmt die Hilfe dankbar an. Doch ist die Aufgabe erledigt, das Schreckgespenst des Versagens verflogen, dann ist ihm der Schwächeanfall peinlich. Doppelt peinlich sogar, wenn die Hilfe von einer Frau kam. Er versucht, die Erinnerung zu verdrängen, und beginnt, die Hilfe zu minimieren. An diesem Punkt werden viele Männer aggressiv, sie wissen nicht, wie sie mit diesen Gefühlen umgehen sollen.

Was lernen wir daraus?
Wir Frauen verstehen dieses Verhalten nicht, denn wir empfinden es nicht als Schande, um Hilfe zu bitten, genausowenig empfinden wir es als Schande, etwas nicht zu können. Doch Männer sehen dies anders: Nur wenige sind so stark, oder sollten wir sagen, so emanzipiert, daß sie mit einem guten Gefühl sich selbst gegenüber zugeben können: »Das kann ich nicht!«

Was bedeutet das?
Je größer im Berufsleben der Abstand auf der hierarchischen Leiter zwischen den Beteiligten ist, um so unproblematischer laufen Hilfsaktionen ab. Hilfe auf der gleichen Ebene kann schwierig werden, ebenso Hilfe von unten nach oben. Vor allem dann, wenn einer der beiden den Lohn für das Gemeinschaftswerk einstreicht. Selbstverständlich kann eine Abteilung oder ein Unternehmen nicht existieren, wenn sich die Mitarbeiter nicht gegenseitig helfen. Aber wir Frauen neigen dazu, Hilfe zu großzügig zu gewähren und dadurch unsere eigene Position zu untergraben.

Frauke Abraham spricht außer Englisch und Französisch, beides lernte sie bereits in der Schule, auch sehr gut Spanisch. Sie hat sich diese Kenntnisse mit großem Einsatz während ihres BWL-Studiums erworben und mehrere Sprachurlaube in den entsprechenden Ländern verbracht, für die sie als Studentin nächtelang in einer Kneipe jobben mußte. Ihr Kollege Rainer Wirtl ist dagegen kein Freund von Fremdsprachen, der Ingenieur ist mathematisch orientiert und schon stolz auf sein holpriges Englisch. Als die Auslandsabteilung des Maschinenbau-Unternehmens, in dem beide tätig sind, Kontakt zu einem potentiellen Zulieferer in Mexiko aufbaut, sind die spanischen Sprachkenntnisse von

Frauke Abraham sehr gefragt. Doch genauso wichtig sind der Geschäftsleitung die Fachkenntnisse von Rainer Wirtl, der die strategische Planung der möglichen Zusammenarbeit ausarbeiten soll. So ergibt es sich schnell, daß Frauke die eingehende wie die ausgehende Korrespondenz, die dieses Projekt betrifft, übersetzt. Natürlich darf ihre eigene Arbeit deswegen nicht zu kurz kommen, und so sitzt sie häufig auch noch spätabends im Büro. Genauso ergeht es Rainer, der die Rentabilitätsberechnung für die geplante Kooperation mit den Mexikanern am liebsten dann erstellt, wenn die Mitarbeiter das Büro verlassen haben und die Telefone auf Nachtbetrieb umgestellt sind.

So ergibt es sich fast von selbst, daß Rainer Frauke eines Abends bittet, ob sie ihm nicht schnell ein Fax übersetzen könnte, dann könne er nämlich die Zeitverschiebung nutzen und das Fax gleich aufgeben. Frauke sagt natürlich spontan »ja« und faxt die Übersetzung gleich an die angegebene Adresse. Nach diesem »Einstand« ergibt es sich fast von selbst: Die beiden reden über das Projekt, Rainer bewundert Fraukes Sprachkenntnisse, Frauke findet seine analytische Betrachtung der Gesamtsituation faszinierend, obwohl er ihr manchmal mit den Einzelheiten, die die Mitarbeiter betreffen, zu großzügig umzugehen scheint. Bald übersetzt Frauke nicht nur Faxe und kleine Textpassagen, sondern alles, was Rainer Wirtl erarbeitet. Doch damit nicht genug: Sie macht ihn auf Fehler in seiner Planung aufmerksam, weist ihn auf die unterschiedlichen Arbeitsbedingungen und gesetzlichen Vorschriften in Mexiko hin und hilft ihm schließlich sogar, die Zusammenfassung zu formulieren, die der Chef als Diskussionsgrundlage für das Meeting, auf dem die endgültige Entscheidung für oder gegen das Projekt fallen soll, verlangt hat.

Als sie keine Aufforderung erhält, persönlich an diesem Meeting teilzunehmen, ist sie so enttäuscht, daß sie, um sich zu sammeln, das Büro verläßt und zu ihrem Auto geht. In diesem Augenblick steigt der Chef aus seinem Wagen und nickt ihr zu. »Wird Zeit, daß wir alle Spanisch lernen, nicht wahr?« Mit diesen Worten verschwindet er hinter dem Portal. Mit einem Schlag wird Frauke Abraham bewußt, daß er von ihrer inhaltlichen Beteiligung an der Ausarbeitung keine Ahnung hat.

Was ist geschehen?
Frauke Abraham ist, ohne es zu bemerken, in eine Falle gelaufen.

Aus einem »Gefallen«, einer einmaligen Hilfsaktion, ist eine Zusammenarbeit geworden. Leider wird diese Zusammenarbeit nicht nach außen dokumentiert. In den Augen des Chefs ist Rainer Wirtl der einzige, der diese Ausarbeitung erstellt hat, ihn wird er loben, ihn wird er tadeln. Offiziell hat Frauke Abraham nichts Nennenswertes beigesteuert, und daß sie ihre Sprachkenntnisse einbringt, das ist doch wohl selbstverständlich. Oder nicht?

In diese Falle geraten wir Frauen oft. Wir wollen helfen, wir wollen unterstützen, wir wollen nicht »zickig« sein und geben mehr, als für uns gut ist. Doch die Empfänger unserer Hilfsleistungen betrachten dies ganz schnell als selbstverständlich, und reagieren auf spätere Weigerungen mit einem erstaunten: »Wieso, das hast du doch immer gemacht?!«

Was erkennen wir daraus?
Sind Sie in dieser Hinsicht anfällig, dann ist es wichtig, daß Sie sich noch einmal unsere Konditionierung ins Bewußtsein rufen: Wir Frauen helfen gern. Wir sind auf das Helfen getrimmt, es entspricht unserer mütterlichen Natur, unseren inneren Instinkten. Wir wollen die Beziehungen zu den Menschen in unserer Umgebung nicht gefährden, wir möchten mit ihnen auf gutem Fuße stehen, wir neigen dazu, ihre Probleme zu den unseren zu machen. Dies spüren die Menschen in unserer Umgebung, egal, ob männlich oder weiblich! Es erinnert sie an die Mutter-Kind-Beziehung, und so finden sie nichts dabei, sich von uns helfen zu lassen. Daß sie vergessen, es hinterher zu erwähnen, ist das so schlimm?

Was lernen wir daraus?
Eine Frau, die im Berufsleben vorankommen will, muß dafür sorgen, daß jede ihrer Leistungen angemessen gewürdigt wird. Wir sollten uns bei allem, was über einmalige, spontane Hilfestellung hinausgeht, fragen: Ist dies noch eine Hilfestellung, oder ist dies bereits Mitarbeit?

Klären Sie rechtzeitig: Hilfestellung oder Mitarbeit.

Fragen Sie sich bitte auch, wer den Lohn für die Gesamtleistung einstreicht. Stille Hilfe, die sich nicht irgendwann auch auf Ihrem eigenen Konto niederschlägt, wird woanders gutgeschrieben! Möchten Sie das?

Welchen Wert haben Sie tatsächlich für Ihre Firma?

»Frauen verkaufen sich unter Wert«, titelte die »Süddeutsche Zeitung« am 6.6.1997 und gab damit die Meinung von Ute Tischer, Referat für Frauenbelange der Bundesanstalt für Arbeit, wieder. Dieser Ausspruch bezog sich auf Berechnungen des Statistischen Bundesamtes, wonach sich die Frauen im Westen mit 75,7 Prozent und im Osten mit 88,9 Prozent des Männerverdienstes begnügen. »Muskelkraft wird stärker bewertet als Fingerspitzengefühl«, kommentierte Ellen Burghardt von der Abteilung Frauenpolitik des Deutschen Gewerkschaftsbundes diese Zahlen.
Doch auch Muskelkraft im übertragenen Sinn: Durchsetzungsfähigkeit, Kampfgeist, verbale Selbstdarstellung. Wer »schön« bescheiden ist, verdient auch weniger.

Was erkennen wir daraus?
Frauen haben auch dem Geld gegenüber häufig eine gespaltene Einstellung: Wir geben es gerne aus, doch wir reden nicht darüber. Die inzwischen unter Männern nicht mehr unschickliche Frage, wieviel man(n) denn so ungefähr »mache«, käme uns Frauen noch immer nicht so leicht über die Lippen. Diese Zurückhaltung festigt jedoch die ungerechte Situation! Solange Arbeitgeber darauf bauen können, daß wir untereinander unsere Vergütung nicht vergleichen, wird keine Transparenz entstehen. Vielleicht scheuen wir uns auch, klar zuzugeben, daß unsere Bezahlung nichts anderes ist als unser geldlicher Gegenwert! Die Zeiten, in denen es für erbrachte Leistungen Naturalien gab, sind vorbei, inzwischen haben wir eine andere, weniger augenfällige Form der Umrechnung gefunden. Stellen Sie sich einmal vor, Ihre Firma würde die Gehälter in Vieh auszahlen. Auf der Weide Ihres Kollegen ständen am Monatsende hundert Schafe, auf Ihrer eigenen leider nur fünfundsiebzig. Bereits nach vier Monaten hätte ihr Kollege, der die gleiche Leistung bringt, bereits eine stattliche Herde von vierhundert Tieren, Ihre eigene wäre jedoch nur dreihundert Schafe groß. Na, würden Sie sich ärgern?

Entspricht Ihr Gehalt Ihrer Leistung?

Die »Schäfchen im trockenen«, das heißt das Geld auf der Bank, sehen wir nicht. Vielleicht regen uns die Unterschiede deshalb nicht so auf. Oder hängt unser »Geldverhalten« mit unserem Selbstwertgefühl zusammen? Doch Bescheidenheit steigert unser Ansehen leider selbst in jener Firma nicht, die uns bezahlt.
Prüfen Sie, ob Sie wirklich angemessen bezahlt werden! Und vergessen Sie nicht: Geld ist das Äquivalent der Leistung!

Was müssen wir lernen?
Erfolgreiche Gehaltsverhandlungen sind schwierig. Darum bereiten Sie sich inhaltlich und rhetorisch gut darauf vor. Tragen Sie alle Fakten zusammen, die für den zuständigen Entscheidungsträger wichtig sein können, stellen Sie Ihren Nutzen für die Firma heraus. Üben Sie nicht nur, von Ihrem eigenen Standpunkt aus zu argumentieren, sondern proben Sie auch die Gegenargumente. Sprechen Sie über erfolgreich abgeschlossene Projekte, nicht über die Arbeitszeit, die Sie hineingesteckt haben. Machen Sie Verbesserungsvorschläge, zeigen Sie, daß Sie sich über den Tag hinaus Gedanken machen. Bringen Sie besonders jene Themen ins Spiel, die Ihrem Gegenüber am Herzen liegen.

Wenn Ihr Chef Karriere macht, können auch Sie profitieren!

Reden Sie nicht von Mehrbelastung, nicht von den Überstunden, nicht von den Dingen, die ein Chef mit dem Einwand »Das ist alles selbstverständlich« zurückweisen kann und die sich sogar noch gegen Sie verwenden lassen, nach dem Motto: »Wenn sie jetzt schon Überstunden machen muß, ist sie da nicht bald überfordert?« Präsentieren Sie sich so, daß Ihnen nach dem Gespräch mehr zugetraut wird als vorher! Stellen Sie alle Arbeiten heraus, die Ihrem Chef helfen, gut dazustehen! Weisen Sie auf Weiterbildungsmaßnahmen, Seminare und alle Aktivitäten hin, die Ihren Wert und sein Ansehen steigern. Denken Sie zukunftsorientiert und firmenbezogen!

Präsentieren Sie sich Ihren Gehaltswünschen entsprechend!

Seien Sie bei Ihren Forderungen nicht zu bescheiden, das wirkt unsicher. Treten Sie mutig und selbstbewußt auf: Sie verhandeln über den Gegenwert Ihrer Leistung, nicht über karitative Zuwendungen. Stellen Sie sich mental darauf ein! Machen Sie sich bewußt, daß Sie ein Ein-Mann-Unternehmen sind, das mit einem anderen Unternehmen die Bedingungen einer partnerschaftlichen Zusammenarbeit aushandelt.

Diesen Eindruck sollten Sie durch Ihre Erscheinung, Ihre Körpersprache und Ihre Rhetorik unterstreichen. Denken Sie daran, daß Ihr Gesprächspartner Ihren Gesamteindruck mit Ihren Gehaltsvorstellungen in Zusammenhang bringt. Schließen Sie heimliche Gedanken wie »Wozu braucht die denn soviel Geld?« nicht aus.

Wieviel sind Sie in Ihren eigenen Augen wert?

Ähnliche Überlegungen spielen gewiß auch bei uns Frauen noch immer unbewußt eine Rolle: Solange wir heimlich auf unseren Prinzen hoffen, werden wir auch unsere finanziellen Belange nicht mit der gleichen Selbstverständlichkeit vertreten wie ein Familienvater. Dieser Überlegung liegt ja auch das Lohn- und Gehaltsgefälle zwischen Mann und Frau zugrunde: Der Mann muß davon eine Familie ernähren, die Frau hat dieses Einkommen entweder für sich allein, oder es steht der Familie zusätzlich zur Verfügung. Daß diese Überlegungen nicht nur dem Gleichheitsgrundsatz des Grundgesetzes widersprechen, sondern auch praktisch meist nicht zutreffen, haben vielleicht auch wir noch nicht verinnerlicht.

Ihre Gehaltsforderungen sollten deshalb Ihrer Leistung entsprechen und nicht Ihrem Geschlecht.

Weniger ängstlich sind wir Frauen allerdings, wenn es um das Pensum unserer Arbeit geht. Zwar bekommen wir häufig weniger Gehalt, dafür arbeiten wir jedoch mehr. Wir sind nämlich besonders anfällig für eine bestimmte Art des »Fleißvirus«, das leider wesentlich häufiger das weibliche als das männliche Geschlecht heimsucht. In schweren Fällen führt dieses Virus zur totalen körperlichen Erschöpfung, gepaart mit verminderter Anpassungsfähigkeit, partieller Betriebsblindheit und schweren Anzeichen physischer und psychischer Überforderung.

Patrizia ist inzwischen in der Auftragsbearbeitung gelandet. Dort hat sie Ursula Hermann kennengelernt und ist sehr beeindruckt von der unglaublichen Arbeitsleistung, die die Mittvierzigerin täglich erbringt. Wurde bei Karin Krüger, genau wie im Vorzimmer des Chefs, vor allem Wert auf hervorragende Organisation und das überlegte Einsetzen der Mitarbeiter sowie die Optimierung aller Arbeitsabläufe gelegt, so erlebt Patrizia in der Auftragsbearbeitung und -abwicklung das genaue Gegenteil. Hier scheint sich offenbar alles nach dem Motto: »Schuften bis zum Umfallen!« abzuspielen. Patrizia traut ihren Augen nicht, hatte sie doch bei Ulrike gelernt, daß es keinen Sinn mache, mit einer Arbeit zu beginnen, für die nicht alle Unterlagen, Informationen oder Anweisungen parat waren. Hier hingegen, wo rationelles Arbeiten doch geradezu Bedingung sein müßte, findet sie reihenweise Körbe mit Bestellungen, die nicht versandfertig gemacht werden konnten, weil entweder eine spezielle Teesorte nicht am Lager ist oder ein ganz bestimmter Zucker fehlt oder eine besondere Tassenform nicht vorrätig ist.

Auf ihre neugierigen Fragen, warum denn mit dem Heraussuchen der Ware überhaupt begonnen werde, wenn doch ersichtlich sei, daß einige Artikel fehlten, bekommt Patrizia nur zur Antwort, das sei schon immer so gewesen. Ursula Hermann, seit siebzehn Jahren für die Bearbeitung der Bestellungen zuständig, wolle von einem geänderten Ablauf nichts wissen. Doch dann wird Patrizia unerwartet Zeuge eines handfesten Krachs mit einem der Außendienstmitarbeiter: Es gehe in diesem Lager zu wie in der Steinzeit! Der Chef habe schon vor Monaten angeordnet, daß die Reihenfolge der Bearbeitung vom Computer gesteuert werden solle! Der PC habe den Überblick über den Lagerbestand, nicht aber Frau Hermann, die habe doch schon längst den Überblick verloren! Wenn hier weiter so geschlampt würde, dann stünden sie bald alle auf der Straße! Ursula Hermann wird blaß und kontert sofort mit ihrer langen Betriebszugehörigkeit, mit ihrer großen Erfahrung, mit ihrem Fleiß. Keiner arbeite in dieser Firma mehr als sie, wendet sie schließlich ein, sie brauche sich von einem jungen Schnösel aus dem Außendienst, der nur in der Gegend herumfahre und Kilometergeld kassiere, nichts nachsagen zu lassen.

Kritik

Kritik zu üben, aber auch Kritik anzunehmen ist eine Kunst. Nur wenige von uns beherrschen diese Kunst auf Anhieb, die meisten üben sich ein Leben lang darin, ohne große Fortschritte zu machen.

Je unsicherer ein Mensch ist, desto schwieriger ist es für ihn, damit umzugehen. Viele von uns weisen jede Form von Kritik erst einmal zurück. Sie tun so, als habe der Kritisierende keine Ahnung von den Dingen, sage etwas völlig Falsches und könne die ganze Situation nicht beurteilen. Häufig schießen sie obendrein noch mit Argumenten zurück, die mit dem Ausgangspunkt der Kritik nichts zu tun haben. Werden wir Zeuge so einer Szene, erkennen wir schnell, daß erwachsene Menschen wie kleine Kinder reagieren, wenn sie kritisiert werden. Und tatsächlich, genau dies trifft zu: Sehr viele Menschen fühlen sich, auch bei berechtigter Kritik, innerlich getroffen. Ein kleines Kind kann Kritik nur dann verkraften, wenn es spürt, daß die Mama es noch immer liebhat, daß »alles wieder gut ist«. Hat es dieses Gefühl nicht, macht es zu, verschließt sich und brüllt so lange, bis es in den Arm genommen wird. Bei einem kleinen Kind ist diese Reaktion verständlich, denn es ist von den Erwachsenen abhängig. Doch viele Erwachsene verhalten sich ähnlich, Kritik aktiviert bei ihnen wahrscheinlich Erinnerungen und den damit verbundenen Schmerz.

Die Kunst zu kritisieren ist, Mängel aufzuzeigen, ohne daß sich die Person verletzt fühlt. Ideal wäre es, dem Menschen, den wir auf einen Fehler aufmerksam machen, gleichzeitig zu versichern, daß wir an ihm persönlich – menschlich – nichts auszusetzen haben. Das tun wir nicht, und zwar aus zwei Gründen: entweder weil wir es nicht für wichtig halten – wenn er immer noch nicht weiß, wie wir zu ihm stehen – oder weil wir ihm das Fehlverhalten *doch* persönlich ankreiden.

Klären Sie Ihre empfindlichen Bereiche

Ursula Hermann hört die Kritik des jungen Mannes, setzt sie innerlich jedoch ganz anders um. Sie hört genau das heraus, was er ihr sagen will: daß sie unfähig ist, ihren Job zu machen, daß ihre Arbeitsmethoden veraltet sind, daß sie die Installation des bereits vorhandenen Programms mit fadenscheinigen Argumenten hinausschiebt, daß sie Angst hat, überflüssig zu werden.
Die Kritik löst in ihr Panik aus, denn sie weiß, daß sie zumindest zum Teil gerechtfertigt ist. Doch statt zuzugeben, daß die Installation nun wirklich in Angriff genommen werden muß, verteidigt sich Ursula mit Argumenten, die mit dem Kernpunkt der Kritik überhaupt nichts zu tun haben.

Wir alle reagieren hin und wieder so. Es macht uns jemand auf einen Fehler aufmerksam, und wir tun, als würde uns mit einem Schlage jegliche Qualifikation abgesprochen, als würden wir im wahrsten Sinne des Wortes kleingemacht. Doch damit nicht genug: Wir selbst beginnen, an unseren Fähigkeiten zu zweifeln, hören aus den kritischen Sätzen all das heraus, was wir an uns auszusetzen haben.

Wie kritisieren Sie sich selbst?

»Es ist immer dasselbe, ich kann nichts richtig machen, ich tauge zu gar nichts, ich habe alles falsch gemacht, die anderen haben doch recht, ich bin eine Niete.« So sprechen wir zu uns und agieren kurz darauf auch so.

Was können wir tun?
Wir können versuchen, die Gefühlsebene aus der Kritik auszublenden.
Wir können so tun, als berühre uns das alles nicht. Doch dies ist so ähnlich, als würden wir versuchen, bei einer Kerze die Kraft des Feuers – also die Flamme – auszuschalten, aber ihre Leuchtkraft – das Licht, das sie spendet – erhalten zu wollen. Beides gehört jedoch zusammen, das eine bedingt das andere. Nur wenn Kritik brennt, werden wir sie ernst nehmen.

Was lernen wir daraus?
Wir können versuchen, etwas anderes zu ändern: unsere allgemeine Auffassung dessen, was Kritik ist. Wir sehen Kritik negativ, halten sie in den meisten Fällen für Besserwisserei, Meckerei und Profilierungsversuche unserer »Gegner«. Ein Körnchen davon ist sicher in jeder Kritik zu finden. Trotzdem, warum fassen wir sie nicht als Anregung auf? Als Hinweis auf einen Aspekt unserer Arbeit, dem wir tatsächlich nicht mehr die Aufmerksamkeit geschenkt haben, die nötig ist? Wenn uns ein Kollege sagt, unser Briefstil sei komisch, warum dann beleidigt sein, statt zu sehen, ob sich da nicht wirklich mit der Zeit Formulierungen eingeschlichen haben, die sich tatsächlich überholt anhören? Warum nicht tatsächlich »getroffen« sein und aus dieser Betroffenheit heraus die Motivation zur Veränderung schöpfen?

Trainieren Sie Ihre Kritikfähigkeit!

Führungskräfte müssen lernen, einstecken zu können, so könnten wir es formulieren, doch so wollen wir es nicht nennen. *Führungskräfte müssen aber die Fähigkeit entwickeln, Kritik annehmen zu können! Nur wenn wir hinhören, können wir lernen!* Doch wir wehren Kritik sehr schnell ab. Wir kontern mit allgemeinen Argumenten, statt den Mut aufzubringen zu fragen: Was kann ich besser machen?

Im Lager entbrannte ein heftiger Streit. Ursula Hermann beklagte fassungslos die Unverschämtheit des Außendienstes, der ja schließlich ohne den Versand überhaupt nicht existieren könne, der Außendienstler schimpfte über die Unfähigkeit der gesamten Auftragsabwicklung, die nicht in der Lage sei, die Ware, die er schließlich verkauft habe, zum Kunden zu befördern, und knallte wütend die Tür ins Schloß.
Zurück blieben die verstörten Kollegen, von denen keiner wußte, wie denn eigentlich alles angefangen hatte. Doch Patrizia schnappt einen Satz auf, der ihr zu denken gibt: »Der kann man aber auch gar nichts mehr sagen. Früher konntest du wenigstens noch mal leise auf etwas hinweisen, doch das ist nun wohl auch vorbei!«

Was erkennen wir daraus?
Unsere Fähigkeit, mit Kritik umzugehen, egal, von welchem Standpunkt aus, hängt stark von unserer inneren Verfassung ab: Sind wir gut drauf, kritisieren wir lockerer und stecken selbst Kritik auch besser weg. Geht es uns nicht gut, egal, ob physisch oder psychisch, dann rutscht viel zuviel von unserem eigenen Befinden in die Kritik, die wir anderen geben, und es fehlt uns die innere Stärke, Kritik gelassen anzunehmen. Je weiter wir im Berufsleben kommen, desto mehr wird von uns erwartet, daß wir uns selbst im Griff haben. Wir müssen kritikfähig werden, im doppelten Sinne des Wortes. Wir müssen lernen, mit wachen Sinnen Kritik anzunehmen, sie auf die konstruktiven Aspekte abzuklopfen und als Vorschlag zur Verbesserung zu sehen, und wir müssen lernen, Kritik so zu üben, daß unsere Mitarbeiter die Chance erkennen, wiederum ihre Leistung zu verbessern.

In jeder Kritik gibt es einen zutreffenden Kern

Was bedeutet das?
Wir müssen uns bewußtmachen, daß wir Menschen nicht so ein-

fach neu einstellen können wie eine Maschine. Um bei unseren Kollegen und Mitarbeitern die richtige Schraube zu finden, sollten wir uns, bevor wir kritisieren, ein paar Fragen stellen:
– Was ist es genau, das ich verbessern möchte?
– Was *muß* ich sagen, was muß ich *sachlich/fachlich* sagen, damit dies möglich ist?
– Was *würde* ich ihm gerne sagen? Antworten Sie ehrlich!
– Kann ich ihm damit helfen?
– Wenn ja, *wie* kann ich es ihm sagen?
– Wie würde ich mich dabei fühlen?
– Weiß ich ungefähr, wie sie/er sich dabei fühlt?
– Wie möchte ich, daß er sich *danach fühlt?*
– Was möchte ich, daß er *danach tut?*

Was müssen wir lernen?
Kritik ist immer nur so gut wie das Ergebnis, das sie bringt. Das bedeutet, wir wissen immer erst danach, ob es uns gelungen ist, so zu kritisieren, daß wir einen konstruktiven Anstoß zur Verbesserung einer Leistung gegeben haben.
Kritik, die keinen Anstoß gegeben hat, etwas besser zu machen, ist fehlgeschlagen. Diese Kritik ist ein persönlicher Angriff und kein konstruktiver Vorschlag!

Ursula Hermann zündet sich trotz des Rauchverbots im Lager eine Zigarette an und hält nur mit Mühe ihre Tränen zurück. »Dafür habe ich nun jahrelang geschuftet! Und das ist der Dank!« Die Mitarbeiter sehen betreten zu Boden. Daran, daß Ursula fleißig war, hat nie jemand gezweifelt.

Fleiß
Fleiß ist eine Eigenschaft, die wir mit Tugend in Verbindung bringen, und so heißt es nicht: »Langes Fädchen, *kluges* Mädchen«, sondern: »Langes Fädchen, *faules* Mädchen.« Dieses alte Sprichwort lobt eine Art von Tugend, die man uns Frauen auch über Jahrtausende anzuerziehen versucht hat: Sie entspringt nicht einer rationalen Entscheidung, ist kein bewußt angestrebtes Ziel, sondern sie ergibt sich aus Zeitmangel: »Müßiggang ist aller Laster Anfang.« Ein fleißiges Mädchen hat gar keine Zeit, auf »dumme« Gedanken zu kommen. Diesen Vorstellungen entspringen unsere Bilder der fleißigen Hausfrau, der sorgenden Mutter, der unermüdli-

chen Kraft, der Seele des Geschäftes. Nicht denken, so lautet die Devise, sondern arbeiten!

Sind Sie zu fleißig, um nachzudenken?

Vielleicht liegt hier einer der Gründe, warum es zum Beispiel auch im Bereich des Haushalts so wenige Erfindungen gibt, die von Frauen gemacht wurden. Wer kann schon die Wäsche im Bottich schrubben und gleichzeitig über eine Waschmaschine nachdenken? Wer kann die Eisen auf dem Feuer heiß halten, darauf achten, daß die Wäsche beim Bügeln nicht versengt wird und sich dabei ein elektrisches Bügeleisen ausdenken?

Was erkennen wir daraus?
Wir Frauen haben immer viel zuviel gearbeitet und dadurch den Männern nicht nur das Denken überlassen, sondern auch noch dafür gesorgt, daß sie nicht nur die nötige Zeit dazu hatten, sondern dabei auch noch bestens versorgt wurden. So sind wir konditioniert, und wir müssen bewußte Anstrengungen unternehmen, um dieses Verhalten zu verändern. Dann wird uns klar: Verbinden wir unseren »Pflegetrieb« mit unserem latenten Wunsch, unserer Umgebung zu gefallen, mit unserem ständigen Verlangen, von anderen gelobt zu werden, sind wir ja geradezu prädestiniert dafür, immer wieder zu sagen: »Ja, ich mache das!«

Work smarter, not harder!

Was bedeutet das?
Wir finden es zum großen Teil wirklich natürlich: Die Arbeit muß heute fertig werden, *wir* schreiben sie. Was macht unser Kollege? Er nutzt die Zeit für einen Plausch mit dem Chef. *Wir* bleiben im Büro und rechnen die Aufstellung für die morgige Besprechung noch einmal nach. Was macht unser Kollege? Er telefoniert in der Republik herum und sammelt bei befreundeten Mitbewerbern Argumente für diese Sitzung. *Wir* tippen auf der Geschäftsreise abends die Gesprächsprotokolle in den Laptop, und was macht unser Kollege? Er geht mit den Gesprächspartnern einen trinken. Wer wird hier wohl Karriere machen? *Wir?*

228

Was müssen wir lernen?
Dies sind kleine Beispiele, die beinahe nicht der Rede wert sind. Wenn sie nicht andere Dinge nach sich ziehen würden. So wirkt unser Kollege, nach dem Umtrunk mit den Gesprächspartnern, in deren Augen plötzlich kompetenter. Nun sieht unser Chef unseren Kollegen aufgrund des zufälligen Gesprächs plötzlich in einem anderen Licht. Nun hat unser Kollege mit einemmal die besseren Argumente, während wir vom vielen Schreiben nur die Zahlen im Kopf haben.
Noch schlimmer wird es, wenn wir so fleißig sind, daß uns die Zeit fehlt, uns weiterzubilden und uns zu informieren.

Blinder Eifer schadet nur!

Über Henry Ford, den amerikanischen Automobilkönig, wird eine nette Anekdote erzählt, die dieses Verhalten sehr gut beleuchtet: Henry Ford kommt in das Büro eines seiner Direktoren und findet den Mann, emsig schreibend, an seinem Schreibtisch sitzend. Er ist so vertieft, daß er seinen Boß nicht bemerkt. Da räuspert sich Henry Ford und sagt: »Sie sind entlassen!« Erschreckt läßt der Direktor den Füller sinken.
»Ich habe Sie zum Denken eingestellt und nicht zum Schreiben!« Henry Ford hat vielleicht in dieser Situation ein wenig übertrieben, doch er traf den Punkt: Es ist wichtiger zu denken als zu schuften.

Was bedeutet das?
Verstehen wir es nicht falsch: Dies ist kein Aufruf, den Griffel fallen zu lassen und nichts mehr zu tun. Doch es ist ein Plädoyer für den gezielten Arbeitseinsatz, für den Arbeitseinsatz, der nicht nur Ihnen, sondern auch Ihrem Unternehmen Erfolg bringt.
Stellen Sie sich wieder vor, Sie wären ein eigenständiges Unternehmen und als solches ein Partner Ihrer Firma. Was würden Sie von einem eigenständigen Unternehmen erwarten? Daß es einen Auftrag nach dem anderen abwickelt und sich weder um Neuerungen noch um Weiterentwicklung kümmert? Daß es zwar immer »unheimlich« viel zu tun hat, aber ihm nie einfällt, sein Angebot den Marktverhältnissen anzupassen?

Patrizia ist noch ganz mitgenommen von dem Streit im Lager, als sie wieder Karin Krüger gegenübersitzt. Natürlich bemerkt Frau

Krüger sofort, daß Patrizia, die sich schon recht gut eingelebt hat, nicht ganz bei der Sache ist. »Was ist los, hatten Sie unser Gespräch vergessen?«

Patrizia schüttelt den Kopf. »Nein, es war heute nur etwas laut.« »Im Lager kann es gar nicht laut genug sein, da müßte es mal richtig donnern«, Karin Krüger mustert Patrizia. »Na, raus mit der Sprache, welche Laus ist Ihnen über die Leber gelaufen?« Patrizia schildert, was sie erlebt hat. Karin Krüger hört aufmerksam zu. »Das ist genau der Punkt, Patrizia. Sehen Sie, die Entwicklung schreitet heute auf allen Gebieten rasend schnell voran. Im Grunde genommen befinden wir uns alle in einem ständigen Lernprozeß. Heute kann niemand mehr sagen, o.k., das kann ich, und das mach ich. Wissen Sie, welchen Rat Ihnen heute Topmanager geben? Zwischen fünfundzwanzig und fünfunddreißig mehrmals zwischen Funktionen und Branchen zu wechseln! Unser Wissen wandelt sich so schnell, daß wir eher das Managen des Wissens beherrschen müssen als das tatsächliche Wissen. Denn in dem Augenblick, in dem ich etwas beherrsche, ist es veraltet. Darum müssen wir alle mental ständig in Bewegung bleiben. Stillstand ist Rückschritt.

Ich habe das zum Glück recht früh begriffen, doch Ursula Hermann nicht. Sie ist die fleißigste Frau, die ich kenne, doch leider nicht flexibel genug. Sie sieht in allem Neuen immer nur die Bedrohung, nie die Chance. Doch alles, was wir als Bedrohung empfinden, müssen wir abwehren. Und diese Abwehr kostet Kraft. Hätte sich Ursula Hermann dazu durchgerungen, das neue Programm als Unterstützung zu sehen, wäre die Sache längst erledigt. Und sie persönlich wäre seit Wochen entlastet, der Außendienst wäre zufrieden, wir hätten nur noch halb soviel Reklamationen! Doch jetzt ...« Patrizia wagt nicht, danach zu fragen, was dieses »Doch jetzt« bedeutet.

»Und was ist mit Ihnen?« Karin Krüger lächelt. »Schon herausgefunden, was Sie wollen?« Patrizia schüttelt den Kopf. »Ich würde gerne wie Ulrike arbeiten.«

»Das kann ich mir vorstellen.« Karin Krüger lacht. »Ulrike, die weiß, was sie will. Ich habe übrigens gestern in der ›Wirtschaftswoche‹ gelesen, daß in den USA einige der besten Managerinnen aus dem Sekretariat oder der Auftragsannahme kommen. Das ist natürlich ein weiter Weg, das richtige Studium verkürzt ihn erheblich. Und nicht nur das, bei uns ist es bei vielen Positionen sogar Voraussetzung. Aber ich habe eine Idee: Sie gehen noch zwei Wochen ins Lager und werden dort Zeuge der Programmumstellung und machen auch die Einweisung mit. Dann wird sich herausstellen, ob sie dafür ein Köpfchen haben.«

Patrizia ist nicht gerade begeistert, doch Karin Krüger ist wieder in ihrem Element: »Patrizia, wenn Sie es zu etwas bringen wollen, dann schlagen Sie keine Gelegenheit zum Lernen aus. Nur Mut! Denken Sie daran, was Sie in den letzten Wochen alles gelernt haben. Sie müssen immer mehr von sich fordern, als Sie zu können glauben, sonst stoßen Sie nicht an Ihre Grenzen! Nur wenn Sie über Ihr Limit gehen, entdecken Sie, was noch in Ihnen steckt! Patrizia, Sie haben sich in den letzten Wochen so zu Ihrem Vorteil entwickelt, ich bin sehr überrascht! Ich weiß, unser Lager ist im Moment die turbulenteste Abteilung im ganzen Haus, doch Sie schaffen das! Und danach kommen Sie noch ein paar Tage zu mir. Wissen Sie, daß Ulrike wieder zu einem Seminar fährt? Also, dann können Sie mir ganz genau zeigen, was in Ihnen steckt!« Das Lob von Karin Krüger baut Patrizia auf. Plötzlich fühlt sie sich wieder fit. Die Aussicht, nach dem »Lageraufenthalt« noch einige Tage in der Führungsetage verbringen zu können, gibt ihr neuen Schwung.

Motivation

Die wichtigste rhetorische Fähigkeit einer Führungspersönlichkeit ist die Gabe, motivieren zu können. Nur wer es immer wieder schafft, die Menschen seiner Umgebung zu begeistern und für neue Ziele zu gewinnen, kann auf Dauer erfolgreich führen.

Doch *wie* motiviert frau? Das hängt nicht nur von unseren eigenen rhetorischen Fähigkeiten ab, sondern auch davon, ob wir erkennen, *was* andere motiviert. Dies ist nicht ganz einfach, denn mit der Motivation ist es so ähnlich wie mit dem Glück: Was den einen zur Höchstform treibt, entlockt dem anderen nur ein müdes Lächeln. Ein Arbeitsloser wird sich über einen Vierer im Lotto sehr freuen, während der Topmanager sich fragt, ob er den Schein nicht gleich seinem Filius schenkt.

Natürlich gibt es bestimmte »Basics«: Jeder Mensch muß essen, trinken und schlafen können und ein Dach über dem Kopf haben.

Das sind die physiologischen Grundbedürfnisse. Dann gibt es noch psychologische oder soziale: Wir brauchen Menschen, mit denen wir reden können, die uns mögen und ein oder zwei, die uns sogar lieben. Um dies finanzieren zu können, müssen die meisten Menschen in unserer Gesellschaft arbeiten. Die Arbeit ist also der Schnittpunkt, an dem uns die Menschen begegnen.

Die Situation beeinflußt die Motivation.

Boomt die Wirtschaft, gibt es mehr Arbeitsplätze als Menschen, die Arbeit suchen, schraubt sich die Motivationsspirale immer höher: Da genug Arbeit da ist, wird sie gut bezahlt. Die Menschen verdienen mehr, als sie für die Befriedigung ihrer Grundbedürfnisse ausgeben müssen. Nun geschieht zweierlei: Einerseits steigt der Anspruch bezogen auf die Grundbedürfnisse: Gab es in den fünfziger Jahren in vielen Familien nur an Sonn- und Feiertagen Fleisch und reinen Bohnenkaffee, so war das in den Siebzigern bereits Standard: Kaum einem Manager wird es damals mehr gelungen sein, seine Leute mit der Aussicht auf einen Sonntagsbraten zu motivieren. Nun waren es Farbfernseher und Fernreisen, die die meisten Menschen reizten, dann das eigene Haus und schließlich, als auch dies nicht mehr als Luxus angesehen wurde, die Selbstverwirklichung. Wer fast alles hat, der kann sich Gedanken machen, was er wirklich im Leben will.
Boomt die Wirtschaft nicht und haben die Menschen Angst vor der Zukunft, motiviert sie die Angst.

Motivation wird von innen und außen gesteuert

Natürlich gibt es Menschen, deren innere Motivation sich nicht allein dadurch ändert, daß sich ihre Lebenssituation verändert hat. Denken wir an Künstler, Forscher, Wissenschaftler und jene Menschen, die von starken politischen oder sozialen Überzeugungen geleitet werden. Doch die meisten von uns sind nicht so stark selbstgesteuert, sondern von ihrer Umgebung und den Umständen abhängig.
Wenn wir es im Berufsleben zu etwas bringen wollen, wenn wir mit Menschen umgehen und sie führen wollen, dann müssen wir nicht nur herausfinden, was uns selbst motiviert, sondern auch entdecken, was die Menschen um uns herum antreibt.

Patrizia ist ganz eifrig bei der Sache: Die Schulung für das neue Computerprogramm ist einfach spitze. Zwar versteht sie nicht alles, was der junge Mann erklärt, doch sie glaubt, das Prinzip verstanden zu haben, und möchte es nun unbedingt ausprobieren. Ganz anders ergeht es Ursula Hermann. Obwohl die Lagerleiterin viel größere PC-Kenntnisse hat, spüren alle ihren Widerstand. Auch aufmunternde Worte helfen nicht. »Denken Sie doch nur daran, wie leicht jetzt alles wird«, der Trainer lächelt sie aufmunternd an, »Sie brauchen nur noch die halbe Zeit und die halbe Kraft.« Doch Ursula verschließt sich noch mehr. In der Mittagspause wagt Patrizia einen neuen Vorstoß: »Ich finde das Programm einfach toll, Frau Krüger übrigens auch!« Doch nun ist es ganz aus, wieder ringt Ursula mit der Fassung. »Die hat gut reden, die ist ja unersetzlich mit ihren Ideen. Aber mich braucht hier bald keiner mehr.« Plötzlich ist Patrizia klar, was Ursula Hermann die ganzen Jahre motiviert hat: das Gefühl, gebraucht zu werden.

Wir Frauen schöpfen aus dem Gefühl »gebraucht zu werden« eine ganz besondere Motivation. Diese Motivation kann uns unglaublich antreiben. Unser Arbeitseinsatz steigt unaufhörlich, wir machen immer mehr Überstunden, wir machen die Angelegenheiten der Abteilung, des Chefs, ja sogar der Firma zu unseren eigenen. »Was sollen die denn ohne mich machen«, rechtfertigen wir unseren Aufwand und fühlen uns sehr wohl. Wir fallen vor Erschöpfung todmüde ins Bett, wir schlafen wie ein Stein: Wir haben genug geschuftet, wir haben uns unsere Existenzberechtigung erarbeitet. Unsere innere Motivation ist nicht die Freude an der Leistung, auch nicht das Erreichen eines Zieles, sondern unsere innere Motivation ist die Vermeidung dieses Angstgefühls. Der Angst, nicht gut genug zu sein, wertlos, überflüssig. Gegen diese Angst schuften wir an. Und tatsächlich, solange wir arbeiten, solange uns die Arbeit nicht ausgeht, so lange können wir die Angst in Schach halten. So lange geht es uns gut. Gerät dieses Fundament ins Wanken, werden wir durch die Angst wie gelähmt.

Angst kann lähmen und motivieren

Patrizia versucht, Ursula Hermann aufzumuntern. »Wenn ich dieses Programm lernen kann, dann verstehen Sie es doch erst recht. Und wenn es dann läuft, dann machen Sie sich Gedanken darüber, was noch verbessert werden kann. Ich habe da von Ulrike einen ganz tollen Satz gehört: Work smarter, not harder!«

Doch Ursula Hermann schüttelt nur den Kopf. »Was soll ich denn machen?«

Aber Patrizia ist schon etwas eingefallen: »Ihr müßt euch unbedingt mal neue Verpackungen einfallen lassen, eure Geschenke sind die Härte.« Sie beißt sich auf die Zunge, doch es ist zu spät. »Aber das ist doch nicht meine Aufgabe, da sollen sie jemanden holen, der etwas davon versteht, ich bin Lageristin und kein Verpackungskünstler. Das ist nicht meine Aufgabe. Ich habe immer meine Pflicht getan.«

Pflichten motivieren nicht, sie zwingen uns. Sie lassen uns unsere Arbeit machen, aber sie strangulieren unsere Kreativität, unsere Begeisterung. Sie machen uns zum Arbeiter, nicht zum Denker. Doch wenn wir in der heutigen Arbeitswelt bestehen wollen, müssen wir nicht nur mit-arbeiten, sondern vor allem mit-denken.

»Was heißt, das sei nicht Ihre Aufgabe? Sie sind doch hier die Leiterin, also geht Sie doch alles etwas an, was hier passiert. Oder etwa nicht? Ihre Mitarbeiter packen doch die Ware, die als Geschenk versandt wird, ein, oder nicht? Also geht Sie das doch etwas an!« An Ursula Hermanns Gesicht liest Patrizia ab, daß sie zu weit gegangen ist. »Ich weiß, ich habe hier nichts zu sagen, aber … das wäre doch eine tolle Aufgabe für Sie! Übrigens, wer hat denn die Informationen für das Programm geliefert? Sie wahrscheinlich. Na, und nun haben Sie den Kopf wieder frei, denn Ihr Wissen steckt ja jetzt in diesem Kasten.« Patrizia schlägt auf den PC.

»Na, ganz so ist es nicht«, plötzlich kommt wieder Leben in die Lagerleiterin, »aber die Jungs von der Firma, die das Programm geschrieben haben, haben sich schon lange mit mir unterhalten, bevor sie angefangen haben.«

»Sehen Sie«, Patrizia versucht, wieder Zugang zu Frau Hermann zu finden. »Was ist schon ein Computerprogramm gegen Ihre Erfahrung! Aber jetzt haben Sie doch einen Assistenten und den Kopf frei für eine neue Aufgabe!« Patrizia spürt, daß Ursula Hermann auftaut. Das Lob hat ihr sichtlich gutgetan, und offenbar wirkt der Hinweis auf eine neue Aufgabe!

»Na, ja, Sie haben ja recht, im Grunde könnte ich mir die Arbeit ja wirklich etwas leichter machen ... jetzt sagen Sie mir aber, was Sie gegen die Art und Weise haben, in der wir unsere Geschenke einpacken, da hat sich nun wirklich noch niemand beschwert!«

Das läßt sich Patrizia nicht zweimal sagen, sie schwärmt von den tollen Ideen, die sie in einem Café in London, das seine Waren auch in die ganze Welt verschickt, gesehen hat ...

Was erkennen wir?

Jeder Mensch hat seine ganz speziellen inneren Zünder. Wollen Sie andere Menschen motivieren, müssen Sie diese Zünder suchen. In unserem Beispiel war ein Zünder das Gefühl, gebraucht zu werden, der verborgene, zweite Zünder die Angst, nicht gut genug zu sein. Ursula Hermann ist verunsichert, weil sie ihre Basis durch das neue PC-Programm schwinden sieht. Die Unsicherheit verstärkt die Angst, und die läßt keine konstruktiven Vorstellungen zu. Doch Patrizias Lob baut Ursula auf, und für kurze Zeit verschwindet die Angst. In diesem Augenblick kann sie wieder klarer sehen und schließt neue Wege nicht mehr aus.

Was lernen wir daraus?

Verallgemeinerungen, Durchhalteparolen und hemdsärmelige Aufforderungen: »Na, das bringen wir schon« können dabei helfen, einen Engpaß zu überwinden, doch sie sind keine dauerhafte Motivation. Wenn Sie lernen wollen, Mitarbeiter wirklich zu führen, müssen Sie sich die Mühe machen, die Menschen zu beobachten, um herauszufinden, was ihnen wichtig ist:

– finanzieller Gewinn – *mehr Gehalt*
– psychischer Gewinn, nach außen gerichtet – *mehr Lob*
– psychischer Gewinn, nach innen gerichtet – *mehr Eigenverantwortung*
– psychischer Gewinn, nach innen und außen – *mehr öffentliche Anerkennung, Auszeichnung*

Unsere Zünder sind selten einseitig. Viele Menschen brauchen ständig eine Kombination ihrer Gewinne, damit sie bei Laune bleiben. Doch nicht alle beziehen ihre Gesamtsumme aus dem Beruf. Viele Menschen decken einen Teil ihres täglichen Bedarfs durch Freizeit- und Familienaktivitäten. Doch da in unserer Gesellschaft die Arbeit einen so hohen Stellenwert einnimmt, zählen Lob und Anerkennung auf diesem Gebiet natürlich doppelt.

Doch Vorsicht: Was den einzelnen motiviert, hängt eng mit seiner individuellen Geschichte zusammen und ist daher sehr persönlich. Nehmen wir nur den Begriff Sicherheit: Für den einen beginnt sie mit der Vorstellung, zwanzigtausend Mark auf der hohen Kante zu haben, der andere braucht drei Lebensversicherungen, und wieder ein anderer hat nie das Gefühl, abgesichert zu sein, egal, wieviel Geld er hat. Dennoch, jeder wünscht sich auch im Beruf besonders zwei Dinge: geachtet und gemocht zu werden. Wenn Sie das nicht vergessen, wird Ihr Weg nach oben viel leichter werden, und es wird Ihnen gelingen, gut mit Ihren Mitarbeitern zurechtzukommen. Kluge Köpfe raten uns, auch zu bedenken, daß wir den Menschen mindestens zweimal begegnen. Wenn Sie Karriere machen, dann kann es geschehen, daß es noch einige Male mehr werden …

Patrizia ist happy. Ihre »Lagerzeit« ist vorüber, und sie arbeitet im Vorzimmer von Karin Krüger. Jetzt muß sie wirklich aufpassen, denn Ulrike versucht ihr alles Wichtige zu erklären. Ihr wird bewußt, daß dieses Büro beinahe die Schaltstelle des Unternehmens ist, denn die Firma lebt vom geschickten Einkauf und schnellen Verkauf der angebotenen Waren. Die achtzig Teesorten, die das Haus führt, sind, samt allem Zubehör, nur die Grundlage des Versands. Sie sind, genau wie Zucker und Rum, die Klassiker des Sortiments. Doch jede Woche kommen neue Waren hinzu, während andere wieder aus dem Angebot herausfallen. Die neue Ware kauft Karin Krüger ein, die nicht nur auf der Jagd nach neuen exotischen Teemischungen ist, sondern auch überall nach Zusatzangeboten fahndet: vom Teelicht bis zum Kimono.

Ulrike registriert nicht nur jedes dieser Angebote in einer speziellen PC-Kartei, in der sie Produkteigenschaften, Preise und Umschlagsgeschwindigkeit speichert, sondern auch die Angebote der Konkurrenz. Die wichtigsten Daten überspielt Ulrike vor jeder Reise auf Karins Laptop, trotzdem stehen die beiden immer in Verbindung, und Ulrike kann in Minutenschnelle an jeden Punkt der Welt faxen, wie der Preis, den Karin gerade aushandelt, im Vergleich aussieht. Klar, daß diese Datei ständige Aufmerksamkeit erfordert. »Es ist für uns viel wichtiger, die Konkurrenz im

Auge zu behalten als die Ablage. Aber das versteht der Überreiter ja nicht. Weißt du, was es uns kosten kann, wenn wir fünfzigtausend Servietten auch nur drei Pfennig zu teuer einkaufen? Das kann bedeuten, daß wir sie nicht loswerden!«

Doch noch mehr als die Datenbank, die Karin Krüger auf ihren Einkaufsreisen unterstützt, fasziniert Patrizia eine weitere Datei: die für die Reisen. Hier hat Karin Krüger alles zusammengetragen, was sie in den vergangenen Jahren erfahren hat. Patrizia ist sehr gespannt und neugierig, da hineinzusehen, denn Reisen haben sie schon immer fasziniert.

Als Patrizia am Abend Jenny davon erzählt, bemerkt sie, daß es bei Jenny lange nicht nicht mehr so glatt läuft, und daß es jetzt Jenny ist, der es schwerfällt, mit den Anforderungen ihres Chefs Schritt zu halten. Und vom Reisen will sie überhaupt nichts wissen!

5. Kapitel
Visionen, Ziele und Selbstbewußtsein

Visionen

Jenny hat sich gut eingearbeitet und macht große Fortschritte, fachlich und persönlich. Doch dann traut sie ihren Ohren nicht: Sie soll für ein paar Wochen zu einer Fotoagentur nach Hamburg. Der Chef hat mit der Besitzerin einen Kooperationsvertrag ausgehandelt, beide wollen sich zusammen um die Fotoaufträge für die Expo 2000 in Hannover bemühen. Jetzt will der Chef, daß Jenny sich in der Agentur umsieht. Aber Jenny freut sich nicht, plötzlich hat sie wieder Angst. Mit einem Schlag ist wieder da, was sie während der Schulzeit ständig gehört hat: »Das kannst du nicht, das schaffst du nicht, dazu bist du viel zu blöd.«
Sofort hat Jenny wieder etwas an ihrem Gewicht auszusetzen, findet sich häßlich und für Hamburg viel zu provinziell. Ihr neugewonnenes Selbstvertrauen ist schlagartig dahin. Jenny arbeitet unkonzentriert, leuchtet ein Porträt schlecht aus und läßt ein Blitzlichtgerät fallen. Auch äußerlich verändert sie sich: Ihr Gesicht ist mürrisch, die Haltung deprimiert und abweisend.

Entsprechen die Visionen des Chefs Ihren eigenen?

Der Chef nimmt's gelassen: »Sie können sich jetzt noch so dämlich anstellen, Sie fahren nach Hamburg.«
Doch auch in den nächsten Tagen bessert sich weder Jennys Laune noch ihr Aussehen. Mit verkniffenem Mund steht sie im Laden und ist ganz offensichtlich mit sich selbst nicht im reinen. Schließlich läßt sie die Katze aus dem Sack. »Das bringe ich nicht, das ist zu schwierig für mich. Ich kenne da niemanden.«
»Ich habe eher das Gefühl, daß Sie sich das einreden. Sie bilden sich ein, daß Sie den Anforderungen in Hamburg nicht gewachsen sind!«

Fremde Visionen lösen Unsicherheit aus.

Werden wir mit einer neuen Anforderung konfrontiert, reagieren wir zuerst oft ablehnend: Das kann ich nicht. Diese Reaktion soll uns vor Situationen schützen, für die wir in unserem Unterbewußtsein keine Referenzerfahrung besitzen.

Was bedeutet das? Es bedeutet, daß es in unserem Unterbewußtsein kein Bild gibt, mit dem wir die aktuelle Herausforderung vergleichen können.

Wir besitzen keine Erfahrungen, auf die wir uns jetzt innerlich stützen können, müssen also ein ganz neues Verhaltens- und Reaktionsmuster entwickeln.

Dazu brauchen wir Selbstvertrauen. Haben wir in unserem Unterbewußtsein genügend positive Botschaften wie *»Ich habe immer alles geschafft, ich kriege das schon hin, ich werde das schon schaukeln!«* gespeichert, dann verfügen wir über eine positive Basis, die uns erlaubt, das Neue in Augenschein zu nehmen. Fehlen diese positiven Grundüberzeugungen oder sind sie nur schwach ausgeprägt, geraten wir in Gefahr, gar nicht zu überprüfen, ob unser Zögern sachlich gerechtfertigt oder psychisch bedingt ist, und verschanzen uns hinter einem undifferenzierten »Kann ich nicht«.

Auch Jenny trennt diese beiden Aspekte nicht. Sie fühlt sich der Sache einfach nicht gewachsen.

»Und was soll *ich* in Hamburg?«

»Ihren Horizont erweitern und neue Leute kennenlernen. Wir werden zur Expo 2000 viel mit denen zu tun haben.«

Jenny schüttelt den Kopf. Soll der Chef doch selbst gehen! Doch der läßt nicht locker. »Aber ich weiß, Sie schaffen es. Was ist denn nur mit Ihnen los?«

Häufig haben uns gewogene Chefs und Kollegen ein besseres Auge für unsere Fähigkeiten als wir selbst. Dies gilt besonders in Krisensituationen, wenn wir innerlich Barrieren gegen die neuen Anforderungen aufrichten.

Trauen Sie sich zu, was andere Ihnen zutrauen?

Doch Jenny mauert. Plötzlich stellt sie all das in Frage, was sie bereits erreicht hat, mit einemmal ist alles nichts mehr wert. Im Gegenteil! Sie hat immer alles falsch gemacht! Was kann sie dafür, wenn der Chef zu spinnen anfängt! Aber er soll gefälligst sie aus seinen ehrgeizigen Plänen heraushalten! Sie kann das nicht, und damit basta!

240

»Sie wollen doch aus Ihrem Leben etwas machen, etwas erreichen?« läßt der Chef nicht locker. »Oder irre ich mich? Sie müssen doch eine Vorstellung haben?«
Eine Vorstellung? Jenny hat keine Vorstellung, sie ist doch noch in der Ausbildung!
»Die Lehre beenden.«
»Und dann?«
Jenny ist verwirrt. Sie fürchtet sich doch schon jetzt vor der Abschlußprüfung! Noch weiter zu denken als bis zu diesem Ereignis, kommt ihr sehr übertrieben vor.
»Aber Sie müssen doch eine Vorstellung haben, eine Vision! Wollen Sie eine gute Fotografin werden, eine sehr gute Fotografin? Möchten Sie eine Familie und Kinder, oder wollen Sie reisen, in der Welt herumkommen, für bekannte Zeitschriften arbeiten oder lieber ein eigenes Studio haben, wovon träumen Sie? Die Lehre ist doch nur der Anfang!«

Visionen sind Langzeitziele.

Doch weiter hat Jenny nie gedacht. Und sie muß sich eingestehen, daß sie, von einigen schlaflosen Nächten abgesehen, auch gar nicht wagt, sich etwas vorzustellen. Bis auf diese Lehrstelle ist doch immer alles schiefgegangen. Da will sie das Schicksal nicht herausfordern und noch ehrgeizigere Pläne schmieden!
»Aber irgend etwas müssen Sie doch wollen! Oder leben Sie so in den Tag hinein?« Der Chef kann es gar nicht glauben. »Sie haben sich doch schon so gut eingearbeitet! Freuen Sie sich doch, wenn Sie jetzt auch Erfahrungen in einer großen Agentur sammeln können! Das fehlt Ihnen hier doch! Was glauben Sie, wie nützlich das später sein kann!«

Können Sie von den Visionen des Chefs profitieren?

Eine Vision zu entwickeln ist nicht leicht, eine Vision zu verwirklichen erst recht nicht. Eine Vision geht weit über ein Ziel hinaus. Eine Vision umfaßt viele einzelne Aspekte, und jeder dieser Aspekte ist ein Ziel.

»Stellen Sie sich vor, Sie reisen eines Tages mit Ihrer Kamera um die Welt, sehen interessante Städte, treffen aufregende Men-

schen, werden von internationalen Zeitungen angefordert. Das ist eine Vision.«
»Ich dachte, ein Traum.« Jenny ist in Angriffsstellung.
»Richtig. Aber vielleicht möchten Sie diesen Traum ja realisieren.« Doch Jenny schüttelt nur trotzig den Kopf. Der Chef gibt sich nicht so schnell geschlagen, er ist nämlich von ihren Fähigkeiten überzeugt. »Sie sind jung, Sie haben doch eine Vorstellung!« Aber Jenny kann ihm noch immer nicht sagen, was sie will. Im Gegenteil, je mehr sie darüber nachdenkt, desto mehr fällt ihr ein, was sie alles nicht will!

Es gibt auch negative Visionen!

Machen Sie auch diese seltsame Entdeckung: Es fallen Ihnen eher hundert Dinge ein, die Sie unbedingt vermeiden möchten, als zehn, die Sie wirklich erreichen wollen? Nun, wir können auch herausfinden, was wir möchten, indem wir definieren, was wir unter gar keinen Umständen wollen.

Jennys Chef kennt sich mit diesem Verfahren aus, und so wiederholt er ihre »Negativliste«: »Sie wollen nicht abhängig sein, sich nichts vorschreiben lassen, nicht an eine bestimmte Arbeitszeit gebunden sein, nicht zuwenig Geld verdienen, nicht immer nur an einem Fleck hocken, nicht vor Langeweile eingehen …«
Dann formuliert er die Aufzählung positiv: »Sie möchten eine interessante Tätigkeit, die Ihnen genügend Geld einbringt, bei der Sie Ihre Arbeitszeit selbst bestimmen können, in der Welt herumkommen und interessante Menschen treffen! Toll, ganz toll. Aber Sie wollen ja noch nicht einmal nach Hamburg …«
Da endlich kapiert Jenny. Es geht nicht nur um den Aufenthalt in dieser Stadt, es geht um einen Schritt in die richtige Richtung!

Negative Visionen in positive umwandeln!

Eine Vision mag uns wie ein Traum vorkommen, und für viele Menschen bleibt sie es auch. Eine Vision ist ein Wunsch, ein Bild, das wir uns von unserem Leben machen: So soll es einmal sein! Begreifen wir, daß sich unsere Vision nicht von selbst erfüllt, sondern daß wir handeln müssen, haben wir die Chance, diese Vision eines

Tages in Realität zu verwandeln. Handeln wir nicht, bleibt sie ein Traum.

Eine lange Reise teilen wir in Stationen ein, den Weg zu unserer Vision in Einzelziele.

Visionen sind der große Entwurf, Ziele die Etappen

Eine Vision setzt sich aus vielen Einzeletappen zusammen. Nehmen wir unsere Jenny: Gleichgültig, ob sie eine Fotografin werden möchte, die rund um die Welt im Einsatz ist, oder ob sie ihr eigenes Studio haben will, bis jetzt hat sie nur einen Grundstein, die Ausbildung, gelegt. Doch um erfolgreich zu werden, braucht sie weitere Bausteine! Je eher sie jedoch weiß, welche Vision sie verwirklichen möchte, um so gezielter kann sie die Bausteine auswählen!

Doch es gibt noch einen Grund, eine Vision in Einzeletappen zu splitten. Teilen wir eine Vision nicht in einzelne Ziele auf, überfordern wir uns. Niemand kann eine Vision in einem Anlauf verwirklichen, es sei denn, er kann lange auf positives Feedback verzichten. Doch die meisten Menschen brauchen Erfolgserlebnisse, um die Power zu haben, durchzuhalten!

Ein Ziel hingegen verändert alles! Und zwar von dem Augenblick an, in dem Sie bewußt sagen: Das will ich! Und sollte Ihnen der Weg zu einem Ziel beschwerlich werden, dann rufen Sie sich Ihre Vision ins Gedächtnis! Sagen Sie sich, da will ich hin!

Ihre Vision ist die Summe Ihrer Ziele

Den positiven Umgang mit Zielen lernen wir meistens erst als Erwachsene. Zuerst werden die Ziele für uns festgelegt: Kindergarten, Grundschule, weiterführende Schule. Wer von uns wäre schon freiwillig dorthin gegangen? Dabei könnten wir schon in der Schule eine wichtige Lektion mitbekommen, wenn wir sie uns nur bewußtmachen würden: Am ersten Schultag ist der Abschluß, sei es nun der qualifizierte Abschluß, die mittlere Reife oder das Abitur, eine Vision, mit der wir noch nichts anfangen können. Um uns den Weg dorthin zu erleichtern, wird die Strecke in überschaubare Ziele eingeteilt, wir können Klasse für Klasse durchlaufen. Verfehlen wir das Klassenziel, so ist damit nicht gleich die ganze Vision in Frage gestellt, wir haben nur ein Einzelziel verpatzt. Also nehmen wir einen neuen Anlauf, drehen eine Ehrenrunde und kommen schließlich der Vision »Schulabschluß« dennoch näher.

Ein verfehltes Einzelziel ändert nur den Zeitplan, sonst nichts

Genauso ist es im Leben. Hier müssen wir uns allerdings unsere eigene Vision erarbeiten, sie wird nicht mehr von oben verordnet. Unter Umständen schreiben uns die Eltern vor, was wir zu werden haben. Das kann erfolgreich sein oder katastrophal: Wächst ein junger Mensch in dem Bewußtsein auf, einmal den elterlichen Betrieb zu übernehmen und entspricht dies erst seinen Neigungen und dann seinem eigenen Wunsch, wird er sehr erfolgreich werden! Er konnte sich nämlich von Kindesbeinen an auf seine Ziele konzentrieren! Entspricht die Vision der Eltern dem Kind aber nicht, gibt es ein Unglück, es wird jedes vorgegebene Ziel nur mit Mühe erreichen und dabei anfangen, die Vision zu hassen. Eine Vision mit Ausdauer und Begeisterung zu verfolgen, schaffen wir nur, wenn diese Vision unserem Inneren entspricht.

So haben wir es den unerschütterlichen Visionen einiger Männer zu verdanken, daß Menschen auf dem Mond landeten, im All spazierengingen und jetzt Satelliten um die Erde kreisen, die dafür sorgen, daß unsere Mobiltelefone funktionieren. Wenn wir einen Raketenstart im Fernsehen beobachten, bekommen wir einen winzigen Einblick in die Vielzahl von Einzelzielen, die verwirklicht werden mußten, um diese Visionen in die Realität umzusetzen.

Leider ist die Schulzeit kein guter Übungsplatz für den Umgang mit Visionen. Oft dürfen unsere eigenen Impulse im starren Gerüst der vorgeschriebenen Ausbildung nicht zum Zuge kommen, und wir verlernen, uns eigene Gedanken zu machen. Fragt uns dann später jemand, was wir wollen, zucken wir mit den Schultern, wir wissen es nicht mehr.

Doch wir hatten alle Vorstellungen und Ideen! Oder lagen Sie als Kind etwa nicht in ihrem Bett und träumten: »Wenn ich einmal groß bin …«

Innere Impulse aktivieren!

Diese Träume waren gewiß nicht so strukturiert, daß wir sie als Blaupausen für unseren Lebensplan benutzen können, sie waren jedoch auch nicht so weit von unseren Anlagen entfernt, daß wir sie als völligen Unsinn verwerfen müssen!

Aber genau dies tun wir. Alles dummes Zeug, reden wir uns ein, fern jeder Realität!

Unsere Umgebung unterstützt uns auch noch tatkräftig beim Begraben unserer Träume. Doch wie sollen Eltern und Lehrer etwas fördern, was sie selbst nicht kennen? Auch sie haben meistens ihre Träume nicht verwirklicht, sondern sich angepaßt, haben das getan, was ihre Eltern für realistisch und vernünftig hielten.

Diese Erfahrungen bringen sie in unsere Erziehung mit ein: »Da kann man nichts machen, das geht nicht, schlage dir das aus dem Kopf!« Mit diesen Sätzen versuchen sie, uns zu bremsen. Wären sie ehrlich, müßten sie meistens zugeben: »Du, *ich* versteh' nichts davon, *ich* kann mir das nicht vorstellen, *ich* weiß nicht, was alles dazugehört.« Doch diesen Mut bringen nur wenige Eltern auf.

Dabei gibt es für einen jungen Menschen nichts Gescheiteres, als das zu versuchen, was er *wirklich* tun möchte! Wirklichen Erfolg – vom inneren befriedigten Gefühl bis zum zufriedenstellenden materiellen Ergebnis – können wir auf Dauer nur auf Gebieten erreichen, die uns liegen. Gelingt es uns, Neigungen und Begabungen mit Visionen und Zielen zu verknüpfen, dann sind wir auf dem richtigen Weg!

Doch die meisten Eltern wissen leider auch nichts von dieser Dynamik, kennen nicht die positive Kraft, die ein zum Ziel gewordener Traum entfesseln kann!

Um im Leben erfolgreich zu sein, müssen wir uns Ziele setzen. Wir müssen Ideen haben, Vorstellungen. Wer einmal miterlebt hat, wie ein Haus gebaut wird, weiß: Ohne Plan läuft nichts: Wenn weder Bauherr noch Handwerker wissen, wie das Haus aussehen soll, kann keiner mit der Arbeit beginnen. Bei Häusern sind wir deshalb konsequent: kein Plan, keine Baugenehmigung.

Ohne Plan keine koordinierten Handlungen

Aber auch das Leben ist eine Baustelle, hier sind wir Bauherr und Handwerker zugleich. Zwar verlangt man von uns fürs Leben keine Lizenz, doch ohne Plan treiben wir dahin und tun, was andere wollen! Solange wir nicht wissen, was wir möchten, werden wir zum Erfüllungsgehilfen derer, die wissen, was sie wollen und uns für ihre Ziele einspannen. Irgendwann erkennen wir dann, daß unser Leben aus einer Kette von Ereignissen besteht, die wir nicht gewollt haben!

Doch was wollen Sie? Kennen Sie Ihre Träume? Können Sie aus einem Traum eine Vision machen? Können Sie diese Vision in einzelne Ziele einteilen? Nein?

Sie können sich nicht entscheiden, Sie wollen heute dies und morgen jenes? Sie arbeiten, doch wohin die Arbeit führen soll, wissen Sie nicht so genau?

Was würden Sie von einem Jockey halten, der an den Start geht und seinem Pferd dabei ins Ohr flüstert: Das Ziel liegt dort, nein, das Ziel ist da drüben, nein, kehr um, das Ziel ist doch da vorne?

Das Leben ist wie ein Pferderennen: from start to finish.

Wir können die Zeit, die uns für dieses Rennen gegeben ist, natürlich nutzen wie unser Jockey. Doch wo würden wir dann landen?

Unser Jockey wird wahrscheinlich disqualifiziert, wenn nicht, landet er auf dem letzten Rang. Doch wir auch. Wenn wir nicht wissen, was wir wollen, sind wir ganz schnell aus dem Rennen.

Doch da wir wissen, daß wir die ganze Strecke gehen müssen, warum stellen wir uns dann nicht so gut darauf ein, wie es uns möglich ist?

Unser Leben ist wie eine Rennstrecke, es hat einen Anfang und ein Ende. Doch was dazwischen geschieht, hängt von unserer Einstellung ab: Wir können ein Champion werden oder als letzter durchs Ziel gehen.

Viele junge Menschen trauen sich heute nicht mehr, Visionen zu entwickeln. Sie lassen sich von Arbeitslosenzahlen, Lehrstellenmangel und dunklen Zukunftsprognosen so lange einschüchtern, bis sie tatsächlich von »no future« überzeugt sind. Daß die Situation nicht mehr so easy ist, wie sie vor einigen Jahren war, stimmt. Andererseits stand die Welt den jungen Menschen noch nie so offen. Wir müssen diese Chancen erkennen und nutzen! Vielleicht müssen wir uns von den geradlinigen Lebensläufen verabschieden, von den fünfundzwanzigjährigen Betriebsjubiläen und den vorausberechneten Karrierestufen. Vielleicht müssen wir mobiler werden, flexibler und abenteuerlustiger! Ein Mensch mit einer Vision läßt sich nicht so schnell entmutigen, gibt nicht so schnell auf und entdeckt auch auf einem Umweg einen weiteren Baustein!

*Die Menschen sind nicht faul, sie haben
nur keine Ziele, die es sich zu verfolgen lohnt.*

Anthony Robbins

Ziele

Ein Ziel ist eine Verabredung. Diese Verabredung ist vielleicht nicht für diese Woche geplant, sondern erst fürs nächste Jahr. So what? Wenn dieses Ziel wirklich *Ihr* Ziel ist, werden Sie dieses Jahr glänzend überstehen. Wenn Sie dieses Ziel in ein Bild verwandeln können und dieses Bild immer und immer wieder vor Ihrem geistigen Auge lebendig wird, wird es Ihnen die Power bringen, die Sie brauchen! Es wird immer und immer wieder neue Begeisterung entfachen, Ihnen von innen heraus Unterstützung geben, Ihnen helfen, Rückschläge zu überstehen und durchzuhalten.
Der Trick dabei ist das Bild, das Visualisieren Ihres Zieles. Sie müssen sich Ihr Ziel bildlich vorstellen können. Nicht den Weg dorthin, nein, Sie müssen sich am Ziel sehen!

Stellen Sie sich Ihr Ziel bildlich vor! Sehen Sie sich am Ziel!

Sie wünschen sich, endlich den Job zu bekommen, der Ihnen die Entfaltungsmöglichkeiten gibt, die Sie brauchen? Sie wollen sich selbständig machen? Sie möchten in einem anderen Land arbeiten? Was auch immer es ist, das Sie erreichen wollen, können Sie sich in der neuen Umgebung, an Ihrem neuen Arbeitsplatz sehen? Können Sie sich ausmalen, wie es sein wird, wenn Sie an Ihrem neuen Schreibtisch sitzen, in einer anderen Sprache sprechen? Nein? Dann lernen Sie es!
Frauen und Ziele, diese Kombination ist nicht neu, doch sie beschränkte sich traditionell auf den Bereich Mann, Kinder und Familie. Klar, die biologischen Gegebenheiten fördern dieses Denken, unsere biologische Uhr läuft, unabhängig davon, was wir tun. Ein Mann kann erst Karriere machen und dann Kinder zeugen. Ein Mann kann auch Kinder zeugen, Karriere machen und dann eine Familie gründen. Vielen Männern gelingt auch das Kunststück, eine Familie zu gründen und trotzdem, dank der Frau, Karriere zu machen.
Theoretisch stehen auch uns diese Wege offen, doch praktisch las-

sen sie sich kaum umsetzen. Kleinkinder fordern die Mutter stärker als den Vater, und deshalb erfordert die Kombination Baby und Karriere strategische und organisatorische Meisterleistungen. Zwar geistert die Formel »Ich will alles, und zwar sofort!« noch immer durch unsere Köpfe, doch viele Frauen erkennen, wie schwer es ist, diesen Wunsch zu leben. Eine entscheidende Rolle spielt dabei Ihr Auserwählter: Unterstützt er Ihre Pläne, ist er damit auch praktisch einverstanden, das heißt, packt er mit an, oder sind seine Sprüche nur Rhetorik? Gibt er Ihnen zu verstehen, die Karriere sei allein Ihre Angelegenheit? Dann erwartet Sie eine dreifache Belastung: Mann, Kind, Karriere! Bauen Sie nicht darauf, daß sich die Dinge schon irgendwie regeln werden, wenn das Kind da ist! Wenn Ihr Partner Sie nicht von Anfang an aktiv unterstützt, wird nur einer die Dinge regeln, und das sind Sie!

Sind Sie alleinerziehend, müssen Sie unbedingt zwei Fähigkeiten trainieren, die Müttern oft extrem schwer fallen: mit Schuldgefühlen zurechtzukommen und lernen, das Kind schon früh loszulassen.

Tagesmütter und Kindergärtnerinnen machen stets die gleiche Beobachtung: Je selbstverständlicher es für die Mutter ist, ihre beruflichen Ziele zu verfolgen, um so selbstverständlicher ist dies für das Kind.

Erinnern Sie sich: Das, was das Kind erlebt, hält es für die Realität, für die einzige Realität. Wenn Sie Ihr Kind morgens frohgelaunt bei der Tagesmutter abliefern, wird es die ersten Minuten vielleicht über die Trennung weinen, doch dann wird es sich auf die neue Person in seiner Nähe einlassen. Spürt das Kind jedoch Ihre innere Zerrissenheit, Ihr Grübeln, ob Sie nun eine gute Mutter sind oder nicht, dann wird Ihr Kind diese »Vibrations« aufnehmen und dementsprechend unglücklich sein.

Das beste Beispiel ist folgendes: Stellen Sie sich einfach vor, Mutter und Kind wären eine wunderschöne Marionette. Die Mutter ist das Holz, und an den Fäden hängt das Kind: So wie sich das Holz bewegt, so bewegt sich auch das Kind.

Genauso übertragen sich Gefühle von der Mutter auf das Kind.

Doch nicht jede berufstätige Mutter schafft es, sich von den Schuldgefühlen zu befreien, die sie empfindet, wenn sie ihre eigenen Interessen verfolgt. Wie stark sie darunter leidet, hängt, wir ahnen es schon, mit der Art und Weise zusammen, wie sie selbst aufgezogen wurde. Frauen, deren Mütter ebenfalls immer gearbeitet haben und die sich dabei nicht abgeschoben vorkamen, können viel lockerer mit dem Problem umgehen als Mütter, denen diese Erfahrung fehlt. Auf jeden Fall tun Sie sich und Ihrem Kind etwas Gutes, wenn Sie sich vorher mit dieser Thematik auseinandersetzen.

Prüfen Sie Ihre Einstellung zur Kombination Baby und Karriere!

Immer wieder fragen junge Frauen, ob es den perfekten Zeitpunkt für die Kombination Kind und Beruf gibt. Personalexperten sind da geteilter Meinung: Die einen glauben, daß frau sich erst einen gewissen Karrierestand erarbeitet haben sollte, bevor sie eine Babypause macht. Heinz Weinmann, Personalchef der Höchst AG, sagte dazu im »Stern« (23/1997): »Die Erziehungszeit ist für die Masse der Frauen tatsächlich das größte Handicap. Wer drei oder vier Jahre aussteigt, springt nur noch schwer auf den Karrierezug auf.« Andere Personalchefs wiederum glauben, daß die Firma eine Mitarbeiterin, die den Kinderwunsch zwar hat, aber ihn noch zurückstellt, nicht über Gebühr fördern sollte. Dieses Argument läßt sich jedoch mit dem Hinweis, daß auch Männer häufig nach zwei, drei Jahren wieder den Arbeitsplatz wechseln, entkräften. Es ist nicht einfach, den richtigen Zeitpunkt herauszufinden. Versuchen Sie jedoch vorher unbedingt herauszubekommen: Wie wird in meiner Firma mit Müttern mit Kleinkindern umgegangen, wie sieht mein Arbeitsplatz nach drei Jahren aus, kann ich durch Urlaubsvertretungen am Ball bleiben, kann ich für die Firma zu Hause arbeiten? Vor allem aber fragen Sie sich selbst: Wie will ich damit umgehen, wie kann ich damit umgehen? Muß bei mir immer alles perfekt laufen, kann ich großzügig sein? Komme ich mit wenig freier Zeit für mich selbst aus, bin ich gut organisiert? Kalkulieren Sie ein, daß sich trotz umsichtiger Planung vieles erst herausstellt, wenn das Kind auf der Welt ist!
Trotzdem sehen wir in den Seminaren immer mehr Mütter, die den Erziehungsurlaub nicht voll ausschöpfen, sondern wesentlich schneller an ihren Arbeitsplatz zurückkehren. Ihnen fehlt der Job, sie halten es gar nicht mehr aus, ganz raus zu sein.
Dennoch, die Vision Kind und Karriere erfordert nicht nur gründliche, sondern auch langfristige Planung: Ein Kind ist erst mit achtzehn Jahren volljährig, viele Kinder verdienen erst Mitte Zwanzig das erste eigene Geld! Auch daran müssen wir denken, wenn wir

uns für diese Kombination entscheiden! Unsere eigenen Überlegungen müssen in diesem Fall einen großen Zeitraum umfassen, wir müssen auf Umwege und Überraschungen gefaßt sein! Von Masern bis Mumps, vom geschlossenen Kindergarten bis zur Klassenreise, viele Ereignisse werden Ihren Terminkalender immer wieder über den Haufen werfen!

»Karriere beginnt im Kopf«, sagte Ursula Nelles, Direktorin am Institut für Kriminalwissenschaften der Uni Münster im »Stern« (23/1997). Doch sie ging sogar noch einen Schritt weiter: Wir müssen nicht nur neue Bilder entwickeln, wir müssen auch alte loslassen! Ursula Nelles hatte sich am Ende ihres Studiums gar nicht vorstellen können, Kinder und Karriere verbinden zu können, doch Mutter Natur war anderer Meinung. Und so begann sich Frau Nelles von alten Vorstellungen zu verabschieden und bezahlte von ihrem Gehalt Haushälterin und Kinderfrau. Diese Möglichkeit wird nicht jeder Frau sofort offenstehen, doch auch Tagesmütter und Kindergärten können eine Alternative sein. Dennoch, mit einem Baby das berufliche Ziel nicht aus den Augen zu verlieren, erfordert sehr viel Disziplin und Kraft! Doch auch hier gilt: Je stärker Ihre Vision, je ausgeprägter Ihre Zielvorstellung ist, desto mehr wird Sie Ihr geistiges Bild unterstützen!

Fällt es Ihnen schwer, sich Dinge oder Situationen bildlich vorzustellen, dann beginnen Sie mit einer ganz einfachen Übung: Nehmen Sie einen Apfel und sehen Sie ihn sich an. Schließen Sie die Augen und stellen Sie ihn sich vor. Sie können auch versuchen, ihn mit geschlossenen Augen zu zeichnen. Wiederholen Sie diese Übung, bis Sie das Gefühl haben, den Apfel ganz gut wiederzugeben. Setzen Sie sich nicht unter Druck: Das Bild in Ihrem Kopf muß nicht gestochen scharf sein. Es gibt auch Menschen, bei denen die bildliche Vorstellung nie über eine Ahnung, ein Gefühl hinausgeht. Das macht nichts, wichtig ist nur, daß Sie spüren, was Sie sich vorstellen.

Der zweite Schritt ist dann, sich von Ihrem Ziel ein Bild zu verschaffen.

Versuchen Sie, mit Menschen zu sprechen, die bereits dort sind oder waren, wo Sie hinwollen. Wie ist es in der Abteilung? Wie sieht es in der neuen Firma aus? Wie wird dort gearbeitet, gesprochen? Suchen Sie aus Illustrierten, Firmenzeitungen, Büchern Bilder heraus, die dieser Umgebung ähneln. Kopieren Sie die Seiten heraus und projizieren Sie sich in das Bild – vielleicht kleben Sie auch ein Foto von sich mitten in die erträumte Umgebung hinein. Prägen Sie sich diese Collage ein, bis Sie sie mit offenen Augen sehen können!

Innere Bilder – äußere Ergebnisse

Dieses Bild wird eine Schubkraft entwickeln, die Sie erstaunen wird.

Sie glauben noch immer nicht, daß ein Bild, eine Vorstellung, solche Power hat?

Meinen Sie wirklich, es gäbe Autos, Flugzeuge, Waschmaschinen, Computer, ja selbst Filtertüten, um auch etwas zu nennen, das sich eine Frau vorgestellt hat, wenn nicht irgendeiner die Idee dazu gehabt hätte? Und diese Idee, allen Unkenrufen zum Trotz, in ein Bild umgesetzt und daran geglaubt hätte? Die Dampfeisenbahn hielten die Menschen für eine Höllenmaschine, das Automobil für Spinnerei! *Sie* gingen heute noch zu Fuß, *Sie* würden Ihre Bettwäsche noch mit der Hand waschen, und das Kaffeekochen in der Firma wäre wirklich ein Problem, denn auch die Kaffeemaschine gäbe es nicht! Doch wie im großen, so im kleinen!

Ihr Bild ist der erste wichtige Schritt auf Ihrem Weg. Es ist Ihr innerer Wegweiser, Ihre innere Landkarte. Es wird Sie anspornen, beflügeln, Ihnen Ideen bringen, und Sie werden Menschen anziehen, die Ihnen helfen, Ihr Ziel zu erreichen.

Innere Bilder sind Energie.

Intensiv vorgestellte – visualisierte – Ziele entwickeln eine eigene Dynamik und eine eigene Anziehungskraft. Haben Sie sich nicht auch schon oft gefragt, warum erfolgreiche Menschen mit anderen erfolgreichen Menschen zusammen sind? Warum bestimmte Gruppen einen Erfolg nach dem anderen verbuchen und andere keinen? Natürlich hat dies auch etwas mit Können zu tun, doch mehr noch mit Energie. Die Chemie muß stimmen, sagen wir. Erfolg erfordert eine andere Form der Energie als Mißerfolg; auf dem Land spüren Sie eine andere Energie als in der Stadt. Erfolgreiche Menschen haben mehr Energie, denn der Erfolg verleiht Flügel. Doch Sie können diese Energie auch spüren, wenn der Erfolg zwar noch nicht eingetreten ist, Sie ihn aber in Ihrem Unterbewußtsein schon spüren, weil Sie ihn sich immer wieder vorstel-

251

len. Visualisieren ist nämlich nichts anderes, als Ihrer Blackbox ein neues Bild einzuprogrammieren. Nur mit dem Unterschied, daß dieses neue Bild im Augenblick der Programmierung noch keine Wirklichkeit ist, sondern eine Vorstellung in Ihrem Kopf. Aber wissen Sie was? Ihrer Blackbox ist das egal! Ihr Unterbewußtsein speichert nämlich alles, unabhängig davon, ob es tatsächlich geschieht, ob Sie eine Story im Kino sehen oder sie in Ihrem eigenen Kopf aufführen. Was die Blackbox mit den gespeicherten Infos macht, haben wir schon gehört: Sie beeinflussen auf gewisse Weise alles, was wir tun. Warum dann diesen Mechanismus nicht *für* uns arbeiten lassen?

Jenny hat das Gefühl, alles, was ihr der Chef heute gesagt hat, mache Sinn. Trotzdem ist sie unsicher. Was möchte sie wirklich? Wenn sie ganz ehrlich ist, würde sie schon gern in die Welt hinaus kommen …
Jenny grübelt die halbe Nacht, dann schläft sie erschöpft ein. Sie träumt, sie sei auf einer großen Party, alle würden sie kennen und freudig begrüßen, Stimmen durchschwirren den Raum, sie steht im Mittelpunkt. Sie fühlt sich anerkannt, beachtet, geschätzt. Ganz locker geht sie von einem zum anderen, an den Wänden hängen große Fotos. Da wacht sie auf. Sie fühlt sich gut, plötzlich denkt sie: Mensch, das wär's. Doch wie kann sie das erreichen? Natürlich, durch ihren Job!

Die meisten Menschen meinen, eine Vision, ein Ziel müßte spektakulär sein, Model, Fernsehstar, Sängerin. Warum nicht! Doch für viele von uns schlicht ungeeignet. Das sehen wir zwar irgendwann ein, doch nicht frohen Herzens, sondern frustriert.

Visionen und Ziele müssen den Anlagen entsprechen

Wenn ich nur 1,58 Meter groß bin, dann ist es unrealistisch zu hoffen, Model werden zu können. Will ich es trotzdem, brauche ich unglaublich viel Energie, Talent und Durchsetzungskraft! Doch auch mit dieser geballten Ladung werde ich in einer Branche, in der unter 1,78 Meter nichts mehr läuft, kaum ankommen. Aber wir alle haben Träume, die sich nicht verwirklichen lassen. Denken Sie nur an die vielen Mädchen, die früher (die Bedingungen sind längst gelockert worden) Stewardeß werden wollten und wegen ein paar fehlender Zentimeter keine Chance hatten. Doch keine Frau kann ein ganzes Leben lang fliegen, und die meisten Stewardessen ergreifen nach der Fliegerei einen anderen Beruf. Nehmen Sie Sabine Christiansen! Sie wurde Tagesschausprecherin, Moderatorin, Journalistin. Diese Berufe werden in ihrem Lebenslauf eine viel wichtigere Rolle spielen als die Fliegerei. Diese Berufe kann frau auch erreichen, ohne vorher Stewardeß gewesen zu sein!

Doch wie viele Mädchen zogen sich nach der Ablehnung enttäuscht zurück?

»Ich wollte unbedingt Stewardeß werden, aber das ist leider nicht gegangen, wegen der Größe, na ja, und da war ich so enttäuscht, und dann hab' ich nicht so richtig gewußt, was ich dann machen soll, und dann habe ich einfach, na ja …«

Doch wer aus Enttäuschung über das Scheitern eines Zieles versäumt, das nächste anzupeilen, der erreicht gar nichts.

Eine Vision, die wir verwirklichen können, paßt sich jeden Tag ganz unmerklich den Gegebenheiten an, ein gutes Ziel hat immer Spielraum. Stellen Sie sich ein Schiff auf großer Fahrt vor. Der Kapitän steckt den Kurs genau ab, der durch kleine Schlenker nach links oder rechts ständig den aktuellen Erfordernissen angepaßt wird.

Am Ende sind es diese Anpassungen, die das Schiff auf Kurs halten! Es erreicht sein Ziel, die Ladung wird gelöscht, und … sofort nimmt der Kapitän Kurs auf den nächsten Hafen! Bei uns Menschen läuft es leider manchmal etwas anders.

Wir erreichen ein Ziel und sind nicht glücklich oder stolz, sondern wir fallen in ein Loch. Warum? Weil das Ziel nicht hält, was wir uns von ihm versprochen haben. Logisch! Denn auf unserem Weg dorthin haben wir uns entwickelt, haben uns neue Kenntnisse angeeignet, sind tüchtiger und fähiger geworden. Haben wir unser Ziel erreicht, sind wir im Grunde bereits fit für das nächste, und genauso sollten wir es halten.

Jetzt sagt uns unsere Vision, wie es weitergeht, gibt uns neuen Schwung und feuert uns an.

> Die Vision ist der Tiger im inneren Tank.

Am nächsten Tag ist Jenny wie verwandelt. Sie will wissen, wann sie nach Hamburg fahren soll, wo sie wohnen wird und wie viele Mitarbeiter die Agentur hat. Plötzlich kann sie es kaum erwarten.

Stellen Sie sich vor, Sie gehen zu einer Verabredung, auf die Sie sich schon lange gefreut haben: Wie fühlen Sie sich? Wie sehen Sie aus? Sind Sie gut drauf, beschwingt, unternehmungslustig? Wie ist Ihr Schritt, wie bewegen Sie sich? Lächeln Sie die Menschen, die Ihnen begegnen, an, sind Sie offen für Kontakte? Wahrscheinlich. Wahrscheinlich gelingt Ihnen an diesem Tag sogar noch viel mehr. Plötzlich haben Sie Schwung, Sie haben Ideen, Sie haben eine positive Ausstrahlung, Sie haben Selbstbewußtsein.

Selbstbewußtsein

Unser Selbstbewußtsein ist keine statische Größe, sondern es schwankt. Mal ist es groß, dann wieder klein. Im Verlauf eines einzelnen Tages durchläuft es eine ganze Skala, rauf und runter, rauf und runter, und pendelt sich doch immer wieder auf unserem Durchschnittswert ein. Diesen Durchschnittswert allmählich zu erhöhen, das wünschen sich die meisten Menschen, wenn sie davon sprechen, ihr Selbstbewußtsein zu stärken.

Wenn wir im Berufsleben erfolgreich werden wollen, ist Selbstbewußtsein das A und O. Natürlich kann Selbstbewußtsein nicht das Können ersetzen; trotzdem bringt es eine selbstbewußte fachliche Niete häufig weiter als ein »Fachmann« mit einem Minderwertigkeitskomplex. Den meisten Männern muß man dies nicht sagen, sie wissen es instinktiv. Sie wissen, daß im entscheidenden Moment gekonnte Darstellung mehr bewirkt als die sachlichen Fakten. Während wir Frauen versuchen, durch überlegte Aussagen zu überzeugen, haben sie sich schon in Imponier- oder Angriffsstellung gebracht. Natürlich steckt hinter dieser Schau nicht unbedingt Selbstbewußtsein, doch das ist nicht der Punkt: Der Punkt ist, daß *wir* uns davon beeindrucken lassen. Wir Frauen lassen uns unser Selbstbewußtsein sehr schnell nehmen: durch Arroganz, durch Frechheit, durch Impertinenz. Wir haben nicht die innere Stärke zu warten, bis der Papierdrache in sich zusammensinkt, sondern wir ducken uns. Je höher wir im Berufsleben aufsteigen, um so mehr sind wir von Männern umgeben, die neben ihrem Fachgebiet genau dieses Imponiergehabe hervorragend beherrschen.

Wir müssen lernen, uns davon nicht beeindrucken zu lassen. Wir müssen ruhig und souverän die »Jungen« ihre Spiele absolvieren lassen und uns unbeeindruckt zeigen. Wir müssen gelassen bleiben und auf unsere Stunde warten.

Was lernen wir daraus?
Wir müssen lernen, uns unser Selbstbewußtsein auch in Situationen zu bewahren, in denen andere versuchen, uns den Schneid abzukaufen. Wir müssen trainieren, uns in jeder Situation an unsere innere Kraftquelle anschließen zu können.
Wir müssen zu jeder Stunde *innerlich* wissen, wer wir sind, was wir können und was noch an ungenutzten Reserven in uns steckt. Wir müssen uns immer wieder bewußtmachen, daß unsere inneren Ressourcen *unabhängig von unserer Außenwelt sind! Alles, was Sie können, können Sie, egal welche Laune Ihr Chef hat! Alles, was Sie bisher geleistet haben, haben Sie unabhängig vom Auftreten Ihres Abteilungsleiters geschafft.*
Dieses Besinnen auf *unsere* Qualitäten fällt uns angesichts karriereerprobter Männerriegen schwer. Besonders kritisch wird die Situation, wenn wir es mit *echten* Führungspersönlichkeiten zu tun haben. Zwar nehmen wahre Führungspersönlichkeiten ihren Mitarbeitern die Befangenheit, doch unser eigenes Verhalten wird in ihrer Gegenwart oft von einer Mischung aus Bewunderung, Ehrfurcht und Zaghaftigkeit gesteuert. Wir wissen vom Verstand her sehr wohl, daß auch diese Männer nur mit Wasser kochen, doch lassen wir uns einschüchtern und werden wieder zum kleinen Mädchen. Doch in den Topetagen großer Unternehmen treffen wir auf »Präsenz« und »Charisma«.
Aber was ist Charisma?

Charisma

Charisma ist im Moment sehr gefragt. Die einen möchten glauben, sie können es trainieren, andere stehen dagegen auf dem Standpunkt, man habe es oder man habe es nicht. Charisma, so sagt der Duden, sei eine Gnade, eine Berufung. Andere Nachschlagewerke gehen hingegen etwas weiter in ihrer Aussage: Charisma sei eine außergewöhnliche Ausstrahlungskraft des Menschen. In diesem Sinne verstehen wir dieses Wort im allgemeinen auch: Als charismatisch bezeichnen wir Menschen, die eine ungewöhnliche Ausstrahlungs- und Anziehungskraft haben und denen wir gleichzeitig überdurchschnittliche Führungseigenschaften zubilligen.

Doch es gibt auch eine gegenteilige Ansicht: Der deutsche Soziologe Max Weber behauptet, ein Mensch sei charismatisch, weil wir ihn so empfinden.

Simpel ausgedrückt: Charisma ist keine persönliche Eigenschaft, sondern wird von anderen verliehen – sozusagen angedichtet. Wer Charisma hat, entscheidet also der Betrachter! An dieser Deutung ist bestimmt etwas Wahres, denn wir kennen alle Männer, die mit ihrem Posten auch ihre Ausstrahlung, ihr Charisma verloren haben. Diese Deutung erklärt aber auch, warum wir so selten von charismatischen Frauen sprechen: Weil man(n) uns nicht so sieht.

»Es ist für Männer noch immer furchtbar, wenn Frauen aufsteigen«, sagt Frau Konstanze Goerres-Ode (Stern 23/1997), Landgerichtspräsidentin, und sie meint, daß die Männer Angst haben, daß ihnen etwas weggenommen wird. Das stimmt zweifellos. Vielleicht haben die Männer aber auch Angst, daß wir merken, daß vieles, was sie im Berufsleben so eisern verteidigen, nur Mythen sind? Vielleicht hauen sie nur so auf den Putz, damit wir nicht merken, daß sie auch nicht vollkommen sind?

Um so wichtiger ist es, daß wir uns nicht in die Flucht schlagen lassen, sondern an unserem Selbstbewußtsein arbeiten. Wie können wir es aufbauen?

Wenn es Ihnen schwerfällt, sich immer wieder Ihre Erfolge vor Augen zu halten, machen Sie es doch einmal andersherum: Dr. Jörn Kreke, Vorstandsvorsitzender der Douglas-Holding, erzählte von einem sehr eindrucksvollen Trick seines Vaters: Der alte Herr hatte stets in seiner Jackentasche eine Aufstellung der schwierigsten geschäftlichen Situationen, die er in seinem langen, sehr erfolgreichen Geschäftsleben gemeistert hatte. Tauchte nun eine neue schwierige Situation auf, nahm er den Zettel in die Hand, las ihn laut vor und sagte:»Meine Herren, dies haben wir überstanden, also werden wir auch mit diesem Problem fertig werden.«

Kraft aus vergangenen Erfolgen schöpfen

Heute wissen wir, was der alte Herr tat: Er aktivierte positive innere Ressourcen. Und zwar nicht nur seine eigenen, sondern auch die seiner Mitarbeiter: Indem er die bereits vollbrachten Lei-

256

stungen aufzählte, versetzte er die ganze Mannschaft wieder in einen kraftvolleren Zustand! Diese Methode war weit wirkungsvoller, als wenn er über das aufgetauchte Problem gejammert hätte!

Nicht in Problemen denken, sondern in Lösungen!

Einer der berühmtesten Restaurantchefs in Frankreich, Alain Ducasse, schärft seinen Mitarbeitern ein: Ich bin nicht an Problemen interessiert, nur an Lösungen! Was heißt das? Ein zusammengefallenes Soufflé, ein angebrannter Braten? Geh erst dann zum Chef, wenn dir die Rettung eingefallen ist! Diese Einstellung lenkt uns sofort auf den entscheidenden Aspekt eines Problems: die Lösung! In dem Augenblick, in dem wir an Lösungen denken, verlassen wir auch in uns die destruktive Ebene des Klagens und kommen wieder an konstruktive Ressourcen!

Leider gibt es noch weitere Faktoren, die es immer wieder schaffen, unser Selbstbewußtsein in den Keller zu treiben: Der beständigste und lästigste ist der Streß.

Was bezeichnen wir aber als Streß?

Streß ist der Sammelbegriff für alles, was uns irgendwie unter Druck setzt. Termine lösen Streß aus, schlechte Arbeitsbedingungen, unangenehme Gesellschaft, ungünstiges Arbeitsklima. Den größten Streß verursachen jedoch Situationen, bei denen eine Art Ohnmachtsgefühl entsteht: Das kannst du nicht! Das hast du nicht im Griff! Was machst du jetzt nur? Das schaffst du nicht! Wir fühlen uns der Situation nicht gewachsen, glauben, sie gleite uns aus der Hand.

Das Gefühl der Hilflosigkeit ist der größte Streß

Dieses Gefühl zündet einen Teufelskreis: Ausgerechnet dann, wenn wir dringend unsere gesamten inneren Ressourcen – unsere inneren Kräfte, unsere geistigen und mentalen Fähigkeiten – benötigen, überrollt uns ein Feeling von Unfähigkeit und Hilflosigkeit! Was ist die Folge?

Die streßauslösenden Faktoren aktivieren die körperlichen Streßreaktionen – Herzjagen, Blutdrucksteigerung, Anzeichen von Übelkeit, der letzte klare Gedanke bleibt auf der Strecke. Sie haben das Gefühl, der Situation nicht gewachsen zu sein, und damit steigt der Streßlevel. Doch Sie können den Teufelskreis durchbrechen. Denken Sie mit aller geistigen Kraft und allen Sinnen an eine Situation, die Sie gemeistert haben.

Bitte sagen Sie jetzt nicht, das wäre in so einem Augenblick nicht möglich. Je weniger Ihnen einfällt, desto dicker ist der negative Nebel, der ihr positives Selbstbild verdeckt.

Psychische Nebel verdunkeln die Wirklichkeit

Setzen Sie sich hin, und forschen Sie mit Zettel und Bleistift nach vergangenen Erfolgen! Hören Sie erst damit auf, wenn Ihnen mindestens fünf eingefallen sind.

Diese Übung wird Ihnen wahrscheinlich schwerfallen. In den Seminaren erlebe ich immer wieder, daß selbst erfolgreiche Frauen unruhig werden, wenn sie fünf positive persönliche Eigenschaften und Fähigkeiten aufzählen sollen! Kaum haben sie zwei, drei genannt, folgen die Einschränkungen: »Aber das kann ich doch nicht einfach so sagen, das war doch alles Glückssache ... ich bin doch nur so gut angesehen, weil die Kollegen alle so nett sind. Ich erledige doch meine Arbeit nur so gut, weil der Chef so organisiert ist ...«, und dabei rutschen die Damen auf ihren Stühlen hin und her, blicken ertappt zu Boden, schütteln den Kopf oder ziehen die Schultern hoch. Trainieren Sie, Ihre Stärken aufzuzählen, und zwar laut! Sprechen Sie mit sich, wie Sie mit Ihrer besten Freundin reden würden, üben sie sich im Eigenlob! Damit wir uns richtig verstehen, dieses Eigenlob ist nicht für fremde Ohren gedacht, sondern für den größten Kritiker, den Sie haben: sich selbst! Nun suchen Sie sich einige Punkte aus, die Ihnen besonders am Herzen liegen und bei denen Sie das Gefühl haben, ja, hier könnte ich Unterstützung gebrauchen. Formulieren Sie positive Suggestionen!

Was ist eine Suggestion?
Eine Suggestion ist eine Formulierung, die uns helfen soll, ein bestimmtes Ziel zu erreichen. Sie möchten ausgeglichener werden? Dann sagen Sie sich: »Ich bin ausgeglichen.« Sie möchten erfolgreicher werden? Dann sagen Sie sich: »Ich bin erfolgreich!« Vielleicht werfen Sie jetzt ein, daß Sie diesen Zustand doch erst

herbeiführen, erst erreichen wollen. Sie können doch nicht etwas behaupten, was noch gar nicht stimmt?
Und warum nicht?

Sprechen Sie darüber, wie Sie werden wollen!

Erinnern Sie sich, was man Ihnen als Kind gesagt hat? »Das schaffst du nicht, das kannst du nicht, das wird doch nichts!« Hat das etwa gestimmt? Oder haben nicht die Erwachsenen einfach eine Annahme vorweggenommen? Wenn ja, mit welchen Folgen? Meistens hat sich erfüllt, was uns eingeredet worden ist. Aber nicht, weil alle so schlau waren und in die Zukunft sehen konnten, sondern weil unsere Blackbox diese Aussagen gespeichert hat und unseren automatischen Piloten exakt auf diese Route setzte.
Doch jetzt machen wir uns unser eigenes Programm! Jetzt sagen wir uns, was wir erreichen möchten, und schicken unser Unterbewußtsein damit in die Richtung, in die *wir* gehen wollen! Jetzt ersetzen wir negative Vorrausagen durch positive Suggestionen.

Sprechen Sie positiv über sich und Ihre Arbeit!

Stellen Sie sich vor, Sie wären ein Mann und träfen einen Klassenkameraden, den Sie neun Jahre nicht gesehen haben. Wie würde dieses Gespräch ablaufen? Würde nicht einer dem anderen von seinem aufregenden Leben berichten? Würde nicht ein jeder versuchen, von seinen Erfolgen zu sprechen?
Davon können wir Frauen uns eine Scheibe abschneiden! Wir sprechen doch eher davon, was alles schiefgelaufen ist, als unsere Taten öffentlich zu glorifizieren!
Warum eigentlich? Haben wir nicht genausoviel Grund, über unsere Erfolge zu reden? Doch wir tun es nicht, weil wir es nicht gelernt haben. Weil wir für verbale Selbstdarstellung nicht gelobt, sondern getadelt wurden!
»Gib nicht so an! Nimm dich nicht so wichtig! Stell dich nicht in den Vordergrund, sei nicht so eingebildet! Bleibe hübsch bescheiden! Wer angibt, hat's nötig!« Es fehlt bei unserer Erzie-

hung nicht an einschränkenden Ermahnungen. Doch das Berufsleben ist keine Schule für höhere Töchter, sondern ein Kampf-
platz.

Tu Gutes und rede darüber!

So hieß vor Jahrzehnten ein Buch, das damals als Standardwerk
der Public Relations in allen großen Unternehmen hoch geschätzt
war. Doch was für Großkonzerne und weltbekannte Unternehmen
gilt, gilt auch für Sie! Was nützen Ihnen Ihre gesammelten Fähigkeiten, wenn niemand davon weiß?
Wer sich im Beruf behaupten will, muß von sich reden machen!
Frauen haben hier einen großen Nachholbedarf! Wir müssen
unseren männlichen Kollegen diese Fähigkeit abschauen, denn
was nützt die beste Leistung, wenn die Chefs nichts davon erfahren?
Sprechen Sie über Ihre Arbeit, sprechen Sie über Ihre Erfolge! Es
ist nicht nur für Ihre Umgebung angenehmer, Positives zu hören,
Sie bauen sich selbst damit auf!
Power-Talk ist dann am besten, wenn Sie ihn mit einer ganz kleinen Prise Humor würzen! Zeigen Sie Ihre Freude an guten Ergebnissen, teilen Sie Ihre Begeisterung über gelungene Abschlüsse
und neu gewonnene Kunden!
Reden Sie sich in einen kraftvollen Zustand, und lächeln Sie dabei!

Sich loben und lächeln!

Warum lächeln? Wir haben schon darüber gesprochen, daß unser
Gehirn, unser Nervensystem und unsere Muskulatur eng miteinander verbunden sind und einen innigen Austausch pflegen. Ver-
einfacht ausgedrückt: Auf demselben Wege, wie ein unangenehmes
Gefühl einen mißmutigen Gesichtsausdruck hervorruft, kann ein
lächelndes Gesicht angenehme Gefühle auslösen! Versuchen Sie
mal, zu lachen und gleichzeitig zu schimpfen!
Wir haben es selbst in der Hand, ob wir in einem negativen Zustand verharren oder ob wir unsere Verfassung mit positiven Worten und aufbauender Körpersprache verändern! Probieren Sie es
aus! Erinnern Sie sich an Ihren schwärzesten Tag. Versuchen Sie,
emotional nachzuempfinden, wie es Ihnen dabei ergangen ist. Wie

sahen Sie aus? Wie haben Sie sich bewegt? Wenn Sie sich wirklich intensiv an diese Pechsträhne erinnern, werden sie sich in Minutenschnelle genauso fühlen wie damals – und fast genauso unglücklich aussehen.

Danach wechseln Sie das Bild: Jetzt erinnern Sie sich an Ihren größten Triumph. Aber bitte nicht halbherzig, sondern mit ganzer Kraft!

Spüren Sie den Unterschied? Beim ersten Versuch wich allmählich alle Kraft von Ihnen, beim zweiten wuchsen Sie über sich selbst hinaus.

Diesen kraftvollen Zustand können Sie abrufen, denn er ist in Ihnen. Alles, was Sie dazu brauchen, ist Ihre positive Vorstellungskraft.

Das ist keine Hexerei, sondern angewandtes Coaching!

Mit der Körpersprache vorwegnehmen, was Sie erreichen möchten!

Jenny ist in den letzten Wochen wieder ein Stück gewachsen, jedenfalls behauptet das ihr Vater. Doch Jenny fühlt sich auch so. Jeden Tag übt sie jetzt in der Firma den großen Auftritt, denn sie möchte auf keinen Fall, daß die Leute in Hamburg sie für eine dumme Göre aus der Provinz halten. Der Tibeter hat ihr einen guten Rat gegeben: »Verhalte dich so, wie du empfangen werden möchtest. Benimm dich wie ein Profi, dann wirst du einer sein!«

Als Thomas Muster im Frühjahr 1997 das Tennisturnier in Key Biscayne gewann, bezeichnete er selbst diesen Sieg als seinen zweitgrößten Triumph nach dem Gewinn der French Open. Warum? Weil er sich schon einmal aufgemacht hatte, dieses Turnier zu gewinnen: 1989. Damals erlitt er nach dem Halbfinale einen schweren Unfall. Lange Zeit wußte Muster nicht einmal, ob dieses Unglück nicht seine ganze Karriere beenden würde! Kein Wunder, daß der Gewinn dieses Turniers für ihn zu einem ganz besonderen Ziel wurde! Doch es dauerte sieben Jahre, bis er auf demselben Platz nicht nur das Halbfinale, sondern das Turnier gewann! Ein weiterer Triumph für Muster, der uns immer wieder demonstriert, was »mind over matter« wirklich bedeutet. Will der

Geist etwas intensiv genug, dann folgt der Körper – die Materie – nach.

Wir müssen also im Kopf bestimmen, was wir wollen. Der Ausdruck »make up your mind« sagt es viel eindeutiger: Wir müssen unseren Geist auf unser Ziel hin ausrichten. Wir müssen die Zweifel in unserem Kopf besiegen und die Bedenken widerlegen, wir müssen unsere gesamten Gedanken auf das Ziel ausrichten. Haben wir unser Ziel im Kopf auf die Reihe bekommen, dann handeln wir automatisch zielgerichtet.

Erst Mind – dann Materie

Das alte Wort »Der Geist ist willig, doch das Fleisch ist schwach« ist also eine Ausrede und besagt nichts weiter, als daß der Geist hin und wieder nicht stark genug ist, den Körper zu dominieren. Gönnen wir ihm diese Auszeiten! Allerdings möglichst nach Feierabend! Doch unsere Schwächen sollten unseren Zielen nicht im Wege stehen, und sie sollten uns auch nicht daran hindern, uns rechtzeitig ein neues Ziel zu setzen.

Erfahrene Personalentwickler behaupten, daß wir uns nach einer Beförderung doppelt anstrengen müssen, denn jetzt zeigt sich erst, ob wir sie wirklich verdienen. Manchmal sind wir nach dem Erreichen eines Zieles so stolz, daß wir uns einbilden, nun eine bedächtigere Kugel schieben zu können. Manchmal spielen uns aber auch Versagensängste einen Streich, wir verharren und tun nichts.

Erfolgreiche Menschen kennen den Trick, der hilft, diese Klippe zu umschiffen: Kurz bevor sie ein gestecktes Ziel erreichen, setzen sie sich bereits das nächste. Was sagte Pete Sampras, als er die Nummer eins der Tennisweltrangliste wurde: Ich habe mir vorgenommen, am längsten von allen auf diesem Platz zu verweilen ... Steht er nicht noch immer dort?

So ist es richtig!

Jenny hat sich von ihren Freunden verabschiedet. Sie ist ganz aufgeregt, denn nun möchte sie den Chef nicht enttäuschen, doch auch sich selbst beweisen, daß es kein Zufall ist, daß ihr noch während der Ausbildung so eine Chance geboten wird. Ihr inneres Bild ist klar. Sie möchte die Chance so gut wie möglich nutzen, Hamburg kennenlernen und versuchen, in der Agentur gute Kontakte zu knüpfen. Zwar ist ihr noch etwas bang, doch der Tibeter hat ihr Interessantes über Meditationen erzählt, und Patrizia gab ihr zum Abschied einen Korb mit Tee, Zucker und einer winzigen Flasche Rum. Daran hatte sie einen Zettel mit der E-mail-Nummer gebunden, unter der sie nun zu erreichen ist. Jenny fühlt sich gut gerüstet, sie hat sich viel vorgenommen und erzählt Patrizia, was ihr der Chef mit auf den Weg gegeben hat.

Im Geschäftsleben, genau wie im Sport, beginnt mit jedem neuen Abschnitt eine neue Bewährungsprobe. Und die wollen Sie doch bestehen! Deshalb zeigen Sie, daß Sie zu Recht sitzen, wo Sie sitzen und … Augen auf! Es gibt Fallen auf dem Weg nach oben:

Die Meinung anderer

Wenn Sie ihr Ziel gefunden haben, behalten Sie es für sich. Sich in der Anfangsphase eines Projekts mit jedem Wenn und Aber auseinanderzusetzen, das anderen zu Ihren Plänen einfällt, kostet Ihre kostbare Kraft! Zweifel und Unsicherheit vergrößern Ihr Risiko zu scheitern, deshalb konzentrieren Sie sich auf das Gelingen!

Gehen Sie auf Distanz zu Bedenkenträgern!

Wenn Sie mit jemandem über Ihre Vision sprechen wollen, dann mit einem Menschen, der wirklich etwas von der Sache versteht. Noch besser ist es, wenn Sie jemanden finden, der selbst erfolgreich Visionen umgesetzt hat. Diese Person kann ruhig aus einer ganz anderen Branche kommen, denn die Mechanismen des Erfolgs sind fast überall die gleichen, und auch Experten können sich irren. Solange keine großen Summen auf dem Spiel stehen, vertrauen Sie Ihrer eigenen inneren Stimme! Ihr starker innerer Wunsch bringt Sie weiter als jedes lauwarme »Ich weiß nicht so recht« von angeblich fachkundiger Seite.

Ratgeber bewußt aussuchen!

Erwarten Sie wenig Beistand, auch von Ihrer eigenen Familie.
Das mag Sie vielleicht erschrecken, doch die eigene Familie ist nur in Ausnahmefällen ein guter Ratgeber. Warum? Weil jeder innerhalb einer Familie ein relativ festgelegtes Bild vom anderen hat. Sie kennen es aus eigener Erfahrung: Schon Kinder bekommen ein Label verpaßt: niedlich, süß, gescheit, schwerfällig.
Diese Label haften, und sie sind nicht sehr flexibel. Verändern wir uns, verändern sie sich leider nicht. So entsteht eine Diskrepanz, die schwer zu überbrücken ist. Wer ständig mit alten Vorstellungen im Kopf herumläuft, hat keinen Blick für das Neue. Sieht er es dennoch, ist er irritiert. Häufig hören wir dann Vorwürfe: Du hast dich aber verändert!

> *Mein Schneider ist der einzige vernünftige Mensch,*
> *er nimmt jedesmal neu Maß!*
> Winston Churchill

Doch auch Freunde taugen oft auch nicht als Unterstützer. Ein Wort des Münchner Nobelschneiders Rudolf Moshammer zu diesem Thema gefällt mir besonders gut: »Erfolgreiche Menschen brauchen intelligente Partner, die anderen verstehen die Mechanismen des Erfolgs nicht.«
Da ist etwas dran: Es ist ja manchmal auch schwer zu verstehen, warum jemand unbedingt an diesem Abend arbeiten muß oder am nächsten, oder sogar an allen anderen auch. Doch erfolgreiche Menschen wissen, was nötig ist, um erfolgreich zu werden und zu bleiben, und ihre Umgebung sollte sie gewähren lassen. Denn selbst wenn es gelingt, jemanden gegen seinen Willen von seiner Aufgabe wegzulocken, in Gedanken ist er/sie doch immer dabei, denn die Vision, das Ziel, das Bild ist immer präsent! Erfolgreiche Menschen haben meistens großen Spaß an ihrer Tätigkeit und verstehen nicht, warum ihre Umgebung meint, sie sollten sich mal etwas Gutes gönnen. Erfolgreiche lieben ihr Erfolgsfeld, sei es Tennisspielen, Musikmachen oder Seminaregeben. Alles andere – Freizeit eingeschlossen – macht ihnen oft nicht soviel Spaß! Für Freunde und Angehörige ist dies nicht leicht zu verkraften, doch viele Beziehungen und Familien wären glücklicher, wenn sich auch die Nörgler ein Erfolgsgebiet suchen würden, statt zu jammern!

Achtung Falle: Falsche Bescheidenheit

Ein Lehrstück weiblicher Verhaltensweisen demonstrierte mir einer meiner Chefs noch während meiner Lehrzeit: Im Unternehmen war durch eine blitzartige Entscheidung des Managements eine Position vakant geworden. Nach einer Woche rief mich mein damaliger Chef in sein Büro und fragte mich, ob mir im Hinblick auf diese Stelle etwas aufgefallen sei.

»Sie haben noch keine Nachfolgerin ernannt.«

»Typisch«, schimpfte er, »so sind die Frauen. Warum sagt denn keine, daß sie den Job will? «

Achtung Falle: Vornehme Zurückhaltung

Diese Beobachtung habe ich später immer wieder gemacht: Wir Frauen greifen nicht zu. Wir warten, bis man(n) uns auffordert. Wir nehmen nicht, wir verharren, bis man(n) uns etwas anbietet. Doch wer nicht »hier« schreit, wird übersehen. Wer nicht sagt, was er möchte, wird nicht bekommen, was er will. Mund auf! Gehen Sie ruhig davon aus, daß sich kein Mensch darum kümmert, ob Sie bekommen, was Ihnen zusteht, das müssen Sie schon selbst tun. Und zwar mit Nachdruck! Männer melden ihre Ansprüche schon lange vor Fälligkeitstermin an. Ist es dann soweit, wird in ihrem Sinne entschieden – weil jeder glaubt, die Sache sei doch schon längst abgehakt! Aber dieses Zugreifen, dieses Chancenwahrnehmen und -ausnützen, fällt uns schwer. Wir scheuen nicht nur Risiken, wir greifen auch nicht gern zu!

»Mich hat ja keiner gefragt«, damit reden wir uns dann beleidigt heraus. Wir wollen gebeten werden!

Achtung Falle: Auf Aufforderungen warten

Aber der Beruf ist kein Kaffeekränzchen, Positionen werden nicht mit dem goldenen Löffel herumgereicht! Signalisieren Sie Ihr Interesse! Rufen Sie »hier«! Recken Sie die Arme in die Höhe und winken Sie! Das Schicksal wartet nicht auf Sie, es geschieht sowieso. Einstein hat es *relativ* treffend gesagt, als er in Deutschland mit der Eisenbahn unterwegs war: Liegt an dieser Strecke Stuttgart?

Machen Sie auf sich aufmerksam, zeigen Sie, daß Sie bereit sind. Geben Sie bekannt, daß Sie bereits an der Strecke stehen und nur noch einsteigen müssen. Der richtige Zug wird halten!
Einer der wichtigsten Sätze meines Lebens kam von einer klugen Frau:

Man(n) – frau – muß auf den Erfolg vorbereitet sein.

Achtung Falle: Nicht vorbereitet sein

Die Weisheit dieses Wortes geht uns meistens erst nach längerer Überlegung auf, doch wir alle kennen die Situation: Plötzlich bietet sich uns eine Chance, auf die wir schon lange gewartet haben, doch wir handeln nicht. Wir treffen Mr. Right und sehen aus, als steckten wir mitten im Frühjahrsputz. Unser Chef entschließt sich ganz spontan, uns zu einer Besprechung mitzunehmen, doch wir sind wie versteinert, weil wir die Fakten nicht im Kopf und die Handakte nicht parat haben. Wir sitzen in der Kantine, plötzlich kommt der Firmenchef an unseren Tisch, und wir verstummen. Wir begrüßen den japanischen Geschäftspartner noch genauso unbeholfen wie im vergangenen Jahr, weil wir uns noch immer nicht zum Englischkurs angemeldet haben. Wir sitzen in einer Dienstbesprechung und schweigen, weil wir uns nicht trauen, frei zu sprechen. Wir verlieren einen Kunden, weil wir uns gar nicht vorstellen konnten, daß es sich bei dem gewünschten Rückruf um eine fristgebundene Bestellung handeln könnte. Wir freuen uns nicht, daß wir für die Kollegin einspringen und zum Seminar fahren dürfen, weil unsere Garderobe nicht in Ordnung ist. Wir müssen die Vertretung für einen Kollegen übernehmen und machen vor Aufregung so viele unnötige Fehler, daß alle, auch wir selbst, froh sind, als die Zeit vorbei ist.

Den eigenen Standard immer weiter verbessern

Klar, wir können nicht auf jede Situation vorbereitet sein, doch wir können versuchen, unseren Standard dem unseres Zieles anzupassen. Ein erster Schritt in diese Richtung ist, daß wir uns von der Ausrede »Es wird schon nicht passieren« trennen, denn es passiert doch. Chancen tauchen nicht so einfach auf, sie zeichnen sich meistens ab: Aber wir sind zu beschäftigt, auf die frühen Boten zu reagieren: Der Besuch aus Japan wird angekündigt? Ich habe im Moment soviel zu tun! Der Firmenchef taucht ab und zu in der Kantine auf? Ach, daran mag ich gar nicht denken … Doch! Suchen Sie den Himmel nach Rauchzeichen ab, und stellen Sie sich darauf ein!

Vor allem, bereiten Sie sich psychisch auf diese Situationen vor! Wie? Im Kopf! Hier gilt das gleiche Prinzip, das Sie schon kennengelernt haben: Machen Sie sich ein Bild!

Trainieren Sie Situationen im Kopf.

Überlegen Sie: Wie wird es sein, wie kann es sein? Malen Sie sich die verschiedenen Möglichkeiten aus! Versuchen Sie, sich intensiv vorzustellen, wie Sie sich verhalten werden, wie Sie sprechen, wie Sie diskutieren! Vielleicht tragen Sie sogar etwas vor, vielleicht trauen Sie sich, Ihre Vorstellungen tatsächlich durchzuspielen, mit Pro und Contra! Je intensiver Sie sich im Kopf mit einer Situation beschäftigen, desto leichter können Sie später in der Realität mit dieser Situation umgehen.

Ist Ihnen die Situation im Geiste vertraut, dann helfen Sie doch ein wenig nach!

Der Chef nimmt Sie nie mit? Präsentieren Sie sich so, daß er auf die Idee kommen könnte! Sie haben in Besprechungen nichts zu sagen? Ergreifen Sie das Wort!

Bereiten Sie sich auf neue Situationen gut vor, seien Sie gerüstet! Sie fahren mit Ihrem Abteilungsleiter auf eine Messe? Spielen Sie im Geiste die Situation, von der gemeinsamen Bahnfahrt bis zum Abendessen, durch. Wissen Sie, worüber er gern spricht? Kennen Sie seine Hobbys? Wissen Sie etwas von seinen Kindern, ob er Haustiere hat, welche Bücher er liest? Sind Sie darüber informiert, welchen Firmen er auf der Messe einen Besuch abstatten will? Sind Ihre Kenntnisse über diese Firmen auf dem neuesten Stand? Lesen Sie Fachliteratur und den Wirtschaftsteil der Zeitung? Vielleicht sogar das »Handelsblatt«, auf jeden Fall aber »Spiegel« und »Focus«? Haben Sie eine Idee, worüber Sie mit ihm während der Fahrt sprechen wollen? Dies ist die perfekte Gelegenheit, Ihre Small-talk-Fähigkeiten zu testen, denn selbst wenn der Chef die Fahrt nutzt, um zu arbeiten oder zu lesen, Gesprächspausen ergeben sich immer. Wie gut sind Sie im Plaudern?

Small talk ist keine Kleinigkeit

Vielleicht mißfällt Ihnen dieser Ausdruck, weil er in Ihnen Vorstellungen von nichtssagenden aalglatten, superhöflichen Charmeuren weckt, mit denen Sie nichts gemein haben wollen. Natürlich, auch diese Typen gibt es, doch wir denken an etwas anderes: die große Kunst, über ein zunächst unverbindliches Gespräch mehr über den Gesprächspartner zu erfahren, und dies, ohne dabei über Geschäftliches zu reden. Small talk ist ein Kommunikationsinstrument der menschlichen, höflichen Art: Wir möchten spielerisch etwas über das Leben, die Interessen, die Ziele und die Visionen unseres Gegenübers erfahren. Wir werfen einen Ball in die Luft, der andere fängt ihn auf und wirft ihn seinerseits zurück. Doch wenn wir aufmerksam zuhören und geschickt fragen, erfahren wir dabei eine ganze Menge über den Background, die Hobbys, sogar über Ziele und Motivation unseres Gesprächspartners. Wir bemerken, bei welchen Themen er abbremst, und nehmen dies als ein Zeichen, nicht weiter zu bohren. Small talk ist kein Verhör und keine Grundsatzdiskussion! Deshalb insistieren wir nicht, wenn er unsere Frage nach der Familie abblockt, sondern akzeptieren die knappe Antwort und tasten uns weiter voran. Auch Politik, Religion und weltanschauliche Themen eignen sich für den Small talk nicht, denn hierbei können wir es nur sehr schwer vermeiden, Stellung zu beziehen. Doch jede feste Position kann eine Stellungnahme unseres Gegenübers herausfordern, und schon sind wir im schönsten Streitgespräch.

Weniger gefährlich ist das Thema »Urlaub«, darüber sprechen die meisten Menschen gern. Der Ausspruch des Dichters Claudius: »Wenn jemand eine Reise tut, so kann er was erzählen« aus seinem 1790 erschienenen Lied »Urians Reise um die Welt« gilt noch immer! (Das ist übrigens ein sehr guter Small-talk-Einstieg: »Wußten Sie übrigens, daß der Dichter Claudius schon 1790 geschrieben hat: Wenn jemand eine Reise tut ... und wir tun immer, als hätten wir den Tourismus erfunden!«) Auch auf Geschäftsreisen passieren Dinge, die sich hervorragend für den Small talk eignen, ohne daß wir dabei gleich Geschäftsgeheimnisse ausplaudern! Sport, Tiere und Kinder sind beliebte Themen, doch Vorsicht vor Fanatikern! Zwar kann es für uns von Vorteil sein, wenn wir schon im Anfangsstadium einer Geschäftsbeziehung bemerken, daß unser Geschäftspartner in spe ungemütlich wird, wenn wir seine Meinung über den FC ... nicht teilen, doch wir müssen aufpassen, daß unsere Geschäftsbeziehung nicht endet, bevor sie richtig begann. Guter Small talk ist wie Wein: Er macht geneigter. Und deshalb ist er nicht nur etwas für Empfänge und Partys, sondern auch unter Kollegen können »belanglose Gespräche« die Atmosphäre verbessern, das Arbeitsklima entspannen und uns helfen, unbekannte Seiten an unseren Mitstreitern zu entdecken. Denn je besser wir uns einschätzen können, je entspannter wir miteinander umgehen, desto weniger Chancen hat ein weiterer Karrierekiller:

Neid

Neid ist eine der ansteckendsten Krankheiten und so »in«, daß es bereits ein Parfüm mit diesem Namen gibt. Sind wir von diesem zerstörerischen Virus befallen, so müssen wir uns bewußtmachen, daß uns dieses bohrende Gefühl zu falschen Schlüssen verleitet: *Nicht die Person, auf die wir neidisch sind, ist das Problem, sondern wir selbst.* Unser Neid macht uns auf ein Defizit aufmerksam: Nicht der andere hat von irgend etwas zuviel, sondern wir haben davon zuwenig. Neid ist ein Wegweiser unserer verborgenen Wünsche: Wir neiden nur, was wir selbst gern hätten.

Sollten Sie diesen Virus also erwischt haben, dann klagen Sie nicht darüber, was die andere hat (Job, Mann, Karriere), sondern fragen sich: »Was muß ich an mir ändern, um etwas Ähnliches zu erreichen?«

Betrachten Sie dieses Gefühl als Thermometer: Steigt es, ist in Ihrem Leben etwas nicht in Ordnung. Fragen Sie sich, warum Ihnen der Neid zu schaffen macht. Versuchen Sie, dahinterzukommen, ob Sie nicht vielleicht ein kleines Problem damit haben, sich eigene Fehler und Versäumnisse einzugestehen. Denn manchmal fällt es uns leichter, auf andere neidisch zu sein, als uns unsere eigenen Defizite einzugestehen.

Selbstgemachtes Leid

Neidisch zu sein, ohne an sich selbst und seinen Lebensumständen etwas zu ändern, ist selbstgemachtes Leid. Quälen Sie sich nicht, handeln Sie! Und denken Sie daran, daß kein anderes Gefühl Ihre eigene Selbstpräsentation und Ihre Ausstrahlung so negativ verändert wie Neid!

Machen Sie sich bewußt, daß unser aller Leben wie eine Achterbahn verläuft, mal oben, mal unten. Und genau wie bei der Achterbahn sind die einzelnen Wagen nicht immer alle auf gleicher Höhe: Während der eine nach unten saust, steht der andere am Zenit. Nun wünschen wir niemandem, daß die Ausschläge seines Lebenswagens derart extrem sind, doch in etwas abgeschwächter Form ist dies der Verlauf unseres Lebens. Aber dies bedeutet, daß wir nicht immer alle auf einer Höhe sein müssen: Die Kollegin, die Sie im Moment so beneiden, kann schon in einem halben Jahr bei der Beförderung übergangen werden, und dann sitzen Sie am längeren Hebel! Wer im Studium durch gute Noten glänzt, kann im Berufsleben große Schwierigkeiten bekommen! Und, ganz ehrlich: Sind noch all die Paare, die Sie neidisch betrachtet haben, glücklich beieinander? Betrachten Sie die Situation, in der Sie neidisch sind, einerseits als Momentaufnahme, andererseits als Hinweis auf einen Mangel.

Wenn Sie so mit dem Gefühl des Neides umgehen, kann es Ihnen als Richtschnur für Ihre Bedürfnisse dienen. Nehmen Sie dieses Gefühl als Barometer Ihrer eigenen Zufriedenheit bzw. Unzufriedenheit. Wenn der Job oder der Besitz eines anderen Menschen ein starkes negatives Gefühl in Ihnen auslöst, fehlt Ihnen in Ihrem Leben etwas Wesentliches. Doch leiden Sie nicht länger, sondern handeln Sie!

Aber es gibt auch die Kehrseite: *Sie* leiden darunter, daß jemand auf *Sie* neidisch ist. Aber warum nicht großzügig sein? Bieten Sie an zu erzählen, wie Sie's geschafft haben, was Sie tun mußten, um so weit zu kommen. Dann werden Sie oft zu hören bekommen: Ach, sei still, ich bin nicht du, ich kann das sowieso nicht. Wer Ihnen so antwortet, der darf seinen Neid behalten!

Trotzdem ist es gut, wenn Sie sich auf den Neid vorbereiten, denn er wird nicht ausbleiben, wenn Sie Karriere machen. Viele Menschen ändern ihr Verhalten, wenn plötzlich jemand aus ihrer Mitte erfolgreich wird. Der Erfolg der anderen macht besonders bei uns nicht jeden glücklich, im Gegenteil, viele Menschen können damit nicht umgehen. Deshalb werden Sie auf Ihrem Weg nach oben auch nicht all Ihre Freude behalten. Das ist kein böser Wille, sondern wir driften durch äußere Einflüsse auseinander, die Interessen verlagern sich, die Art zu leben wandelt sich,

und die hohen beruflichen Anforderungen setzen andere Prioritäten.
Doch auch das müssen wir akzeptieren und annehmen oder versuchen, es zu ändern. Darüber zu klagen nützt uns nichts.

Das Opfer

Wir können alle von einem Tag zum anderen Opfer werden, nämlich dann, wenn unser Fokus, unsere Sichtweise, sich plötzlich total auf das Negative richtet. Dies kann passieren, wenn uns etwas Wichtiges nicht gelingt, wenn uns etwas, das wir uns sehr gewünscht haben, versagt wird. Wir flüchten in diese Haltung, wenn wir uns mit unseren eigenen Fehlern nicht auseinandersetzen können oder wollen. Dieser Zustand kann heilsam sein, wenn wir das Klagen als eine Art »emotionalen Reinigungsprozeß« betrachten.
Doch es gibt auch »professionelle« Opfer. Opfer sehen nur Probleme. Egal, wohin sie blicken, alles läuft schief, doch schuld haben in jedem Fall die anderen. Psychologen zählten dieses Verhalten bei uns Frauen zur erlernten Hilflosigkeit und hielten es für eine Konditionierung. Damit meinten sie, daß Frauen im Laufe der Geschichte zu Menschen geworden sind, die das Risiko scheuen und es möglichst vermeiden, Entscheidungen zu treffen.
Doch auch sich nicht zu entscheiden, ist eine Entscheidung.
Während ein Opfer, oberflächlich betrachtet, passiv bleibt und sein Schicksal erduldet, ärgert es sich jedoch gleichzeitig über diese Vermeidungsstrategie und all die nicht genutzten Chancen.
Opfer sehen nicht nach vorn, sondern zurück. Und dort entdecken sie verpatzte Gelegenheiten, vertane Zeit und das einsame Wörtchen »wenn«.
Für jedes Opfer gibt es nur ein Rezept: Raus aus der Passivität! Selbst handeln!

Patrizia ist beeindruckt. »Das gefällt mir. Aber ich weiß, was ich will. Ich werde mich um einen Studienplatz an einer der Unis bemühen, an der ich zweisprachig studieren kann. Wenn ich es schaffe, versuche ich, ab und zu für Ulrike Vertretung zu machen, und in den Semesterferien geh' ich in die USA. Karin Krüger hat zu uns gesagt, sie wird versuchen, uns bei einem Versandhaus »work experience«, wie es dort heißt, zu verschaffen.«

»Willst du denn auch dort arbeiten, wenn du mit dem Studium fertig bist?«

Patrizia lächelt. »Wer weiß. Die Karin Krüger, die steckt ja voller Ideen. Neulich hat sie ein Teehändler gefragt, warum sie immer alleine reist, sie könnte doch auch mal Kunden mitbringen. Weißt du, was das ›Kleine Teehaus‹ jetzt macht? Ein Preisausschreiben, und der erste Preis ist eine Reise zum Teepflücken. Wenn das gut ankommt, will sie sehen, ob sich da was draus machen läßt. Jetzt merke ich, daß mir vielleicht sogar Tourismus Spaß machen würde! Aber ich habe ja noch ein paar Wochen Zeit, du hörst von mir!«

6. Kapitel
Interkulturelle Kontakte

Patrizia ist ganz aufgeregt, schon an ihrem ersten Tag in der Etage der Geschäftsführer des »Kleinen Teehauses« geht es hoch her! Das Versandhaus möchte mit der Firma Indomed aus Indonesien ins Geschäft kommen. Indomed handelt mit traditionellem medizinischem Zubehör und überlieferten Heilmixturen, darunter auch speziellen Kräutertees, und knüpft in Deutschland Kontakte, um von der zunehmenden Nachfrage nach alternativen Heilmitteln zu profitieren. Der Vertriebschef der indonesischen Firma hat sich zu einem Deutschlandbesuch angekündigt, bei dem er dem Versandhaus einen Besuch abstatten möchte. Karin Krüger bittet Patrizia, die Organisation des »gesellschaftlichen Teils« zu übernehmen. Patrizia ist Feuer und Flamme! So plant sie als erstes einen Umtrunk, den sie nach der Führung durch das Unternehmen servieren möchte. Sie notiert sich, Sekt, Bier, Wein, Orangensaft und Wasser zu ordern. Doch Karin Krüger läßt sich die Liste vorlegen und verdreifacht die Anzahl der alkoholfreien Getränke. »Sie werden sehen, die Nachfrage nach alkoholfreien Getränken wird so groß sein, daß Ihre Order vergriffen wäre, bevor überhaupt jeder ein Glas in der Hand hält.«
Patrizia hatte bei ihrer Bestellung nicht einkalkuliert, daß nicht nur viele Europäer immer weniger Alkohol trinken, sondern daß viele Religionen das Trinken von Alkohol sogar verbieten!

Unwissenheit ist keine Entschuldigung

Auch mit der Speisefolge für das Mittagessen ist Karin Krüger nicht einverstanden. Um der indonesischen Delegation einen kulinarischen Eindruck von Deutschland zu vermitteln, will Patrizia in einem gutbürgerlichen Restaurant einen Tisch reservieren und ein typisches deutsches Menü servieren lassen: Rinderkraftbrühe mit Markklößchen, Schinken mit Spargel und neuen Kartoffeln und rote Grütze. Dazu hatte der Wirt einen deutschen Weißwein empfohlen. Diesesmal reagiert Karin Krüger noch heftiger: »Rind! Schinken! Haben Sie den Verstand verloren? Wollen Sie mich blamieren?«

Als die Geschäftsführerin Patrizias entsetztes Gesicht sieht, lenkt sie ein: »Patrizia, in Indonesien gibt es verschiedene religiöse Gruppen, aber wahrscheinlich sind unsere Gäste Muslims, und Muslims essen kein Schwein! Nehmen Sie Huhn. Da wir aber nicht hundertprozentig sicher sein können, ob nicht ein Vegetarier unter den Herren ist, suchen Sie auch ein vegetarisches Gericht aus, dann machen wir nichts falsch.«

Doch auch von Patrizias Idee, für die Herren am Nachmittag noch eine Kaffeetafel auszurichten, will sie nichts wissen. »Ein Geschäftsbesuch ist keine Familienfeier, Patrizia! Außerdem, wir sind ein Teehaus! Wir wollen doch nicht nur unsere Gäste bewirten, sondern auch uns selbst präsentieren! Sie können Obst und Gebäck bereitstellen, oder wenn Sie ofenwarmen Blechkuchen als ›deutschen Kuchen‹ anbieten, bin ich auch einverstanden. Dazu servieren wir unsere besten Tees, und zwar nach allen Regeln der Kunst. Wir wollen doch unserem Namen Ehre machen!«

Gut gemeint ist nicht immer gut gemacht

Ein paar Minuten lang möchte Patrizia am liebsten alles hinwerfen. Doch da muß sie plötzlich an Ursula Hermann denken. Hatte sie sich nicht geschworen, anders mit Kritik umzugehen, als sie es bei der Lagerleiterin gesehen hatte? Patrizia gesteht sich ein, daß sie auf interkulturellem Gebiet noch viel lernen muß. Warum hat sie nicht gleich in Ulrikes Datei nachgesehen? Sie gibt sich einen Ruck, setzt sich an den PC und startet »Marco Polo«, denn Ulrike hat ihre Kultur- und Reisekartei nach dem berühmten Reisenden genannt. Begeistert stöbert sie in dieser Fundgrube und erfährt allerlei Neues.

Unsere Welt ist klein geworden. In zwölf Flugstunden sind wir in Singapur, in neun Stunden in Rio, in drei Stunden auf Mallorca. Doch wer glaubt, je schneller wir Entfernungen überwinden können, desto schneller würden wir Kontakt finden, desto schneller würden wir von anderen Kulturen lernen und desto größer würde das Verständnis weltweit werden, der hat sich geirrt! Vielleicht, weil wir uns mit so rasanter Geschwindigkeit bewegen, fehlt die Zeit der Einstimmung, die Zeit, sich intensiv auf die Kultur des jeweiligen Gebietes vorzubereiten, sich Gedanken darüber zu machen, daß nicht in der ganzen Welt die deutschen Ansprüche von Erfolg, Zeit und Geld Gültigkeit haben.

Der Unterschied liegt im Detail

Das gilt ganz besonders im Geschäftsleben. Doch um dies zu bemerken, müssen wir uns in vielen Fällen nicht einmal mehr ins Flugzeug setzen. Wir brauchen uns nur in unseren Firmen umzusehen: Besucher kommen aus Nahost und Australien, aus China und Kenia und den USA, wir haben Kollegen aus Frankreich, England und Italien, Mitarbeiter aus Japan. Wir haben Geschäftsbeziehungen zu den Ländern des ehemaligen Ostblocks, genauso wie zu Taiwan und Birma.

In den Lobbys der Luxushotels unserer Großstädte fallen Araber im weißen Kaftan gar nicht mehr auf. Chinesen, Afrikaner, dieser Anblick ist für uns ganz normal, und so denken wir nur selten darüber nach, wie wir mit ihnen umgehen sollten. Auf diese Frage angesprochen, hört man dann oft: Wir uns verhalten? Hier in Deutschland? *Die* müssen sich anpassen, müssen auf *uns* Rücksicht nehmen – sind sie nicht schließlich zu *Gast* bei uns?

> *Jemand zu Gast laden,*
> *heißt für sein Glück zu sorgen,*
> *solange er unter unserem Dache weilt.*
>
> (Brillat Savarin)

Waren Sie schon einmal Gast in Nepal, in Australien oder in Pakistan?

Sind wir im Ausland, dann leben wir fast immer im Hotel, und da geht es – wenn wir wir uns nicht gerade in der Pampa oder einem abgelegenen Dorf in Nepal befinden – meist international zu. Doch außerhalb der Hotels ist der Unterschied schnell zu bemerken. In fast allen Ländern der Erde ist der Gast geschützt, wird geehrt und geachtet. Das Gastrecht ist den meisten Kulturen heilig. Selten wird ein Ausländer ausgegrenzt, weil er einen Formfehler begangen hat, oft wird ihm noch nicht einmal durch die Blume zu verstehen gegeben, daß er einen Fauxpas begangen hat.

275

Vergessen Sie das rigide »Aber bei uns ...!«

Reisen Sie beispielsweise in Pakistan durchs Land und werden in irgendein Dorf verschlagen, weil Sie eine Panne mit Ihrem Wagen haben, dann ist es für die Menschen dort selbstverständlich, für Sie, die Fremde, ein Huhn – in diesem Land das teuerste Fleisch überhaupt – zu schlachten, die Teppiche aus dem Haus zu holen und draußen im Schatten auszubreiten und Ihnen ein Gastmahl zu bereiten! Man *teilt* nicht nur, was man hat – man *gibt* das Beste, was man hat. Und niemand sagt, Sie sind die Fremde, Sie müssen sich anpassen.

Da benehmen wir uns doch hier in Deutschland leider anders! Wir haben unsere Regeln, Gebote und vor allem reichlich Verbote – und wenig Verständnis! Haben Sie schon einmal beobachtet, was passiert, wenn Japaner sich – wie es bei ihnen Sitte ist – voreinander verbeugen? Die Deutschen lachen. Was aber tut ein Japaner, wenn er bemerkt, daß der Vorgänger auf der Toilette die Vorder- mit der Rückseite verwechselt hat? Er läßt sich seinen Widerwillen nicht anmerken.

Erarbeiten Sie sich Toleranz und Selbstdisziplin!

Im allgemeinen sind Ausländer wesentlich toleranter als Deutsche. Viele unserer Geschäftspartner aus aller Welt haben Schulen und Universitäten in Europa oder den USA besucht, sind also sehr westlich orientiert und mit unseren Sitten und Gebräuchen bestens vertraut. Sie sprechen auch oft unsere Sprache perfekt. Dennoch bleiben sie in ihrem innersten Wesen ihrer Kultur, ihrer Religion und ihrer Nationalität verbunden. Ein Muslim ist auch in Deutschland ein Muslim, ein Hindu auch in Deutschland ein Hindu.

Zeigen wir, daß wir die Traditionen und Gebote anderer Religionen und Kulturen wahrnehmen und respektieren, daß wir eine andere Mentalität, eine andere Nationalität anerkennen!

Zeigen Sie, daß Sie Unterschiede wahrnehmen und achten!

Die Nationalität sagt allerdings nicht immer unbedingt etwas über die Zugehörigkeit zu Volksstamm oder Religion aus. Nehmen wir

zum Beispiel Fidschi. Auf der Insel leben Fidschianer und ein großer Anteil Inder. Oder Australien: ein Völkergemisch aus Europäern, Südsee-Insulanern, Chinesen und anderen Asiaten!
Sehen Sie es deshalb als Geschäftsinvestition, wenn Sie sich gut vorbereiten und versuchen, sich schon vor dem ersten Kontakt umfassend über Ihre Geschäftspartner zu informieren.
Kündigt sich ausländischer Geschäftsbesuch an, versuchen Sie möglichst alles über Nationalität und Religionszugehörigkeit herauszufinden. Daraus ergibt sich, was zu beachten ist: Getränke, Speisen, Verhaltensweisen, Kleidung.

Stellen Sie im internationalen Umgang typisch deutsche Gewohnheiten in Frage

Wenn wir im voraus wissen, mit welchen Nationalitäten wir es zu tun haben, dann sollten wir uns ein wenig Mühe machen, um wenigstens gravierende Fehler zu vermeiden. Wenn wir es nicht wissen, sollten wir auf alle Eventualitäten vorbereitet sein!
Uns ist bewußt, daß nicht nur Umfeld, Erziehung und Elternhaus eine Rolle in unserem Leben spielen, sondern auch kulturelle und religiöse Einflüsse.
Im internationalen Umgang kommen häufig noch Verständigungsschwierigkeiten hinzu, denn selbst Englisch, *die* Weltsprache, wird weder überall gleich ausgesprochen noch gleich eingesetzt. So gibt es z. B. im amerikanischen Sprachgebrauch Worte und Phrasen, die ein gebildeter Mensch nicht benutzen sollte, die aber im Alltag ständig vorkommen. Allein im amerikanischen Englisch gibt es mindestens vierzehnhundert Ausdrücke, Schimpfworte und Kraftausdrücke, mit denen wir uns blamieren können!
Doch wir haben mit der Sprache ja sogar im eigenen Land Probleme, haben auch innerhalb unseres eigenen Sprachraums Verständnisschwierigkeiten! Während in Bayern der Fuß bis zur Hüfte reicht, zieht sich das Unverständnis, welche Uhrzeit mit viertel acht oder viertel vor neun nun tatsächlich gemeint sein könnte, durch die ganze Republik.
Sie sehen, wir brauchen noch nicht einmal unser Land zu verlassen und sind vielleicht schon verlassen, zumindest sprachlich. Wie sieht das erst aus, wenn wir es mit anderen Kulturen, anderen Sitten und anderen religiösen Hintergründen zu tun haben! Wie schnell stol-

pern wir von einem Fettnäpfchen in das andere, wenn wir uns nicht mit den Umgangsformen, mit den Sitten und Gebräuchen, geschriebenen und ungeschriebenen Gesetzen vertraut gemacht haben.

Menschen anderer Nationalität sind unsere Gäste!

Die Ursprünge

Religiöse Grundsätze haben nicht nur unser Zusammenleben, unser Lebensgefühl, sondern auch unser grundsätzliches Verhalten im Geschäfts- wie im Privatleben geprägt. Andere Religionen – andere Grundsätze. Hinzu kommen persönliche Gegebenheiten, das Umfeld, die Natur, sogar das Klima. Nicht umsonst sprechen wir vom Nord-Süd-Gefälle, wenn es um Lebensart, -einstellung und Lebensfreude geht.

Religion und Kultur sind untrennbar miteinander verbunden. Diese Kombination macht das Nationalgefühl aus. Christen in Deutschland leben anders als Christen in Peru, weil die Voraussetzungen unterschiedlich sind. Doch die Grundsätze der Religion sind hier wie dort präsent und spielen eine wichtige, wenn auch nicht immer sichtbare Rolle im Leben. Genauso ist es bei Buddhisten, Moslems oder Hindus – um nur einige der Hauptreligionen zu nennen.

Schauen wir über unsere Grenzen hinweg in die Nachbarländer, bemerken wir, daß – Christ hier, Christ dort – das Leben anders verläuft als bei uns. Dennoch wurde vieles vom christlichen Glauben beeinflußt.

Zwar übt das Christentum in Westeuropa und den USA auf die alltägliche Lebensweise nicht mehr den Einfluß aus, den es zu Beginn des zwanzigsten Jahrhunderts hatte, trotzdem sind seine Spuren überall zu finden.

Dennoch lebt der Glaube, und wir sollten darauf achten, ob unser Geschäftspartner aus einer vorwiegend katholischen oder evangelisch-lutherischen Region stammt und vielleicht seine dem Glauben entspringenden Pflichten wahrnehmen möchte.

In jeder Nation haben sich bestimmte Sitten und Gebräuche ausgeprägt. Je besser wir diese kennen, desto leichter fällt uns der Kontakt, desto größer ist das Verständnis für andere Gepflogenheiten.

Frankreich

Die deutsch-französische Freundschaft ist eine Formel, die uns allen vertraut ist. Frankreich ist einer unserer größten Handelspartner, trotzdem sind uns die Franzosen nicht so vertraut, wie wir vielleicht meinen. So ist es in Frankreich zum Beispiel nicht üblich, einer Dame in den Mantel zu helfen; Blumen werden im Papier überreicht. Wer dies weiß, sieht darin keine Unhöflichkeit. Wer es nicht weiß, hält französische Männer zu Unrecht für Rüpel.

Beobachten – nicht urteilen!

Wissen erweitert Grenzen, Wissen schafft die Basis für Verständigung. So wird in Frankreich auf die Anrede »Fräulein«, bei uns schon lange verpönt, großer Wert gelegt. Selbst Coco Chanel, nun wirklich kein Fräulein im klassischen Sinn, ließ sich ihr ganzes Leben Mademoiselle nennen.

Sonst gilt die Anrede: »Madame« oder »Monsieur« – übrigens auch für einen Herzog!

Eine Frau ist im französischen Geschäftsleben, zumindest in Paris, und neuerdings auch in der Politik gleichberechtigt. In einigen Regionen sieht dies noch anders aus, genau wie in der Industrie. Aber wir müssen uns immer vor Augen halten, daß Paris nicht Frankreich ist und daß sich auf dem Lande Traditionen erhalten haben, die es in der Metropole nicht mehr gibt.

Wenn Sie als Frau in Frankreich Erfolg haben wollen, dann spielt nicht nur Ihre Fachkompetenz, sondern auch Ihre Persönlichkeit eine große Rolle. Gutes Benehmen, Höflichkeit und eine gewisse rücksichtsvolle Distanz (so ist es eine große Ehre, zu einer Familie nach Hause eingeladen zu werden!) bringen Sie ans Ziel.

Die Liebe der Franzosen zu gutem Essen und gutem Wein ist uns vertraut und spielt auch bei Geschäftsbeziehungen eine wichtige Rolle. Dabei läßt man(n) sich mit der Erörterung der eigentlichen Thematik Zeit. Am geschicktesten ist es, wenn Sie warten, bis Ihr Gegenüber damit beginnt. Für diese Zusammenkünfte viel Zeit einplanen, und zwar mittags!

Wenn Sie gut Französisch sprechen, ist viel gewonnen! Die Franzosen haben einen ausgeprägten Nationalstolz, Paris ist für sie das Zentrum ihrer Welt und ihre Sprache die Sprache aller Sprachen.

Nichtfranzösische Wörter stehen auf dem Index, und man(n) achtet auch darauf, wie gut Sie mit der Sprache umgehen können.

Im Geschäftsleben haben die Franzosen eine Vorliebe für alles Schriftliche. Darum zahlt es sich aus, Ideen nicht nur zu präsentieren, sondern auch sehr gut ausgearbeitet und dargestellt bereitzuhalten. Machen Sie sich darauf gefaßt, daß in vielen französischen Unternehmen noch immer streng hierarchisch gearbeitet und vor allem entschieden wird. Der Chef hat das letzte Wort, die Mitarbeiter erwarten dies von ihm.

Ziehen Sie sich in Paris gut an, dies ist eine Stadt, in der frau sich sehr schnell provinziell vorkommt. Aber keine Angst, da Spitzenmode in Frankreich sehr teuer ist, schätzt auch die französische Geschäftsfrau deutsche Mode. Auffallend ist in den französischen Großstädten, wieviel Mühe sich die Frauen mit ihrer Erscheinung geben. In Frankreich gelten häufige Besuche bei der Kosmetikerin, wöchentliche Massagen und viele andere Dinge, die frau für ihr Aussehen tun kann, als völlig selbstverständlich und gehören zum Alltagsleben. Vielleicht planen Sie sie in Ihren Aufenthalt mit ein. Je besser Sie in das französische Bild hineinpassen, um so leichter haben Sie es. Geben Sie sich zurückhaltend und höflich, aber zeigen Sie, daß Sie nicht ohne Ziel angereist sind.

Bei Verabredungen sind bis zu fünfzehn Minuten Verspätung akzeptabel, es hängt allerdings davon ab, wer wen warten läßt. Hier zeigt sich noch ein wenig Snobismus, denn natürlich läßt auch frau einen Firmenchef nicht warten.

Italien

Mit extravaganter Kleidung aus edelsten Stoffen, handgefertigten Schuhen und dezenter, aber unübersehbar teurer Aktentasche hat frau eine unschlagbare Wirkung auf Italiener. Die erfolgreiche Italienerin trägt auch Pelz, je aufwendiger, je lieber!

Die Italienerin zeigt ihren Erfolg.

In Italien gibt es eine Spaltung, das Nord-Süd-Gefälle ist sehr groß. Der Norden könnte auch zu Bayern gehören, doch der Süden unterliegt noch immer eigenen Gesetzen. Das ist jedoch eine inneritalienische Angelegenheit, und frau sagt dazu besser nichts. Doch frau zeigt, was sie in der Schule gelernt hat, sie beweist Bildung und ein gewisses Bewußtsein für die italienische Kultur. Die italienische Lebensart ist uns nicht fremd. Auch hier wird die Mittagsmahlzeit geschäftlich genutzt, der freizügige Umgang mit der Anrede »dottore« – frau ist übrigens eine »dottoressa« – ist selbstverständlich. Wir wissen, daß die katholische Kirche eine große Rolle spielt (genau wie in Frankreich) und religiöse Pflichten nahtlos in den Alltag eingebunden sind.

Ein Land, das weder evangelisch noch katholisch, sondern anglikanisch ist:

Großbritannien

Konservative Sitten sind auch heute in Großbritannien noch »in«, jedoch werden Briten zunehmend lockerer. Zwar werden sie ihre Gesprächspartner zu Beginn der Geschäftsbeziehung mit Namen und Titel anreden, ihren eigenen setzen sie dezent ein, doch setzt sich die Sitte, nach einer Weile nur den Vornamen zu nennen, auch hier durch. Bei Schriftverkehr jedoch weiterhin bitte alle Vornamen, Orden etc. angeben.

Niemals das Wort Engländer benutzen, Sie könnten es auch mit Schotten oder Walisern oder Nordiren zu tun haben. Spricht man vom gesamten Volk, redet man von den Briten, niemals aber von Engländern. Persönliche Fragen sind nicht üblich, und Geduld hat man – oder tut so, als hätte man/frau sie. Von Ihnen als Deutsche wird Pünktlichkeit erwartet. Wundern Sie sich aber nicht, wenn Ihr britischer Gast zu spät kommt. Mit höflichem, distanziertem Verhalten kommen Sie gut an. Das häufige Händeschütteln, wie bei uns üblich, mögen die Briten nicht. Übertreibungen sind nicht Sache der Briten – Understatement ist das Motto. Ordnung wird großgeschrieben, Drängeln ist nicht erlaubt. Blumen werden nach der Einladung zugeschickt, andere Gastgeschenke sind nicht üblich. Vor neun Uhr morgens sollte man keine Termine vereinbaren, und Tea Time ist wichtig.

Kleidung sollte »ladylike« – also konservativ sein und möglichst nicht sehr weiblich, sondern eher herb, Röcke werden bevorzugt und sind in der Londoner »City« tatsächlich knielang!

Die Umgangsformen in der westlichen Welt sind überwiegend von englischen und französischen Manieren geprägt. Hier liegt jedoch ein gravierender Unterschied, wie eine französische Autorin für gutes Benehmen einmal formulierte: »Wenn Sie die französische

Etikette kennen, dann wenden Sie in England genau das Gegenteil an – und Sie liegen richtig. Oder umgekehrt.« Großbritannien ist eine Monarchie, doch darüber brauchen wir keinen Witz zu verlieren, dieses Königshaus spricht für sich selbst. Ein anderes Königshaus finden wir in Spanien.

Spanien

Auch Spanien ist ein von Katholizismus und alten Traditionen stark geprägtes Land, das sich in einem imponierenden Umbruch befindet. Den meisten Deutschen, auch uns Frauen, ist es bestens bekannt, wenn auch nicht unbedingt auf geschäftlicher Ebene. Frauen sind auch in Spanien inzwischen berufstätig, doch wir finden sie noch nicht so häufig in gehobenen und hohen Positionen. Deshalb gibt es noch keine Vorbilder, nach denen sich frau im Busineß richten kann. Doch frau wird keine Fehler machen, wenn sie daran denkt, daß Spanien ein Land der Gegensätze ist: Man liebt die Eleganz und schätzt das Understatement, man ist unglaublich stolz auf die eigene Geschichte und Kultur, jedoch gleichzeitig sehr zurückhaltend. Die Spanier sind stolz auf ihre Geschichte und sehen sich auch heute noch in einem weit über ihre Halbinsel hinausgehenden Kontext. Spanisch ist dabei, die zweite Weltsprache zu werden, der spanische Einfluß in Mittel- und Südamerika ist auch heute noch zu spüren.

Mittel- und Südamerika

Auch in mittel- und südamerikanischen Ländern ist die Kleidung ein Ausdruck von Macht, zeigt Stil und Vermögen. Besonderer Wert wird hier auf die Schuhe gelegt. Im teuersten Geschäft in Acapulco werden Sie wie eine Königin behandelt, sind Ihre Schuhe gepflegt und teuer – selbst wenn Sie ausgebeulte Jeans und ein Billig-T-Shirt tragen. Als Geschäftsfrau nimmt man Sie nur dann ernst, wenn Sie sich entsprechend kleiden: stilvoll, teuer und gepflegt. Da spielt die Temperatur keine Rolle – nicht einmal zu einem Barbecue kommt man oder frau in Shorts. Wenn frau in Buenos Aires wissen möchte, ob sie schick gekleidet ist, hat sie es einfach. Sie geht nur mit ihrem neuen Outfit in der Stadt spazieren. Die Kommentare, die ihr von den Männern zufliegen, sagen ihr, ob sie hopp oder top aussieht.

In Argentinien – dies gilt für alle sogenannten Macho-Länder – hat eine Frau es nicht ganz leicht, im Geschäftsleben wirklich ernst genommen zu werden. In den oberen Etagen dominiert auch hier der Mann. Als Ausgleich dafür sieht frau sich zwar überall charmanten und höflichen Männern gegenüber, doch was nützt das, wenn Sie unbedingt heute noch einen Termin fixieren müssen?

Wie geschickt es die Männerwelt gerade in Südamerika versteht, sich auf alte Traditionen zu berufen – und wenn es nicht anders geht, auch auf die Kirche –, haben wir schon im ersten Kapitel mit unserem Beispiel aus Chile dargestellt. Wie also mit einem solchen Typen fertig werden?

Drei Tage nach dem erfolgreich zu Ende gegangenen Besuch der Delegation aus Indonesien bittet Karin Krüger Patrizia, mit der Firma Molitores in Rio einen Termin abzustimmen. Ihr Ansprechpartner ist Paulo Perez, Assistent des Inhabers. Er kann wirklich charmant parlieren, das muß Patrizia zugeben. Doch immer wenn es darum geht, mit ihm die Details festzulegen, findet er etwas auszusetzen. Mal paßt ihm dieser Zeitraum nicht, mal jener, und dann stellt er wieder die ganze Aktion in Frage. Patrizia hat alle Hände voll zu tun, immer wieder äußert er neue Wünsche, findet eine andere Variante. Ist endlich eine Lösung gefunden, so muß sie feststellen, daß die schriftliche Bestätigung wieder nicht der mündlichen Vereinbarung entspricht. Die Zeit wird knapp, und wenn das Treffen stattfinden soll, dann muß sie endlich den genauen Termin festlegen. Frustriert schaltet Patrizia schließlich Herrn Überreiter ein – und siehe da, schnell und problemlos wird alles fixiert, exakt nach Patrizias Vorschlägen. Die tobt! Am meisten ärgert es sie, daß Herr Überreiter mit einem einzigen Anruf erreicht, was ihr in wochenlanger Arbeit nicht gelungen war. Wie soll sie das bitte verstehen?

Ein Gespräch von Mann zu Mann – so einfach ist das!

Das sollten Sie wissen:
– In Süd- und Mittelamerika immer genügend Zeit mitbringen.
– Persönliche Beziehungen helfen bei geschäftlichen Transaktionen.
– Kommen Sie nicht gleich zum Thema.
– Gute, elegante – möglichst maßgeschneiderte – Kleidung.

– Im Geschäftsleben sind bei Damen Hosen nicht gern gesehen.
– Dafür darf viel Schmuck getragen werden.
– Oben ohne – unmöglich.

Nordamerika

Hier herrscht ein lockerer Umgangston, aber dennoch wird hart verhandelt. Leistung und Erfolg zählen. Voller Arbeitseinsatz wird erwartet. Es ist selbstverständlich, ein Arbeitsfrühstück bereits um sieben Uhr dreißig zu vereinbaren. Einen guten Start verschaffen Sie sich, wenn Sie die Bedeutung Ihres Gastgebers erwähnen. Sie sollten keine Titel verwenden, die mündliche Anrede mit »Dr.« ist nur bei Ärzten üblich – Visitenkarten sollten jedoch alle Titel komplett enthalten. Übliche mündliche Anrede mit dem Vornamen – ist kein Ausdruck von Freundschaft, sondern nur Ausdruck der lockeren Umgangssprache. Als Ausländer sollte man warten, bis der amerikanische Gesprächspartner den Vornamen anbietet.

Locker geht man auch mit Einladungen um. »Besuchen Sie uns einmal« ist beileibe keine ernst gemeinte Einladung, sondern nur eine Höflichkeitsfloskel. Anders ist es bei einer Einladung, bei der exakte Daten vereinbart werden. Wenn Sie in einem solchen Fall zusagen, dann sollten Sie auch wirklich erscheinen! Als Geschenk werden Blumen nach der Einladung zugeschickt. Ansonsten kommt immer gut bei Amerikanern an, was typisch deutsch ist.

Konservative Kleidung ist üblich. Frauen in Hosen machen im Geschäftsleben keine sehr gute Figur. Bezahlung mit Kreditkarten, in Restaurants wartet man, bis ein Platz zugewiesen wird, Trinkgeld im Lokal ein Muß (fünfzehn bis zwanzig Prozent). Manche Lokale haben immer noch strenge Kleidungsvorschriften. Es ist keine Seltenheit, daß Jacketts und Krawatten vom Lokal »ausgeliehen« werden. Frau muß natürlich dementsprechend gekleidet sein.

Ungewohnt für uns sind Gebete bei wichtigen Veranstaltungen. Respektieren Sie das, und stellen Sie sich innerlich darauf ein. Auch der Nationalstolz ist ausgeprägt, und Sie hören die Nationalhymne bei vielen Gelegenheiten.

Ein Plus verschafft es Ihnen, wenn Sie Humor haben. Die Amerikaner haben im Geschäftsleben einen etwas lockereren Ton als wir. Damit gleichen sie den starken Arbeitsdruck aus. Wir Deut-

schen gelten nicht als sehr humorvoll; zeigen Sie, daß dies ein Vorurteil ist und auch eine Deutsche über sich lachen kann.
Vermeiden sollten Sie:
Kritische politische Themen, Rassen- und Religionsfragen, Bermudas im Geschäftsleben tragen oder »oben ohne« am Strand. Keine Witze über spießige und prüde Verhaltensweisen.
Und auch in den USA ist die Dreizehn eine Unglückszahl.

Islamische Länder

Der Koran schreibt vor, wie sich der Gläubige zu verhalten hat. Dabei geht es nicht nur darum, wann und wie oft gebetet werden muß und wann gefastet werden soll.
Auch die Beziehung zwischen den Geschlechtern ist geregelt: Der Mann darf bis zu vier Frauen haben; die Frau jedoch nur einen Mann.
Allerdings muß der Mann sich das auch leisten können; er ist verpflichtet, jede Frau in jeder Weise gleichzustellen. Vermutlich liegt hier der Grund, warum diese Möglichkeit immer weniger ausgeschöpft wird.
Doch verallgemeinern läßt sich die Stellung der Frau im Islam nicht, sie ist vom Land, von der Erziehung, ja sogar vom Wohnort abhängig – und nicht zuletzt von den Finanzen. In Kuala Lumpur kann eine Frau durchaus ein Geschäft führen, kann Managerin sein, in Sialkot, einem kleinen Ort in Pakistan, wird sie die traditionelle Rolle der Frau innehaben.

Nicht überall mit unseren Maßstäben messen!

Doch das bedeutet nicht, daß sie nichts zu melden hat. Ganz im Gegenteil: Im Haus ist sie der Boß. Mit zunehmendem Alter wird ihre Stellung immer besser; sie entscheidet über die künftigen Ehepartner der Kinder, sie ist es, die das Haus führt. Ihre soziale Stellung leitet sich von der Stellung ihres Mannes ab, und hier lebt sie in ihrem Kreis: im Kreis der Frauen.
Doch auch dies ist eine Frau im Islam: Aufgewachsen in Jakarta, Studium in den USA, Vater Besitzer einer Hotelkette. Sie ist modern gekleidet, lebt nach westlichem Standard, wird entsprechend behandelt und angesehen – und ist dennoch den alten Traditionen verhaftet.

Zwischen diesen beiden Frauen liegt eine Vielzahl unterschiedlicher Lebensweisen, denen eines gemeinsam ist: der Glaube!

Ein Glaube – vielfältige Lebensformen.

Auch bei den Männern gibt es unterschiedliche Formen der Glaubensausübung. So ist es nicht ungewöhnlich, auf internationalen Flughäfen Gläubige zu sehen, die sich in Richtung Mekka zum Gebet verneigen. Und es ist keine Seltenheit, Moslems auf Parties zu beobachten, die mit Appetit ein Schweinefilet verzehren oder ihren Champagner schlürfen.

Generell sollten wir immer daran denken, daß der fromme Moslem kein Schweinefleisch essen darf, denn das Schwein gilt als unrein, genau wie der Hund!

So ist die Zurückhaltung Ihrer Gäste aus dem Iran Hunden gegenüber nicht immer ein Ausdruck von Angst, wie wir es meist deuten, sondern kann durchaus religiöse Gründe haben! Alkohol ist für den Moslem verboten. Dieses Verbot wird aber manchmal gern damit umgangen, daß nur Wein als Alkohol betrachtet wird, während Sekt, Bier oder Cognac nicht unter diese Rubrik fallen. So wie man in Bayern Bier zu den alkoholfreien Getränken zählt. Auch das Glücksspiel ist verboten – also keine Einladung ins Spielkasino.

Überlassen Sie die Auslegung des Glaubens dem Gläubigen.

In vielen islamischen Ländern verlangt es die Tradition, daß Frauen in der Öffentlichkeit verschleiert auftreten. Und überall gilt die linke Hand als die unreine Hand – mit ihr werden sämtliche unreinen Tätigkeiten erledigt.

Geben Sie deshalb immer die rechte Hand, zeigen Sie nicht mit der linken Hand auf einen Menschen, essen Sie nicht mit der linken Hand.

Frau sollte auf korrekte Kleidung achten. Tragen Sie keine Kleidungsstücke, die weibliche Reize in den Vordergrund stellen oder auf irgendeine – und sei es noch so unterschwellige – Weise betonen. Angesagt ist dezente, korrekte Kleidung, nichts Aufdringliches: weder in Kleidung, Make-up oder Parfüm.

Immer bedenken: Der fundamentalistische Islam unterscheidet nicht zwischen Kirche und Staat.

Das bedeutet, daß Menschen dieser Glaubensrichtung unter Umständen nicht unterscheiden dürfen zwischen dem, was der Prophet einmal gesagt hat, und der Art und Weise, wie sie heute leben, sondern daß sie heute so zu leben haben, wie es der Prophet gesagt hat! Malen Sie sich aus, Sie müßten *genau* so leben, wie es in der Bibel steht, dann wissen Sie, was gemeint ist!

Das sollten Sie wissen:
– Die Bezeichnung Mohammedaner ist für einen Moslem eine große Beleidigung, fast schon eine Gotteslästerung!
– Korrekte, formelle Kleidung, auch wenn es noch so heiß ist.
– Nicht ohne zu fragen Menschen fotografieren.
– Den Fastenmonat Ramadan bei Terminen berücksichtigen. In dieser Zeit zwischen Sonnenaufgang und -untergang möglichst nicht öffentlich essen oder trinken.
– Moscheen ohne Schuhe betreten.
– Den Namen Allahs nicht mißbrauchen (keine Scherze etc.).
– Keinem Menschen Fuß- oder Schuhsohle hinstrecken.
– Die linke Hand ist unrein – deshalb nur die rechte Hand zur Begrüßung und zum Essen verwenden.
– Gastgeschenke sind willkommen und öffnen Türen.
– Kein Schweinefleisch, kein Alkohol!

Hinduistische Länder

Diese Religion, die überwiegend auf dem indischen Subkontinent vorherrschend ist, regelt das tägliche Leben bis ins Detail. Uns fällt zu Hinduismus meist das Kastensystem ein.
Doch auch dies ändert sich: Indien wird moderner, aufgeschlossener. In Delhi unterscheidet sich eine junge Studentin kaum noch von ihrer Kommilitonin in Deutschland. Viele junge Leute erhalten nach wie vor ihre Ausbildung in den USA und Europa. Nach und nach werden auch Ehen zwischen unterschiedlichen Kasten möglich – auf dem Land allerdings noch eine Ausnahme.

Die Metropolen sind nicht das ganze Land!

Hinduismus gibt es auch auf Bali – lockerer und in Verbindung mit wesentlich mehr Göttern und Dämonen, die täglich mit Opfergaben milde gestimmt werden.

Was sollte beachtet werden, wenn frau mit Hindus zu tun hat?
Die Kuh ist heilig, das Fleisch wird nicht gegessen; viele Hindus
sind Vegetarier, Alkohol ist verboten. Die Kleidung sollte korrekt
sein, keine Dekolletés etc.
Schmuck darf frau ruhig tragen: Hier darf frau zeigen, was sie hat.
Wenn Sie die Begrüßungsart – übrigens in fast ganz Asien üblich –
übernehmen, öffnen sich Ihnen die Herzen noch schneller: Halten
Sie Ihre zusammengelegten Hände vor das Gesicht, und beugen
Sie dabei leicht den Kopf.

Aktualisieren Sie Ihr Wissen über fremde Länder.

Unsere Vorstellung von Indien – aber auch von anderen sogenannten exotischen Ländern – entspricht häufig nicht dem aktuellen Stand. Viele haben noch nicht mitbekommen, wie sehr sich dieses Land wandelt. Erst wenn wir erfahren, daß unsere Software aus
Delhi kommt, geht uns ein Licht auf.

China

Der Grundgedanke der konfuzianischen Lehre liegt darin, daß der
Mensch von Natur aus gut ist und alles Böse ihm durch mangelnde Einsicht geschieht.
Wichtig sind Achtung, Ehrerbietung, Selbstbeherrschung sowie
Höflichkeit und gute Sitten. Ähnlich wie im Buddhismus und im
Christentum ist die Devise: Tue keinem etwas, was du nicht möchtest, daß man dir zufügt. Diese Lehre hat sich in ganz Ostasien ausgebreitet und auch in Japan Anhänger gefunden.
Laotse gilt als Zeitgenosse von Konfuzius, und im Gegensatz zu
ihm sah er die Aufgabe des Menschen darin, sich zu versenken in
das Ewige, sich von den weltlichen Dingen zurückzuhalten. In China konnten sich Buddhismus, Konfuzianismus und Taoismus ausbreiten.

Die Gleichstellung ist nicht überall gleich.

Die chinesische Mentalität ist für uns schwer verständlich, und die
Chinesen scheinen alle gleich auszusehen. Einige grundsätzliche
Gedanken zu verinnerlichen, wird uns weiterhelfen. Die Chinesen
haben einen ausgeprägten Nationalstolz, sind stolz auf ihre alte

Kultur *und* den schnellen Wirtschaftsaufschwung. Konfuzianische Grundmuster prägen auch heute noch das Leben und bestimmen gewisse tradierte Werte: alt vor jung, Chef vor Mitarbeitern.
Dennoch sind die alten Traditionen ganz langsam in der Auflösung begriffen. Was dennoch – nach wie vor – eine große Rolle spielt und sicher auch noch lange spielen wird, das ist die Familien- oder Clanzusammengehörigkeit.
Viele erfolgreiche Unternehmer haben ihr Imperium mit Hilfe der Familie aufgebaut.
Doch außerhalb der Familie gibt es kein Pardon: Hier gilt das Nahkampfprinzip, jeder für sich allein, jeder gegen alle. Wer in Peking am Flugschalter ansteht, mit dem Bus fährt oder einkaufen geht, der weiß ein Lied davon zu singen.

Freunde sind wichtig.

Diese Ellbogenmentalität und dieser Egoismus werden sicher auch politische und wirtschaftliche Veränderungen überleben.
Kontakte sind wichtig. Was bei uns Vitamin B genannt und gern abgewertet wird, hat in China einen hohen Stellenwert. Auf chinesisch heißt das Guanxi – im praktischen Sinne bedeutet es Ausgleich zwischen Geben und Nehmen. Je mehr »Freunde« man hat, je höher diese angesiedelt sind, desto besser für das Geschäft.
Der Chinese zeigt seine Gefühle nicht offen, er ist verschlossen und lebt hinter einer Maske – für einen Ausländer schwer zu durchschauen. Wissen sollten wir auch, daß Chinesen nicht gern schlechte Nachrichten weiterleiten und Konflikte nicht direkt ansprechen.

Immer das eigene Gesicht und das des Geschäftspartners wahren.

Darum müssen wir im Geschäftsleben unsere Wahrnehmung schärfen. Eine schriftliche Vereinbarung ist nur soviel wert, wie das Papier, auf dem sie steht. Alte chinesische Geschäftsleute halten sich lieber an die traditionellen Verhandlungstaktiken: Erst den Partner kennenlernen, dann zum Thema kommen.
Doch moderne, junge Chinesen übernehmen mehr und mehr den westlichen Kommunikationsstil. Aber auch hier gilt: Immer das eigene Gesicht und das des Geschäftspartners wahren!
Tradition spielt eine große Rolle. Dazu gehören Geschenke, auch in Form von Speisen und Getränken. Schenken ist eine Kunst, und

wer weiß, daß Fisch und Orangen zum Beispiel Reichtum symbolisieren, der versteht das. Geschenke sollten angemessen sein – nach chinesischen und nicht nach westlichem Standard. Nicht der Preis ist ausschlaggebend, sondern die Überlegung, die dahintersteht. Geschenke öffnen Türen.

In Hongkong ist das anders. Time is money – nach diesem Motto spielt sich das Leben dort ab. Schnell, präzise und klar. Wer nicht mitkommt, ist out! Und dennoch blüht hier das Geschäft mit den Wahrsagern, in den Tempeln duften die Räucherstäbchen ... Man weiß ja schließlich nie! Für Drachen werden Glasfronten gebaut, damit sie auf dem Weg zu ihrem Badeplatz nicht behindert werden. Sie wissen doch, daß Drachen zwar durch Glas, aber nicht durch Beton gehen können?

Das sollten Sie wissen:
– Da nur wenige Chinesen Fremdsprachen beherrschen, Dolmetscher bestellen.
– Ungeduld, Kritik oder intime Themen sind tabu.
– Zweideutige Witze sowie Flirts gelten als unschicklich.
– Bei Einladungen gilt: Je mehr Personen, desto besser, gegessen wird am runden Tisch, Rülpsen ist erlaubt, die Tischordnung muß eingehalten werden. Wenn der Gastgeber die Rechnung bezahlt hat, ist die Einladung beendet, das Lokal muß sofort verlassen werden.
– Die Rangordnung muß eingehalten werden.
– Geschenke werden nach Zustandekommen eines Geschäfts überreicht.
– Kein blaues oder weißes Geschenkpapier!
– Korrekte Kleidung – Kostüm – ist ein Muß! Keine ganz weiße Kleidung.
– Wer nicht lächeln kann, macht in Asien keine Geschäfte!

Japan

Shinto und Buddhismus sind die Religionen, die in Japan eine große Rolle spielen. Die Verbindung von beiden Religionen ist üblich. So kann es sein, daß ein Japaner nach shintoistischem Zeremoniell heiratet und sich nach buddhistischen Riten beerdigen läßt. Mit dem Buddhismus kam auch der Konfuzianismus aus China nach Japan.

290

Lange Zeit galten Kleidung und Benehmen allgemein mehr als geschäftlicher Erfolg oder Mißerfolg. Doch das Wichtigste im Leben eines Japaners ist das harmonische Lebensgefühl, der Einklang mit Kollegen und Familie. Die Harmonie – gefördert durch Religion, Staat und Gemeinschaft und von der Natur abgeleitet – ist der bestimmende Faktor. Untrennbar verbunden sind Harmonie und Gruppe. Im Gegensatz zum Westen ist nicht das Individuum wichtig, sondern die Gruppe – die Familie, die Firma, der Staat. Das erklärt auch die Bescheidenheit und Zurückhaltung der Japaner. Um nichts in der Welt auffallen – das ist die Lebensdevise –, weder positiv noch negativ. Es gibt keine direkte Trennung von Berufs- und Privatleben. Wir alle haben von den Firmenveranstaltungen, Karaoke-Abenden etc. gehört.

Für uns unvorstellbar, aber in Japan gehört es einfach dazu, nach der Arbeitszeit auch einen Teil der Freizeit mit den Kollegen zu verbringen!

Bei japanischen Geschäftsbesuchen auch nach Feierabend planen.

Japaner gliedern zwischenmenschliche Beziehungen in drei Gruppen: erstens die Familie und Arbeitskollegen, an zweiter Stelle stehen die Menschen, mit denen sie etwas verbindet, wie zum Beispiel eine gemeinsame Ausbildung. Die dritte Gruppe umfaßt alle anderen Kontakte, also auch Fremde.

Auf diese letzte Gruppe muß jedoch keine Rücksicht genommen werden – sie gehört nicht zum engeren Kreis. Dies erklärt das rüpelhafte Verhalten kleiner Gruppen japanischer Geschäftsleute, wenn sie z. B. in das Flugzeug steigen und gnadenlos jeden beiseite schieben, damit sie – die Gruppe! – sich die besten Plätze sichern können.

Die japanische Sprache zu erlernen dauert mindestens drei Jahre Vollzeiteinsatz und ist nicht gerade einfach. Sinnvoller für Verständnis und gute Kontakte ist es, sich mit der Mentalität der Japaner zu befassen. Ein absolutes *Muß:* Visitenkarten reichlich und zweisprachig, deutsch und japanisch.

Einige Tips:
– Nie das Gesicht verlieren, das heißt, man darf nie zugeben, etwas nicht zu wissen, nicht zu kennen oder nicht zu wollen.
– Zurückhaltend sein.

- Geduld und Gelassenheit für alle Unternehmungen.
- Der Sprecher einer Gruppe ist nicht unbedingt der Ranghöchste, vielleicht handelt es sich nur um den Mitarbeiter, der am besten eine Fremdsprache beherrscht.
- Je mehr Menschen, desto bedeutender der Anlaß bzw. die Firma (Gruppendenken!).
- «Hai» – ja – bedeutet nicht etwa eine verbindliche Zusage. Es heißt nur:»Ich habe mich bemüht zu verstehen.«
- Und wenn Sie noch so sauer sind: keine Aggressivität, keine laute Stimme, keine heftigen Körperbewegungen! Japaner können damit nicht umgehen. In Ruhe alles abklären.
- Dafür können Sie sich hier emotional auslassen – beim Bedanken: je mehr und häufiger, desto besser. Jede noch so winzige Kleinigkeit ist es wert, sich herzlich und oft zu bedanken.
- Nur Barbaren sagen Unfreundlichkeiten.
- Lächeln – immer nur lächeln: selbst wenn die Nachricht nicht erfreulich ist.
- Begrüßung: Händeschütteln ist in Japan selten. Wenn Sie nicht wissen, ob Ihr Gegenüber Ihnen die Hand geben oder sich verbeugen will, abwarten. Kräftiger Händedruck gilt als unschicklich.
- Intensiver Augenkontakt wird oft als aufdringlich bewertet. Ein leicht gesenkter Blick wird bereits in der Kindheit antrainiert – ein Zeichen der Höflichkeit. Emotionen werden nicht gezeigt, schon gar nicht Ärger, große Freude oder etwa Zuneigung. Auch Gesten und bestimmte Körperbewegungen, wie Achselzucken, kennt man nicht.
- Wenden Sie nie einem Gastgeber den Rücken zu.
- Die Einladung ist beendet, wenn der Gastgeber das Zimmer verläßt.
- Gegenüber dem Alter wird Hochachtung und Respekt erwartet.
- Verbeugen Sie sich bei Begrüßung und Verabschiedung gegenüber dem Gastgeber.
- Titel sind nicht wichtig.
- Bargeld wird diskret behandelt. Das Nachzählen eines überreichten Betrags vermittelt grobes Mißtrauen.
- Frau sollte sich in Japan wie zu Hause benehmen, sollte aber nicht verärgert sein, wenn so mancher japanische Mann ihr nicht den Vortritt läßt.

Japaner »übersehen« Mitarbeiterinnen.

Traditionell haben Männer den Vorrang. In einer deutschen Groß-
stadt beobachteten die Bewohner eines Hochhauses jeden Morgen
im Winter dasselbe Ritual eines japanischen Ehepaars: Wenn die
Fenster des Wagens angefroren waren, setzte sich der Herr der
Schöpfung ins Auto, rauchte gemütlich eine Zigarette, während
seine Frau in der eisigen Kälte die Fenster freikratzte!

Dies sollten Sie wissen:
– Japaner planen in größeren Zeitabständen voraus, und sie planen
  mit großer Perfektion.
– Pünktlichkeit ist üblich.
– Man fällt nicht mit der Tür ins Haus: Gespräche beginnen bei allgemeinen Themen, bevor geschäftliche Belange erörtert werden.
– Kleine Geschenke erhalten die Freundschaft: Geschenke sollten
  nie zu teuer sein, sonst muß sofort ein ebenso teures Gegenge-
  schenk gemacht werden!
  Geschenke sollten korrekt verpackt sein, jedoch nicht in schwar-
  zes Geschenkpapier; am besten ist rotes oder weißes Papier. In
  Japan betrachtet man die Verpackung als Teil des Geschenks und
  macht sich um die Müllentsorgung – noch – nicht so viele Gedanken!
  Kleine Geschenke aus Deutschland sind sehr begehrt, zum Bei-
  spiel klassische Musik, Wein, Pralinen.
– Beliebt: Abzüge von Gruppenfotos.
– Essen Sie Nudelsuppe, oder trinken Sie Tee?
  Hier darf ruhig geschlürft werden, Niesen oder lautes Schnupfen
  hingegen ist verpönt!
– Grüner Tee wird ständig gereicht und ohne Zutaten getrunken.
– Eine Mahlzeit beginnt, indem sich alle verbeugen und »gesegne-
  te Mahlzeit« – »itadakimas« sagen. Das Essen wird gleichzeitig
  auf vielen kleinen Tellern serviert.
– Kleidung: dezent, zurückhaltend, keine grellen Farben.
– Auf keinen Fall mit Fingern auf Menschen oder Dinge zeigen,
  Gesprächspartner anfassen, mit den Achseln zucken oder mit
  den Augen zwinkern, die Distanzzonen mißachten.

Buddhistische Länder

Wir sind fasziniert von dieser Philosophie – von der Achtung, die
allen Lebewesen entgegengebracht wird, von der Friedfertigkeit,

der positiven Lebenshaltung. Kein Wunder, daß diese Lehre auch bei uns im Westen immer mehr Anklang findet. Buddhisten zeichnen sich im allgemeinen durch ausgesprochene Toleranz und Liebenswürdigkeit aus. Es gibt keine besonderen Verhaltensweisen, die zu beachten sind. Denn Höflichkeit, Toleranz und Rücksichtnahme sind die Basis für Verständnis und Kommunikation weltweit – religionsübergreifend.

Höflichkeit – Toleranz – Rücksichtnahme gelten auf der ganzen Welt.

Wie überall auf der Welt kommt frau in buddhistischen Ländern mit Höflichkeit, Freundlichkeit und Respekt vor fremden Sitten und Gebräuchen am weitesten. Die einzelnen Ländern haben ihre individuellen Regeln. Wie überall in Asien geschehen die Dinge langsam, ohne Hektik und Hast. In aller Ruhe werden Verträge ausgehandelt, und es dauert lange, bis sie dann auch schriftlich vorliegen. Ohne Geduld ist man in vielen Ländern – nicht nur in Asien – verloren. Geliebt und hochgeschätzt ist in Thailand der König mit seiner Familie. Man sollte niemals: ihn kritisieren, auf einen Geldschein (mit seinem Konterfei) treten, der am Boden liegt, oder mit Füßen – selbst wenn dies unbeabsichtigt durch das Übereinanderschlagen der Beine geschieht – auf ein Foto des Königs zeigen. Nicht nur in Thailand, sondern in vielen Ländern ist der Kopf als Sitz der Seele heilig; ihn darf man/frau nicht berühren. Deshalb: Kindern nicht über die Haare streichen! Überhaupt verlangt es die Höflichkeit, daß religiöse Sitten oder landestypische Eigenheiten mit Respekt betrachtet werden. Zeremonien sollten nicht gestört, Prozessionen nicht behindert werden.

Zum Verständnis allgemein

In vielen Ländern gilt es als unfein, unhöflich, ja sogar beleidigend, eine negative Antwort zu geben. So bedeuten ein Ja oder ein O.k. nicht immer Zustimmung.
In Mexiko kann ein Ja Zustimmung bedeuten, kann aber auch heißen »vielleicht«.
So wird jeder bei einer geschäftlichen Einladung zusagen, ob er

dann kommt – das ist eine andere Frage, und zu welcher Zeit, auch. Setzen Sie nicht überall deutsche Pünktlichkeit voraus. Genauso werden Sie keinem Asiaten begegnen, der unumwunden zugibt, daß er etwas nicht verstanden hat oder in einer Angelegenheit nicht Bescheid weiß – ganz zu schweigen davon, daß er eine Sache vielleicht gar nicht durchführen kann! Indirekte Fragestellung hilft hier eher weiter. – Vermeiden Sie Ja/Nein-Antworten. – Verbessern Sie Ihr Wahrnehmungsvermögen.

Wenn Sie gar nicht wissen, wie Sie sich richtig verhalten sollen, dann machen Sie es einfach den Einheimischen nach. Vor Überraschungen ist man zwar nicht sicher, doch auf einige Regeln kann man sich vor Antritt einer Reise einstellen, zum Beispiel darauf, daß Tempel und Moscheen barfuß betreten werden. Bei Angst vor Schmutz oder Fußpilz empfehlen sich alte Socken. Privathäuser werden übrigens in vielen Ländern auch ohne Schuhe betreten. Und das Händeschütteln bei der Begrüßung ist in vielen Ländern nicht bekannt. Fast nirgends ist es üblich, die Restaurantrechnung aufzuteilen. In beinahe allen Ländern kennt man es nicht anders: Einer zahlt – meist derjenige, der einlädt. Oft werden auch Tische zugewiesen; man wartet am Eingang.

Lächeln hilft immer weiter. Höflichkeit ist die Basis. Respekt vor Kultur und Traditionen ist Voraussetzung. Lieber verhüllen als enthüllen, lieber zurückhaltend als aufdringlich, lieber leise als laut, lieber erst zusehen und abwarten als ins Fettnäpfchen treten. Einschalten des Verstandes schafft Verständnis, Öffnen des Herzens verbindet Menschen, Völker, Nationen – weltweit.

Überall leben Menschen

Es gibt nicht nur Besserwessis, es gibt vor allem Besserdeutschis. Doch diese Spezies kommt aus der Mode. Nicht nur Europa wächst zusammen, sondern die ganze Welt. Je vorurteilsfreier und aufgeschlossener wir anderen Sitten und Kulturen gegenüberstehen, um so besser werden wir in dieser Welt zurechtkommen. Wenn wir all dies berücksichtigen, dann sind wir soweit – wir können beruhigt auf Reisen sowohl ins In- wie auch ins Ausland gehen.

Geschäftsreisen

Bevor Sie mit der detaillierten Planung beginnen, müssen Sie genau wissen, wie lange Sie für Ihre Gespräche benötigen. Versuchen Sie diese Fragen so früh wie möglich mit dem zuständigen Geschäftspartner abzuklären. So haben Sie die besten Chancen, daß er genügend Zeit für Sie hat und auch noch andere interessante Gesprächspartner mit einladen kann.

Gehen mehrere Mitarbeiter auf eine Reise und buchen einen Gruppentarif, sollten die einzelnen Termine der Reisenden abgestimmt und koordiniert werden. Das übernimmt entweder Ihre Sekretärin oder in größeren Firmen die entsprechende Abteilung. So können unnötige Ausgaben vermieden und die Kosten möglichst gering gehalten werden.

Organisation innerhalb der Firma abklären.

Reisevorbereitungen, allgemein
Für alles, was mit einer Reise zusammenhängt, gilt: Rechtzeitig tun!
Von allem, was für Sie gebucht und organisiert wurde, sollte eine Kopie in der extra für diese Geschäftsreise angelegten Reisemappe liegen!
Je früher Sie buchen lassen, desto größer ist die Auswahl; je genauer Ihre Sekretärin Ihre Wünsche kennt, desto besser kann sie alles planen und reservieren.

Fragenkatalog zum Hotel:
– Kategorie
– Lage/Verkehrsverbindungen
– Raucher- oder Nichtraucherzimmer
– Welche Extras, z. B. Konferenzräume, Restaurants, Fitneßclub, Pool etc. sind für Sie unbedingt notwendig?

Achtung:
Ist in dem Hotel eine Besprechung angesetzt? Rechtzeitig den Besprechungsraum buchen lassen (örtliche Messen o. ä. beachten!), Tisch für Mittags- oder Abendeinladung im voraus reservieren lassen!

Bei Geschäftsreisen alles möglichst im voraus bedenken und planen.

Bahnreisen
Platzreservierung Raucher/Nichtraucher – eventuell in mehreren Zügen gestaffelt buchen lassen.
Transport zum Abreise- und vom Zielbahnhof (in Großstädten das Bahntaxi mit festem Tarif berücksichtigen).

Rechtzeitig planen und buchen.

Flugreisen, international
Transport zum An- und Abflughafen organisieren lassen!
Devisen bereithalten, vor allem an Kleingeld denken!
Auf Flughäfen, in Taxis und öffentlichen Verkehrsmitteln und für das Hotelpersonal braucht man Münzen!
Umrechnungstabellen mitnehmen!
Flüge rechtzeitig buchen. Viele Maschinen sind besonders zu Peak-Zeiten schon frühzeitig ausgebucht.
Lassen Sie sich bei der Buchung gleich den Sitzplatz reservieren. Denken Sie daran, daß die Plätze am Notausgang zwar Beinfreiheit bieten, aber meist unruhig sind; achten Sie auf Raucherzonen. Es gibt noch einige Fluggesellschaften, die noch nicht auf Non-Smoking-Flüge umgestellt haben. Je weiter vorne der Platz liegt, desto ruhiger ist er und desto besser ist die Luft.
Machen Sie sich mit den Gepäckvorschriften der einzelnen Airlines vertraut, die vorgeschriebenen Maße, besonders bei Handgepäck, müssen eingehalten werden. So kann der Reisende vermeiden, daß ihm das Handgepäckstück am Gate abgenommen wird, er Unterlagen in Hast umpacken muß und vielleicht nicht einmal die wichtigsten Sachen an Bord nehmen kann.

Handgepäck ist Notfallkoffer!

Sie fliegen nach Bangkok und Ihr Koffer nach San Francisco! Wer viel fliegt, muß schon mal ohne sein Gepäck auskommen. Das passiert zwar nicht allzu oft, doch wenn es gerade Sie trifft und ausgerechnet dann, wenn Sie einen wichtigen Termin haben, gibt es bereits vor der Verhandlung ein Problem. Nicht überall (z. B. Asien) kann man nämlich schnell passende Kleidungsstücke besorgen. Zwar können wir fast auf der ganzen Welt – außer in Deutschland – im Notfall vierundzwanzig Stunden am Tag einkaufen, doch unsere Größe kann uns trotzdem in Schwierigkeiten bringen, denn kurzfristig Kleidungsstücke zu finden, die passen und gut aussehen, ist nicht immer leicht. Noch unangenehmer kann es werden, wenn Medikamente, die regelmäßig genommen werden müssen, im Ankunftsland nicht erhältlich sind und der Apotheker keine Ahnung hat, auf welche einheimische Marke und Dosierung er ausweichen kann! Auch der Gedanke, nach einem langen Flug und einer erfrischenden Dusche wieder in die »alte« Unterwäsche schlüpfen zu müssen, um Wäsche und Kleidung kaufen zu gehen, ist nicht sehr erquicklich!

Nehmen Sie deshalb unbedingt alles mit an Bord, was gebraucht wird, damit Sie mindestens einen Tag überbrücken können:
– Ausweise, Kreditkarten, Tickets, Geld
– Alle Unterlagen
– Unterwäsche, eine frische Bluse, Schuhe etc.
– Wichtige Medikamente, Erste-Hilfe-Set, bei Tropenreisen rechtzeitig vom Apotheker oder dem nächsten Tropeninstitut beraten lassen
– Fieberthermometer
– Desinfektionsmittel
– Wichtige Kosmetika

Wichtige Unterlagen kopieren, Originale ins Handgepäck.

Im Handgepäck werden, auch aus Sicherheitsgründen, alle wichtigen Papiere verstaut: Ausweise, Geschäftsunterlagen, Tickets, Fahrkarten, Schlüssel, Geld, Kreditkarten, alle wichtigen Medikamente sowie alles, was benötigt wird, um sich vor der Landung frisch zu machen und bei der Ankunft gepflegt auszusehen. Wenn Sie direkt vom Flughafen zu einer Besprechung gehen müssen oder die Zeit zwischen Ankunft und Geschäftstermin sehr knapp ist, ist es sinnvoll, eine frische Bluse oder ein Kostüm mit an Bord zu nehmen. Überhaupt ist es bei Flugreisen gut, eine Ersatzbluse im Handgepäck zu haben, denn leicht könnte der Kaffee Ihres Nachbarn bei einer Turbulenz auf Ihrer Kleidung landen.

Wenn Sie viel fliegen, lohnt sich die Investition in einen Doppelpack:
Kostüm mit Hose und Rock oder
Hosenanzug mit zwei Hosen,
dazu passende Pullover, Blusen und Schals.

Dies hat den Vorteil, daß Sie sich nur einmal richtig anziehen müssen, aber eine Notfallreserve dabeihaben, bei der alle Accessoires passen! Wer dann in die passenden Schuhe in zweifacher Ausführung – elegante Pumps für die Besprechung, Ballerinas für den Flug – schlüpfen kann, ist sowohl während des Fluges wie bei der anschließenden Besprechung frisch und gepflegt gekleidet!

Tip:
Profis kaufen ihre »Flugschuhe« eine halbe Nummer größer!

Bei Langstreckenflügen vor dem Start an das Klima und die Temperaturen bei der Landung denken! Die Destination bestimmt das Basis-Outfit; Pullover, Jacken und Schals sorgen für die Wärme unterwegs! Auch die Kleidung für den Rückflug einpacken, nicht zu Hause lassen! Bei Reisen durch verschiedene Klimazonen eine mittelschwere, neutrale Grundausstattung, die sich je nach Temperatur mit Einzelteilen »erwärmen« oder »abkühlen« läßt.

Überlegt und gezielt kleiden!

Im Flugzeug ist die Luft extrem trocken. Wenn möglich, sollten Sie ohne Make-up an Bord gehen, dann können Sie sich unterwegs ab und zu mit einer guten Feuchtigkeitscreme eincremen. Doch ein Wasserspray (Evian) tut es auch. Augentropfen (künstliche Tränenflüssigkeit) beruhigen und verhindern, daß Sie mit roten Kaninchenaugen ankommen. Auch die Schleimhäute der Nase trocknen schnell aus, dagegen helfen kohlensäurehaltige Nasencremes. Bei leichtem Schnupfen kann durch die nicht mehr durchlässige Nase der Druckausgleich in den Ohren gestört werden. Deshalb: Sicherheitshalber Nasentropfen oder wenigstens einen Nasenstift mit Menthol vor Start und Landung verwenden.

Gegen das Austrocknen allgemein hilft Flüssigkeit von innen, am besten stilles Wasser. Alkohol ist nicht geeignet, weil sich seine Wirkung potenziert. Doch ein Gläschen Rotwein zum Einschlafen ist wiederum besser als eine Schlaftablette.

Im Flugzeug zieht es überall. Deshalb sollten Sie einen leichten Pullover, einen Schal oder ein Seidentuch immer mit an Bord nehmen. Wer in der Helligkeit nicht schlafen kann, kann sich das Seidentuch auch um die Augen binden, denn es werden leider nicht mehr auf allen Flügen Schlafmasken verteilt. Aspirin gegen Kopfschmerzen einstecken und vielleicht Melantonin (vorher Hausarzt fragen), um dem Körper zu helfen, sich an den ungewohnten Wach-Schlaf-Rhythmus zu gewöhnen. Wenn Sie nach einem nächtlichen Langstreckenflug gleich einen wichtigen Termin haben, so empfehlen Experten in einer solchen Situation eine Valiumtablette – pro Flugstunde 1 Milligramm. So kann man durchschlafen und ist am nächsten Morgen wirklich topfit (vorher den Arzt fragen).

Da man auf dem Flug meist nicht sehr beschäftigt ist, neigen viele Menschen dazu, aus Langeweile richtig viel zu essen. Die Qualität der Mahlzeiten ist von Fluglinie zu Fluglinie unterschiedlich. Es gibt aber Gesellschaften, bei denen das Essen wirklich an die Qualität der Sterneköche heranreicht. Trotzdem: Lassen Sie sich nicht zu sehr verführen. Mit einem vollen Magen fühlen Sie sich während eines langen Fluges nicht wohl. Wenn Sie dazu noch in ein exotisches Land reisen, dann hat Ihr Organismus und speziell Ihre Verdauung sowieso schon genügend zu tun. Und noch etwas: Sie können zusammen mit der Flugbuchung auch sogenannte »special meals« bestellen, zum Beispiel vegetarisches Essen oder koschere Kost. Besonders wichtig ist dies, wenn Ihre Firma für ausländische Geschäftsleute Flüge bucht.

Etwas ganz Besonderes: Möchten Sie einem Geschäftspartner eine besondere Aufmerksamkeit erweisen, weil beispielsweise das Ergebnis seines Besuchs ausgesprochen positiv war, dann lassen Sie dem Gast oder der Gruppe (Achtung, Alkohol!) auf dem Rückflug durch den Purser eine Flasche Champagner servieren – vielleicht sogar noch mit einer hübschen Karte: Diese Überraschung kostet Ihre Firma kein Vermögen, doch der Effekt wird noch lange zu spüren sein!

Lassen Sie auch einem wichtigen Kunden ab und zu eine kleine Überraschung aufs Hotelzimmer stellen: frisches Obst, etwas zu trinken, Theater- oder Kinokarten. Der Einsatz ist gering, doch die Wirkung groß!

Das sollten Sie wissen bei Langstreckenflügen:
– Möglichst nicht direkt vom Büro in den Flieger. Streß ist ein schlechter Flugbegleiter. Die Folgen können katastrophal sein: Die Lufthansa muß im Schnitt pro Jahr vierzig ungeplante Zwischenstopps einlegen, weil Passagiere massive Herz- und Kreislaufprobleme bekommen.
– Trinken Sie am Tag vor dem Flug möglichst keinen Alkohol, ebenso während des Flugs.
– Bewegen Sie sich viel, gehen Sie den Gang auf und ab, wählen Sie den Gangplatz, damit Sie leichter aufstehen können. Machen Sie Fuß- und Beingymnastik.
– Trinken Sie eineinhalb Tassen Flüssigkeit pro Flugstunde – das empfiehlt Dr. Mühlmann, der Lufthansa-Arzt. Mehr wird vom Körper nicht ausgeschieden.
– Vermeiden Sie kohlensäurehaltige Getränke.
– Beachten Sie die Zeitverschiebung, wenn Sie Medikamente – zum Beispiel bei Diabetes, aber auch die Pille (!) – regelmäßig einnehmen müssen. Holen Sie sich von Ihrem Arzt Tabellen, die Ihnen weiterhelfen.
– Bei Asthma oder Allergieneigung: Medikamente in der Handtasche.

Checkliste Geschäftsreise

• Reisedokumente prüfen:
– Ist der Paß noch gültig? (Einreisebestimmungen beachten: z. T. ist Gültigkeitsdauer von mindestens sechs Monaten nach Einreisedatum erforderlich)
– Israelischer Stempel im Paß?
– Visum besorgt/Impfpaß?
– Kopien von Paß/Visum/Impfpaß anfertigen, einen Satz in der Firma einschließen, den anderen auf die Reise mitnehmen
• Kreditkarten noch gültig? Nummern notieren, in der Firma aufheben, Telefonnummern der Stellen, denen der Verlust gemeldet werden muß, mitnehmen
• Platzreservierung/eventuell »special meal« bestellen lassen
• Flüge rückbestätigen lassen

- Genügend Visitenkarten/eventuell zweisprachig, Firmenbriefpapier, Prospekte, Miles-/Clubkarten etc. mitnehmen
- Hotelzimmer buchen und rückbestätigen lassen
- Prüfen lassen, ob Friseur, Masseur im Hotel bzw. Anschrift/Telefonnummer von Friseur besorgen
- Ausländisches Geld besorgen lassen
  - Kleingeld oder/und Ein-US-Dollar-Noten für Trinkgelder
- Impfungen o.k.?/Medikamente
- Reiseversicherung noch aktuell (Gepäck-, Krankenversicherung)?
- Kleidung:
  - Klima/Klimaanlagen berücksichtigen
  - Kombinationsmöglichkeiten (Farben/Einzelteile)
  - Landestypische Sitten berücksichtigen (zum Beispiel Rocklänge, Hosen, Dekolleté, Farben)
- Gesundheit/Kosmetik:
  - Klima/Klimaanlagen berücksichtigen
  - Landestypische Sitten berücksichtigen (Make-up/Farben/Parfüm)
  - Bei empfindlicher Haut Duschgels etc. mitnehmen
  - Auf alle Eventualitäten vorbereitet sein: zum Beispiel Tampons, Erfrischungstücher, Cleanser etc.
  - Sonnenschutz, Mückenmittel
- Diverses:
  - Brillen, Sonnenbrillen, Ersatzbrillen
  - Venenmittel/Stützstrümpfe für den Flug
  - Ankunft Ortzeit berücksichtigen (Zeitverschiebung)
  - Transportmöglichkeiten Flughafen – Hotel erkunden (Hotelshuttle, Bus, U-Bahn, Taxi)
- Ins Handgepäck:
  - Geschäftsunterlagen, Laptop
  - Ausweise, Tickets, Geld und Karten
  - Schmuck
  - Anschriften (auch Notfallanschriften und Telefonnummern)
  - Medikamente, die regelmäßig eingenommen werden müssen
  - Wichtige Medikamente
  - Aspirin, Nasen- und Augentropfen
  - Deo, Zahnbürste, Tampons, Reinigungsmittel, Feuchtigkeitscreme, Kosmetik etc. für unterwegs
  - Schal, Augenbinde, bequeme Schuhe oder Socken

- Zwei Garnituren Unterwäsche (falls der Koffer verlorengeht)
- Eine frische Bluse
- Kleidung für Ankunft (bei Klimawechsel)
- Schirm
- Einreisevorschriften beachten: zum Beispiel Einfuhrverbot für Zigaretten (Singapur) oder Alkohol (arabische Länder), Lebensmittel (USA, Neuseeland, Australien, Südsee)

Patrizia ist ganz benommen von den vielen Informationen, die sie gelesen hat. Doch nun ist sie fest entschlossen, ihr BWL-Studium mit einem Sprachstudium zu verbinden. Da sie inzwischen festgestellt hat, daß ihr Englisch ganz passabel ist, will sie sich an etwas anderes wagen, Chinesisch oder Japanisch. Doch immer wieder kommen ihr Zweifel, ob sie es schaffen kann. Leider findet sie zu Hause keine Unterstützung, im Gegenteil. Frau Bertram möchte ihre Tochter vor einer Enttäuschung bewahren und rät ihr, sich auf das BWL-Studium zu konzentrieren. Da bekommt Patrizia unerwartete Unterstützung: Jennys Vater, den Frau Bertram um Rat fragt, dreht den Spieß um und erklärt Frau Bertram, sie solle sich ein Beispiel an ihrer Tochter nehmen, statt zu jammern. Patrizia habe, so erklärt er ihr, erstaunlich schnell begriffen, worauf es heute im Berufsleben ankomme: Leistung sei der Weg, und diese Leistung müsse überlegt und klug eingesetzt werden. Arbeiten allein bringe einen nicht weiter. Patrizia habe dank Karin Krüger einen Einblick in eine Welt bekommen, die vielen erst nach dem Studium möglich sei, wenn überhaupt. Dieser Einblick habe aber offenbar genügt, aus der mittelmäßigen Schülerin eine ehrgeizige junge Dame zu machen. Er ermahnt Frau Bertram, Patrizia jetzt nicht zurückzuhalten: »Es geht gar nicht in erster Linie um das Studium. Nehmen Sie Jenny, wie Sie wissen, will sie Fotografin werden. Plötzlich hat es ›Klick‹ gemacht! Wir erkennen unsere Tochter nicht wieder. Beide Mädchen haben Glück gehabt, doch beide haben rechtzeitig erkannt, worauf es heute ankommt: Persönlichkeit entwickeln, Einsatz zeigen, mutig sein, den Mund aufmachen.
Sie selbst erfahren es doch jeden Tag, Fleiß allein ist nicht genug! Ihre Tochter hat sich schon lange für Betriebswirtschaft interessiert. Jetzt hat sie gesehen, daß es nicht unbedingt eine Bank sein muß, sondern daß der Handel Spaß macht. Kein Wunder, mit Karin Krüger als Vorbild.«

Frau Bertram ist noch nicht überzeugt. »Setzen Sie dem Mädel doch keine Flausen in den Kopf. Ich weiß doch selbst, wie schwer es für eine Frau ist. Habe ich nicht immer meine Pflicht getan?«

»Das war einerseits immer ein wenig zuviel und andererseits nicht genug. Ich bin sicher, Patrizia macht es anders!«

»Dann habe ich wohl alles falsch gemacht?« Frau Bertram ist betroffen. »Aber was verlangen Sie denn von mir?«

»Fragen Sie das doch mal Patrizia! Fragen Sie sie doch mal nach den Erfahrungen der letzten Wochen. Und bestellen Sie ihr einen schönen Gruß, am International Campus in Köln wird ab Oktober 1997 der Studiengang Betriebswirtin BA angeboten. Wahlweise mit Chinesisch oder Japanisch. Auslandsaufenthalt gehört gleich mit dazu. Na, wär' das nichts? Ich sehe da kein Problem.«

7. Kapitel
Notfallkoffer

Was tun ...

Jenny hat den Sprung in die Agentur geschafft. Doch obwohl sie sich gut eingelebt hat und ihr die Arbeit großen Spaß macht, gibt es jeden Tag neue Lektionen zu verdauen, heißt es, sich immer mehr zu behaupten. Allmählich wird sie von den Kollegen nicht mehr als kleines Mädchen angesehen. Trotzdem hört Jenny nicht auf, sich von den erfahrenen Mitarbeitern vieles abzuschauen. So lernt sie, sich auch in schwierigen Situationen angemessen zu verhalten.

... wenn Sie anderer Meinung sind?

Zuerst fiel es Jenny sehr schwer, Anweisungen auch dann zu befolgen, wenn sie sie nicht verstand oder für ungerechtfertigt hielt. Sie versuchte diese Aufgaben hinauszuzögern, mit den Kollegen darüber zu diskutieren oder sogar vom Chef eine Erklärung zu verlangen. Eines Tages kam es darüber zu einem großen Krach, denn Jenny verärgerte einen Kunden dermaßen, daß er die Agentur verlassen wollte. Da gab ihr ein erfahrener Kollege den Rat, zu tun, was sie tun müsse, und später, in einer ruhigen Minute, jemanden zu bitten, ihr die Hintergründe zu erklären. »Wir sind häufig anderer Meinung, weil wir nicht genug wissen. Uns fehlen die Hintergrundinformationen, wir urteilen aus einer verkürzten Per-

305

spektive. Doch wenn du dich weigerst, die Order auszuführen, und dabei noch Fragen stellst, bringst du die Leute gegen dich auf, und sie erzählen dir erst recht nichts. Darum tu, was dir aufgetragen wird, und warte auf den günstigen Moment, in dem du fragen kannst: Können Sie mir das erklären, ich verstehe es nicht.«

... bei Annäherungsversuchen?

Eine bekannte Zeitung hatte schon recht, als sie titelte: Liebe am Arbeitsplatz, Chance für Singles, Gefahr für Verheiratete! Doch nicht jeder Annäherungsversuch ist erwünscht, ganz gleich, ob das auserkorene Opfer gebunden ist oder nicht.

Rückt Ihnen ein Mitarbeiter zu nahe, dann ist das Wichtigste, daß Sie ganz ehrlich zu sich selbst sind! Nur dann wird es Ihnen gelingen, Ihre Botschaft verbal und nonverbal übereinstimmend rüberzubringen. Nein zu sagen, es durch die Körpersprache aber wieder abzuschwächen, bringt Sie in Schwierigkeiten.

Drücken Sie aber in Worten, Gesten und durch Ihre Kleidung kongruent aus, was Sie wollen bzw. nicht wollen, dann kommt die Botschaft an.

Kongruente Botschaften senden!

Wir können uns über Annäherungsversuche aufregen, wir können sie aber auch als Kompliment auffassen. Selbst wenn es sich bei dem Schürzenjäger um den Abteilungscasanova handelt, möchten Sie gern die einzige sein, hinter der er nicht herstiefelt? Also, versuchen Sie in Ihre Ablehnung ein kleines Kompliment hineinzulegen, und Sie werden einen Freund finden! Sagen Sie ihm vielleicht (dies ist besonders angesagt, wenn es sich bei Ihrem Verehrer um den Vorgesetzten oder den Chef handelt), daß Sie in einer anderen Situation unter Umständen ... doch wie die Dinge nun mal sind ... sagen Sie freundlich, aber unumstößlich nein. Schließlich wollen sie beide doch auch in Zukunft gut zusammenarbeiten!

... bei anzüglichen Bemerkungen?

Jenny wundert sich nicht, daß sich einige Mitarbeiterinnen über den Ton beschweren, in dem die Männer mit ihnen reden. Ihr ist völlig klar, daß in dieser Agentur ein ganz anderer Wind weht, daß die Kreativen auch in puncto Mode und Selbstpräsentation eigene Maßstäbe anlegen. Aber sie erkennt, daß dieser Bekleidungsstil, eine Mischung aus Underground und Avantgarde, gut zum Image der Agentur paßt. Was nicht paßt, sind die dümmlichen Bemerkungen der Kollegen, die glauben, ihre Männlichkeit durch dreckige Sprüche unterstreichen zu müssen.

Als Jenny das erste Mal Opfer einer anzüglichen Verbalattacke wird, kontert sie sofort: »Augen oder Schnauze«, und starrt dem Kollegen demonstrativ ins Gesicht!

Dem bleibt vor Schreck der Mund offenstehen.

»Was ist denn mit dir los?« Der Bildreporter ist völlig verblüfft.

»Ganz einfach«, Jenny hat sich zu ihrer vollen Größe aufgerichtet und sieht ihm entschlossen ins Gesicht: »Entweder ich ziehe mich so an, daß du ab und zu was zu gucken hast – und du verkneifst dir deine Gossenbemerkungen, oder ich trage Blümchenkittel. Bitte schön«, sie lächelt ihn ganz freundlich an, »du kannst wählen!«

Der Satz wirkt.

»Schon okay«, der Typ winkt ab, »hab' ich dir gar nicht zugetraut.«

Schlagfertig kontern!

Mit anzüglichen Bemerkungen baut sich ein »Sender« auf, während er gleichzeitig versucht, den »Empfänger« zu minimieren. Dieses Muster, das manchmal dem »Sender« selbst nicht bewußt ist, hat eine lange Tradition.

Abgesegnet durch Religion und Gesetzgebung, konnte der Mann jahrhundertelang mit sexuellen Forderungen Macht ausüben. In vielen Ländern gilt dieses Prinzip, das bei uns unter dem Deckmantel »eheliche Pflicht« geführt wurde, bis heute.

Die Männer kamen so zu dem verhängnisvollen Umkehrschluß: Demonstriere ich sexuelle Macht – verbal oder tatkräftig –, bin ich der Herr.

Die Gleichberechtigung hat diesem Vorrecht zwar auf dem Papier ein Ende gesetzt, doch wir wissen, es dauert eine Weile, bis sich Verhaltensweisen ändern.

Aber im Beruf sollten wir uns nicht auf lange Diskussionen einlassen, sondern handeln! Deshalb ist es viel schlauer, den »Machtanspruch« umzuleiten: »Du entscheidest, ob ich in der Kittelschürze komme oder nicht!«

Strenge Feministinnen werden diesen Trick wahrscheinlich für verwerflich halten, doch wir wollen uns durch Überlegenheit profilieren und nicht unsere Power in endlosen Debatten verpulvern! Also zeigen Sie Schlagfertigkeit, kontern Sie in bester Show-Girl-Manier, und stellen Sie den Typen vor die Wahl: Augen oder Schnauze!

... wenn Sie auf der Karriereleiter nicht weiterkommen?

Sie sind fachlich gut, arbeiten schnell und fehlerlos, kommen bestens mit den Kollegen und Kolleginnen aus. Jetzt sind Sie schon drei Jahre bei der Firma, aber sitzen immer noch auf der gleichen Stelle. Warum?

Vielleicht sind Sie zu beliebt bei den Kollegen? Mitarbeiter, die jeder mag, die sich mit allen anderen gut verstehen, stehen auf der Beförderungsliste nicht unbedingt an erster Stelle. Beliebtheit kann als zu große Vertrautheit mit den Kollegen und als Harmoniestreben gedeutet werden. Je höher eine Position angesiedelt ist, desto mehr Sozialkompetenz ist gefordert.

Kompetenzen und Selbstpräsentation checken.

Soziale Kompetenz ist der Sammelbegriff für alle Eigenschaften, die wir für den erfolgreichen Umgang mit anderen Menschen brauchen. Erfolgreich heißt hier aber erfolgreich im Sinne des Unternehmens – und da müssen wir uns schon hin und wieder bei den Mitarbeitern unbeliebt machen und auch machen können. Wer oft nach der Arbeit mit den Kollegen auf ein Bier geht, wer mit den meisten per du ist, erscheint den Vorgesetzten häufig für anspruchsvolle Positionen, bei denen auch Distanz und Verschwiegenheit zu den Grundvoraussetzungen gehören, nicht unabhängig genug.

Vielleicht sind Sie aber auch zu fleißig, tun zuviel – und keiner bemerkt es? Achten Sie darauf, daß Ihr Engagement für die Firma bei den richtigen Leuten wirklich gesehen wird! Versuchen Sie, Ihr Engagement positiv zu schildern, jammern Sie nicht über die viele

Arbeit, sondern präsentieren Sie Ihre Leistung selbstbewußt. Versuchen Sie, sich und Ihr Arbeitsgebiet mit den Augen Ihres Chefs zu sehen und Ihren Wert aus seinem Blickwinkel heraus zu ermessen. Schreiben Sie sich die Ergebnisse Ihrer Arbeit auf, und sammeln Sie Argumente, die eine Beförderung untermauern. Nur wenn sich in den Köpfen Ihrer Vorgesetzten Ihre Leistung, Ihr Engagement eingeprägt hat, haben Sie eine Chance, die Früchte Ihrer Arbeit zu ernten. Fragen Sie sich, was Sie im Sinne der Firma für Ihre Weiterentwicklung tun können, und packen Sie es unabhängig von der Unterstützung Ihrer Firma an!

... wenn man Sie »auflaufen« läßt?

Machen Sie die Erfahrung, daß irgend jemand Sie nicht hört, Sie nicht sieht, Sie wie Luft behandelt? Ganz egal, was Sie auch tun, Sie kommen nicht an? Doch auch Vorhaltungen nützen nichts, alle Einwände werden abgeschmettert? Wenn Sie das Problem ansprechen, wird getan, als sprächen Sie über etwas, das gar nicht existent ist? Mit einem Wort, Sie haben ein Problem, der/die andere hat keines. Hier gibt es nur zwei Möglichkeiten: Entweder Sie suchen bewußt die Konfrontation, oder Sie reagieren genauso. Dabei ist es wichtig, daß Sie sich ein wenig mit den Spielregeln in Ihrer Firma auseinandersetzen: Nichts ist so, wie es scheint. Firmenalltag ist Kampf, nach innen und nach außen. Das, was Mitarbeiter wirklich motiviert, findet sich meistens nicht unter den offiziellen Zielen. Warum soll ein Mitarbeiter sich Gedanken darüber machen, wie eine Tätigkeit rationeller ausgeführt werden kann, wenn er damit seinen eigenen Arbeitsplatz gefährdet? Viele Mitarbeiter sind in Meetings und Dienstbesprechungen Feuer und Flamme für die Vorschläge der Unternehmensleitung, doch wenn es darum geht, das Besprochene umzusetzen, verhalten sie sich plötzlich wie erkaltete Asche: Nur nicht anrühren, sonst zerfällt sie.

Auf Motivsuche gehen!

Betrachtet man den Sachverhalt aus ihrer Perspektive, wird klar, warum: Weil ihre eigenen Ziele unter den Zielen der Firma leiden bzw. vereitelt werden.
Wenn Sie jemand auflaufen läßt, fragen Sie sich, welche Motivation

– bewußt oder unbewußt – dahinterstecken könnte. Versuchen Sie herauszubekommen, welche Motive den anderen leiten können: Angst vor Veränderung, Angst um seinen Status, Angst vor Machtverlust, Angst, sein Ansehen innerhalb der Abteilung zu verlieren. Wenn Sie mit gutem Gewissen nichts davon im Auge haben, sprechen Sie den anderen an und bitten Sie um ein klärendes Gespräch. Müssen Sie erkennen, daß der ein oder andere Punkt betroffen sein könnte, suchen Sie erst nach einer Lösung, und warten Sie einen günstigen Zeitpunkt ab.

Jenny darf zum erstenmal mit zu einem großen Shooting, sie soll einem Fotografen zur Hand gehen, da seine Assistentin krank ist. Als sich am Set auch noch herausstellt, daß eine Stylistin erst Stunden später eintreffen wird, gibt sie sich einen Ruck, wirft alle Schüchternheit über Bord und bietet ihre Hilfe an. Alle Beteiligten sind von ihrem »Auge« begeistert, und am nächsten Tag erfährt die ganze Agentur, daß das Mädel aus der Provinz ja richtig was draufhat.
Als die erkrankte Kollegin zurückkommt, spürt Jenny gleich, daß sich etwas verändert hat. Die andere ist in ihrer Gegenwart plötzlich still, redet nicht mehr mit ihr und gibt wichtige Infos nicht weiter. Zuerst hält Jenny das für eine Laune, doch dann muß sie erkennen, daß sich das Verhalten leider nicht ändert, im Gegenteil: Jenny bekommt auf Fragen keine Antworten, überhaupt keine Auskünfte und Unterstützung mehr und fühlt sich in Gegenwart der anderen wie Luft.
Als beide eines Abends allein im Studio sind, um eine Session am nächsten Morgen vorzubereiten, kommt Jenny plötzlich die Idee, die Kollegin könne Angst haben, sie wolle ihr den Rang streitig machen: »Was meinst du, wie mein Chef schon darauf wartet, daß ich wieder nach Göttingen komme ...« Mit einem Schlag taut die Kollegin wieder auf!

... bei Berührungen?

Haben Sie schon beobachtet, daß der Assistent dem Chef auf die Schulter klopft oder die Auszubildende der Chefsekretärin die Hand auf den Arm legt?
Wahrscheinlich nicht.

Berührungen sind Statussymbole.

Körperliche Berührung geht immer vom Ranghöheren aus, sie ist ein Zeichen seiner Macht: Er hebt die Distanzzonen auf, er bestimmt, wie nahe er einem Mitarbeiter kommen will. Doch diese Gesten sind in der Regel gemischt: Bei der Begrüßung nimmt der Generaldirektor die Hand des Geschäftsführers in beide Hände. Umgekehrt würde der Geschäftsführer es niemals wagen, einen so engen und vertraulichen körperlichen Kontakt zu einem Vorgesetzten aufzunehmen.

Doch schauen wir uns die Geste genauer an, entdecken wir, daß etwas Entwaffnendes in ihr liegt: Ich hab' dich in der Hand. Wir sehen diese Geste auch bei Menschen, die damit Gleichheit herstellen wollen: Politiker ergreifen gern beide Hände ihres Gesprächspartners: Wer so begrüßt wird, kann sich nicht wehren, ohne grob unhöflich zu wirken!

Der Chef legt den Arm um die Schulter seiner Assistentin (auch sehr beliebt, wenn besagte Dame am PC sitzt) und drückt damit sichtbar für alle anderen aus: Ich bin der Boß – sie ist mein Besitz! Hier muß nicht einmal etwas Sexuelles hineinspielen, viel häufiger wird so gönnerhaft und jovial ein Machtanspruch demonstriert. Was tun in einem solchen Fall?

Neutrale Position herstellen.

Versuchen Sie, sich höflich, aber bestimmt aus der Umarmung zu lösen. Sitzen Sie, stehen Sie auf, und stellen Sie somit das Größenverhältnis richtig. Nehmen Sie die Hand des Mannes und führen Sie sie ruhig, aber bestimmt an ihren angestammten Platz zurück. Dazu gehört eine Portion Selbstsicherheit. Und Achtung: Keinerlei sexuelle Signale senden. Das heißt im Klartext: Die Berührung muß fest und schnell sein, die Stimme sachlich bleiben. Trotzdem, es geht auch mit Humor: Wie wär's mit »Diese Last ist mir zu schwer«?

Natürlich ist es wichtig, daß wir erkennen, wo diese Gesten ihren Ursprung haben. Doch im Beruf geht vieles leichter und wir kommen auch viel weiter, wenn wir nicht immer alles als chauvinistische Attacke sehen und nicht jeden Mann als machtbesessenen Macho empfinden. Unsere eigene gelassene innere Einstellung zu diesen Dingen hilft uns viel weiter, als wenn wir empört unsere

Rechte einfordern. Wenn Ihr Chef es gar nicht lassen kann, dann drehen Sie den Spieß einfach mal um: Gehen Sie ihm vor aller Augen strahlend entgegen und umarmen Sie ihn mit den Worten: »Heute bin ich dran!«

... bei bösartigen Bemerkungen?

Wir wissen, daß Frauen bei einer Botschaft besonders auf die unterschwelligen Töne hören, klar, daß sie auf spitze, anzügliche Bemerkungen stärker reagieren als Männer. Obwohl Frauen auch gern selbst austeilen, sind sie doch schnell getroffen. Wichtigste Regel für frau: Keep cool!
Wenn Sie vermeintlich böse Bemerkungen analysieren, werden Sie zu dem Schluß kommen, daß mindestens 50 Prozent der Äußerungen nicht auf Sie persönlich bezogen, sondern lediglich von der momentanen Gemütslage des Senders gefärbt sind. Oft wird schnell etwas gesagt, das Schlagfertigkeit demonstrieren soll – und nichts weiter ist als eine dumme Bemerkung, die auf den Sprecher selbst zurückfällt.

Innere Distanz schaffen.

Deshalb: Nicht alles annehmen, was Ihnen als Angriff erscheint. Prüfen und erst im Wiederholungsfall reagieren. Den größten Erfolg erzielen Sie, wenn es Ihnen gelingt, Gelassenheit zu demonstrieren und humorvoll zu kontern. Üben Sie in allen Alltagssituationen, zum Beispiel wenn Sie beim Bäcker dumm angeredet werden, weil Sie fragen, ob das Brot wirklich frisch ist. Lassen Sie sich nicht verunsichern, nicht einschüchtern – greifen Sie an, demonstrieren Sie Sicherheit und Überlegenheit – und setzen Sie noch eins drauf: ein entwaffnendes Lächeln!

... bei Körpergeruch eines Kollegen?

Jeder Mensch hat seinen eigenen Körpergeruch, der nicht für jeden wahrnehmbar sein muß, der aber auch aufdringlich sein kann. Der Betreffende kann nicht immer etwas dafür, und bei manchen Menschen hilft sogar dreimaliges Duschen am Tag nicht. Und dann haben wir natürlich auch die Zeitgenossen, die jeden Tag mindestens eine Knoblauchzehe verspeisen, selbst immun für ihren Geruch sind und das Büro verpesten. Je unangenehmer ein Geruch für uns ist, desto mehr gehen wir automatisch auf Distanz.

Tiere markieren mit Duft ihr Territorium. Schauen Sie nur den Rüden zu, die überall ihre Duftmarke hinterlassen, damit jeder weiß: Hier war Bello. Jeder Raum – auch das Büro – hat einen eigenen Geruch, den Geruch des »Besitzers«. Wird dieser Geruch durch einen anderen Geruch übertönt, ist das gleichbedeutend mit einem Angriff. Was machen wir mit den Zeitgenossen, die uns »stinken«?

Initiative ergreifen.

Warten Sie eine ruhige Minute ab, und machen Sie Ihrem Gegenüber ein ehrliches Kompliment. Sprechen Sie dann von sich, das heißt, versuchen Sie rüberzubringen, wie Sie sich in diesem Augenblick fühlen: Mir ist im Moment gar nicht wohl, doch ich muß es einfach sagen, ich habe ein Problem! Dann sprechen Sie direkt an, was Sie stört.

... bei Klatsch in der Firma?

Wer kennt sie nicht, die Alles- und Besserwisser, diejenigen, die das Gras wachsen hören, die immer die Wortführer in den kleinen Grüppchen sind, die hinter vorgehaltener Hand tuscheln. Besonders wer neu in einer Firma ist, läßt sich leicht verunsichern, weil er sich noch nicht auskennt, nicht weiß, was von den einzelnen Kollegen zu halten ist. Und gerade die Neuen sind beliebt als Opfer wie auch als Zielscheibe für die notorischen Klatscher. Was tun?

Nicht tatenlos zuhören!

Nicht mit gesenktem Kopf an einer solchen Klatschrunde vorbeigehen – lieber direkt angreifen und fragen: »Ach, gibt's was Neues?« So lassen Sie sich nicht von vornherein ausgrenzen. Hören Sie dann sogenannte haarsträubende Neuigkeiten, können Sie kontern, indem Sie mit leichter Ironie auf die geschilderte Situation eingehen.

Es wird über Kollegen geredet, die angeblich ein Verhältnis miteinander haben, weil sie ein paarmal zusammen das Büro verließen, sie immer frische Blumen auf dem Schreibtisch stehen hat und man die beiden oft zusammen lachen sieht.

Werfen Sie einfach ein:»O je, dann habe ich vermutlich mit der halben Belegschaft eine Liebesbeziehung, ich lache mit den meisten Kollegen – und den Kolleginnen auch! Was mach' ich denn jetzt nur, ich war ja sogar schon dreimal mit Kollege XY im Kasino.«

Wenn Sie allerdings bemerken, daß direkt über Sie getuschelt wird, ist Angriff die beste Methode:»Ach, Sie waren bei dem Gespräch zwischen mir und XY dabei? Wie konnte ich das übersehen?«

Die beste Methode ist, sich von Anfang an deutlich von jedem Klatsch zu distanzieren, demonstrativ zu zeigen, daß Sie daran nicht interessiert sind. Das erfordert Sicherheit und Selbstbewußtsein, verschafft Ihnen aber auch Respekt.

Haben Sie sich in eine Klatschgemeinde hineinziehen lassen, dann verkünden Sie am nächsten Montag morgen laut und deutlich: »Hört mal her, ich habe mir am Wochenende Gedanken gemacht, und ich bin zu dem Schluß gekommen, ich kann mir dieses Gerede einfach nicht mehr leisten, es kostet mich zuviel Zeit! Und außerdem, es nützt doch wirklich niemandem! Also, ihr wißt jetzt, ich bin out!«

Damit schaffen Sie sich einen annehmbaren Ausstieg aus der Klatschriege und geben den anderen die Chance, auch aufzuhören!

... bei körperlicher Nähe?

Jenny hat jedesmal Probleme, wenn ein bestimmter Mitarbeiter mit ihr die Termine durchsprechen will. Obwohl sie ihn schätzt und ihm keine unlauteren Absichten unterstellt, empfindet sie direkt eine körperliche Abwehr, wenn er neben ihr steht und sich herunterbeugt, um ihr dieses oder jenes zu erklären. Sie verkrampft sich, versucht von ihm wegzurücken und kann sich oftmals gar nicht mehr richtig auf die Sache konzentrieren.

Warum?

Jeder Mensch hat seine Distanzzonen, die individuell etwas unterschiedlich sind. Doch es gibt einen Anhaltspunkt: Die Intimzone reicht bis 60 cm Abstand, die persönliche Zone liegt zwischen 60 und 150 cm und die gesellschaftliche Zone liegt in dem Bereich von 1,50 bis 4,00 m. Werden diese Abstände verringert, entsteht zu viel körperliche Nähe, die je nach Temperament unterschiedliche Reaktionen hervorruft. Das kann Aggression sein, Rückzug oder einfach nur Unbehagen.

Lernen Sie, Menschen zu ertragen.

Was tun, wenn Kollegen oder Chefs zu nahe kommen?
Sie kennen sich selbst am besten und wissen, bei welcher Entfernung Sie sich nicht mehr wohl fühlen. Bei regelmäßig wiederkehrenden Situationen, z. B. Besprechungen, können Sie die Stühle von vornherein so aufstellen, daß der nötige Abstand gewahrt wird. Ansonsten achten Sie darauf, daß Sie möglichst immer in einer Position bleiben, in der Sie beweglich sind.
Manche Menschen sind besonders empfindlich, was die Distanz betrifft. Wenn Sie dazu gehören, dann üben Sie, Ihre Überempfindlichkeit etwas abzubauen.
Beispiele: In der Straßenbahn folgen Sie nicht mehr Ihrem natürlichen Impuls, sich allein auf eine Zweierbank zu setzen. Setzen Sie sich immer neben jemanden.
Ein idealer Übungsort ist das Flugzeug, denn immer wieder entbrennt ein unerbittlicher Kampf um die Armlehne. Die schlechteste Ausgangsposition hat die Person auf dem Mittelsitz. Auch hier geht es um Macht, um Dominanz. Wer körperliche Nähe nicht ertragen kann, hat schon verloren, sitzt klein, zusammengekrümmt auf seinem Mittelsitz, während die Nachbarn rechts und links ungeniert ihre Zeitungen aufschlagen, so daß auch noch die Sicht behindert ist. Und nicht nur die Armlehnen werden demonstrativ mit Beschlag belegt, sogar die Ellbogen werden dem armen Mittelsitzler in die Rippen gerammt.
Das ist das ideale Übungsfeld! Setzen Sie sich auf den Mittelplatz. Für den Anfang sind Kurzstrecken gut geeignet. Nehmen Sie Ihren Platz ein – im wahrsten Sinn des Wortes! Legen Sie die Ellbogen auf die Seitenlehne, üben nun auch Sie den Einsatz Ihrer Ellbogen, und schieben Sie kraftvoll und sicher den Ellbogen des Nachbarn beiseite, sollte er es dennoch wagen, sich zu weit auszubreiten. Scheuen Sie sich nicht, ihn dabei freundlich anzusehen –

lächeln schadet nicht –, und sagen Sie ganz freundlich »Entschuldigung«.

Solche Übungen sollen nicht Standard werden, betrachten Sie sie als Lektion, die Ihnen hilft, sich besser und sicherer zu fühlen, wenn Ihnen wirklich jemand zu nahe kommt. Aus der Sicherheit heraus können Sie sich dann – je nach Situation – richtig verhalten.

... bei Lampenfieber?

Lampenfieber ist wunderbar! Lampenfieber zeigt, daß Sie Gefühle haben, daß in Ihrem Bauch noch Platz für Schmetterlinge ist, daß Ihr Herz noch einen Gang zulegen kann und daß Sie noch ehrgeizig sind! Was gibt es also daran auszusetzen? Unsere Einstellung!

Fragen Sie bekannte Bühnenschauspieler, Opernsänger, Musiker, ob sie noch Lampenfieber haben, sie werden alle mit »Ja« antworten.

Kreative Leistungen erfordern Adrenalin! Wann wird Adrenalin freigesetzt? Unter Streß! Wenn wir es richtig betrachten, ist Lampenfieber unser Verbündeter, nicht unser Feind! Lampenfieber zu haben heißt, in einem angespannten erwartungsvollen Zustand zu sein. Doch jetzt begehen wir den Fehler: Wir erwarten leider nichts Gutes! Wir malen uns nicht aus, wie wir die Sache mit Bravour meistern, sondern wir stellen uns vor, was alles schieflaufen kann. Wir bringen unsere gespannte Energie nicht auf die positive Schiene, sondern auf die negative!

Nehmen Sie die Herausforderung an!

Es gibt nur zwei Wege, positiv mit Lampenfieber umzugehen. Der erste ist: Sagen Sie sich nicht mehr: Oh, wie schrecklich, jetzt muß ich mich da vorne hinstellen, sondern sagen Sie: Jetzt kann ich mich da vorne hinstellen! Sagen Sie nicht: Oh, hoffentlich kann ich das, sondern sagen Sie: Jetzt kann ich zeigen, was ich kann!

Stellen Sie in Ihrem Kopf die Weichen: Lampenfieber ist keine Infektionskrankheit, sondern eine Gelegenheit! Denken Sie wieder an unseren Jockey: Rennpferde sind vor dem Start so aufgeregt, daß sie nicht stillstehen können! Sie müssen in die Startmaschine, weil jedes Pferd sofort losrennen würde, wenn es auf die Strecke kommt! Es ist, als würden sich die Tiere sagen: Jetzt zeig ich's euch! So ist es richtig! Die nervöse Energie nutzen, das ist die Power, die in Ihnen steckt!

Wußten Sie, daß viele Rennfahrer vor dem Start Betablocker nehmen müssen, damit ihr Herz sich nicht in Overdrive pumpt? Von wegen alles coole Typen ...

Also, betrachten Sie die Gelegenheiten, in denen Sie Lampenfieber bekommen, von nun an als Chance. Als Gelegenheit, zeigen zu können, was Sie draufhaben!

Und zweitens: Üben Sie! Je häufiger Sie eine Situation durchspielen, sei es in der Realität, sei es im Geiste, desto weniger Lampenfieber wird diese Situation Ihnen in Zukunft machen! Dafür gibt es dann andere Herausforderungen.

... bei Mobbing?

Zielstrebig und bestimmt sollten Sie bei allen Bemerkungen handeln, die sich zu regelrechtem Mobbing entwickeln können. Denken Sie daran, Mobbing ist kein Gesellschaftsspiel, sondern ein mieses Verfahren, unliebsame Kollegen aus dem Weg zu räumen. Auch wenn dies niemand zugeben wird, Mobbing hat ein Ziel.

Und dieses Ziel heißt:»Weg mit der/m!«

Leider sind sich häufig weder Opfer noch Täter über die unbewußten Mechanismen im klaren, die beide antreiben. Der Täter sucht ein Ventil – wofür, weiß er manchmal selbst nicht.

So ist es durchaus möglich, daß eine Kollegin ihren Beziehungsärger nicht mit ihrem Partner austrägt, sondern ihren Frust an der Kollegin ausläßt. Auf diese Weise versucht sie, ihr inneres Unzulänglichkeitsgefühl auszugleichen.

So werden die ironischen Kommentare über Aussehen, Arbeitsleistung und menschliche Qualitäten eines anderen Menschen zum Mittel, um sich selbst wieder aufzubauen. Doch in den meisten Fällen sind nicht private Probleme, sondern der Arbeitsplatz und die Arbeitssituation schuld daran, wenn Sticheleien und menschliches Fehlverhalten wie Klatschen, Tratschen und gewöhnliche Antipathie zu Psychoterror hochstilisiert werden.

In Deutschland arbeiten dreiundzwanzig Millionen Menschen in sogenannten abhängigen Beschäftigungsverhältnissen. Unter diesen Beschäftigten geht die Angst um. Angst um den Arbeitsplatz, Angst, etwas zu verlieren. Der Wirtschaftswissenschaftler Prof. W. Pause von der Fachhochschule Köln hat ausgerechnet, daß diese Angst, die seiner Meinung nach häufig der Nährboden des Mobbing ist, die deutsche Wirtschaft im Jahr mehr als hundert Milliarden Mark kostet!

Ganz genau wie private Schwierigkeiten, die verlagert werden können, lösen auch neue berufliche Gegebenheiten Angst aus. Das »lean«, das uns nicht nur in der Küche und im Supermarkt, sondern auch am Arbeitsplatz verfolgt, setzt ungeahnte Befürchtungen frei. Neue Strukturen reißen alte Gerüste weg, wir fühlen uns verunsichert. Angst macht sich breit. Der Mobber versucht, dieser Angst Herr zu werden, indem er andere attackiert und opfern will, in der Hoffnung, selbst zu überleben. Doch zu diesem miesen Spiel gehören mindestens zwei.

Jeder Täter braucht ein Opfer.

Reagiert der/die Kollege/in so, wie es sich der Mobber vorgestellt hat, fühlt der Täter eine innere Befriedigung, zeigt dies doch, daß »man« oder »frau« eine gewisse Macht hat. Dieses traurige, wenn auch menschliche Verfahren praktizieren wir alle dann und wann. Oder haben Sie noch nie Ihren Frust an Unbeteiligten ausgelassen?

Verselbständigt sich dieses Verhalten jedoch, wird das Klatschen über persönliche Schwächen zur Gewohnheit, das Hochspielen und Breittreten von Fehlern zur allgemeinen Dauerbelustigung, springen weitere Kollegen auf den Zug auf oder sehen und hören tatenlos zu und haben plötzlich das Gefühl, da ist jemand, der besser nicht da wäre, dann droht Gefahr.

Das Top-Dog- und Under-Dog-Prinzip der Natur, in der bekanntlich der Stärkere überlebt, ist auch im Menschen angelegt. Lassen wir zu, daß es aktiviert wird, kann es eine ungeahnte Eigendynamik entwickeln.

Deshalb sofort reagieren! Redet Sie jemand ungebührlich an, stehen Sie auf (Körpersprache) und fragen; »Mit wem sprichst du?« Hören Sie die Kollegen tuscheln, sagen Sie laut: »Das möchte ich auch hören!« Die üble Nachrede, auf Platz eins der Mobbing-Hitliste, hat es leichter, sich zu verbreiten, wenn Sie sich zu Anfang der Kampagne zu schade sind, um einzugreifen. Häufig wartet das Opfer einfach zu lange oder sagt sich, ich will doch hier nur meine Arbeit machen! Das ist übrigens ein typisch weiblicher Einwand, Männer scheinen schon zu wissen, daß niemand nur seine Arbeit macht. Wir Frauen sind uns oft zu schade, gewisse Strömungen zu berücksichtigen, die Nase mal in den Wind zu halten, um zu sehen, aus welcher Richtung er weht! Wir haben leicht das Gefühl, wir würden uns dabei etwas vergeben. Aber zu glauben, Sie würden nur nach Ihrer Leistung beurteilt, ist leider eine Illusion. Wenn Sie ehrlich sind, müssen Sie sich eingestehen, daß es auch dumm wäre. Ein Betrieb besteht nun mal nicht aus lauter Einzelkämpfern, sondern aus einem Team! Und Teamfähigkeit ist genauso wichtig wie gute fachliche Qualifikationen!

Werden Sie aufmerksam!

Haben Sie also den Beweis, daß Informationen an Ihnen vorbeilaufen, werden Sie ständig beim Reden unterbrochen, grenzt man Sie arbeitsmäßig aus, behandelt die/der Kollege/in Sie wie Luft, dann fangen Sie endlich an, aktiv zu werden! Nicht falsches Selbstmitleid hilft Ihnen in dieser Situation, sondern überlegtes Handeln. Seien Sie sich bewußt, daß Sie die Situation nicht von heute auf morgen bereinigen können, doch Sie können heute anfangen, selbst aktiv zu werden!

Haben Sie das Gefühl, daß in Ihrer Abteilung Dinge geschehen, die Ihnen schaden, schreiben Sie sie mit Datum und kurzer Situationsskizze auf! Führen Sie dieses Tagebuch über eine gewisse Zeit! Sie kommen dadurch schon einen Schritt aus der Opferhaltung heraus und erkennen vielleicht Muster und Zusammenhänge, nach denen die Handlungen geplant sind! Wird das Bild für Sie selbst deutlicher, dann sprechen Sie die Person direkt an. Handelt es sich um eine Gruppe, knöpfen Sie sich das stärkste Mitglied vor. Fragen Sie, was diese Person oder diese Gruppe erreichen möchte.

Hinter dem Mobbing steht eine Kosten-Nutzen-Rechnung.

In den meisten Fällen werden Sie nur ein Achselzucken zu sehen bekommen. Daraufhin fragen *Sie* diese Person, was *Sie* tun können, um die Situation zu entschärfen. Gelingt es Ihnen, Ihr Ge-

genüber mit dieser Frage zu entwaffnen, haben Sie schon fast gewonnen.
Gelingt es Ihnen nicht, sind härtere Bandagen angesagt.

Raus aus der Opferrolle.

Jetzt wissen Sie, der Mobber will Ihren Job oder Sie aus dem Team katapultieren. Reagieren Sie, bevor die angespannte Situation tatsächlich zur Leistungsminderung führt. Fragen Sie ihn direkt, was er sich von seinem Verhalten verspricht und was er erreichen möchte. Machen Sie ihm unmißverständlich (Ausdruck, Körpersprache) klar, daß Sie ihn durchschauen, und dann fügen Sie locker hinzu: Der offizielle Weg, an Ihnen vorbeizuziehen, ist leider die Leistung! Sollte er/sie jedoch andere Pfade bevorzugen, dann müßten Sie sich in Zukunft genauso verhalten!

Mobber verdienen keine Rücksicht!

Wenn die direkte Konfrontation nichts gebracht hat, gehen Sie mit dem Protokoll des letzten Gesprächs und Ihrem Mobbing-Tagebuch zu Ihrem Vorgesetzten oder zum Betriebsrat, oder holen sich erst einmal Rat am Mobbing-Telefon der DAG (040/2023-0209). Sprechen Sie mit jemandem, der nicht beteiligt ist, aber alle Beteiligten kennt, und stärken Sie Ihr Selbstbewußtsein! Je sicherer Sie im Umgang mit Menschen im allgemeinen werden, um so sicherer können Sie auch mit Kollegen umgehen. Machen Sie sich bewußt, daß viele Menschen von ihrem Arbeitsplatz mehr verlangen als nur das Gehalt, das er ihnen bringt: soziale Anerkennung, menschliche Kontakte, Wir-Gefühle! Mancher Mobber versucht Defizite durch das Treten von Schwächeren auszugleichen. Ist der Mobber gar Ihr Vorgesetzter, gleicht er vielleicht sogar seinen Frust über verlorene Pfründe und Kompetenzen auf diesem niedrigen Weg aus.
Versuchen Sie, für sich selbst hinter seine Motive zu kommen; Einsichten können Ihnen helfen, anders mit seinem Verhalten umzugehen.
Versuchen Sie, die Situation als Herausforderung zu sehen und nicht als unabwendbares Schicksal. Überlassen Sie Ihren Widersachern nicht kampflos das Feld, sondern geben Sie ihnen zu verstehen: *Mit mir nicht!*

... bei einem Zwischenredner?

Sicher kennen Sie sie, die eifrigen, die unerzogenen, die arroganten Typen, die Ihnen ins Wort fallen, auch wenn Sie den Satz noch nicht einmal zu Ende gebracht haben. Es gibt verschiedene Reaktionen auf diese Unhöflichkeit: stur weiterreden, sich unterbrechen lassen, aufgeben und es dem Zwischenredner überlassen, das Gespräch weiterzuführen. Menschen, die Ihnen ins Wort fallen, sind nicht nur unhöflich, sie sind meistens dominant, versuchen, das Gespräch an sich zu reißen, geben sich häufig auch keine Mühe, den anderen zu verstehen. Sie glauben, es gar nicht nötig zu haben, andere anzuhören, sie haben ja bereits ihre vorgefertigte Meinung im Kopf.

Mit welchem Typ habe ich es zu tun?

Andererseits gibt es auch Leute, die sich nicht konzentrieren können und deshalb sofort jeden Gedanken äußern, der ihnen in den Sinn kommt. Die Wirkung kann ähnlich sein. Was tun?
Es gibt verschiedene Möglichkeiten, je nach Situation, eigenem Befinden und Tagesform:
1. Sich unterbrechen lassen und dann mit »Ich mache da weiter, wo Sie mich unterbrochen haben« fortfahren. Tun Sie dies souverän und konsequent, wird der Störenfried nicht nur aufgeben, sondern wahrscheinlich am Ende als Sündenbock dastehen.
2. Sich nicht unterbrechen lassen und ruhig und gelassen einfach weitersprechen. Das kostet Konzentration, denn in dem Augenblick, in dem beide sprechen, entscheidet sich, wer die besseren Nerven (und die größere Durchsetzungskraft) hat. Aber das läßt sich trainieren, denn Menschen, die anderen ins Wort fallen, gibt es reichlich!
3. Sofort stoppen, und wenn der andere dann ausgeredet hat, erst nach einer längeren Pause weitersprechen. Auch hier gilt es, konsequent durchzuhalten.
4. Mit ein wenig Ironie: »Bitte, ich lasse Ihnen gern den Vortritt, wenn Sie zu meiner Meinung, die ich zwar noch nicht äußern konnte, schon jetzt Stellung nehmen wollen.«
5. Mit Ablehnung: »Ich möchte erst meine Ausführungen beenden, und dann werde ich alle Fragen beantworten.«
Für viele Frauen ist es besonders problematisch, wenn der Chef

sich als notorischer Dreinredner profiliert. Doch warum nicht auch hier diese Taktik anwenden? Nicht Sie sind unhöflich, sondern derjenige, der Sie unterbricht! Lassen Sie sich aber ständig unterbrechen, hält man(n) Sie auch sonst nicht für durchsetzungsfähig. Doch wir Frauen müssen auch üben, eine härtere Gangart mitzugehen: Nicht alles, was wie eine Unterbrechung aussieht, soll uns verunsichern oder aus dem Konzept bringen.

Trainieren Sie Ihre rhetorischen Fähigkeiten!

In Runden, in denen viel diskutiert wird, ist ein lebhaftes Wechselspiel gang und gäbe. Immer gleich mit Höflichkeit und Rücksicht zu kommen, zeigt nur, daß Sie dem Tempo nicht gewachsen sind. Frauen drücken sich oft umständlicher aus als ihr männlicher Gegenpart und neigen zu Wiederholungen. Trainieren Sie, sich unterbrechen zu lassen und die Unterbrechung in Ihre Ausführungen mit einzubeziehen. Schärfen Sie Ihr Ohr für die Untertöne der Unterbrechungen: Ist die Motivation des Zwischenredners in seinem eigenen Arbeits- und Diskussionsstil zu suchen, ist sie rein sachlicher Natur, oder schwingt Kritik an der Rednerin mit hinein? Legen Sie diese Untertöne nicht gleich wieder auf die Beziehungswaage, sondern nehmen Sie sie als Hinweis, daß Sie an Ihrer Rhetorik feilen müssen. Chefs und Vorgesetzte, die selbst sehr gut sprechen können, zeigen oft deutliche Irritationen, wenn sie mit jemandem reden, der es nicht so gut kann! Deshalb: Üben, üben, üben!

... bei Witzen?

Männer sind nicht zimperlich, wenn es um Witze geht. Hoch im Kurs stehen nach wie vor jene, bei denen frau als Dummchen oder Sexbombe dargestellt wird. Halbherzig mitzulachen ist keine Lösung – auch davonlaufen, beleidigt sein oder auf gleicher Ebene zu kontern, bringt frau nicht weiter. Bei Witzen, die die Grenzen des guten Geschmacks überschreiten, ruhig und gelassen reagieren, zum Beispiel den Herren vorschlagen, sich derartige Witze aufzuheben, bis Sie gegangen sind. Oder klar zu sagen, daß Sie diese Art Witze nicht schätzen. Der eleganteste Weg ist, selbst einen guten, intelligenten Witz zu erzählen, um die Runde wieder auf andere

Gedanken zu bringen. Lassen Sie sich nie dazu hinreißen, selbst einen schlüpfrigen Witz zu erzählen. Auch wenn die Kollegen lachen, Sie richten damit großen Schaden an. Danach betrachtet Sie jeder mit anderen Augen, auch wenn man Ihnen vielleicht sogar anerkennend auf die Schulter klopft!

... bei Wünschen?

Wünsche sind innere Impulse, die Ihnen eine Richtung weisen. Versuchen Sie, vorübergehende Launen von den wirklichen Wünschen, die Sie haben, zu unterscheiden. Fragen Sie sich, was Sie bereit sind zu tun, um Ihre Wünsche Realität werden zu lassen! Fragen Sie sich, was Sie für die Erfüllung des Wunsches zu opfern bereit sind (Freizeit, Einkommen, Fun), und wägen Sie ab: Was wird sich verändern, wenn der Wunsch Wirklichkeit geworden ist? Stellen Sie sich Ihr Leben danach vor, möchten Sie das auch? Wenn Sie diese Frage mit »Ja« beantworten, dann nichts wie ran!

Wir wünschen Ihnen, daß Ihre Wünsche in Erfüllung gehen! Wir wünschen Ihnen Glück, Gesundheit und Mut! Nehmen Sie die Herausforderung an und Ihre Karriere in Ihre Hand!

Haben Sie noch Fragen? Gibt es in Ihrem Leben, in Ihrer Karriere einen Bereich, den Sie verbessern möchten? Oder sind Sie an unseren Seminaren interessiert? Dann zögern Sie nicht, schreiben Sie uns!
Wir freuen uns auf Ihre Zeilen!

Marion Kaminski
Birgit Rupprecht-Stroell
PPM
Personal Power Management
Wilhelm-Dieß-Weg 9
81927 München

Literaturverzeichnis

Agonito, Rosemary: Nett war ich lange genug, jetzt setze ich mich durch. Vom braven Mädchen zur Powerfrau, Düsseldorf 1995

Breuer, Norbert J.: Frankreich für Geschäftsleute, Frankfurt/M. 1996

Commer, Heinz: Der Neue Manager Knigge, Düsseldorf 1997

Fellner, Uschi: Die kleinen Tricks der Klassefrauen, Wien 1993

Gassen, Dagmar: Frauen und Karriere. Einsame Spitze, in: Stern, Heft 23/1997

Glasenapp, Helmuth von: Die fünf Weltreligionen, München 1996

Hammann, Dr. Claudia: Stimme. Mehr Ausdruck und Persönlichkeit, München 1997

Harvey, Christine: Power Talk, München 1996

Maro, Fred: Sie haben nur 3 Sekunden, Düsseldorf 1995

Mole, John: Der Euro-Knigge für Manager, Reinbek 1992

Schuhmacher, Claudia: Weibliche Höhenangst, in: Focus, Heft 44/1996

Schulz von Thun, Dr. Friedmann: Miteinander reden 1 und 2, 1996

Scott-Morgan, Peter/Little, Arthur D.: Die heimlichen Spielregeln, München 1994

Spence, Gerry: Argumentieren und Gewinnen, Hamburg 1995

Tannen, Deborah: Das hab ich nicht gesagt, München 1986

Tannen, Deborah: Talking From 9 to 5, London 1995